文化传承与创新南粤行动报告
——广东省大中小幼中华优秀传统文化教育实践论稿

郑国岱　陈涵平 ◎ 主编

中山大学出版社
·广州·

版权所有　翻印必究

图书在版编目（CIP）数据

文化传承与创新南粤行动报告：广东省大中小幼中华优秀传统文化教育实践论稿/郑国岱，陈涵平主编．—广州：中山大学出版社，2020.12
ISBN 978-7-306-07091-3

Ⅰ．①文⋯　Ⅱ．①郑⋯　②陈⋯　Ⅲ．①中华文化—教学研究　Ⅳ．①K203

中国版本图书馆 CIP 数据核字（2020）第 266683 号

出 版 人：	王天琪
策划编辑：	嵇春霞
责任编辑：	李先萍
封面设计：	曾　斌
责任校对：	潘惠虹
责任技编：	何雅涛
出版发行：	中山大学出版社
电　　话：	编辑部 020-84111996，84113349，84111997，84110779
	发行部 020-84111998，84111981，84111160
地　　址：	广州市新港西路 135 号
邮　　编：	510275　　传　真：020-84036565
网　　址：	http://www.zsup.com.cn　E-mail:zdcbs@mail.sysu.edu.cn
印 刷 者：	广东虎彩云印刷有限公司
规　　格：	787mm×1092mm　1/16　26.875 印张　557 千字
版次印次：	2020 年 12 月第 1 版　2020 年 12 月第 1 次印刷
定　　价：	82.00 元

如发现本书因印装质量影响阅读，请与出版社发行部联系调换

本书编委会

主　编：郑国岱　陈涵平
副主编：余新明　郭　玉
编　委：侯立兵　刘兴晖　李万堡

目 录

序 ……………………………………………………………………… 郑国岱 （1）

导论：基础教育视域下国学教育的内涵、体系、方法研究 ………… 郑国岱 （1）

理念编

第一章　大中小幼四位一体的协同创新 ……………………………………（13）

幼儿园国学启蒙教育的现状及对策

——广东省幼儿园国学启蒙教育的调查报告 ……………… 郭　玉 （13）

中小学国学教育的现状、问题及发展策略管窥

——以广州市花都区调查数据为例 …………… 郑国岱　杨晓婧 等（19）

基于传统文化的"校本STEAM教育课程体系"协同构建 …… 黄　艺 （31）

高职院校"一课三平台"育人模式的构建与实践

——广州城市职业学院中华优秀传统文化教育成果案例

………………………………………………… 宋　婕　谭习龙 等（38）

广东首届中华经典文化诵写讲骨干教师培训行动报告

………………………………………………… 郑国岱　陈涵平 （46）

第二章　创建传统文化教育特色学校的思索 ……………………………（52）

人文传统教育的校本化作为

——以广州市海珠区东风小学为例 …………… 吉淑娟　郑国岱 （52）

深圳市蛇口育才教育集团第四小学传统文化教育实践 ………… 陶 靖 (59)

深圳市松和小学国学教育特色学校建设实践与思考

……………………………………………………… 丘远光 任 珅 (66)

黄岐中心小学"儒雅教育"特色学校建设行动报告

……………………………………………………… 吴敏强 黄观水 (75)

雅正小学的"雅正"教育实践

——基于核心办学理念的传统文化教育与办学特色发展研究

……………………………………………… 东莞市长安雅正小学 (85)

第三章 从品德培养到文化自觉 ………………………………… (96)

经典诵读与小学生品德培养的研究

——基于广州市海珠区知信小学实践的报告

………………………………………………………… 郑丹妮 (96)

《论语》与小学生的品德养成教育 ………………… 郑乐琼 (105)

诗意风骨以育之

——国学教育之诗教微谈 ………………………… 黄惠远 (114)

文化自觉价值取向下的传统文化教育课程实施策略 ……… 石 琴 (122)

以优秀传统文化引领生命幸福教育 ………………… 肖春满 (136)

国学与外国语学校的德育 …………………………… 熊景阳 (144)

课程编

第四章 传统文化课程的涵容与新建 ……………………………… (151)

中小学中华优秀传统文化教育课程建设实践与探索 ……… 唐文明 (151)

探索新国学教育 用经典浸润现代少年 ……………… 许凤英 (159)

论中国古代文学课程对科研成果的吸收策略 ……………… 郑国岱 (163)

加强学校课程建设，落实国学经典诵读 ………………… 唐 琼（175）
弘扬传统文化　创建书香班级 …………………………… 曾佩嬿（180）
微信在初中国学经典诵读中的应用初探
　　——以《诗经》微信群暑期诵读实践为例 ………… 潘琳西（191）

第五章　地方特色资源的课程导入与创新 …………………………（200）

中小学音乐课堂引进客家乡土音乐的策略探索 ………… 李秋莲（200）
弘扬潮人好家风　培养学生核心素养 …………………… 黄素龙（204）
以"粤语童谣"为载体传承"黄埔古港文化"
　　——海珠区黄埔小学传承中华优秀传统文化之经验总结
　　……………………………………………… 朱晓蓉　袁　源（211）
基于STREAM教育的灰塑工艺文化传承探析 …………… 朱智萍（223）
"陶韵乐"特色班级文化建设研究案例 …………………… 严晓玲（232）
让剪纸文化在校园绽放光芒
　　——以小学五年级《佛山文化》民间技艺为例 …… 陈丽杰（241）

第六章　传统文化教育的学科渗透与融通 …………………………（251）

小学《论语》关键词双语教学研究 ……………… 张溯源　郑国岱 等（251）
传统文化教育与小学英语校本课程的开发
　　——以肇庆市实验小学为例 ………………………… 梁小敏（256）
传统文化在小学科学教学中的融合
　　——以《观察月相》一课为例 ……………………… 侯庆婷（263）
传统文化教育视域下的初中地理教学案例 ……………… 李婷萍（268）
让中华传统文化在高中地理课堂中绽放 ………………… 郭美玲（275）
从高考看数学文化的传承与弘扬 ………………………… 李素琼（280）

品味传统文化的化学魅力 ………………………………… 谢磊鑫 (286)

教学编

第七章 基于"公益岭南"国学夏令营的教学实践与思考 ……… (293)

"公益岭南"国学夏令营教学实践行动报告 ……………… 郑国岱 (293)

"公益岭南"国学夏令营家长反馈报告 ………… 郑国岱 刘付桦 等 (302)

关于国学经典读解策略的对话 ………………… 郑国岱 刘付桦 (309)

中小学国学教育课堂教学模式初探
——以广东第二师范学院国学实验教材《论语》中的"孝悌"为例
………………………………………… 邱晓琼 郑丹妮 (314)

论如何建设初中生感兴趣的国学课堂
——以《论语》教学为例 ……………………… 袁春杏 (320)

优化国学课堂设计的三大策略 …………………………… 温贺琴 (325)

第八章 传统文化课堂教学的模式构建 ……………………… (329)

关于中小学国学课堂建设的思考 ……………………… 余新明 (329)

体验式国学课堂教学模式的探索与实践 ………………… 游 翊 (340)

传统文化经典阅读教学的"四导"策略研究 ……………… 韩 璧 (347)

国学经典课堂教学设计与有效实施策略 ………………… 周 琼 (352)

小学国学经典课堂教学的策略研究 …………………… 邱译萱 (358)

"群文阅读"在初中文言文教学中的应用策略及价值
——基于传统文化教育的文本解读 ……………… 张聪聪 (363)

第九章 传统文化教学的课堂智慧 ……………………………… (368)

凤岗客家山歌实践教学初探 ……………………………… 汪 燕 (368)

经典素读课堂教学的"读""讲""背" …………… 朱雪英（374）

以经典诵读促进学生多元智能的发展 ………… 林晓丽（383）

一字一乾坤

  ——关于"汉字寻根"的点点滴滴 …………… 付晶晶（388）

基于语文课堂视域下经典诵读方法策略浅析 ………… 韩玉刚（392）

吟诵教学法初探

  ——以人教版高中语文课文《定风波·莫听穿林打叶声》为例

  ………………………………………………… 冼嘉裕（398）

中国传统文化在古代诗词教学中的渗透策略

  ——以《水龙吟·登建康赏心亭》为例 ………… 沈凯旋（402）

编后记 ……………………………………………… 郑国岱（408）

序

广东第二师范学院中文系国学教育团队已开展国学教育实践多年。在各级领导和社会各界的关心支持下，在同志们的努力下，我们团队先后获得团中央"全国优秀国学教育项目"、省教育厅"教育教学成果奖"、省教育工委"优秀党支部活动案例"、省文明办"新时代文明实践活动示范项目"等荣誉。团队骨干郑国岱也先后被评为"花都区十大好人""广州好人""广州市岗位学雷锋标兵""广州市最美志愿者"。2019年，我们团队组建的广东第二师范学院传统文化教育研究中心入选"广东省普通高校人文社科重点研究基地"。广东电视台、广州电视台、潮州电视台、佛山电视台、《南方日报》、《广州日报》、《新快报》、《信息时报》、《佛山日报》、《岭南少年报》、《广东教育》杂志、南方网、金羊网、凤凰网、网易网、新浪网等多家媒体都对我和我们团队的国学教育活动做过报道，社会反响良好。更为重要的是，我们认真践行了"举旗帜、聚民心、育新人、兴文化、展形象"的使命任务。十多年来，我们在大中小幼中华优秀传统文化教育一体化事业上大致经历了四个阶段的探索。

第一阶段是校内酝酿期（2005—2008）。2005年，团队成员郑国岱等人在当时的广东教育学院琶洲校区组织"经典读书会"，开始探索师范院校弘扬中华优秀传统文化的实践策略，得到当时校区管委会的高度肯定和大力支持。"经典读书会"培养的一批师范生后来成为我们与中小学开展国学教育协同创新工作的骨干成员。

第二阶段是协同发轫期（2009—2013）。2009年开始，团队成员郑国岱等人陆续与海珠区赤沙小学、知信小学、东风小学等学校共同开展中华优秀传统文化教育协同创新实践。2011年，团队成员郑国岱进入社区和乡村做公益国学教育实践，在春节期间到村里宣讲"儒学复兴与乡村精神文明建设",开新时期广东高校教师进入乡村宣讲国学的先河。2012年,团队成员郑国岱、余新明在《中学生报》主持国内教辅报刊第一个专门面向中小学生的国学教育专栏——《国学天地》。借助这些实践经验,我们团队对大中小幼中华优秀传统文化教育一体化的开展逐渐有了较为清晰的认识。

第三阶段是行动整合期(2014—2016)。随着参与中华优秀传统文化教育协同创新的单位和个人越来越多,我们需要一个相对稳定的组织体系来统筹大家的工作,也需要一个优质的平台来开展国学教育综合实验。团队成员郑国岱、余新明和周根飞等人指导成立了广东第二师范学院国学教育协会,开展常态化的大学生第二课堂国学教育实践,培养大学生国学教育志愿者团队。2014年,在社会各界的大力支持下,团队成员郑国岱创办公益国学夏令营,这是广东省第一个而且也是由师范院校与中小学协作规模最大的国学教育志愿者综合实训平台。2015年,团队又创办了"岭南国学教育论坛",组建了"岭南国学教育协作联盟"。经过3年的协调整合,2016年12月,我们发起并正式成立了"广东教育学会国学教育专业委员会",团队带头人陈涵平教授担任理事长,团队骨干郑国岱担任秘书长。这是国内省级教育学会成立的第一批专注传统文化教育的专业学术团体之一。

第四阶段是行动跃升期(2017—2020)。有了广东教育学会国学教育专业委员会这个优质的平台,广东省大中小幼中华优秀传统文化教育工作走上了发展的快车道。首先,我们全面完善了教学教研探索平台。在公益岭南国学夏令营的基础上,我们又陆续创办"公益岭南国学冬令营""公益岭南乡村国学讲堂""岭南民俗工作坊"等多个国学教育实践平台,从而构建了一个常态化的、多维度的国学教育综合实践平台体系。其次,我们全面开展了中小学国学教育师资培训。在与多所中小学开办国学教育协同创新工作室的同时,我们还开办中华优秀传统文化专题的校长研修班、骨干教师研修班,承接了广东省教育厅"中华经典文化诵写讲骨干教师培训班"。再次,我们深入开展了教研协作。为引领广东省大中小幼中华优秀传统文化教育走向深入，在陈涵平教授的带领下，我们牵头申报了多个省级、市级国学教育专题课题。最后，团队积极参与制定了中国教育学会《中小学传统文化教育指导标准》。团队骨干郑国岱出任中国教育学会传统文化教育分会副理事长，为讲好广东国学教育故事、传播广东国学教育经验做出了积极的贡献。

在十多年的中华优秀传统文化教育实践中，除了常态化的日常教学教研活动，我们团队一共主持"公益岭南"国学夏（冬）令营七届、"岭南国学教育论坛"五届、省教育厅"中华经典文化诵写讲骨干教师培训班"两届，工作量巨大，个中不乏艰辛，但得益于党中央大力弘扬中华优秀传统文化的政策春风，得力于社会各界的大力支持，我们团队执着而坚定地走过来了。在这四个阶段中，我们主要做了以下四个方面的工作。

一、以弘扬中华优秀传统文化作为团队党性修养特色发展方向

我们党一直都是"中华优秀传统文化的忠实继承者、弘扬者和建设者"。作为传统文化教育工作者，发扬共产党员的先锋模范作用就必然要积极主动担当好这个继承者、弘扬者和建设者的角色。我们团队成员绝大部分是党员，始终保持共产党员的本色。我们坚持公益实践，结合自己的专业，把弘扬中华优秀传统文化作为自身党性修养，而这也成为我们共同的特色发展方向。

首先，我们始终坚持公益实践。从 2005 年组织"经典读书会"开始，到走出校门与中小学合作开展中华经典诵读教育实践活动，再到走入乡村开展社区国学教育实践，乃至创办国学夏令营、国学冬令营、国学教育论坛，我们团队始终践行公益，坚持共产党员的无私奉献精神。由于我们工作的原创性，这些工作在现有绩效考核体系里面往往无法得到应有的体现，不过这从来没有成为干扰我们继续践行公益、坚持奉献的因素。

其次，我们特别强调艰苦奋斗。艰苦奋斗是共产党员的本色。每年为了举办公

益国学夏令营，我们在3月份就要开始筹备。因为没有固定的活动经费和稳定的承办团队，寻找承办单位、筹集活动经费、招募大学生志愿者、征集协作学校和协作教师、培训志愿者师资、活动宣传等方方面面都需要我们亲力亲为。在国学夏令营活动期间，虽然活动是临时、短期且专业公益性质的，但对志愿者团队的工作要求又必须是优质高效的。协调沟通等工作量非常大，我们几乎每天都要连续工作十几个小时，但我们用坚持感召了一大批志愿者和我们风雨同行。

最后，我们把公益活动常态化、机制化。在平时，团队成员郑国岱每周两次义务带领大学生进行"经典晨读"，从2015年坚持到现在，风雨无阻。为支持大学生国学教育社团活动，郑国岱还为社团购置书籍、摄像机、演出服装等物资，同时多方为社团活动筹集资金。2017年，我们把国学教育与扶贫攻坚工作相结合，组织举办了乡村国学教育实践活动。2018年，为构建国学教育长期稳定的核心运营主体，我们在指导大学生公益创业项目的基础上注册成立了"象湖书院"，以此作为大学生中华优秀传统文化教育创新创业专项训练平台。

十几年来，我们始终不忘入党初心，牢记使命，久久为功，为弘扬中华优秀传统文化辛勤工作。

二、以弘扬中华优秀传统文化作为特色党建工作的重要抓手

"独行疾，众行远"，多年的中华优秀传统文化教育实践让我们深深体会到必须依靠组织和团队的力量才能够行稳致远。因此，如何发挥基层党组织在弘扬中华优秀传统文化中的堡垒作用就成为我们经常思考的问题。为此，我们连续4年不断创新党建工作的方式方法，取得了明显的成效。

2016年，我们把"公益岭南"国学夏令营与大学生党员暑期社会实践活动相结合，在公益国学夏令营平台上创建"临时党支部"。我们利用营地所在是东江纵队抗日根据地这样的优质教育资源，组织"复兴之路"野外拉练，组织师生到东

江纵队纪念馆开展研学活动，以实际行动落实"两学一做"学习教育要求。

2017年，我们率领团队与广东省扶贫办、贵州省黔南州团委和黔南州教育局合作举办"公益岭南·广黔一家亲"国学夏令营，创造性地把国学教育与扶贫攻坚工作结合起来。我们还利用贵州丰沛的红色文化资源，组织红色革命专题学习讲座、红色革命电影专场，还组织师生到遵义会议纪念馆开展研学活动，同时拜谒红军山。

2018年，我们把夏令营的党建工作与广东第二师范学院中文系大学生的青年马克思主义者培养工程相结合，举办了"物传古音"等主题党日活动，组织大学生深入调研社会主义新农村建设成就和黄花岗起义烈士的英勇事迹。

2019年1月，我们与花都区新华街道三华村党委、三华小学党支部、广州民俗博物馆党支部联合组建党建协同创新工作室，依托花都区新华街道三华村"新时代文明实践站"，举办了"公益岭南乡村国学讲堂"系列活动。

2020年2月，面对突如其来的新冠肺炎疫情，我们发起并承办了花都区"别样抗疫"线上公益读书会；7月，我们又结合疫情防控的要求创办首届云端"公益岭南国学夏令营"，持续5天，总服务人数超过1500人次。

三、创建基于协作模式的师范生国学教育能力培养系统

弘扬中华优秀传统文化需要一代一代接续努力，因此培养年轻人尤其是师范生的国学教育能力就显得特别重要，为此，我们结合学校实际情况和自身的专业特长、社会资源重点创设了三大培养体系。

第一，构建以"经典读书会""经典晨读""太极午练"为主体的师范生第二课堂国学教育素养课程体系。当代大学生的阅读量不少，但是经典阅读少，深度阅读更少，而没有经典阅读和深度阅读，师范生的国学教育素养就不可能真正建立起来，所以我们首先在个别班级组织"经典读书会"，后来我又利用广东第二师范学院国学教育协会组织"经典晨读""太极午练"。"经典晨读"重点在引导师范生

常态化读经典,"经典读书会"在常态化阅读的基础上进行专题品读,把阅读导向深入,"太极午练"则借助技艺的修炼帮助学生亲身体验传统文化的博大精深和无穷妙趣,由此,"心"与"身"都有了修养的途径,师范生的国学教育素养就有了切实有效又简便易行的课程体系。

第二,创设国学夏令营、国学冬令营、乡村国学讲堂、国学教育论坛四平台互动的国学教育师资实训系统。光有素养而没有实践技能就会陷入有心无力的窘境,这是当前中小学中华优秀传统文化教育虚热的重要原因,因此国学教育师资实训就成为当下紧急又重要的任务,而广东第二师范学院又是一所应用型高校,我们的国学教育师资培训一定不能够像其他机构那样停留在鸿篇大论上。为此,我们创设了四个各有侧重的师资实训平台。国学夏令营、国学冬令营是两个规模大、课程多的"点",中华优秀传统文化教育所涉及的国学经典、文化习俗、传统技艺三大方面的课程都要开设,借此帮助师生了解中华优秀传统文化的丰富多彩。乡村国学讲堂则侧重在"线"上展开,有针对性地对大学生志愿者骨干进行深入培养,为大型活动的开展提供人才支撑。国学教育论坛则侧重理论探究,在国学夏令营、国学冬令营和日常教学的基础上分享经验、提炼共识。四个平台把高校专家、中小学一线骨干教师、师范生、中小学生聚拢在一起,互助互促,扎扎实实把国学教育师资培训做真、做实。

第三,创设国学教育协会、国学教育书院两个内外联通互动的师范生国学教育能力培养的执行主体。我们在两届大学生中华优秀传统文化教育"三下乡"志愿者服务队的基础上成立了"广东第二师范学院国学教育协会",广东第二师范学院大学生国学教育能力的培养至此有了第一个执行主体,但是囿于学生社团组织的属性,我们的国学教育无法常态化切入中小学国学教育实践。为了给师范生提供常态化的国学教育实践基地,我们利用大学生公益创业项目发起注册成立了广州"象湖书院",这是国学教育由师范院校走向社会的重要桥梁,是师范生国学教育创新创业训练的执行主体。依托两大执行主体,我们团队先后指导师范生创新创业训练项目 9 项,其中 3 项为国家级、3 项为省级、3 项为校级,并且有 2 项结题优秀。

我们团队创设的三大培养体系既有课程内容又有实训平台,还有执行主体,共同构筑了一个有序有效的师范生国学教育能力培养协作系统。

四、以课程建设创建大中小学一体化的国学教育体系

中华优秀传统文化的传承和发扬离不开学校教育这个主阵地,学校国学教育离开了相应的课程建设则无法持续深入展开;而课程建设中教材、教法、教研、培训是紧密互动的系统,缺一不可,因此我们自 2009 年与中小学开展中华优秀传统文化教育协同创新实践以来,始终抓住这四个因素协调用力。

首先,我们根据中小学的师情、学情研发了一套国学教育实验教材。教材的编写从 2009 年开始,边用边写,数易其稿,我们动员许多一线骨干教师参与到教材的研发过程中来,以确保教材的适用性。2016 年,我们编写的教材《国学》正式出版,至今已在全省 20 多所中小学顺利开展教育教学实践。

其次,我们提炼出"三元五场"中华经典课堂教学模式。中华经典课堂教学有别于传统的语文教学和思想品德教学,最显著特征在于其始终聚焦人文性,始终强调经典阅读与品行培养的结合。因此,在多年一线教学经验的基础上,我们概括提炼出"三元"(经典、教师、学生)互动、"五场"(导趣屋、乐读斋、善品堂、开悟轩、回味阁)联通的中华经典课堂教学模式来构建学生身心成长与中华经典之间的亲密连接,以简洁有效的教学策略确保国学教育在中小学的常态化深入和迅速推广。基于"三元五场"教学模式的中华经典示范课多次在省级和国家级平台上展示,得到与会专家与教师的一致好评。

再次,我们与协作学校联合申报各级国学教育专题教研课题。我们先后申报了"国学教育应用型课程建设""人文社科重点研究基地""基于协同模式下的汉语言文学专业师范生国学教育能力培养研究"等省级课题,还有"公益岭南国学夏令营""岭南民俗文化"等多个市级课题。专项课题的研发有力促进了大中小学国学

教育资源的优化整合，使我们与中小学国学教育的协同创新工作不断走向深入，成果日益丰硕。例如，我们与广州市海珠区东风小学联合申报的广州市名师专项课题"城乡结合小学人文传统教育的实践研究——以海珠区东风小学为例"还获得结项"特优"的评价。

最后，我们经常主持各级各类中小学国学教育师资培训。我们与省内多所学校共建"国学教育协同创新工作室"，依托工作室制订国学教育师资陪伴成长计划，为中小学提供校本化的国学教育师资培训。我们也利用广东教育学会国学教育专业委员会这个平台组织中华优秀传统文化教育的校长班和骨干教师班培训。而且依托国学夏令营这个成熟的实训平台，我在2017和2018连续两届主持广东省教育厅强师工程项目"中华经典文化诵写讲骨干教师培训班"，为广东省中小学国学教育培养了一批骨干人才。迄今为止，我们利用国学夏令营、国学冬令营、国学教育论坛、乡村国学讲堂、协同创新工作室等平台培训的中小学师资超过2000人次，培训中小学生超过4000人次，培训师范生也超过1200人次。

在多年的中华优秀传统文化教育公益实践活动中，我们感受到人民群众对精神信仰的迫切需求，感受到广大师生对中华优秀传统文化教育的热切期盼，因此，十多年来的实践虽历尽艰辛，但我们无怨无悔。更令我们欣慰的是，十多年的实践，我们见证了广东省大中小幼中华优秀传统文化教育由弱到强、由点到面，最终蔚然成风的发展历程。《文化传承与创新南粤行动报告——广东省大中小幼中华优秀传统文化教育实践论稿》的编辑出版正是对这一历程的真实记录，也必将成为这一历程的重要里程碑。文集中的论文主要来源有两个：一是我们团队在这些年实践中形成的行动经验总结；二是从历届岭南国学教育论坛上精选出来的优秀论文，其实这些也代表了广东各地大中小幼开展中华优秀传统文化教育的行动经验。在此，我们要对积极参与文集编选工作的同事说一声"辛苦了！"，我们也要对论文作者们慷慨赐稿表示衷心的感谢！还要对关心支持广东传统文化教育工作的各级领导和社会各界人士表达崇高的敬意！未来，我们将在习近平新时代中国特色社会主义理论的引领下继续沿着践行社会主义核心价值观、弘扬中华优秀传统文化、探索新时代文明实践活动的道路继续砥砺前行,最终实现陈涵平教授给我们团队提出来的目标:"在国学教育最好的年代做最好的国学教育!"

郑国岱

2020 年 9 月 28 日

导论：基础教育视域下国学教育的内涵、体系、方法研究[①]

国之立，必有学，是谓国学。国学传承的主场在学校，所以为贯彻落实党中央关于完善中华优秀传统文化教育的精神，教育部于2014年3月26日向全国教育部门下发了《完善中华优秀传统文化教育指导纲要》（下称《纲要》）。《纲要》的指导思想是："以推进大中小学中华优秀传统文化教育一体化为重点，整体规划、分层设计、有机衔接、系统推进，促进青少年学生全面发展。"无疑，"大中小学一体化"抓住了当前弘扬中华优秀传统文化在实践路径上的重点和难点。可惜，两年多的时间过去了，应该说，全国大中小学学习、弘扬中华优秀传统文化的热情日益高涨，但是出于认识差异、各自为政等种种原因，"大中小学一体化""整体规划""分层设计""有机衔接""系统推进""全面发展"等关键指标并没有得到有效落实。为什么会这样呢？我们认为，这些指标的落实除了需要时间，更需要一个整合的中枢。目前来看，可以比较好地胜任这个关键任务的角色是师范院校。师范院校是教育工作的主要部门，在民族文化的传承与弘扬中有着不可替代的重要作用。因此，在基础教育视域下，结合当前的实际情况，考察国学教育的内涵、体系与方法，构建师范院校与中小学校的国学教育协同创新联盟，共同厘定基础教育阶段国学教育内容、培养国学教育师资、创建国学教育课程、凝练国学教育方法等，就是一项极具重大战略意义的系统工程。

一、当前中小学国学教育存在的问题

当前，中小学国学教育表面看上去一派热火朝天，细究起来，其实却多为"虚火"。"虚火"的存在概括起来体现在目标设定、路径选择、内容安排和实施方法四个方面。

（一）国学教育的目标设定模糊摇摆

虽然《纲要》已经给出了很具体的中华优秀传统文化教育目标，但是每个地方、每所学校具体提出的教育目标却千差万别。有的学校悬鹄过高，恨不得把现有

[①] 该文发表于《广东第二师范学院学报》（2016年8月第4期）。

课程体系打倒重来；有的学校裹足不前，认为国学教育的实践与时代脱节，多此一举；多数学校犹豫摇摆，虽然国学教育活动也开展了，但决心不够、力度不足，仍然处在观望中，需要外部力量的参与和促进。目标设定的模糊使得当前的中小学国学教育实践走走停停，由此经验总结少，理论建构更是缺乏。诸如针对国学课到底与语文课有何不同，国学教育有哪些独特的教学原则和方法，国学教育的灵魂思想、核心理念、培养目标是什么等问题，目前还缺少持续有效的思考，也没有形成比较统一的认识。这就容易造成多方发力、各自为政的局面，"一体化"的国学教育自然无法落实。

（二）从国学教育的路径选择来看，中小学国学教育随机性多，系统性少

由于没有明确而系统的教育目标，国学教育的总体目标、分解目标和阶段性目标都没有很好地确定，结果中小学国学教育多采取随机进行的方式。绝大多数学校没有系统规划、专职教师、专门教材、固定课时安排，也没有相应的评价体系。有些学校虽然有了国学教育的专职教师、专门教材、固定课时和评价体系，但是往往没有完善的教材与之相匹配。有的虽然有教材，但教材体系主线不突出、脉络不清晰、结构不完善，远未达到一个标准课程应该有的水平。而由于目标不明确、教材不配套，相应地，对学生和教师的评价体系也就很难建立。可以说，迄今为止，全国还没有找到一条公众比较认可的科学、有效、完善的国学教育实践路径。这方面，师范院校拥有足够的课程开发与建设的经验，可以尽快与中小学一起对整个国学教育体系进行梳理。

（三）从国学教育的内容安排来看，当前中小学国学教育出现了"三多三少"的状况

国学教育中存在"三多三少"的状况：蒙学教育多，经学教育少；佛老教育多，儒学教育少；技艺教育多，经典教育少。首先，多数进行国学教育的中小学，它们的国学教学内容仍然局限在传统的"三百千千"系列（包括《弟子规》《三字经》《百家姓》《千字文》《千家诗》等）蒙学教育上，更上一层的经学教育没有开展。中华优秀传统文化的精髓在国学，国学的重心在儒学，儒学又以经学为重。没有进入到经学层面，国学教育就没有探本溯源的能力，从而无法触及灵魂，极易沦落为无根的教育，最终难逃浅俗化的命运。其次，有些地方在国学教育内容上不仅没有确立儒家经学的核心地位，而且还出现了以佛代儒、以道代儒的状况。最后，琴棋书画等国学技艺的教育培训如火如荼地进行，四书五经等国学经典的教育培训却相当冷清。目前，这种"三多三少"的教育内容安排已经严重影响了国学教育的深度推进，不少地方国学教育的开展陷入了停滞不前的状态。

（四）从国学教育的实施方法来看，当前中小学国学教育诵读多，品读少

在国学经典教学上，诵读作为一种基础性的教学模式自然有其不可替代的重要作用，但是，仅仅诵读，经典文本对学生的生命成长就无法构成有效的浸润作用。这就好比播种，种子播下去，最好还要给它盖上土，施点肥，浇些水，种子才有可能生根发芽。单纯诵读，就是把经典文本当成杂草的种子随意撒播，成活率就非常有限了。但是，经典文本与学生的身心成长之间的契合机制是怎么样的，目前还没有得到系统深入的研究，现有的一些成果只是经验式的随感。这对国学教育的长期开展非常不利，也是对前期实践所积累资源的严重浪费。

以上四个方面的问题最终表现在国学教育的学术性研究上，就是整体状态的长期不温不火。据中国知网提供的数据，2011年以来，题名包含"国学教育"的期刊论文，每年发表的篇目都超过30篇，2014年甚至达到了65篇，光看这些数据，国学教育研究似乎已经成为国内教育研究的一个重要领域。但是从1996年到2015年，题名包含"国学教育"的期刊论文一共只有312篇，平均每年不到20篇。而同期题名包含"素质教育"的期刊论文在近20年中总量却达到了5万多篇，年均超过2700篇。从数量来看，两者差距实在是太大了。进而，再看师范院校与中小学在国学教育方面的协作研究，目前仅有李希光的《基于小学教师培养的国学教育课程的设置与实施——以湖南第一师范学院为例》一篇论文，这和师范院校在中小学国学教育体系构建中应该担当的关键角色很不相称。而且，李希光论文的论述范围主要限定在师范院校的国学课程设置上，中小学国学教育的课程设置和实施并未论及。而从专著的出版情况来看，目前专门论述中小学国学教育的著作只有何成银的《我国小学生思想道德教育中的国学教育研究》一书，这本书结合当今时代特征和当代小学生思想实际，对国学教育与小学生的思想道德教育的融通问题做了系统研究。但是该书对小学国学教育在大中小学国学教育的一体化中的意义和作用等问题都没有论述，而且，国学教育的功能并不仅仅在于品德教育，还有文化含蕴、语言滋养、审美教育、伦理规约等。显然，国学教育研究的热度和深度仍然有巨大的提升空间。没有良好的学术研究，国学教育的发展就缺乏清晰的方向和坚实的基础，其他问题也就随之而来了。

二、基础教育视域下国学教育的内涵

要克服当前基础教育领域中国学教育的诸多问题，我们认为首先必须对国学教育的内涵有明确的认识。国学教育的内涵一直以来众说纷纭，作为纯粹的学术研究，相关的探讨还可以不断持续下去，但在基础教育的视域下，国学教育展开的时间、空间是十分有限的，因此我们必须赋予"国学教育"一个符合现阶段基础教

育实践的、相对客观公允的内涵。在我们看来，国学教育的内涵必须包括三个方面：核心内容、根本任务和主要构成。

（一）国学教育的核心内容

宏观上说，国学就是国之所以为国之学，一句话，"国之立必有学"。它是一个民族、一个国家赖以安身立命、永续发展的根本理念与行为方式。从这个意义上说，"国学"概念的内涵和外延大致等同于"中华优秀传统文化"，它为民族和国家的发展提供的是正能量的支撑。如此一来，"国学"的内涵和外延就相当丰富和深广，这为我们开展国学教育赋予了广阔的空间，但也容易令人在它的浩瀚与深博面前无从下手。因此，"国学"需要一个微观的定义。我们认为，从中华民族几千年的文明进程来看，中华优秀传统文化的主脉在儒学，儒学的重心在经学，经学的重心明清以来在四书学。因此，作为撬动一个庞大系统的支点，基础教育阶段国学教育必须以蒙学为起点，以四书学为重心，以六艺之学作为四书教育的配属内容。[①] 明确了这一点，现阶段基础教育视域下，"国学教育"的核心内容就清楚了：以四书学为重心的儒学。有了这个核心，其他学科的内容的引入便有了一个标准和宗旨，国学教育才可以做到博而不乱。[②]

（二）国学教育的根本任务

这是国学在基础教育领域的实践问题。梁启超说："凡一国之立于天地，必有其所以立之特质。欲自善其国者，不可不于此特质焉，淬厉之而增长之。"此间，"所以立之特质"就是"国学"，"淬厉之而增长之"就是"国学教育"。那么，国学教育的内涵就必须包含两个部分：一是"淬厉之"，在基础教育视域下，就是要实现中华优秀传统文化的创造性转化；另一个则是"增长之"，在基础教育视域下，就是要实现中华优秀传统文化的创新性发展。简而言之，对中华优秀传统文化的创造性转化和创新性发展便是现阶段基础教育领域国学教育的根本性任务所在。进而，对以四书学为重心的儒学进行创造性转化和创新性发展就是当前国学教育根本任务中的重中之重。

（三）国学教育的主要构成

明确了国学教育的核心内容和根本任务之后，国学教育的主要构成自然就清楚了。首先，国学教育的主要构成就必须以四书的教育为主线，也就是说，四书教育

[①] 郑国岱：《马一浮四书学的该摄系统探析》，《重庆文理学院学报（社会科学版）》2015年第3期。
[②] 当前，有关"国学"内涵的讨论莫衷一是，有研究者就指出："任何一个学者都可能立足于其所认可的层面，视自身的学术为'国学'，同时指责除自身所立足的层面以外的所有研究为'非国学'。"（贺昌盛：《国学的知识论取向——兼与杨春时先生商榷》，《东南学术》2010年第2期）

必须成为中小学国学教育一以贯之的主要内容。从"大中小学一体化"的角度来看，选择一个核心内容，使之成为联结大中小学国学教育的主线，这也是国学教育实现"大中小学一体化"的必然要求。经过多年的实践，我们建设中的"大中小学一体化"的四书教育课程包括小学段的《论语选读》《孟子选读》《大学中庸译解》，初中学段的《论语精读》，高中学段的《孟子精读》，大学学段的《四书精读》。这样的课程建设构筑了一个由浅到深、从文字到义理逐步深入的四书教育系统，四书学习成为贯穿大中小学国学教育的一根主梁。当然，仅仅实施四书教育是不够的，四书之外，还有五经，还有诸子百家，只不过必须在确立了一个核心构成之后，其他插件才有了一个可以共存融通、有机整合的"主板""主机"。其次，儒学的创造性转化和创新性发展需要一个开放的融通的知识格局，所以除了四书学这一个核心板块之外，根据中华传统文化的特点，在儒学内部四书学需要五经学辅助，在儒学外延儒学需要诸子学配套。因此，以四书学为重心，五经学、诸子学为辅翼的格局就是现阶段国学教育的主要构成。另外，除了这些稳定的板块之外，国学教育的主要构成还必须包括一个流动板块。当代中国的文化建设成就中，其他民族的文明成果都必须适当地被引进到儒学的革新中来，这样的引入置入流动板块，随时可以根据实际情况进行调整。

把国学教育问题具体到基础教育领域，在一个时间和空间都有限的场域里，许多众说纷纭的观点就有了调整的必要与可能，而我们也就容易对国学教育的内涵（包括核心内容、根本任务、主要构成）达成比较统一的认识。没有这样的共识，大中小学国学教育的一体化建设就会继续碎片化。有了这样的共识，师范院校与中小学在国学教育上的协同创新任务就明确了，分工也自然可以具体化。

三、基础教育视域下国学教育的体系

在我们看来，现阶段基础教育领域的完整的国学教育体系建设必须把师范院校纳入其中，并且必须让师范院校在体系中发挥引领和带头作用。师范院校在高校序列中与中小学关系最为密切，是实现大学国学教育与中小学国学教育的衔接甚至一体化的关键。当前中小学师资力量由于受传统教育理念的框约，以及现有师资力量的局限，暂时还不具备对国学教育进行整体规划、分层设计、系统推进的能力，而师范院校既熟悉中小学教育教学现状，又拥有一批以传统文化专业为背景的国学研究学者，师资学术层次较高，有能力实现这些目标。为此，这个体系纵向看必须至少包括三个子系统：师范院校国学教育体系、高中及职中国学教育体系、义务教育阶段国学教育体系。横向看，基础教育国学教育体系必须包括：国学教育人才培养模式、国学教育师范课程体系、国学教育师资培训体系、中小学国学教材体系等。这些体系之间相互衔接，互相支持又各具特色。其中，师范院校的国学教育体系必须体现出对其他两个学段体系的引领作用。从建设面向基础教育的国学教育体系来看，必须从以下这些方面展开探索。

（一）必须建设一个面向中小学的国学教育人才培养系统

未来国学教育的长期深入发展需要相应的师资力量的支持，当前虽然有不少高校开设了国学专业，但这些专业的培养目标绝大多数定位较高，课程设置、培养模式上也是尽量高大上。师范院校的国学教育专门人才的培养要避免这种倾向，要始终服务于中小学国学教育的需要，培养目标要面向基础教育，课程设置要接地气，培养方式要走与中小学联合培养的路子。例如，我们利用大学生暑期"三下乡"社会实践活动，举办了两期国学夏令营，效果就很不错。首先，我们把大学生的国学教育与乡镇中小学的国学教育结合起来，使得师范生的国学教育一开始就具备清晰的职业目标和坚实的实践路径。其次，我们的国学夏令营不仅有大学生参加，还有所在学校的国学预备教师参加，同时还有全省十几所协作学校的国学预备教师参加。如此一来，我们把中小学国学师资的培训和师范院校的社会实践活动结合起来，使得师资培训与真实教学情境无缝对接。最后，我们的国学夏令营还把课堂教学探索与国学教材建设结合起来。国学夏令营的课程安排和课堂模式参照正常教学要求进行，这就让配套的国学教材接受实践的检验，不断总结提高，从而避免了国学教育的肤浅化。当前，如何在成功举办国学夏令营的基础上，把相关的经验转化、固化为师范生国学教育人才培养模式的有效机制，进而建设一个面向中小学的国学教育专门人才培养体系就成了我们的当务之急。

（二）必须建设一个面向基础教育的国学教育师范课程体系

国学是一个庞大复杂、丰富精深的知识系统，基础教育阶段的国学教育必须针对中小学生的身心特点、知识背景在内容上有所取舍，并在此基础上创建相应的课程。我们设想，第一阶段重点建设"四书精读""诸子选读"两门国学通识课程以及"四书精读及教学""诸子选读及教学"两门专业选修课程。传统国学包括经、史、子、集几个主要构成，其中经学与子学是最具有思想战略价值的部分，国学复兴的内生机制一定要在这两个部分中生发出来。所以，师范院校国学基础教育课程应该从读经学和读子学开始。而经学主要是五经学和四书学，五经学因为文本阅读的困难要远高于四书学，所以经学课程现阶段必须以四书学为切入口。诸子选读则有助于学生开拓学术视野，了解国学广博深邃的独特魅力。而教学法课程的重点则在总结几千年四书教学、诸子教学的经验及其当代价值的探讨。当代教学法的课程资源本来应该包含三大块，即传统汉语言文学的教学经验（有几千年积累）、现代以来的白话文教学经验（约百年的积累）和西方母语教学经验。其中的第一大块本来是当代母语教学的最宝贵的资源，但现在恰恰是最薄弱的环节。

（三）必须建设一个面向中小学国学教育师资培训的继续教育课程体系

师资问题是制约当前基础教育领域的国学教育向纵深发展的瓶颈所在，新世纪以来，国学教育逐渐在中小学中推广开来，但质疑的声音一直没有停止。2011年党的十七届六中全会决议提出弘扬优秀传统文化的号召之后，中小学国学教育实践的侧重点已经由要不要搞转变成怎样搞。但是，现有教育体制的不完善，导致当前中小学教师严重欠缺国学教育素养，导致国学教育在中小学的推广首先遇到的难题就是师资问题。从已经开展国学教育的学校的情况来看，多数学校均遭遇了持续发展的瓶颈，而根源也在于现有教师的自身知识结构已经难以胜任国学教育深入发展的需要。因此，在师范院校的国学教育人才培养模式和课程体系建设基础上，必须尽快建设一个面向中小学的国学师资培训体系。这个体系的建设可以由师范院校牵头，组织中小学一起开发与建设。当前要优先建设"蒙学基础及教学""四书精读及教学""诸子选读及教学"。课程的建设应特别重视一线教学实践经验的导入，尤其是国学教育特定原理、方法和教学技能的总结与提炼，尽快探索出一套富有特色的方法论体系。

（四）必须建设一个中小学国学教材体系

国学教育最终一定要落实到中小学教育中去才能够根繁叶茂，所以开发建设中小学国学教育教材是师范院校与中小学国学课程协同创新的重要内容。当前，中小学国学教育教材没有全国统一的课程标准，每个学校根据自己的情况自主采购或者编写，结果现行教材要么脱离一线教学的实际需要，要么缺乏整体的编写思路，体系混乱。要改变这种状况一定要从小学到中学到大学通盘考虑，注重教材的衔接过渡；同时要注意国学教材与其他学科教材的互补性，特别需要注意与语文学科的融通。否则就容易出现把初中、高中的语文教材内容大量挪到小学阶段让学生诵读等乱象，打乱了语文学科的知识序列。另外，教材的建设在考虑与现有课程的关系的时候，尤其要避免成为"第二语文课"或"第二思想品德课"，重点突出原典诵读，突出文化传承，突出人文涵养，强调踏踏实实地积累，强调精神内涵的领悟。就教材的编写问题，教育部的《纲要》指出："教育部统筹规划和推进中华优秀传统文化教育课程、教材、师资等建设，明确具体任务和政策措施。"从目前中小学语文、数学等课程的建设情况来看，组编全国统一的中小学国学教材并不现实，教育部更多的将从课程标准制定与政策规范等层面用功，具体的教材编写必须动员社会力量来参与，其中，师范院校可以发挥重要的作用。

以上四个体系贯穿大中小学国学教育系统，而以国学教育人才培养模式的建设为突破，以高师院校的国学教育课程开发为龙头，渐次拓展到师资培训，再落实到大中小学国学课程体系建设，要力争做到体系完备、气脉连贯，理论建设、课程创建、方法论探索与实践操作形成一体，最终凝练成富有人文内涵又有时代特色的国学教育体系。

四、基础教育视域下国学教育的方法

方法研究其实要解决的核心问题就是"怎样教"的问题，扩大一点就是国学教育的实施问题。当前基础教育领域的国学教育在实施方法上的困境主要源于师资力量的局限，而仅仅依赖现有中小学师资难以迅速解决国学教育在实施上所遭遇的困境。经学课程取消已经超过一百年了，现有中小学教师的知识结构基本上是由其所接受的师范教育决定的。而从目前的师范专业教学体系来看，绝大多数学校并没有专门的经学教育模块，这就造成了师范生走上工作岗位之后深入开展国学教育的困境。对此，师范院校可以借助继续教育对现职中小学教师的知识结构加以某种程度的补全，而这种补全可以理解为师范院校对前期产品缺陷的召回处理，对师范院校而言这是责无旁贷的。但是，当前主要是高校，特别是师范院校尚没有深度参与到基础教育的国学教育实践中来。部分高校虽有参与，但是决心不大，力度不足，导致这些实践在开展若干年之后不同程度地陷入停滞状态而未能很好推进。其实，师范院校与中小学的协同创新，一方面有利于中小学国学教育的顺利推进和全面深入开展，同时反过来对师范院校相关课程体系的建设有直接的促进作用，对师范院校人才培养模式的改革也有强力的引领意义，这既是双向需求，同时也会是双赢结果。我们认为，目前师范院校对基础教育国学教学实践参与动力不足的根本原因在管理体制上。当前师范院校整体管理体系参照普通高校而建立，缺乏辐射中小学的硬性制度设置，这使得高校教师对中小学国学教育实践的参与难以得到应有的评价，积极性也就难以调动起来，这已经严重影响了师范院校与中小学在国学教育领域的协同创新。

因此，探索中小学国学教育的方法首先必须打破师范院校与中小学之间的制度藩篱。其次，打破制度藩篱之后，师范院校与中小学之间才可以实现各种资源的共享。在这个基础上，根据这些年的国学教育实践，我们认为，基础教育的国学教育实践在方法论上必须坚持"五个结合"和"一项基本原则"。

第一个结合是学术研究与社会实践的结合。社会实践可以为学术研究提供事实依据，没有社会实践，学术研究就只能是空中楼阁，难以发挥社会作用；没有学术研究，社会实践就会缺乏方向，停步难前。相比于中小学而言，师范院校的强项在于它比较强大的学术研究能力，但此种能力必须自觉与当前基础教育的国学教育实践结合起来，学术研究才可以为社会实践提供有效理论指引。

第二个结合是国学经典的读解必须与六艺修炼相结合。孔子说"兴于诗，立于礼，成于乐"（《论语·泰伯第八》），他还说"志于道，依于仁，据于德，游于艺"（《论语·述而》），没有"礼"和"乐"的学习，没有"艺"的调节，国学经典的文本学习就容易流于空洞，甚至面目可憎。反过来，六艺的修炼如果没有"经"的学习，就容易流连小道，自鸣得意。所以子夏提醒我们："虽小道，必有可观者焉，致远恐泥。"（《论语·子张》）

第三个结合是课堂教学与社会养成的结合。孔子说"学而时习之，不亦说乎"（《论语·学而》），国学经典的学习还必须与社会养成、家庭养成结合起来，为中小学生从国学经典学习中收获的心性体悟与自身行为习惯的养成结合起来，构筑一个国学经典学习的养成场。

第四个结合是教师教学与教研的结合。当前从事国学教育的师资队伍，其固有的知识结构中，国学素养是比较缺乏的，所以国学教学与国学教研必须密切结合起来，让广大国学教师在教中学，边学边教，教学相长。

第五个结合是学校教育力量与社会教育力量的结合。当前的国学热其实首先兴起于民间，中华优秀传统文化的原生态留存也在民间，民间社会机构有意愿也有能力参与到当前的国学教育浪潮中来，如何把政府主导的学校教育力量与民间主导的社会教育力量结合起来，共同促进基础教育的国学教育发展是当前教育界必须面对的时代课题。

我们认为，以上"五个结合"做得好，基础教育的国学教育从方法论上来说就不会偏差了。当然，基于当前基础教育的国学教育实际，国学教育的实施必须坚持"一个基本原则"——循序渐进。毕竟国学教育的系统实施对中国而言已经整整断绝了一百多年，所以我们一定要有足够的战略耐心把断了的文脉重新接续起来。

第一，教学内容上的循序渐进。国学有其自身内在的学理逻辑，违背或者忽视这个学理逻辑，在教学上求多求快，最后只能适得其反。例如，四书教育历史上有两条教学实操路线，一条是针对成年人的，或者学问已经有一定基础的学习者，学习顺序从《大学》到《论语》，再到《孟子》，最后是《中庸》；另一条是针对未成年人的，或者学问尚未有根基的学习者，学习顺序则从《论语》到《孟子》，再到《大学》《中庸》。两条学习路径如果不根据学习者的情况仔细加以选择的话，就容易事倍功半。

第二，教学方法上的循序渐进。当前，据我们观察，基础教育的国学教育在教学方法上存在标新立异和简单枯燥两个极端。标新立异者把国学教育当成特色教育，为了吸引眼球，博取"成绩"而不惜剑走偏锋。例如，在形式上让学生在日常生活中穿着所谓的"汉服"，在内容上大讲宗教信仰。而简单枯燥者则认为国学经典的学习就是学习者自学自悟的过程，所以不必讲解，只要诵读。前者已经偏离了我们弘扬中华优秀传统文化的价值立场以及时代意义；后者则无视学生学习的自然规律，容易造成不少学生对国学经典学习的负面心理。前者是"过"，后者是"不及"，都不是我们实施国学教育的正确方法。

第三，教学普及上的循序渐进。随着国家经济实力的不断增长，地方财政实力也越来越强,中央一号召,地方政府对国学教育的投入相当有热情。由此,不少地方在教育行政的主导下迅速全面铺开国学教育。此种做法热情有余,定力不足,缺乏深耕细作的战略耐心。我们认为,作为基础教育的国学教育必须先从骨干教师的培训做起,以特色班、特色学校为抓手,逐步全面普及。如此,学生和教师都有对国学学习的缓冲区,可以让大家在从容审视中扎实推进,如此获得的国学教育成果才具有普及推广和深入人心、移风易俗的能量。

综上所述,师范院校与中小学国学教育体系的无缝对接已经是解决当前基础教育领域的国学教育困境的关键性抓手。为了实现上述目标,我们在实践中,首先建立了"岭南国学教育联盟",整合师范院校与中小学的资源;然后,通过"国学夏令营""师资短训班"的方式开展集中训练和实验;再通过在联盟学校中建立国学教育示范班的方法逐步推广,并在此基础上选择合适的学校建设国学教育示范基地。最终,我们要把参与联盟的学校都办成特色鲜明,在当地有引领能力的基础教育领域的国学教育示范学校。与此同时,师范院校在全程参与的过程中也将逐步对自己的人才培养模式进行优化,最终形成一个能够满足基础教育需求的国学教育人才培养系统。

参考文献

[1] 李希光. 基于小学教师培养的国学教育课程的设置与实施:以湖南第一师范学院为例 [J]. 当代教育论坛(综合研究), 2011(2): 103-104.

[2] 何成银. 我国小学生思想道德教育中的国学教育研究 [M]. 北京:北京大学出版社, 2011.

[3] 梁启超. 论中国学术思想变迁之大势 [M]. 上海:上海古籍出版社, 2001.

(本文作者:广东第二师范学院中文系 郑国岱)

理 念 编

第一章 大中小幼四位一体的协同创新

幼儿园国学启蒙教育的现状及对策

——广东省幼儿园国学启蒙教育的调查报告

近一段时间以来,广东省幼儿师资培训中心、广东省幼儿园园长培训中心完成了对广东省幼儿园国学教育现状的调研。课题组成员深入珠三角、粤西、粤东、粤北等地进行实地考察,收集了300名骨干教师、200名园长与业务园长、100名幼教培训者的调研材料。涉及20所省级幼儿园,40所市级幼儿园,60所县(区)级幼儿园,80所未定级幼儿园,100所公办街镇中心幼儿园;幼儿园总数300所,其中,公办园180所,民办园120所,具有广泛的代表性。

调研资料显示,绝大多数的幼儿园曾不同程度地开展过国学教育。以国学为教育特色的幼儿园约占8%,经常开展国学教育的幼儿园占23%,偶尔开展国学教育的幼儿园占49%,开展国学教育但没有意识到的幼儿园占17%,没有开展国学教育的幼儿园占3%。可见,开展国学教育的幼儿园的比重很大。不少幼儿园开展了国学教育却没有意识到并归之于别的名目之下,非常可惜。很多幼儿园虽然开展得红红火火,但暴露出来的问题很严重,如重实践轻理论,重形式轻内容,环境创设的成人化,等等。总之,幼儿园国学启蒙教育现状堪忧。

经过梳理,调研所得的资料基本上可分为两类:一是为什么要开展国学启蒙教育,二是怎样开展国学启蒙教育。这两个问题都没有得到很好的解决。因此,亟须从理论和实践两个方面加以系统研究。本文在充分调研的基础上,得出三个基本结论,并提供了解决问题的对策。

一、幼儿园确实有开展国学启蒙教育的现实需要

梳理"为什么开展国学启蒙教育"的材料,得到的答案很多,如政府重视、国学热、弘扬传统文化等,大概包括以下5种答案:①领导支持开展。政府领导来视察,建议开展国学教育。值得思考的是:作为政府领导,如果没有充分的调查,

并不应该对基层教育单位（幼儿园）做指令性的建议。基层单位没有考虑本单位的师资等实际情况，因政府领导的一句话，就立即行动起来，决策不科学。②投资商要求开展。有些投资商在国外考察之后，发现国外学校重视本民族的传统文化。回国之后，往往要求自己所投资的幼儿园开展国学教育。由于幼儿教师缺少有关国学启蒙教育的知识储备，于是一些民营培训机构打着"国学"的旗号乘虚而入。③家长建议开展。这是非常重要的讯号，它不仅反映了家长对幼儿园开展国学启蒙教育的迫切愿望，而且反映了家长国学素养的提高。④有的幼儿园是随大流开展的。看到别的幼儿园开展得热热闹闹的，自己也跟着开展。结果依葫芦画瓢，流于形式。采用背诵、识记等简单机械的方法，严重违背学前教育规律。⑤有的幼儿园是园长（教师）主动开展的。这些教师能够将教学渗透到游戏之中，有一定的效果，但是没有上升到自觉的理论高度。

总之，无论幼儿园开展国学教育的原因是什么，都可以推导出一个基本结论：幼儿园确实有开展国学启蒙教育的现实需要。

二、目前幼儿园开展的国学启蒙教育很粗糙

梳理"怎样开展国学启蒙教育"的材料，我们发现无论是开展过国学教育的幼儿园，还是尚未开展国学教育的幼儿园，或者以国学为教育特色的幼儿园，答案大致相同。用一句话概括："用适于幼儿身心特点的教育活动使深奥的国学道理浅显化。"这反映了幼教精英们的共识。然而，有些国学道理并不深奥，而"浅显化"一词太模糊化，许多国学教育活动并不符合幼儿身心特点。概而言之，目前幼儿园的国学教育活动有失有得。①幼儿园通常选择一些重要节日与一日活动相结合，如父亲节、母亲节、中秋节等，开展"孝道"等传统文化的教育，但形式僵硬，往往突出国学知识的记忆与理解，脱离实际。②也有以游戏、情景剧等方式演绎富有教育意义的成语故事、古诗歌等，在轻松快乐的环境中完成国学启蒙教育，有的幼儿园取得很大的成效。③私营机构开发的动漫等视频资料，许多内容违背幼儿教育规律。④让幼儿摇头晃脑地背诵古诗等，甚至集体背诵（全班、全年级、全园），"小学化"严重。

总之，幼儿园的种种探索给我们研究幼儿园国学启蒙教育提供了丰富生动的案例。但是大量的教育活动违背《幼儿教育学》和《幼儿心理学》的基本要求，很多教师片面强调背诵和理解，从而忽视幼儿"健康快乐成长"的原则。《3—6岁儿童学习与发展指南》明确规定："应在生活情境和阅读活动中引导幼儿自然而然地产生对文字的兴趣，用机械记忆和强化训练的方式让幼儿过早识字不符合其学习特点和接受能力。"这表明，任何幼儿教育活动都要符合幼儿的学习特点和接受能力。开展幼儿园国学启蒙教育，稍不留意，就容易违背这个原则。由此可以推导出另一个基本结论：目前幼儿园开展的国学启蒙教育很粗糙。

三、幼儿园开展国学启蒙教育的现实需要与这种需要暂时得不到满足的矛盾

如果把"为什么要开展国学启蒙教育""怎样开展国学启蒙教育"两个问题放在一起思考时，那么自然推导出第三个结论：幼儿园开展国学启蒙教育的现实需要与这种需要暂时得不到满足的矛盾。

本课题"幼儿园国学启蒙教育的现状及对策"就是要解决这个问题，构建幼儿园国学启蒙教育的理论体系及实践体系。从幼儿园国学启蒙教育的定义、内容、目的、原理、方法等问题出发，形成一种可以复制的经验以及可以推广的模式，以满足目前幼儿园开展国学启蒙教育的现实需要。

课题组在调研的时候，发现除了少数幼教培训者之外，很少有人关注这个问题：什么是国学（教育），什么是幼儿园的国学教育？只有依次解决"是什么""为什么""怎么样"，才算一个完整的、有序的学术思辨过程。除此之外，还需要考虑到以下四方面：①国学启蒙教育理念要汲取已经丢掉的传统幼教精华。中国古代"蒙学"非常发达，自有完整的教育体系，许多教育理念在今天仍然有很强的指导意义，要系统地梳理这些内容。②国学启蒙教育课程设置要与实际结合起来，不能一味媚俗，追求集体演出的效果。③国学启蒙教育的教育方法要防止"小学化"，不能片面地强调背诵、理解等。④国学启蒙教育的环境创设一定要遵循"幼儿世界"的原则。

四、解决问题的对策

随着幼儿园国学启蒙教育的深入开展，必然要解决师资问题。解决师资，一靠培训（培训机构），二靠课程（专业学校）。短期内解决师资问题主要靠培训机构的国学启蒙教育专题培训，长期解决师资问题主要靠学前教育专业院系的学科建设。因此，研究工作可以分两步走：一是针对幼儿园，做好"幼儿园国学启蒙教育的现状及对策"的课题研究工作；二是针对专业学校，做好国学教育专题培训、国学教育课程建设的课题研究。这两步密切相连、彼此照应。基于此，急需做的工作有三个。

（一）转变思想观念

1. 以"幼儿园国学启蒙教育"的说法取代"幼儿园国学教育"的说法

我们在广州增城区调研的时候，有一位园长说："我原以为幼儿园国学教育就是让幼儿摇头晃脑地背诵古诗词。"可见，"幼儿园国学教育"的说法很容易让人联想到"摇头晃脑"式的背诵画面。如果加上"启蒙"，就会大大降低这种认识，

最起码人们"接受的舒适度"会更高一些。"启蒙"一词不仅体现了幼儿教育的独特性，而且"蒙"字与中国古代的"蒙学"连在一起。我们在构建幼儿园国学启蒙教育理论体系与实践体系时，应立足传统，重在创新，处理好继承与发展的关系。

幼儿的身心特点决定了幼儿教育必须是启蒙性质的，必须坚决反对在幼儿园开展各种"小学化"的国学教育活动。王振宇主编的《幼儿心理学》认为，单纯地诱导儿童过度运用机械识记、死记硬背是错误的。过度的机械地背诵识记不符合幼儿教育的要求。因此，"幼儿园国学启蒙教育"的说法比"幼儿园国学教育"的说法更符合科学规律。

2. 要以更加宽广的胸怀包容目前幼儿园开展的各种形式的国学教育活动

增城区那位园长所说的话是在自我批评，但是我们担心她在以后的教育活动中会极力反对背诵（吟诵）式的教育方式。其实，背诵（吟诵）的教育方式在中国存在了几千年，肯定有其合理的地方。况且也有人强烈呼吁不同程度地恢复这种教育方式，而且声音越来越强。对待这种声音，我们不能拒之门外，充耳不闻。如果我们把背诵（吟诵）当作一种游戏，并通过有效的教育活动组织，把它变成孩子们喜爱的教学方式，是符合幼儿教育要求的。

3. 不要严格区分国学教育与非国学教育

开展国学教育，绝对不是把其他的非国学教育（西方教育理念和方法）排挤出中国。在幼儿园大力开展国学启蒙教育就是要在国际学前教育领域中增加中国元素，这个元素由小变大，慢慢形成中国气派、中国风格以及具备中国特色的中国学前教育品牌。这个品牌是开放的、兼容的，完全能够把西方的教育理念、教育方法吸纳进来。没有兼蓄并纳、大气谦和作为前提，片面突出"以我为主"很可能演变成"盲目排他"，这在实际工作中是有害的。

（二）精选国学启蒙教育素材

开展国学启蒙教育的同时，应该看到许多国学素材是不适合开展启蒙教育的，或者是不能提前用来开展的。这就涉及了传统文化的现代化与国际化的问题，只有经过现代化的传统文化才能国际化。因此，教师要掌握有关国学的通识性知识，选择适合幼儿身心发展的国学教育素材。

《幼儿心理学》强调，不加辨析地向儿童灌输古代经典的做法，既不利于传承传统文化的精髓，也与现代化建设的需要相去甚远。连《弟子规》《论语》等公认的蒙学经典都有许多不适合幼儿学习的内容，何况其他的呢？因此，选材很关键，不少机构已经做了很好的探索。

作为幼儿园园长，要不断优化知识结构，把"引领发展""能力为重""终身学习"等理念纳入国学启蒙教育之中。《幼儿园园长专业标准》强调"文化育人"的重要性，要求园长了解幼儿园文化建设的基本理论，掌握促进优秀文化融入幼儿园教育的方法和途径。因此，幼儿园园长要提升国学启蒙教育理念，掌握幼儿园国学启蒙教育的方法和途径。针对幼儿教师，要提高国学素养，理解国学启蒙教育的专业知识，增强国学启蒙教育的专业能力，并熟练掌握国学启蒙教育三步法。针对幼儿，只要幼儿健康快乐地成长，国学启蒙教育活动就算成功了。幼儿教育的国学素材绝不能突出成人希望的"深度"，它仅是一个"启蒙"而已。

（三）推广国学启蒙教育三步法

设计幼儿园的国学教育活动时，要充分考虑学前教育课程内容的"启蒙性"。李生兰主编的《学前教育学》强调："学前教育课程的内容不仅应是广博的，而且还应是浅显的，具有启蒙性。"这是由学前教育的性质和儿童身心发展水平决定的，国学启蒙教育的方法必须符合学前教育学的基本要求。

幼儿园国学启蒙教育三步法是一种融合讲、演、游戏、吟诵等手段为一体的方法，是让幼儿全部参与的经济实用的方法。它不需要投入太多的人力、物力、财力制作卡通、动漫、视频等。说是三步，亦可合为一步。作为一种教育方法，它需要静态描述，兹列三步，故称"三步法"。

第一步：点入，以点切入。以一个（件）富有教育意义的人（事）作为切入点，通过讲故事、做游戏等方式引入。以蒙学经典中"某两句话"为突破口，或者说，这次教育活动就是演绎这两句话。两个这样的点连成一条线，或者直接由一个点扩成展一个互相关联的知识平面。

第二步：连线，由点连线。由一个知识点延至第二个知识点，成为一条线。

第三步：扩面，拓展成面。

以《三字经》教学为例

点入：以"融四岁，能让梨"为一个切入点，教师生动地讲述历史上"孔融让梨"的故事（或者一个类似的现代版的故事）。

连线：与"香九龄，能温席"连成一线。讲、演皆可。

扩面："香九龄，能温席。孝于亲，所当执。融四岁，能让梨。弟于长，宜先知。"教师与幼儿一起诵读，或者组织成一个诵读的游戏。教师引出《三字经》，可以增加"人之初，性本善；性相近，习相远"等开头若干句。

实践证明，此国学素材的教学适合5~6岁的幼儿，对3~4岁的幼儿应适当递减。递减包括两层含意：①教育内容的递减；②步骤的递减。第二步"连线"、第三步"扩面"都可作相应的变动，或者把第二步纳入第三步之中，或者把第二步、第三步并入第一步之中，减少甚至取消相关内容。总之，要根据具体情况而定，即使只完成一步，也是可以的。举两个例子为证。

(1) 以"饮酒醉，最为丑"（《弟子规》）为切入点，创设情景：爸爸醉醺醺地回到家的丑态，幼儿可以参演不同的角色。

(2) 以"有朋自远方来，不亦乐乎"（《论语》）为背景，创设情景：一个大家庭成员到另一个大家庭里做客，幼儿全部参演，开展行为举止的文明礼貌教育。

至于讲、读、吟、诵、演等方式如何取舍，由教师自由把握。要特别强调的是，幼儿园国学启蒙教育活动都要恪守"以幼儿为本"的要求，要符合"游戏原则"。《幼儿园教师专业标准解读》指出："游戏是幼儿最好的学习方式，在生活中学习是幼儿学习的重要特点。"讲（演）故事、创造情景、组织游戏是切实可行的教育活动。如讲（演）狐假虎威、掩耳盗铃等成语故事。

总之，幼儿园国学启蒙教育三步法基于幼儿园国学启蒙教育现状，它是为了缓解目前师资力量不足的压力而提供的切实可行的方法。但是要真正解决师资问题，还要靠专题培训和课程建设。无论是开展培训，还是设置课程，都离不开"幼儿园国学启蒙教育的理论体系和实践体系"的建构。所以，形成可以复制、可以推广的经验与模式，是迫切要解决的重大的现实问题。幼儿园国学启蒙教育在继承传统的同时，重在创新，并与传统文化的现代化与国际化结合起来，反观中国学前教育的民族性和本土特征。

参考文献

[1] 李季眉，冯晓霞.《3—6岁儿童学习与发展指南》解读［M］. 北京：人民教育出版社，2013.
[2] 王振宇. 幼儿心理学［M］. 北京：人民教育出版社，2012.
[3] 教育部. 幼儿园园长专业标准［EB/OL］.（2014-12-26）［2015-01-12］. http://www.moe.gov.cn.
[5] 李生兰. 学前教育学［M］. 上海：华东师范大学出版社，2006.
[6] 教育部教师工作司. 幼儿园教师专业标准解读［M］. 北京：人民教育出版社，2013.

（本文作者：江门市幼儿师范学校科研培训处　郭　玉）

中小学国学教育的现状、问题及发展策略管窥

——以广州市花都区调查数据为例[①]

为了真切把握当前中小学国学教育的真实状况，更好地弘扬中华优秀传统文化，促进中小学国学教育的稳健发展，我们选取广州市花都区中小学做了一次抽样调查。[②] 花都区经济、文化和教育事业的发展层次丰富，可以当作广东地区经济、文化和教育事业发展现状的一个微缩版本。而广东省的中小学国学教育启动早，普及面也相对广阔，广东在实践中出现的问题具有全局性意义。因此，根据花都区的调查数据，我们可以管窥当前中小学国学教育的现状，进而分析当前存在的问题，探讨进一步发展的策略。

一、调查思路及方法

（一）调查背景

党的十八大以来，花都区教育系统主动推进中华优秀传统文化的传承与发展，开展了一系列富有成效的工作。我们利用该区教育局网站设计的站内文件搜索，搜索关键词"国学"，截至 2017 年 9 月（不含 9 月），共得到 17 条检索结果，其中，2015 年为 6 条，2016 年为 7 条，2017 年也有 4 条。而以"中华优秀传统文化"为关键词进行搜索，同一时间段则有 13 条检索结果，其中 2015 年为 3 条，2016 年为 1 条，2017 年为 9 条。两类检索结果合并，则 2015 年有 9 条，2016 年有 8 条，2017 年下半年的学期刚刚开始，相应的教育活动有待展开，但上半年已经有 13 条。应该说，两年多的时间里有 30 条相关活动信息，中华优秀传统文化教育的宣传力度与开展的热情还是不错的，也正因为有了这些工作打底，我们的调查效度才有了一定的保障。

（二）调查设计思路及方法

我们需要了解的是当前中小学国学教育的教学内容、开展形式、评价标准、教材和师资情况以及人们对国学教育的态度和认识等。而我们所调查的"国学教育"

[①] 本研究由郑国岱带领的广东第二师范学院国学教育协会志愿者杨晓婧、邱钟、刘慧、叶翠连、雷安琪等人于 2016—2017 学年进行数据采集，报告定稿最终由郑国岱于 2018 年 5 月完成。

[②] 目前，见诸报刊的中小学国学教育现状调查有不少，但广东地区的专门调查还没有。

是指以国学经典、中华才艺、国学常识为核心的中华优秀传统文化教育，也包括中小学围绕这些核心内容所展开的教育教学活动和校园文化建设活动。

1. 调查对象及调查方法

本研究有目的、有层次地使用抽样调查法，对花都区经济社会发展水平较好的城区学校红棉小学、棠澍小学、清布中学、云山中学四所学校进行入校调研，对城区的新华街道第五小学（以下称"五小"）、金华中学则利用微信网络平台进行调研；对乡镇地区的学校炭步镇第二小学、狮岭中学两所学校进行入校调研，对狮岭镇杨屋村第一小学、花都区第二中学则利用微信网络平台进行调研。调研对象涉及学校领导、教师、学生及家长。在具体调查中，我们主要采用了文献法、访谈法、问卷调查法三种方法。

2. 调查内容

此次调查从五个方面展开。第一，学校方面。了解学校的办学理念、国学教育开展的基础设施及经济条件。第二，教师方面。了解师资情况对开展国学教育的影响。第三，学生方面。了解中小学生对国学的认知情况、学生所喜爱的国学教育开展的内容与形式及未来进一步学习国学的意愿等。第四，教材方面。了解学校国学教育的课程内容和方向。第五，家长方面。调查家长对国学教育的看法与支持程度。

3. 问卷派发情况

此次调查，问卷发放总数为3130份，其中针对小学生的国学教育调查问卷共发放1500份，成功回收1400份，其中无效71份；针对中学生的国学教育调查问卷共发放1400份，成功回收1274份，其中无效52份；针对教师的国学教育调查问卷共发放180份，成功回收160份，其中无效0份；针对家长的国学教育调查问卷共发放50份，成功回收30份，其中无效5份。

二、花都区中小学国学教育现状

经过2016年9月至2017年1月共5个月的调查、采访，我们对广州市花都区中小学的国学教育现状有了大致的把握。下面从"学校""教师""学生""教材与评价系统""家长"五个方面加以分析。

（一）学校

我们首先对学校开展国学教育的情况做了一个调查。调查结果表明，花都区一线的教育工作者、学生、学生家长普遍认为国学教育意义重大，也希望大力普及。在国学教育的形式上，各中小学主要以国学经典诵读为主，同时结合其他的活动形式。例如：五小开展国学方面的课题研究，分学段开设书法课，开展中国年文化嘉年华活动，进行国学经典阅读（指定书目阅读、课外阅读、图书漂流等）；金华中学开设象棋课和软笔书法课等。下面我们把这些受调查学校分成城区和乡镇地区两类，统计结果如下（见图1-1，图1-2）：

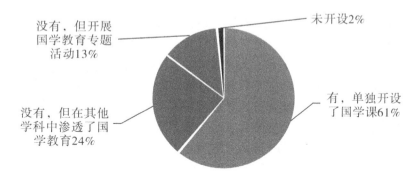

图1-1 城区学校开设国学课程的情况

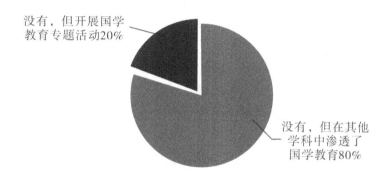

图1-2 乡镇学校开展国学课程情况

调查数据显示，第一，花都区绝大部分受访学校都开展了国学教育，而且城区竟然有61%的受访学校已经单独开设了国学课（包括国学经典课、中华才艺课、国学常识课等课型）。这样的比例虽然距离全面开展还有继续努力的空间，但也表明花都区中小学国学教育已经取得了一定的成绩。只有2%的城区的受访学校表示未开展国学教育，原因是这些受访学校认为国学教育与该校的特色发展定位不相符。这里其实涉及国学教育应该是中小学教育的"底色"还是"特色"的问题，涉及对国学教育的内涵与意义的认识问题。第二，城区有24%的学校、乡镇地区有80%的学校在学科教育中渗透国学教育，这是在无法独立设课的情况下一种折中的方法，它虽然使国学教育在中小学的推广获得相对便捷的途径，但是国学教育与其他学科教育一样都具有不可取代的独立学科品性，仅仅依靠学科渗透来解决国学教育问题终究不是长久的办法。第三，国学教育深度发展的地区差异明显。城区竟然有超过60%的受访学校已经单独开设国学教育课程，但乡镇地区的受访学校则没有一所学校单独开设国学教育课程。这表明，除了学校单独设课的意愿之外，能否设课还受到社会发展水平、师资力量、硬件设施等因素的制约。因为乡镇地区的学校数量占比更多，所以这样的问题必须引起我们充分的重视。

（二）教师

在国学师资情况调查中，语文教师、班主任、德育教师等兼任国学教师的情况较为普遍；城区有26%的受访学校有专职的国学教师，这跟该地区比较高的国学教育独立设课比例有直接的关系；与此同时，城区还有11%的受访学校没有国学教师，而不开展国学教育活动的学校仅为2%，造成真空的部分原因是城区的学校可以借助课程的社会购买完成部分国学教育任务，所以不需要配备国学教师。而乡镇地区中小学则没有专职的国学教师，也不太可能向社会购买课程，所以学校一般都有兼职国学教师。这也表明开展国学教育、弘扬中华优秀传统文化已经成为学校教育的"硬要求"，大部分学校也都在师资配备上做了安排。但在现有的专职和兼职国学教师中，大多数教师没有经过专业的系统培训，自身国学底子薄弱，无法真正胜任国学教育任务。城区与乡镇地区国学师资的情况如图1-3与图1-4所示。

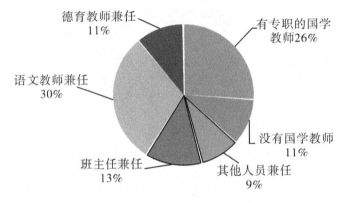

图1-3 城区学校国学师资的情况

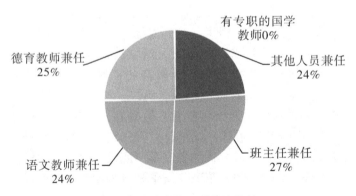

图1-4 乡镇学校国学师资的情况

以上数据表明：中小学国学教育专职师资队伍的建设迫在眉睫，师资培训任务十分繁重。

（三）学生

1. 小学生国学教育认知现状

调查结果显示，在回答国学教育的意义的时候，58.9%的小学生认为可以学习和了解更多的国学思想以提高自己的道德素养；而40.8%小学生同意"学习国学还能提高自己知识水平，培养广泛兴趣"这一说法；此外，22.5%的小学生赞成学习国学能对生活起指导作用。但与此同时，也有11.3%的小学生表示学习国学没有什么用处，这样的比例不算少，必须引起我们的高度重视。

在回答是否支持学校开设国学课程的时候，几乎所有参与调查的小学生都选择支持，且有49%的学生表示如果学校没有开设国学课程，他们愿意在校外学习国学，但也有31%学生表示不愿意到校外学习国学。

在国学内容上，喜欢学习传统书画、音乐、武术等中华才艺课程的学生超过35%，另有21%的学生喜欢国学经典，只有14.8%的学生喜欢历史文化常识方面的内容。这表明学生倾向于接受技艺性的实践课程，对偏重理论性和知识性的课程兴趣比较淡薄。在国学学习方式上，33%的学生喜欢在观看图片、实物或参观博物馆的过程中学习国学知识，29%的学生喜欢通过亲身体验民俗来了解传统文化，另有14%的学生喜欢通过情景模拟表演的形式来加强个人对文本的理解。这三个方面加起来可以明显看出学生们喜欢的是一种体验式的、直观的学习方式，这和他们在学习内容的选择上表现出来的倾向是一致的，当然也与小学生的心理认知能力的发展阶段有密切关系。（见图1-5）

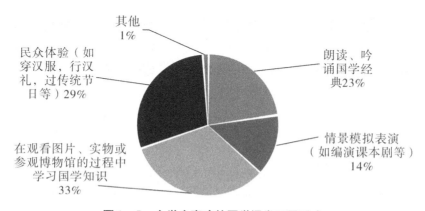

图1-5 小学生喜欢的国学课堂开展形式

在学生自主学习意愿方面，虽然有62.1%的小学生表示喜欢上国学课或者参加国学教育活动，但只有52.9%学生表示未来可能会继续在国学方面强化学习，有24.4%的学生则觉得自己未来不会往国学方面开展学习，22.7%的学生持中立态度。主动学习的意愿仅仅过半，我们的国学教育仍然有很大的努力空间。

2. 中学生国学教育认知现状

在接受调查的中学生当中，满意目前所在学校创建的传统文化氛围、支持学校开展国学教育的占大多数，也有少部分学生认为目前所在学校所创建的传统文化氛围一般。具体情况如下。

首先，大部分中学生听说或接触过国学，36.2%的学生认为国学包含典籍、技艺、礼仪、习俗等在内的传统文化教育，31.6%的学生认为国学由经学、子学、史学等经典典籍教育（《论语》《孟子》《史记》等）组成，但也有7%的学生没有听说过"国学"一词。

其次，从所调查的数据中可以看出，中学生对国学教育虽然看法各异，但多数学生仍然认可国学教育。其中，共676名学生认为学习国学可以继承与弘扬中华优秀传统文化，552名学生认为学习国学还能提高自己的知识水平、培养广泛的兴趣，574名学生认为借助国学可以学习和了解更多的先贤优秀思想以提高自己的道德素养，约403名学生认为学习国学是实现中华民族伟大复兴的重要环节。从这组统计数据来看，文化传承与认同的教育功能得到多数中学生的认可。

"学习国学的好处"是小学生和中学生调查问卷里面都有的一个问题，45.2%的中学生和40.8%的小学生认为学习国学能提高自己的知识水平、培养广泛的兴趣，47.0%的中学生和58.9%的小学生认为借助国学可以了解和学习更多的先贤优秀思想以提高自己的道德素养。两相比较，中学生更侧重知识的学习、小学生更侧重道德素养，这和中学更侧重应试教育、小学更侧重素质教育的现状是相吻合的。

就国学课程而言，绝大部分中学生表示如果学校开设国学课程，会积极主动报名参加。而在课程实施方式上，"兴趣小组"和"特色班级"得到最多的认可。其中，34.3%的学生觉得以课外兴趣小组方式组织为好，看来学生们担心国学课程学习会影响考试科目的学习；33.2%的学生偏向开设特色班级这一方式，特色班级可以对课程整体安排做些微调，这是一种现阶段学生、家长和学校都可以接受的方法。

（四）教材与评价系统

就国学校本教材内容而言，花都区各中小学没有统一的国学教材，部分学校是根据本校开展的特色国学课程选择相应的读物。例如五小的国学读物是由人民教育出版社出版的《少儿国学》杂志、《古诗词七十首》读本等，只有该校专业教师开展的书法特色课程编写了独立的教材；红棉小学则有独立的自编教材《古诗词四十五首》。也有部分学校根据学生的学习情况，有针对性地分年级选择学习读物。例如棠澍小学一年级主要读物是《弟子规》、二年级是成语故事书、三年级是历史故事书等。总之，大部分学校选用趣味性较强的图书来增加学生学习国学的兴趣，但是都没有一个完备的教材体系。

就国学校本教材使用情况而言，经过对教师群体的调查得知，城乡之间国学教育的校本教材差异不大。超过六成的教师表示，所在学校没有国学教育方面的校本教材；不足两成的教师表示，所在学校有使用正式出版的且使用较普遍的教材；仅有少数的教师表示，所在学校有自编国学教育校本教材，但也没有贯通各个年级。

而在评价系统方面，各学校的评价方式与标准也各不相同，且多与学校自身特色定位相结合，不具备完整的评价系统。例如，红棉小学用文化长廊展示学生的学习成果，五小借助年度文化嘉年华活动展示学生的学习成果。除了这些碎片化的成果展示，大部分学校都未建立国学课程评价体系。

（五）家长

由于我们对家长的调查利用的是放学后家长接小孩的时间，因此时间比较短，家长的配合度不高，而且接小孩的家长中大部分是上了年纪的老人，不便接受调查，所以能够参与调查的家长数量较少。但是家长是中小学国学教育开展的"关键第三方"，他们的意见与建议对中小学国学教育有重要的参考价值。

参与我们调查的家长学历在初中及初中以上，且绝大部分未接受过国学教育。他们对国学的认识不全面，有36%的家长不认为"国学是包含典籍、技艺、礼仪、习俗等在内的传统文化教育"。不过，所有参与调查的家长对孩子学习国学不存在反对的看法，除了32%的家长表示中立之外，其他都持赞成的态度。

对当前中小学的传统文化教育氛围，参与调查的家长中，28%的家长表示满意，但也有56%的家长认为目前学校所创建的传统文化氛围一般。

国学课程方面，参与调查的家长中，92%的人认为国学教育需要专门的教材。这其中60%的家长认为国学课程应该设为选修课程，32%的家长认为应该设为必修课程，剩下少部分持"都可以"的态度。

就国学教育组织方式方面，家长的意见不一，主要集中在"融入其他相关课程"（36%）、"开设为独立课程"（28%）、"课外兴趣小组"（24%）这三种方式之中。

在国学教育的考核评价标准上，76%的家长比较支持建立国学课程考核评价的标准，绝大部分（84%）家长比较关注国学教育评价是否给孩子升学带来实用性功效，这也是家长评价国学教育是否有价值的重要标准。

三、基于调查数据的当前中小学国学教育问题综述

从前文的调查数据分析，我们大致可以对当前中小学国学教育存在的问题形成下面几点认识：

(一) 当前教育界对中小学国学教育的内涵、意义及方法的认识有待提升

近年来，国学虽热，但国学教育的内涵、意义和方法并未明晰，这就造成了中小学国学教育实践中普遍存在认识模糊的情况。首先，对国学教育的内涵认识不清。一般来说，中小学国学教育的内容起码应该包含国学经典、传统技艺、国学常识三大部分，但在调查中，我们发现无论是学校领导、教师、学生还是家长对国学教育的内涵的认识都比较单薄，不少学校往往只抓住其中的某一方面就以为自己成就斐然了，这样的国学教育难免流于浅俗，也容易给反对者抓住把柄，反倒不利于国学教育的健康发展。其次，对国学教育的意义认识不清。虽然中央已经多次下文要求大力弘扬中华优秀传统文化，但是仍然有学校认为国学教育只是中小学教育教学的特色要素而不是基础性要求，这就造成国学教育在中小学开展的随意性、碎片化和不平衡的现状。最后，对国学教育的方法认识不足。由于国学教育还没有成为中小学的必修课程，国学教育的课程标准、教学方法等重要的实践问题仍在持续探索中，所以当前国学教育呈现的教法机械、活动形式单调等状况也就不足为怪了。

(二) 国学教育师资队伍素质堪忧

国学教育专职教师的培养势在必行。当前，中小学国学教育师资虽然有部分专职人员，但这些专职人员都没有接受过系统的国学教育素养和技能的培训，许多人是临时上阵。有些学校甚至把一些无法胜任语数英等主干课程教学的教师淘汰分流到国学教育师资队伍里。这些教师虽然是专职教师，但教学素养、教学技能和更重要的教学态度都有待提高，由这些教师专职担任国学课程教学不仅无法发挥国学教育塑造灵魂、提升境界的人文教育作用，甚至由于这些教师的教学状态而给学生留下国学教育机械、呆板、了无趣味的反面印象，这也可能是11%的小学生认为国学教育没什么用处的重要原因。另外，多数没有专职国学教师的学校的国学教育任务主要由其他学科教师兼任，这虽然在某种程度上有利于国学教育与其他学科教学的融通，但是也往往造成国学教育独特课程品性的模糊和教学质量打折扣的普遍现象，加上应试教育的压力，有些学校虽然有专门的国学教育课时，但这些课时的被挪用情况也非常严重。例如，很多中小学国学教育是由语文老师兼任的，而当前一线语文教育对工具性的侧重与国学教育对人文性的追求难免存在矛盾，因此语文教师在讲授国学经典的时候，通常将教学重点限定在与语文考试相关的框架中，过于功利化的教学追求使得国学教育呈现机械化倾向，教育成效不佳。因此，中小学国学教育的健康发展需要优质师资来实现，而当前国学教育师资的状况令人担忧，所以系统培训迫在眉睫。

（三）中小学生的参与热情

中小学生对国学教育参与热情较高，但他们更关注的是一些技艺性和趣味性的课程。这次调查我们最欣慰的就是中小学生对国学教育的参与热情比较高，虽然国学不属于正式的学科，但不少学生能够认识到国学教育的文化传承意义，对国学教育的内涵也已经有了一定的正确认知。这当然跟中小学生求知欲强、富有好奇心，对国学教育还有新奇感有关，但这也是这些年来各级政府、各学校和老师们努力的结果。诚然，我们也要理性地看到这种热情要想长期保持需要我们下很大的功夫，因为从调查数据来看，中小学生更关注技艺性和趣味性的课程。学生对中华才艺课程的兴趣一方面表现了中华才艺的独特魅力，另一方面也在反向提醒我们国学经典课程教学水平亟待提升。而在教学组织上，兴趣小组和特色班不失为国学教育在现阶段的重要实践平台，因为这两种组织方式实验效率高，试错成本低，推广普及的规模有良好的可控性。

（四）教材和评价方面

各学校自主开发国学教育校本课程的能力不高，在现有教材的使用上，缺乏系统性考量，对学生学习效果的评价也没有完备的体系。教材大多为各学校统一订购的国学类书刊，而内容选择上多以蒙学经典为主，比较单调。主要原因是蒙学经典相对于四书五经，教学难度、强度较低，相对于书法、国画等课程，蒙学经典教学在专业技能上又没有太大阻碍。同时，对国学教育的内涵的认识不足也是造成内容选择单一的原因。而在学习成效评价上，中小学大部分以作品展、会演来展示国学教育的成果，还没有形成完备的评价标准。国学教育以人文精神的涵养为第一目标，传统以知识和技能为考核重点的考试模式并不是衡量国学教育成效最好的考核方式。各所学校国学教育效果的呈现方式虽然各异，但都具有局限性，在很大程度上，其考核目标培养的是少部分的"国学精英"，大部分的学生可能会因不能普遍地参与活动而降低了学习国学的兴趣。再者，受功利教育的影响，这些活动也常常流于形式，而忽略了国学教育人文涵养的初心。

（五）家长对国学教育的心态比较矛盾，而且要求也比较高

虽然接受调查的家长对国学的内涵理解还不充分，但是，除了一部分人持中立态度外，大部分人对国学教育是支持的。当然，他们对国学教育的要求也比较高。首先，他们对当前中小学校传统文化教育氛围不满意。国学教育是一个系统工程，校园文化氛围是直接呈现在社会公众面前的东西，也是学生朝夕濡染的无声课程，它的营造需要比较长时间的积淀，也需要学校管理者和教师积极主动去塑造，而我们都忙于应试，对这些需要用心的、难以立竿见影的东西一直关注不够，如今家长们的意见为我们提了个醒。其次，几乎全部参与问卷调查的家长都认为国学教育要

有专门的教材。这样的要求恰恰抓住了当前中小学国学教育的软肋，是我们急需解决的。教材的缺失让国学课程给公众的印象很不专业，这也就影响了他们在把国学课程开设为必修课还是选修课问题上的信心，甚至只有28%的家长认可把国学单独开设为课程。再次，大部分家长担心国学课程会增加学生的负担，因此国学课成为独立课程或者成为必修课的支持率都不高。最后，家长们对国学教育的效果评价功利取向很明显。大多数家长希望建立评价标准，同时更希望这样的标准能够和小孩的升学联系起来。可以看出，家长们对当前国学教育的心态是很矛盾的，他们一方面支持并期待中小学开展国学教育，另一方面又对现在国学教育的现状不满意而且还有担心。看来，提升国学教育的质量需要系统性的考量。

四、中小学国学教育发展策略探析

面对上述五个方面的问题，我们一定要找到问题解决的关键和应该采取的发展策略的优先顺序，这样才能有条不紊地促进中小学国学教育的发展。

（一）建立专职的中小学国学教育管理和教学队伍

要加强对中小学国学教育的组织领导工作，同时要确保相关经费配套落实。虽然2014年教育部公布了《完善中华优秀传统文化教育指导纲要》，2017年年初，中共中央办公厅、国务院办公厅又印发了《关于实施中华优秀传统文化传承发展工程的意见》，这两份文件都要求各地区各部门结合实际认真贯彻落实中华优秀传统文化教育。但是，调查显示当前中小学对国学教育的认知仍然有待提高，措施还不得力。这其中最主要的原因是，文件出台之后相应的组织管理工作并没有配套跟进，不仅学校没有专职教师，各级教育行政部分也没有专职管理人员，而没有了自上而下的有效管理体系，资源配置、资金落实往往就成为空文，国学教育的教学、教研工作就难以持续，中小学国学教育就难以长期有效开展，所以我们必须"明确国学教育的领导机构，发挥国学教育组织、管理和领导作用。全面、深入、有序地推进国学经典教育。设立国学经典教育专项经费，为开展国学经典教育的学校提供经费支持"。

（二）构建中小学国学教育师资培养、培训和职业成长体系

要构建中小学国学教育师资培养、培训和职业成长体系，同时为国学教育师资打开职业成长通道。有了专职的队伍之后，队伍的素质提升和职业发展就是接下来必须解决的问题。当前中小学国学教育在开展过程中，严重缺乏专业教师，也很难有现任教师愿意完全转岗从事国学教育，这里除了要继续加强教师培训工作之外，更重要的是构建国学教育师资职前培养、职中培训的职业成长支持体系，同时要为国学教育师资在工作评优、职称评定等方面打开成长通道，只有这样才能根本消除

教师从事国学教育的后顾之忧，中小学国学教育才有可能获得坚定的人力支持。目前，有个别高校已经开始国学教育（不是国学研究）人才的培养，但这些师范生的成长仍然需要一段比较长的时间。而在当前，作为过渡形式，应该动员优秀的语文骨干教师或德育教师转岗从事国学教育工作，同时要在评优、评职称等方面给予一定的鼓励。对这些转岗教师要迅速开展切实有效的系统培训，教育行政部门必须动员高校与中小学协作开发国学教育师资培训课程体系，这种课程体系要特别突出应用性课程，以便为中小学国学教育的迅速推广提供有效支撑。这方面广东省教育厅已经在2017年开始动员广东第二师范学院、肇庆学院、韩山师范学院等高校承办"中华经典文化诵写讲骨干教师培训班"。其中，广东第二师范学院国学教育团队创造性地以国学夏令营的形式作为师资培训平台，保证师资培训全程"真刀真枪"，骨干教师的国学教育能力确确实实地得到提升，这是一个值得推广的成功经验。

（三）组织大中小学国学教育协作体系

要以学术专家与一线教师协同创新的模式开展国学教材的编写，同时探索形成优质的国学课堂教学模式以便普及推广。教师队伍素质提升的同时，我们还必须让他们有教材可用、有教法可依。当前，不仅我们的调查显示中小学国学教育教学散乱，而且别的研究者也看到："由于当前国学教育整体上处于摸索阶段，大部分中小学和培训机构都采用各校自编教材或无专门教材，教学内容由开课教师自行决定，这就使得国学教育缺乏应有的系统性、规范性，教育内容零碎化、片段化特征明显，教学效果难以得到切实有效保证。"问题的解决不能仅仅依靠中小学一线教师，因为他们现有的知识结构与学术水平无法胜任一套体系完备的国学教材的构建任务，因此需要大中小学联合来完成。这方面，广东第二师范学院中文系国学教育团队已经做了一个比较成功的尝试，该团队自2009年开始就主动与中小学构建国学教育协作联盟，深入开展国学教育课程建设，经过多年实践，创编了一套基础段国学教育实验教材①，而且构建了有效的国学经典课堂教学模式。目前，这套教材和教学模式已经在广东省内多所中小学顺利推广。该团队的努力正是对教育部提出的构建大中小学"一体化"中华优秀传统文化教育体系的积极响应。

（四）构建国学教育评价体系

要引导学校、教师、学生和家长循序渐进参与国学教育。教育教学的最终环节一定要有学习评价，否则，国学教育的效度就很难把握，学校、教师、学生、家长的多方协作就难以开展。当前中小学国学教育缺乏科学的评价体系，一方面是因为

---

① 广东第二师范学院中文系国学教育团队与中小学协作学校联合编写并出版了实验教材《国学》系列共12册，由中国出版集团世界图书出版公司于2016年正式出版。

国学教育主要关注的是学生人文精神的涵养,因此往往难以进行量化考核;另一方面也因为人文涵养是一个长期的培育过程,也很难进行效果评价。但是,只要我们在构建国学教育评价的时候注重过程评价、侧重行为评价、突出综合评价,国学教育评价体系还是可以构建出来的。有了科学的评价体系,我们就可以告别当前国学教育散乱无序的状态,告别国学教育的功利倾向,引导学生和家长循序渐进地参与到国学教育活动中来,国学教育才能取得真正的成效。

总之,从花都区中小学国学教育的现状来看,我们发现了学校、教师、学生和家长对国学教育的普遍期待,也发现了当前国学教育存在的一些突出问题,但这些问题并非无解之谜,只要我们严格遵照教育教学活动的科学规律,抓住队伍建设这个根本,从课程开发入手,构建科学的课程和评价体系,中小学国学教育就一定能够得到更为健康顺利的发展。

参考文献

[1] 吴安春,孟佳. 按教育规律解决国学教育难题:北京市中小学国学教育现状的调查与思考[N]. 中国教育报,2016-11-24.
[2] 王元珍,王文静. 当前青少年国学教育的现状与对策:福建省青少年国学教育现状调查报告[J]. 宁德师范学院学报(哲学社会科学版),2016(4):98-101.

(本文作者:广东第二师范学院中文系　郑国岱　杨晓婧　邱　钟　刘　慧　叶翠连　雷安琪等)

基于传统文化的"校本 STEAM 教育课程体系"协同构建

目前,国内 STEAM 教育尚处于起步阶段,仍面临着课程体系不完善、缺乏课程标准、跨学科师资匮乏、评价体系不配套等现实难题。佛山市禅城区澜石小学(以下称"澜小")根据学校地域特点和办学特色,提出本校急需解决的问题,大胆融合创新,开发校本教材,坚持开展创客教育,创新评价体系,整合校内外资源协同构建基于传统文化的"校本 STEAM 教育课程体系"。

一、以国学教育奠定底色,构建"校本 STEAM 教育课程体系"

STEAM 中的"A"就是艺术。在广东佛山这座具有 1300 多年的历史文化名城,能随处感受到粤剧、剪纸、陶艺、南狮等非物质文化遗产积淀深厚,为 STEAM 教育的开展提供了厚实的文化资源。另外,我校地处著名的"一井两状元"的黎涌村,有着悠久的历史和崇文重教的优秀学风。同时,作为佛山市第一批优秀传统艺术传承学校以及佛山市第一批粤剧特色学校,保护并弘扬传统文化也是学校的使命和责任。

我校把中华优秀传统文化作为办学底色。自 2015 年开始,与广东第二师范学院签订国学教育六年合作协议,成为广东教育学会国学教育专业委员会的国学教育示范基地,在课程建设、教材编写、教师培训、课堂教学等方面开展全方位的密切合作。经过三年多的探索与实践,逐渐建立起完善的国学教育课程体系,同时着力于构建"校本化 STEAM 教育课程体系",形成我校国学教育特色。我们把信息技术课、综合实践课、美术课等课程整合,与学校的必修课、选修课、个性课、赛事活动统整结合起来,把科学、技术、工程、数学、国学、音乐、美术、地方特色文化等元素进行融合,开设了一系列有利于提升学生想象力、创造力、合作能力、表达能力以及动手能力的创新创客系列课程。(见图 1-6)其中,创意彩泥、创意电子、3D 打印、scratch 趣味编程、小小木匠、智能造物等项目式创新创客课程已经成为我校创新创客教育的一张张名片。实践证明,传统文化教育在佛山、在我校,有着得天独厚的艺术土壤,同时,STEAM 教育可以为传统文化的保护开发、传承创新提供技术支持,可谓一举多得,相得益彰。

我们希望引导孩子树立"立足本土文化,科技为文化服务"的精神。新技术和新媒体只是一个手段,我们认为更重要的是如何活用新技术、新媒体和新的教学模式，融合各课程的元素，以 STEAM 教育理念，激发学生在传统的基础上创新，寻找佛山本土文化的当代传承方式，让创意在传统文化中萌发。

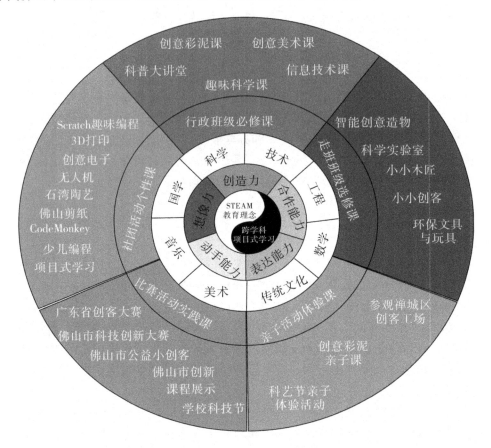

明仁·启智·奋勇·弘毅

图 1-6　佛山市禅城区澜石小学创新创客教育课程

在我校的创新创客教育教学中，师生尝试把现代科技和传统文化融合，产生可喜的"化学作用"。短短一年半，我们已开发"创意彩泥——粤剧体验平台""创意彩泥——国学鲲鹏"等供孩子们玩中学的项目式 STEAM 教育课程。由此可见，"创新"与"传统"不是对立的，传统文化急需创新的表现形式，创新教育也可以结合传统文化，增加学生对传统文化的亲切感和认同感，同时也赋予创客教育新的时代精神和使命。

一个作品的成绩、一组学生的进步只是我们迈出的第一步，澜小的教育梦是每个孩子都能成为小创客，那么就必须聚焦课堂、开发课程、自成体系。我们把信息技术课、综合实践课、美术课等课程整合，与学校的必修课、选修课、个性课、赛事活动等统整结合，把科学、技术、工程、数学、国学、音乐、美术、传统文化等元素进行融合，开设了一系列有利于提升学生想象力、创造力、合作能力、表达能力以及动手能力的创新创客系列课程。孩子们通过项目式课程学习，融会贯通多学科的知识，解决实际问题。从课程形式上有：行政班级必修课、走班选修课、社团活动个性课、亲子活动体验课以及比赛活动实践课。

二、以三大课程系统构建"校本 STEAM 教育课程"实施机制

目前，我校 STEAM 创客课程以行政班级必修课、走班素养选修课、社团活动个性课三种形式开展。

（一）行政班级必修课

主要包含陶创课、彩泥课等。以解决"我身边的问题"为导向，每班每学期至少有两周的创意彩泥课，基于美术教材本体，结合传统文化开发创意彩泥创客课程。例如，一年级的"生肖动物大聚会"，使用彩泥制作自己的生肖，在了解传统文化中的生肖属相的文化内涵之外，还带入生命科学的知识，选择性讲解动物的分科和生活习性。佛山传统文化中有在正月十五到十六携带生菜和风车走过通济桥的习俗，以求新年顺利。二年级的"行通济"创意彩泥课程就以此为主题，结合佛山地方特色，在讲述传统文化习俗之外，还让学生尝试制作桥梁，初步体验设计和技能科学。

（二）走班素养选修课

主要包含天工开物、创意电子、无人机、3D 打印、智能造物等课程。其中，"天工开物"选修课最早开设，也最为成熟。我们的"天工开物"课程以 STEAM 理念为基础，进行项目式和合作式学习，延伸出以木工为主题的创客空间，通过人力、自然力和科技力的结合，培养孩子成为一个既能创想又能创作的创造者。我们通过种子课程、造物课程、设计课程、发明课程四个进阶课程来开展。其中，种子课程主要是探究式学习，搭建模型；造物课程主要是项目式学习，完成复杂结构作品；设计课程在项目式学习的基础上设计较复杂的作品；发明课程用问题式学习法，创造性利用材料完成创新思想，让孩子们在做中学、学中做。为此，我们配套建设了天工开物制造馆，根据不同阶段，设计不同难易程度的课程材料及安全操作工具。其中包括基础工具，比如曲线锯、锉刀、手钻、锤子等；进阶跨学科项目学习的工具，比如激光切割机、设计软件、传感器等电子元器件。通过课程学习，我们引导孩子树立"立足本土文化，让科技为文化服务"的精神，培养孩子善于发现规律、认识规律、尊重规律，并将所识应用到创新实践中。

（三）社团活动个性课

我们的社团个性课基于 STEAM 理念，引导学生明白不能为了创新而创新，创新需要灵魂，创新更需要方法。例如，我们的激光切割课程利用激光切割与雕刻技术及设备作为学生创新意识培养的支撑、创意思想落地的工具。这门课程同时涉及的图像处理软件及激光配套软件均经过定制，操作简单、易于学习。知识点涵盖激光知识入门、激光切割和雕刻、作品设计拓展等从"输入"到"输出"全过程的原理和操作。课程与设备互相作用，发挥功能最大化，学生的想象力、创造力、专注力、感知力、思维能力和协调能力得到全方位的提升，他们的创新思维也得到实践的检验。

三、以解决问题为核心，开发项目式学习的校本课程

有别于传统教与授的教学模式，STEAM 教育的核心是解决问题，向孩子们提出有关真实世界的问题，激发他们的好奇心和求知欲是整个学习的重心。我们的必修课、选修课、个性课三种课程的学习无一例外都采用了项目式的学习方法。基于 STEAM 理念，引导孩子根据"发现实际问题—设定项目主题—开展跨学科学习—解决实际问题"的这一创客思路开展创新性学习。我们主要引导学生思考"传统文化如何创新传承发展"，学生提出问题，搜集素材，以一学期为时间单位，以跨学科项目式学习形式，小组合作完成任务。下面以我校最具有代表性的创意彩泥课程为例进行说明。

在一次活动中，我们发现孩子们对彩泥课情有独钟。彩泥课好玩易学，并对培养孩子们的想象力、动手能力有很大的促进作用，美术老师便集思广益，以"STEAM 教育"理念，融合国学、音乐、美术等传统文化元素，开展科学、综合实践、信息技术开展跨学科学习开发校本课程"创意彩泥"。逐渐地，每个班的学生都爱玩、会玩彩泥，为我们后续的项目式学习打下很好的基础。《创意彩泥——粤剧体验平台》就是基于这样一种思路和实践而开展的跨学科项目式学习的优秀作品，它立足本土文化，以 STEAM 理念成功融合了各课程的元素，在传统的基础上创新，推动佛山本土文化的传承与弘扬。

我们主要通过以下七个板块开展学习（见表 1-1）。

表1-1 七个板块的主题学习

1. 头脑风暴，自主选题（第1课时）	粤剧，广东传统戏曲之一，名列第一批国家级非物质文化遗产名录。2009年，粤剧又被联合国教科文组织列入世界非物质文化遗产名录。佛山是粤剧的发源地之一，有很深的群众基础。而我校一直开设民乐、轻黏土、小木匠、科技、国学等丰富的校本课程，学生对传统文化有着浓厚的兴趣。同时，我校也是粤剧特色学校，项目开展之初，正值佛山经典粤剧传统例戏《香花山大贺寿》复排，通过师生共同参与的多次头脑风暴，小创客们决定选择粤剧作为突破点，希望用自己的方式给周围的小伙伴介绍粤剧传统文化
2. 实地考察，调查研究（第2～3课时）	我们师生通过多途径收集资料，来到了佛山粤剧博物馆，深入了解粤剧发展历史以及粤剧行当分类，实地考察了省内现存最古老的粤剧舞台——佛山祖庙万福台，了解了传统粤剧舞台设计
3. 创意构思，作图设计（第4～5课时）	佛山粤剧博物馆展厅中有一件以《穆桂英挂帅》为题材的粤剧舞台陶塑，小创客们希望参照陶塑造型，使用木料构建戏台模型，用彩泥塑造各种行当经典角色（生旦净末丑），结合开源电子元件和手机App，使整座舞台"动"起来，可供大家体验粤剧中的各种乐器和名家唱段，打造成一个可动、可赏、可玩的粤剧体验平台
4. 导图梳理，知识构建（第6～7课时）	通过合作讨论，我们了解此次项目大概涉及音乐、美术、科技、创意电子、小木匠、国学等学科元素。我们邀请各学科创客教师共同参与讨论研究，用图纸画出我们的初步的设计，老师给学生们讲解所涉及的知识点，例如：如何使用木料构建戏台，如何使用开源电子元件组成声控系统，如何使用彩泥塑造人物，体现传统粤剧文化（人物造型、经典唱段、粤剧乐器等）
5. 动手实践，原型制作（第8～10课时）	小创客分工合作，共同梳理所需资料后，在老师帮助下划分为5个小组，负责设计制作不同的部分。舞台搭建小组负责舞台搭建装饰；彩泥小组负责粤剧人物的捏制；创意电子小组负责LED灯、舵机等开源电子元件的搭建，创意编程小组负责使用App inventor Ⅱ开发手机App。各分组遇到实际问题，会把问题汇总，邀请该学科的老师，共同解决，真正做到跨学科项目式学习
6. 反复论证，优化设计（第11～12课时）	在我们的粤剧体验平台初步完成后，我们有幸采访主持《香花山大贺寿》复排排练中的粤剧大师何笃忠和一众著名粤剧导演，对整体布局和手机App进行升级优化；作品参加佛山市禅城区创客作品研讨会，经众专家点评后，再次优化平台的可玩性和体验感
7. 项目汇报，评价分析（第13课时）	项目作品初步完成后，让学生回顾制作过程和相关学科知识，写成演讲小文，在班级演讲、答辩，并让大家提出改进建议，讨论可行性。根据小组成员在后阶段的演讲、答辩、作品改进的表现进行评价

最终,《创意彩泥——粤剧体验平台》选用木板搭建立体的戏台骨架,用轻黏土加以装饰和美化。戏台上的粤剧人物用轻黏土塑造,色彩明丽、立体可爱。为了让大家能体验粤剧中的各种乐器音色和名家唱段,小创客们制作手机 App,通过蓝牙与舞台底座的音箱进行无线连接。同时,在舞台加装声控电子元件、引动舵机和 LED 灯,打造成一个声色俱全,可动、可赏、可玩的粤剧创意体验平台。

四、以促进师生、课程共成长为目标构建评价体系

评价是制约课程是否可持续发展的关键,在实践中,我们摒弃传统的分数评价,以宽松的氛围、发展的眼光、灵活的方式,初步建立起我校特色的"STEAM 教育"评价体系。

(一) 四个"是否"评价课程

以"是否引起学生兴趣""是否基于本土文化与实际问题""是否融合各学科元素""是否能让学生有成就感"四个维度开展评价,以调查问卷、听课评课、作品展示评比等形式开展评价,最终评选出"A 级""B 级"课程。

(二) 四个"能否"评价学生

以"能否提出有价值的问题""能否专注参与""能否协同合作""能否有效解决问题"四个维度评价学生。通过"课堂观察""调查问卷""同伴互评""调查报告""作品演讲"等形式,以过程性评价为主、终结性评价为辅开展评价,最终评选出"卓越小创客""优秀小创客""努力小创客"。

我校的"STEAM 教育"从"课程体系、校本课程、评价体系"三个领域着手,是真正思考着、实践着,并持续努力着的,大胆做出了一些尝试,也收获了一些成绩,我们的课程项目覆盖每一个班级、每一个孩子。经过两年多的实践,效果明显,孩子们参与科技创新、创客活动的人次增长了 15 倍,对传统文化的认知度也显著增强,从两年前的 28% 增长到 96%,有意向学习传统文化的人数增加了 27 倍之多。而在融合传统文化与创客教育中,我们也积累了一些成功案例,取得了一系列成绩。

首先是学生创客作品。我校的学生创客作品屡获殊荣,其中,《创意彩泥——粤剧体验平台》在 2016 年广东省中小学生创客大赛中获一等奖;《创意彩泥——国学鲲鹏》在 2017 年佛山市中小学生创客大赛中获二等奖;创客作品《创意彩泥——粤剧体验平台》在 2018 年 5 月第三届全国基础教育信息化应用展示交流活动中,作为佛山创新创客教育模式的特殊典型案例在京向全国做展示,受新华社等众多主流媒体的报道,引发各地专家领导及创新创客教育工作者的思考。

其次是教师科研项目。两年的创新、融合、实践,我校的教师已总结出一套经

验和方法，并能够不断学习，潜下心来做研究，成绩卓越，也造就了一批年轻有想法的老师。其中，学校科研团队的《基于传统文化的"校本STEAM教育课程体系"构建》就获得广东省基础教育信息化融合创新示范培育推广立项。李炜贤老师的论文《把传统文化融入创客教育的实践研究——以澜石小学创意彩泥创客课程为例》在2017全国中小学"创新教育"优秀论文与实践案例评选中荣获一等奖，同时刊登于《中小学信息技术教育》杂志2017"名师创新课程探索与实践"专刊。李炜贤、江碧翩等老师入选佛山市教育创客导师。

所获的成绩让我们更加坚定未来要走的路——立足本土文化，以"STEAM教育"理念引领，融合音乐、美术、科学、国学等各课程的元素，以跨学科项目式学习，激发学生寻找"本土传统文化当代方式传承"的兴趣和创新点，让创意在传统中萌发，让科技为文化服务。提升学生自主学习、动手实践、合作学习的能力。我们希望通过努力，能让"STEAM教育"真正本土化——克服"水土不服"，能落地生根。我们将继续探索，借力社会资源，活用教学资源，提高教师创新研究精神，培养学生的创新思维，提升学校的"STEAM教育"整体水平，走出一条有澜小特色的"STEAM教育"之路！

参考文献

[1] 宋怡，陈馨. 从STEM到STEAM：国拉菲特学院STEAM活动营述评 [J]. 科学大众（科学教育），2016（12）：146-147.
[2] 尚亚丽. 中小学STEAM教育推进策略研究 [J]. 长春师范大学学报，2017，36（12）：139-140.
[3] 李宗臣. 跨学科创新视角下创客教育与STEAM教育的融合 [J]. 教育现代化，2019，6（47）：3-4.

（本文作者：佛山市禅城区澜石小学　黄　艺）

高职院校"一课三平台"育人模式的构建与实践

——广州城市职业学院中华优秀传统文化教育成果案例

"一课三平台"育人模式是指本成果构建的"以'国学精粹'公共必修课为核心的中华优秀传统文化教育系列课程,以及在课程基础上搭建的将理论知识转化为实践应用的三个平台——修身实践平台、活动育人平台、回报感恩平台"的中华优秀传统文化育人模式。成果创新提出了"礼以立人、艺以养人、行以成人"的高职院校传统文化育人理念,对中华传统"兴于诗,立于礼,成于乐"的人文教化思想进行了符合高职学生特点的现代转换,把"育人"目标具体化为"立人""养人""成人",并分别以"礼""艺""行"为基础,解决了文化素质教育缺乏有效抓手和实施路径、教育内容与方式缺乏吸引力和实效性以及缺乏切实可行的运作和保障机制等突出问题,将价值引领、思想锤炼和艺术熏陶熔于一炉,为高职院校文化素质教育提供了新途径,为公共基础课改革提供了有效借鉴,在全国产生了较大影响。

一、背景与基础

习近平总书记指出:"中华优秀传统文化是中华民族的精神命脉,是涵养社会主义核心价值观的重要源泉,也是我们在世界文化激荡中站稳脚跟的坚实根基。"把中华优秀传统文化教育融入高职人才培养全过程是高职院校文化素质教育的重要内容。目前,高职院校的专业教育愈益产业化、标准化、精细化,相较而言,文化素质教育却普遍存在缺乏有效抓手和实施路径、教育内容与方式缺乏吸引力和实效性、教育实施缺乏切实可行的运作和保障机制等问题。聚焦于这些问题,本成果提出,文化素质教育要取得实效,必须选准切入点,在不占用过多学时的前提下,通过多种方式,以点带面,对学生进行素质熏染。

就素质教育内容而言,中西方文化无疑都能为我们提供诸多资源。然而,在当今世界多元文化激荡交流融汇的过程中,面对中国学生优秀传统价值观念淡薄、文化自信不足、对历史传统与现实问题认识偏颇等现象,守住中国文化的根与魂显得尤为重要。鉴于此,我院立足中国本土文化,明确了传统文化在职业教育中"固本""铸魂""打底色"工程的定位,提出以中华优秀传统文化为抓手,开展以立德树人为中心的文化素质教育,贯穿学生培养全过程。在此理念下,我院于2006年成立国学研究所,全面统筹文化素质教育工作,聘请叶选平、张岂之等专家担任顾问,对传统文化教育的机制、模式、路径等深入讨论和精心设计,在"高职院校国学教育理论与实践研究"等教育科学规划课题的基础上，启动成果的研究与培育。

成果立足第一课堂，于 2006 年 9 月起，开设《国学精粹》公共必修课及古筝、书法等艺术选修课，开办"城市国学讲坛"，渐次形成了"礼以立人、艺以养人"阶梯提升的优秀传统文化系列课程。用好第二课堂，2006 年以来，成立了国学经典讲习团、茶艺社等 10 个传统文化社团；2006 年，举办首届国学经典诵读大赛、开展琴茶雅集等传统文化活动；2008 年起，陆续建立先烈东小学等 28 个传统文化实践基地，开展传统文化义教等社会服务，"行以成人"的三个实践平台逐渐完善。成果于 2007 年获校首届教学成果一等奖，2009 年获市级教学成果二等奖。在 2009 年教育部人才培养工作评估中，我院以优秀传统文化为特色的文化素质教育获专家组高度认可，并在省级示范校建设项目中得到提升和完善。2010 年 9 月，学校颁发《广州城市职业学院进一步推进国学教育工作方案》，标志着成果进入全面深化实践阶段。经过 7 年实践，取得了丰硕的教育教学成果，荣获 2018 年国家职业教育教学成果二等奖、2017 年广东省教育教学成果奖一等奖。

二、主要做法

遵循高职教育"理实一体化"教学、职业技能与文化素质并重的教育规律，构建环环相扣、互通共融的"一课三平台"模式：通过理论奠基、实践养成的"一课"（必修 + 选修 + 讲坛），为学生正确理解优秀传统文化、树立健康人生观打下牢固基础；通过学以致用、行以致知的"三平台"，使学生在实际生活中运用优秀传统文化、体悟先贤智慧，由"明理"转向"笃行"，实现理论点拨、生活体验和社会实践的有效衔接。

（一）构建优秀传统文化教育系列课程，创新"礼以立人、艺以养人"的课程设计与教学模式

1. 创设"理论精粹 + 国学体验"模式的传统文化公共必修课

公共必修课是全面普及文化素质教育的基底。根据高职院校学制短、课程多和高职学生理论素养弱、实践欲望强的特点，创设适应高职课程体系的公共必修课"国学精粹"，纳入全校专业人才培养方案，累计近 4 万名学生修习了课程。课程注重实用性和趣味性，采用理论教学与实践体验相结合的教学模式。《国学精粹》教材获评"十二五"职业教育国家规划教材，网络课程通过广东省高校优质网络教学资源认证，获评广东省网络课程三等奖，为广东省精品资源共享课程。"国学精粹"课程设计见表 1 - 2。

表 1-2 "国学精粹"课程设计

课程代码	2820027			对象	所有专业	
学时	27 学时 理论精粹 18＋国学体验 9			学分	1.5	
定位	优秀传统文化教育普及					
目标	总体目标	学会做人，更好做事	知识目标	准确了解和把握守礼、明志等传统文化核心概念和内容		
			能力目标	能运用经典智慧分析和处理学习、生活中遇到的人生问题		
			素质目标	树立文化自觉、坚定文化自信，具备诚信、敬业等基本职业素养		
模式	理论精粹＋国学体验					
		教学模块		教学方法		
理论精粹教学单元列举	持敬守礼	修习传统礼仪，让学生知敬畏、守规矩		单元教学环节设计		分钟
				礼敬师长		1
	知耻	教导学生"行己有耻"，激发学生进取精神		吟唱雅乐		3
				修身正坐		3
	明志	追溯先贤生命轨迹，坚定学生理想信念		经典读写		10
				经典讲解		25
	好学	理解"君子之学"的内涵，提升学生自省能力		经典智慧		15
				雅艺实践		16
	孝亲	深入了解"孝亲"思想，引导学生践行中华孝道		经典背诵		3
				行为检测		3
	其他模块略			礼敬师长		1
国学体验教学设计	城市国学讲坛	通过名家讲座，加深学生对传统文化理解				
	岭南文化体验	参观南越王博物馆、家乡文化巡礼				
	雅艺体验	设计琴棋书画诗礼茶等雅艺体验项目，涵养学生性情				
	小组实践	设计与专业相关的小组传统文化实践项目，促进传统文化融入专业学习				
教材	"十二五"职业教育国家规划教材					
学习空间	线下	传统文化实训室＋校外实践基地				
	线上	省级精品课程、国学传习网、国学院微信公众号				
考核方式	"五个一"工程：背一部传统文化经典、读一本传统文化参考读物、听一次"城市国学讲坛"、参加一项传统文化实践活动、写一篇传统文化学习心得					

2. 开设"艺术涵养+工匠精神"修身实践选修课程

借鉴中华诗教、礼教、乐教传统,结合学生兴趣,常设"古诗文欣赏与吟诵"等琴棋书画诗礼茶各门类共28门"艺术涵养+工匠精神"修身实践选修课,累计1万余名学生修习课程。选修课将技艺传承与技能竞赛相结合,让学生乐学善用、涵养性情。出版《中华传统礼仪》等教材8本、《岭南琴学》丛书5本,制作了网络课程10门、系列微课6门以及AR课程资源,"古琴艺术理论与实践"获广东省网络课程三等奖。

3. 开办"学术性+趣味性"的传统文化讲坛

在"国学精粹"教学模块中设计学术性与趣味性并重的"城市国学讲坛",邀请国内外知名学者与艺术大师登台开讲,让学生近距离感受国学大家的魅力,拓宽文化视野,加深对传统文化的认知和理解,进一步增强文化自觉和文化自信。截至2019年4月,讲坛已举办275讲;《城市国学讲坛》出版9辑,被中国知网全文收录。部分"城市国学讲坛"列举见表1-3。

表1-3 "城市国学讲坛"列举

名称	专家	时间
儒家经典和人生智慧	郭齐家,北京师范大学教授	2007年5月25日
书法欣赏漫谈	陈初生,广东省书法家协会副主席	2009年3月12日
唐薛易简琴诀概说	李祥霆,中央音乐学院教授	2010年12月17日
生命成长与心灵境界	冯达文,中山大学教授	2011年10月11日
《论语》之外的孔子	司马黛兰(Deborah Sommer),美国葛德斯堡大学终身教授	2012年3月15日
中国精神语境中的世界伦理问题	杨煦生,北京大学教授	2012年11月5日
中华礼仪与人文素养	彭林,清华大学教授	2017年9月23日

(二)搭建优秀传统文化实践平台,创新"行以成人"教育载体

1. 搭建修身实践平台,唤起学生文化自觉

以传统文化兴趣社团为载体,以学生为主体,以琴棋书画诗礼茶等生活雅艺为修身内容,让学生在雅艺研习、技艺竞赛等活动中涵养身心、唤起文化自觉。2006年至今,共成立国学经典讲习团、清心茶艺社等10个传统文化社团,皆成为全校最活跃的社团群体。茶艺社、国乐社、墨阁社在历年全校社团评优大会上获冠军社团、人气社团等荣誉称号。学生社团经常为各类大型活动、会议提供服务,展现了良好的传统文化修养。国际儒联"第二次儒学普及工作座谈会"后,有代表在自

己的博客中写道:"我没想到,一个由普通高校学生社团成员组成的志愿者,能够为会议提供这样全面、这样周到的服务。这当中除去学院领导的高度重视,还有孩子们通过接受国学教育所收获所焕发出来的不尽爱心。"

2. 搭建活动育人平台,引导学生文化认同

组织开展丰富的校园传统文化活动,让学生在活动中受到潜移默化的德性教育。一是开展传统文化普及活动,如连续12年举办全校"国学经典诵读大赛",以中华优秀传统文化核心理念精心设计比赛主题,通过规定动作、才艺比拼等比赛方式,展现优秀传统文化魅力、增强学生文化认同。二是开展传统礼仪节日活动,举办了8届孔子诞辰纪念活动,弘扬尊师重道、明礼守仁的优秀传统,提升文化自觉;开展上巳节、端午节等节庆活动,引导学生体验传统节日的丰厚文化内涵。三是开展中华优秀传统文化校际交流活动,如连续8年举办广州地区大学生现场书法临摹大赛,仅第七届就有46所高校370余名学生参赛。自编《书法教育成果集》,记载了学生们学习成长的历程以及他们对传统文化由衷的热爱。

3. 搭建回报感恩平台,增强学生文化自信

教育学生通过学习传统文化提升自己人格修养的同时,更要感恩他人、服务社会。一是开展大型优秀传统文化服务,2010年广州亚运会期间,组织社团开展志愿者服务,茶艺社的学生负责接待各国元首,受到亚洲奥林匹克理事会主席的称赞,国乐社梁倩茹同学的表演受到国家领导的赞赏。二是长期开展社区传统文化服务,每年组织社团开展义教、义演活动百余次,形成"学院—社区"相结合的文化素质教育模式。三是开展企业传统文化服务,组织学生在"少儿国学普及与传播的亲子互动关系研究"等项目活动中担任传统文化实践小老师。传统文化的普及与推广服务实现了文化素质教育"教、学、养、用"一体化,增强了学生的文化自信。

(三) 创新有序、高效的传统文化教育保障机制

为切实保障"一课三平台"模式的有序、高效运行,建立了制度、机构、师资、资源等多元保障机制。

一是制度先行。出台《广州城市职业学院"文化塑校"实施意见》等系列制度文件,为文化素质教育确立制度保障。

二是机构保障。成立专门的教育教学机构国学研究所(后更名为"国学院"),属系一级教学单位,集"方案设计、教研教改、课程开设、师资培训、活动组织、服务开展"功能于一身,统筹开展文化素质教育工作。

三是创新机制。创立"学院一把手牵头、国学教育专家咨询委员会献策、国学院全面统筹实施、各职能部门负责人组成的文化建设工作委员协调联动"的传统文化教育工作运行机制。

四是打造师资。引进大师入校园,构建了"专任教师+国艺讲师+讲座教

授+非遗大师"跨界融合的师资团队，聘请国家非遗传承人谢导秀等3位非遗大师、37位国艺讲师及中山大学冯达文教授等84位讲座教授开设选修课和传统文化讲座。出台教职工传统文化培训制度，开展全校传统文化教师培训，分批次组织教职工赴孔子故里参加国家教育行政学院举办的传统文化师资培训。

五是资源保障。构建了时时能学、处处可学、人人乐学的线上线下学习空间。线下建设了茶艺室、西汉南越王博物馆等校内外传统文化实训基地34个；线上建设了广东省高校优质教学资源"国学精粹"网络课程以及国学传习网（广东省高校优秀宣传思想工作网站），设立了《国学讲坛》《名师课堂》等线上学习栏目。

三、成效与推广

（一）育人成效

2006年以来，优秀传统文化课程使4.48万学生受益。学生在传统技艺项目中，获国家级奖7项、省级奖47项；培养高级茶艺师129人、省技术能手（茶艺）2人、团中央高职学生"践行工匠精神先进个人"1人。零点公司《广州城市职业学院文化建设成果调研报告》显示：企业对毕业生职场表现的总体评分为4.34分（满分5分），达到优秀的水平；在规范制度的遵守（4.61分）、举止谈吐（4.52分）等方面的评价达到非常优秀的水平。用人单位对毕业生的满意度不断提升（从2015届的91.61%提高到2016届的95.91%），近三年毕业生初次就业率98.34%以上，位居全省前列。炯熠公司《广州城市职业学院中华优秀传统文化教育效果评估数据报告》显示：学生对国学课程的满意度高达90%，表示参加三平台活动有收获的占到94%，对中华优秀传统文化认同度达94%。

（二）同行辐射

牵头成立21所学校参加的"全国职业院校中华优秀传统文化教育联盟"；平顶山工业职院、广东轻工职院等省内外29家高职院校专程到学院学习经验成果，晋中职院等院校采用《国学精粹》教材；系列教材2014年陆续出版后，全国使用量达51146册。在"21世纪儒学教育之发展研讨会"（香港大学）、"全国国学与大学德育论坛""全国高职教育文化建设与可持续发展论坛"等20余次国内外会议上报告和推广我院成果。多位学者在发表的文章中对此给予高度评价，如乌鲁木齐职业大学刘洪教授撰文指出："广州城市职业学院专门成立了国学研究所，并将'国学精粹'作为必修课纳入教学体系，开创了国内高职院校先河，在以国学教育创新校园文化方面做出了可喜的成绩。"

(三) 社会影响

1. 服务地方

作为省高职院校文化素质教育基地、市中小学教师和中等职业学校教师继续教育培训基地，为广州地区教师进行传统文化培训 5138 人次，绩效评估优秀率 100%。服务地方政府大型社会公益项目，如广州亚运会期间负责接待各国元首及国家领导人的服务受到赞扬。参与广州幸福社区建设，建成大东街、荔枝湾等国学社区。2013 年以来，在大东国学社区举办了 24 期传统文化服务，参加人数逾千人，被广州市政府作为幸福社区典型案例予以推介。

2. 服务企业

与行业协会开展校企合作，服务行业产业发展。发挥我院广东省茶业行业协会理事单位功能，与茶行业协会开展"全民品茶日"等茶文化推广等活动；组织学生参与省级和国家级茶艺师技能竞赛比赛，培养学生职业技能，提升学生职业素养；与茶企合作，为学生提供实习、就业工作机会。鉴于我校积极开展行业服务活动，我校多次获评广东省茶业行业协会优秀会员单位、广东省茶业行业协会先进集体。同时，参与企业文化建设，与企业合作开展"中华优秀传统文化融入现代企业文化建设的研究与实践"等项目，助力企业建设具有传统文化内涵的企业文化。

4. 权威评价

举办全国名家古琴音乐会 6 次，建立谢导秀（国家级非物质文化遗产岭南古琴传承人）大师工作坊，推动岭南古琴传承与数字化保护。培训香港专业教育学院师生 2 批。《中国教育报》等媒体对学院进行相关报道 10 余次。国家领导人叶选平亲笔题写"广结缘"鼓励师生传承优秀传统文化。著名历史学家、思想史家、教育家张岂之先生认为："学院重视人文或文化素质教育，对提高学生的审美能力和涵养性情，具有潜移默化的作用。"武汉大学郭齐勇教授认为："学院在全校范围内开设'国学精粹'必修课，并辅助学生社团推广书法、古琴、茶艺，营造人文校园，组织学生深入社区开展经典诵读，为大专学校做出了榜样。"

(四) 国际影响

国际儒学联合会吸纳国学院为团体会员，成果第一完成人受聘为国际儒联理事、教育传播普及委员会委员。美国亚利桑那州立大学师生专程来学院学习传统文化，马来西亚城市大学校长在学院体验传统文化后深为赞赏，选派师生到我院开展中华雅艺体验营活动。我校设计了孔子、老子等先贤智慧的优秀传统文化课程以及琴、茶、书、画等修身雅艺实践课程，以生动的方式讲好中国故事，展示真实、立体、全面的中国，为推进"一带一路"建设工作做出了积极的贡献。另外，还主办或承办了国际儒联儒学普及会议、"中华文化的传承与弘扬"研讨会等会议 8 次，哥伦比亚大学、中国台北大学、北京大学等海内外 600 余位专家学者到校参会交流。

（五）应用前景

在党的十九大坚定文化自信精神的指引下，在两办文件及教育部《完善中华优秀传统文化教育指导纲要》的指导下，本成果所构建和实践的优秀传统文化"一课三平台"育人模式为中华优秀传统文化进校园、高职院校开设中华优秀传统文化公共基础必修课提供了可示范、可推广的案例。

（本文作者：广州城市职业学院国学院　宋　婕　谭习龙　黄冠文）

广东首届中华经典文化诵写讲骨干教师培训行动报告

当前担当一线国学教育任务的绝大多数是语文教师，而当代语文教师在其职前教育阶段并未接受过系统的国学教育，国学素养普遍薄弱，要迅速改变此种状况，必须开展有针对性的在职训练。可是，当前热热闹闹的国学教育师资培训热衷于强调"名家讲座"。这些"名家"，有的学术成果虽然丰硕，但没有在基础教育一线开展国学教育的实践积淀，致使许多培训宏论滔滔、难以践行；有的虽然成长于中小学国学教育一线，但个人综合素质高、课堂风格鲜明独特，也难以效法。这就造成受训学员虽然感受到头脑风暴、耳目一新，但培训结束后，却发现国学教育仍然无从着手。因此，我们迫切需要接地气的高效的国学师资培训。由广东省教育厅主办，广东第二师范学院中文系承办的"中华经典文化诵写讲骨干教师培训"项目正是一个这样的接地气项目。

一、项目完成情况

项目于 2017 年 7 月 12 日与第四届"公益岭南国学夏令营"同时启动，全体受训教师在导师团队的带领下全程参与国学夏令营的教学实践活动，同时进行理论培训和素养提升。夏令营结束，参训教师回到自己的工作岗位进行两个月的在岗自修，同时参加网络培训。最后，参训教师集中到广东第二师范学院开展总结性的短期培训。项目创造性地采用"公益国学夏令营＋短训班"的方式，以中文系运作多年的"公益岭南国学夏令营"为实训平台，利用夏令营资源聚集的优势，为学员提供深入、全面开展国学教育的实践机会，帮助受训学员边学边做，实实在在习得从事中小学国学教育的能力，树立从事中小学国学教育的信心。同时，培训班由于利用夏令营平台，有效节约了办班费用，所以经费使用情况良好，各项支出明显低于预期。整体来看，培训班主要从 7 个方面着手为中小学传统文化教育骨干教师的业务能力赋能。

（一）理念提升

课程在国学夏令营期间安排 6 个专家讲座，在短训班期间安排 2 个专家讲座，这些讲座紧扣现阶段国学教育的实际情况，针对当前国学教育存在的问题探索解决方略，包括"诗性觉醒与国学教育""国学教育现状与教师职业成长""基础教育视域下国学教育的内涵、体系、方法研究""国学教育特色学校建设策略研究""国学教育特色班级建设实践""国学课堂教学模式研究"等讲座。这些讲座分别从宏观、中观、微观三个层次引导学员思考中小学国学教育的全生态，帮助受训教师把握传统文化教育全局。

（二）经典研修

培训以专题读书沙龙为组织形式，引导学员深入品读《论语》。除了专家导读之外，学员在自读文本的基础上，以问题研讨为主要形式，进行经典学习的深度分享。专家导读其实就是一种方向性的深度分享。我们将传统文化经典专题导读与学员读书沙龙搭配进行。组织学员以原典阅读为中心，交流对中华优秀经典的学习心得。经典导读以"国学经典读解策略""半部《论语》治天下"等专题的指导，帮助学员掌握传统经典的读解方法。读书沙龙以"《论语》的内仁外礼""《论语》与教师的心灵成长"为专题，引领学员对中华经典的深度解读。培训结束，学员每人完成一篇专题读书笔记。

（三）国学课堂实践

本部分共30课时。国学夏令营期间，我们把国学教育名师请到营地为学员上示范课，同时，组织学员利用夏令营开展集体备课、说课、教学竞赛。包括：①经学课堂教学观摩及研讨；②蒙学课堂教学观摩及研讨；③古诗文吟诵教学观摩及研讨；④书法课堂教学观摩及研讨；⑤国学课堂教学分组赛课；⑥古诗文吟诵训练；⑦古诗文吟诵教学实践。夏令营结束之后，学员回到各自的教学岗位完成国学教育视频课采录工作并提交到班级分享。

（四）技能训练

此部分旨在培养参训教师的传统文化技能，引领教师德艺双修。技能训练将专家讲座与学员自修相结合，改变光说不练的培训模式，让学员在培训期间深入了解一种传统技艺，同时掌握教学科研的实操技能。包括："古诗词鉴赏与教学""古诗文吟诵""汉字源流与书法笔法系统""教师实用书写技能""国学教育的课题研究与成果表达""国学教育论文的写作"等课程。

（五）专题考察

我们把专题考察学习分为三个层次。第一层是传统文化教育特色学校专题考察。以广州地区国学教育先进学校为榜样，借助现场考察引导学员深入体验传统文化教育的丰富层次与实践策略。我们组织学员考察广州市天河区五山小学，海珠区东风小学、知信小学。考察内容包括：校长报告、教师交流、课堂听课、学生访谈等。第二层是中国古代传统教育专题考察。我们利用中文系在广州市花都区塱头村的"古书院活化"项目运营基地，组织学员开展"书院与中国古代教育"专题考察。第三层是地方民俗专题考察。我们组织学员参观广州民俗博物馆。后面两层我们都组织现场课，由专家对古书院现场进行深度解读；同时组织分享课，引导学员深入体验。通过对古代书院教育、对地方民俗的深度考察，传统文化教育的资源导入对象丰富起来了，而且学员对传统文化教育有了更多直观的体验。

（六）网络研修

借助现有的丰富的网络资源开展在线进修。广东第二师范学院中文系与中国教师进修网协作开发国学教师远程辅导课程，总共12门课程，50学时。其中"中小学'国学课'应该学什么——诗文""'国学课'应该怎么学""孔子与儒家思想"3门课程共10学时为必修课程，其余9门课共40学时为选修课程，学员从中选修20学时即为合格。

（七）总结提升

学员结合自身国学教育实践完成专题教学反思，撰写国学教育专题教学论文，并且进行小组分享，开展专题论文答辩，随后选出优秀教学反思进行全员分享，培训专家全程跟进点评。特别是论文答辩环节的设置让学员对教研论文的写作有了深入的理解。

二、主要措施

国学夏令营改变以往传统文化教育培训侧重理论熏陶、高位指导、时空分散的培训模式，利用夏令营教学平台集中时间与精力开展国学教育师资实训。培训导师队伍既有高校教师、一线国学教育名师，更多的还有经过我们培训已经成功掌握国学课堂教学规律的教学同伴。看到自己身边的同伴可以在国学课堂教学上自在从容，自然给夏令营受训教师注入强大的自信心。而且基于陪伴成长，我们可以及时发现受训教师存在的问题有针对性地加以解决。由于时间、空间、人力、物力的聚集，有专业导师全程指引，又有充沛的实践与伙伴交流分享的空间，接受培训的教师可以在较短时间内系统了解国学教育的基本构成与基本方法，同时较快形成相应的教学技能。具体来说，我们主要采取了以下措施。

（一）构建优质的专家团队

专家团队的构建我们不追求著名，而要求合适。因为专家们的研究各有专长，当前受训教师们最需要的是有丰富国学教育实践经验的专家，只有合适的才是最好的。而在师资选择上，广东第二师范学院中文系老师有丰富的培训经验，我们有长期合作的专家智囊团队。我们从2009年开始与中小学协作开展中华经典诵读教育实验，专家团队常年深入中小学国学教育第一线听课、磨课、调查、培训，有相当丰富的实践经验，目前已经形成了一支成熟稳定、经验丰富、成果显著的专家团队，在广东省中小学国学教育领域有良好的声誉。除此之外，我们的专家团队还广泛吸纳校外相关领域的专家及教学名师。例如，师资团队中的许凤英校长在天河区五山小学长期开展国学教育探索，成绩显著，反响很大；师资团队中的岳林杨老师曾经获得全国语文教师综合素养大赛特等奖，在国学经典课堂教学上有丰富的经验。

（二）采用不断优化的成熟的培训模式

在长期的与中小学的协作中，我们的国学师资培训流程已经形成了"理念提升—经典研修—骨干引领—集体教研—总结提升"的五段培训模式；而在课堂教学中，我们又总结出"三元五场"国学课堂教学模式，即"经典、教师、学生"三元互动，"导趣屋、乐读斋、善品堂、开悟轩、回味阁"五场联通为主要内容的国学经典课堂教学模式。借助这个模式，我们把国学教育生活化、现代化、规范化，为国学教育与中小学生的身心成长构建起有亲和力的链接。借助这个模式，一线国学教师的备课思路清晰简洁，工作得到极大优化，国学课堂教学的推广普及也已经成为可能。有了这样的模式做导引，受训教师的国学经典课堂教学很快就找到感觉，实践证明这是有效提高国学教师教学能力的一条途径。

（三）导入完善的国学系统教材

广东第二师范学院中文系在与中小学长期协作的基础上，根据一线教学实践积累的经验，开发出一套体系完备的国学教材。此教材已经正式出版，并在岭南国学教育协作联盟学校铺开使用。这套教材是广东第二师范学院国学教育团队主动与中小学校开展协作开发出来的。我们利用国学夏令营这个平台把教材编写工作与一线教学实践同步结合起来，边实验边完善，改变了国学教材的编写从学者书斋出发的生态，让教材直接从基础教育一线教学的土壤里生长出来，从而贴合学校日常教学的实际情况，适应当前大多数中小学教师的执行水平，然后又可以志存高远，符合历史与社会对中小学国学教育的使命要求。

三、培训效果

这些年来，广东第二师范学院中文系国学教育团队走出高校，把学术研究与社会服务密切结合起来，为广东国学教育事业的发展实实在在做了一些贡献，潮州电视台、佛山电视台、《新快报》、金羊网、南方网、网易、凤凰网等多家媒体都对此有过相关报道，产生了良好的社会影响。当然，在服务社会的同时也大力促进了中文系自身人才培养模式的转变，因此我们团队的国学教育师资培训活动的开展对中小学和高校来说都是双赢的。

首先，师资培训为中小学校国学教育的发展打开新局面。中小学国学教育虽然开展有些年头了，但囿于中小学个体资源薄弱、能力不足，发展局面一直不温不火。我们的国学师资培训项目借助国学夏令营平台综合实践的性质，利用高校的智力、人力资源帮助中小学集中用力，重点突破，从而打开了国学教育发展的新局面。具体而言，在三方面产生助力：①帮助中小学认识了国学教育的核心任务与可能的达成路径，明确了学校国学教育发展的特色方向。②帮助中小学构筑国学教育师资陪伴成长校本课程体系，借助这个体系积极稳妥、渐次铺开全校的国学教育课程。③帮助中小学开展国学教育特色校园文化建设，不仅校园文化建设有浓郁的中国风格、中国气派，教师个人的专业成长也有了更加明确的方向与强劲的助力。

其次，我们以"公益岭南国学夏令营"为平台的师资培训其实也为广东第二师范学院大学生暑期社会实践提供了一个优质平台。2014年参加我们夏令营的大学生三下乡志愿者服务队只有1支，2015年有2支，2016年有3支，2017年已经有5支队伍。这表明在夏令营的感召下，越来越多的大学生志愿者积极投身于弘扬中华优秀传统文化的时代潮流，而他们是未来的人民教师，即将成为中华文明的传承者，他们积极奋发的投入让我们有越来越多的理由相信国学教育的美好明天。更为重要的是，借助夏令营的"中华经典文化诵写讲骨干教师培训"，师范生与一线国学教育骨干教师密切合作、协同创新，对双方业务能力的发展都是一个优效的激发与促进，从这个意义上来说，承接"中华经典文化诵写讲骨干教师培训"，对于中文系和受训教师来说都是双赢的。

到目前为止，中文系与地方中小学合作，以实训方式组织省内国学教育协作学校骨干教师集中开展国学教育教学教研活动，已经成功举办了四届五期，参加国学教育实训教师超过500人次，2017年我们承办的首期中华经典文化诵写讲骨干教师培训班是第四届第一期。通过集中培训，把有志于中华优秀传统文化教育的学校和教师集中起来，构建一个促进中华优秀传统文化教育协同发展的平台。专家授课、国学教学实践活动、参观考察等方法增强了骨干教师对中国传统文化认知，完善知识结构，提升教学能力，进而发挥参训教师在中小学校国学教育领域的引领和辐射作用。借助集体学习，参训教师可以在培训期间完成"阅读一部经典（《论语》）""上好一节国学经典品读课""完成一篇专题教学反思"等具体培训目标。

当然，在发展多年之后，我们也发现不少问题，其中最困难的是经费不稳定。虽然多年来，我们持续导入社会爱心资源，但是爱心资源往往不是常态，时多时少，不稳定，因此我们需要政府有关部门的大力支持。本期中华经典文化诵写讲骨干教师培训班就是对我们多年来国学教育师资培训工作的强有力支持，它最少能够提供部分稳定的活动经费，确保活动可以有效有序进行，但是这样的培训班囿于其短期性、临时性的特性，也存在许多的不确定性。其次，将来大规模推广的话自然会面临人力不足的问题，因此我们期待更多的高校、更多的中小学加入我们团队，一起为民族文化复兴实实在在做点事。

（本文作者：广东第二师范学院中文系　郑国岱　陈涵平）

第二章　创建传统文化教育特色学校的思索

人文传统教育的校本化作为
——以广州市海珠区东风小学为例

城中村学校出于历史及现实的种种原因，教育教学水平相对较弱，学校发展往往面临诸多瓶颈。随着中国教育事业进入新时代，社会对教育均衡发展的期盼也越来越迫切，但教育均衡发展不是削强补弱，而应该是扶弱成强，薄弱学校应该发掘自身的发展潜力，同时整合多种社会资源，以校本化作为探索适合自身发展的道路。对于身处经济发达地区城中村的东风小学而言，多年来我们就以校本化的人文传统教育，走出了一条特色办学之路。

一、以城中村为背景的校本化基点

东风小学地处广州市海珠区东部，距离区政府所在地直线距离不足1000米，但就这1000米却呈现出城市与乡村的巨大发展落差。综合来看，东风小学的发展面临三个方面的挑战。

（一）社区环境的长期劣质化存在

与其他城中村一样，学校周边社区聚集大量的流动人口，社会管理难度、强度都很大，环境治理问题也是年年治、年年乱，师生出入校园很不方便，由此造成优质生源、优质师资对此敬而远之，学校发展在源头上长期难以优化。如何发挥学校文化堡垒的作用、助力社会环境的优化升级，成了我们发展中不能不考虑的重要问题。

（二）学校自身发展的历史欠账严重

由于城中村特殊的地理环境，有关部门思考学校的发展定位往往是"求其有，不求其好"，结果长期发展下来，东风小学在校园硬件与软件配套建设上就存在严重的历史欠账。虽然最近几年学校的建设投入大大加强，但由于历史欠账太多，仍然存在很大的提升空间。如何让有限的投入发挥出更大的教育效益，始终是考验我们的发展难题。

(三) 学校生源结构特殊

学校生源为本地村民子女的不足 30%，超 70% 为各地外来务工人员子女。本地学生相对内敛稳重、存在优越感，但因地处城中村，思想认识又相对封闭；外来务工子女好动活泼，但不少人有自卑感，行为习惯也不佳。而在学生背后，更大的挑战来自家庭。因广州经济发展的强大吸附力，这里集聚了来自五湖四海的外来人口。面对不同文化背景的家庭，我们感受到家长间天南地北的教育思想的碰撞。如何在行为习惯、思维方式、个性特征千差万别的学生以及家庭之间构建融洽的沟通渠道、塑造整体性的校园文化，自然成为我们必须面对的首要问题。

以上三方面的挑战应该是许多城中村小学所面临的客观存在的有代表性的普遍问题，只不过每一个问题的严重程度各有差异罢了。[①] 因此，直面这些挑战，探索并寻找城中村薄弱学校优化升级的策略就成为了有战略意义的行动。为了让每一位东风学子拥有金色的童年，我们认为，在多元文化交错碰撞激烈的城中村首要必须实施人文传统教育，培养孩子们海纳百川的宽广胸襟，让孩子在包容和谐的氛围中愉快学习，在融会贯通中快乐成长。于是，我们抓住国家大力弘扬中华优秀传统文化的契机，找准切入点，以人文传统教育构建融洽的校园文化，重塑学校形象，实现自我突破。

二、以"至暖教育"为核心的校本化策略

确立了人文传统教育的方向后，如何找准校本化策略？在实践过程中，我们始终考虑东风小学的多元文化背景：国际大都市的光鲜亮丽与城中村喧闹嘈杂交错融合。农村与城市并存，现代与传统碰撞，外来与本土交汇，多元文化价值的复杂交织构成了学校特色发展的背景。但如何在交汇中求融通、在多元中求共识？几年来，我们将学校人文传统教育的核心凝聚到"至暖教育"这一理念上来。

(一) "至暖教育" 理念的凝练

我们首先抓住"东风"这一独特的校园文化意象寻找人文化育的思路。我们认为，东风是温暖和煦之风，以其温润之性悄然无形地滋养万物。我们希望东风小学也能像春风一样，以无形和有形的校园文化氛围，温暖每一个东风人。生命的长

[①] 王翠银：《育良好品行，促健康成长——基于城中村小学学生德育实践探索的思考》，《新课程导学》2017 年第 7 期。严文清：《城中村小学学习型家庭的创建策略》，《教育观察》2017 年第 14 期。

度无法控制、生命的宽度难以把握，但我们深深地知道，改变这个世界的力量却可以来自我们内心深处的温度。而"暖"不是一个凝固的状态，它需要我们持之以恒的努力才能持续保存和生长，所以我们又加上一个"至"——永远的追求。而且"至暖"还包含有如大自然中春暖花自开一般的人文化育内涵，寓意来自全国各地的学子与本地村民子弟相融共生、抱团取暖，在东风小学这块沃土扎根、成长，做"暖言、暖行，有根、有为"的东风学子。如此，"至暖"教育的理念就诞生了。它就是这样一种祥和的，处处充满爱、处处承载希望和梦想的有温度的教育追求。我们希望这一最具人文关怀的文化定位，这种有温度的、有情怀的"暖风"从东风小学生发开来，吹向每一个家庭，吹遍整个社区，甚至更大更远，给人们带来温暖的心灵慰藉。

（二）"至暖教育"理念的扩展

经过充分酝酿、凝练确定的"至暖教育"正式成为校园文化培育主题之后，我们在"至暖"的母题下，以"让东风吹暖人心，让生命如花绽放"为办学理念，努力建设"办学有特色、发展有内涵、师生有成长、社区有口碑"的海珠区东部优质特色学校。引导全校师生逐渐形成了"阳光尚学，德才同长"的校风、"春风化雨，教学相长"的教风和"脚踏实地，日有所长"的学风，教学目标则是培育"暖言、暖行，有根、有为"的东风学子。我们还建立起统一的文化标识，我们的校徽、吉祥物等都有鲜明的至暖特色，它们充分演绎着"东风至暖，花自芬芳"的办学理念。

此外，我们还选择了唐朝诗人白居易的《杏园中枣树》作为校训诗，把诗中"东风不择木，吹煦长未已"确立为学校的校训。"不择木"展现了博爱宽容，"长未已"展现了永不懈怠的精神。如此一来，我们的"至暖教育"又有了"枣树"这一生动可感的文化具象。暖风吹枣树，一派欣欣向荣、生机勃勃的景象时刻留驻在东风小学师生的心中，校园的人文化育自然而然成为师生共同的生命发展过程。

（三）"至暖教育"理念的落实

为营造充满人文的外显环境，在周边环境并不理想的城中村里，将东风小学校园打造成充满浓郁人文传统氛围的校园，将"至暖教育"理念落实到实体、落到实处，我们做了三方面的工作。

第一，"至暖"人文景观的创设。新的人文教育理念需要新的形象代言，因此我们在校园中创设了一组"至暖"人文景观。一进校门，我们安排了篆刻有"暖"字及"东风不择木，吹煦长未已"校训的文化石，此处承载着东风人的教育追求；还有大家共同用心设计的校园吉祥物——一对活泼可爱的小蜜蜂，提醒东风学子在知识的花园中采花酿蜜。在校园操场西边上，我们树立了一座至圣先师孔子的塑像，温暖慈祥，目光高远，眺望着东方，引领东风人将人文传统发扬光大。如果说孔子塑像代表着东风小学"暖"文化的人文传统之源，那操场南边上的"思源"古井则代表着东风小学"暖"文化的乡村伦理之源。古井边上就是当年倒塌的校舍遗址，遗址边上有校舍重建纪念碑，记载了校舍倒塌之后，社会各界情系学校，慷慨解囊，东风送暖，重建校舍的事迹，时时提醒东风人赏花寻种、饮水思源。这样的人文景观创设把东风小学的成长与社区的发展融通起来，而社区的发展又与更为宏大的历史人文传统融通起来。

第二，"至暖"人文环境的改造。除了新景观的创设，旧环境的改造更要耐心。我们根据"至暖"理念，从学校的大空间到小角落重新进行了规划与布置，对校门、单车棚、学校进门厅、楼梯空间区、杂物房、楼梯角都进行了改建，并将学校的人文传统融入每一个物象之中。例如，东风校园中一进校门左手边原本是简易杂乱的单车棚，我们将之改造成古色古香、暖茶相伴、书香馥郁的"暖风斋"，成了接待家长和各界客人的场所。原先的楼梯间杂物房则被改造成可以照顾个别老师和学生特殊需要的小厨房，成了每日都有炊烟升起"暖心阁"。连楼角也变成了充满浓厚乡情的孩子们作品的展示区——"暖阳轩"。这样的旧设施改造花费不多却效果显著，关键是要有理念引领，要有爱心和耐心。

第三，"至暖"班级环境的营造。在班级制度建设中，每个班级制订自己的《至暖公约》，让每一个孩子自己进行自主管理。根据"东风送暖"的意象，东风小学每班选择一种花作为自己的班花，同时选择一首和班花有关的古诗作为班诗阐释班花的化育理念，并把班花作为班级环境布置的主题元素，还把班花设计到班牌和教师板报上去。我们把班花评选、班级环境布置、班级《至暖公约》的拟定作为师生沟通、生生沟通、家校沟通、家家沟通的桥梁和纽带，在沟通和实施中凝聚师生、家校、社区的多层共识，寻找最大公约数，从而化多元为丰厚，变碰撞为革新，支持东风小学教育品质持续跃升。

校园浓郁的人文环境，为孩子们接受人文熏陶创建了理想的场域。这些精心打造的校园景观，将教育思想融入物象，用静态的语言表达着我们的至暖人文教育，以立体教科书的形式用具体的物象呈现学校文化，步步皆景，处处育人，充满温暖芬芳的校园景致潜移默化地践行着人文传统教育。在外部环境并不理想的城中村里创设一片静美的"世外桃源"，又以此间的静美默默感化整个社区。

三、以课程建设为抓手的校本化路径

在中小学教育中，任何教育目标的达成、教育理念的落实最终都必须体现在课程建设上，因为只有课程才能实现教育教学目标的常态化和持续化。我们基于城中村的现实背景提出"至暖教育"，又根据这一理念创设并改造环境，但最终我们还是不可避免要回到课程建设上来。

(一) 以国学教材开发来构建人文传统教育的基石

"至暖教育"的精神来自中华优秀传统文化,而中华优秀传统文化的传承与发展有赖于国学教育,而国学教育首先要解决的就是"教什么"的问题,教材的开发就成了"至暖教育"长期有效开展的必要条件。而国学教材开发的技术难度超越了现在中小学教师的一般知识水平,为了解决这一难题,东风小学与广东第二师范学院郑国岱博士团队建立学术协作关系,加入郑国岱博士带领的协作学校群体,联合开发并正式出版了基础段国学教育教材。这套国学教材的编写以孔子"志于道,据于德,依于仁,游于艺"的教育理念为编写原则,以"兴于诗,立于礼,成于乐"为基本方法,针对不同年段的学生提出不同的要求,主要分为以下三个阶段:①低年级——突出诗教,以感发性情,培养纯正、光明的情操为主要内容;②中年级——突出礼教,培养学生心怀天下的崇高理想、任重道远的弘毅精神;③高年级——突出乐教,引领学生实现个体身心和谐,个体与社会、与自然的和谐。根据学生的心理发展特点,我们由易到难编选了包括《弟子规》《三字经》《千字文》《百家诗》《论语》(上、下)、《孟子》(上、下)、《道德经》(上、下)、《中庸》《大学》共 12 册教材。①

(二) 以"三元五场"课堂教学构建人文传统教育的运作模式

不同年龄阶段的学生,心理发展水平也不一样,对国学经典的理解和接受程度也不同。在郑国岱博士的带领下,东风小学国学教师团队在授课过程中不仅深入理解了"经典、教师、学生"三元在国学经典课堂教学中的互动机制,而且逐步形成了"导趣屋—乐读斋—善品堂—开悟轩—回味阁"的五场国学教学模式,为国学经典课堂教学的常态化开展提供了可能。此外,东风小学还在课时和评价两个方面确保国学经典课堂教学的顺利有效开展。其一,课时保证。为保障国学课程落到实处,课时采用长短课设置,短课采用晨读、午诵、咏归三种方式(早上和中午各诵读 10 分钟,放学一路吟咏而归),长课为每周一节课,专注品读领悟国学经典,并开展丰富的诗文课外活动。其二,评价方式。我们创造了"国学护照"的评价模式,将国学教材每个背诵单元列入护照中。学生每背完一个单元,就可以获得相应的星星。当学生背完一册,便可在其护照上盖上专属这一册的国学印章,然后进入下一关。

通过熟读经典,学生可以深入了解传统文化,践行传统美德,承续中华文化之

---

① 我们认为,从中华民族几千年的文明进程来看,中华优秀传统文化的主脉在儒学,儒学的重心在经学,明清以来经学的重心在四书学,所以,作为撬动一个庞大系统的支点,基础教育阶段国学教育必须以蒙学为起点,四书学为重心。这就是我们的教材编纂的指导思想。相关论述请参阅郑国岱《基础教育视域下国学教育的内涵、体系、方法研究》,《广东第二师范学院学报》2016 年第 4 期。

文脉，在此过程中，怡情养性，生长智慧。国学课程为每个孩子的健康成长搭建了良好的平台。我们更有信心将东风学子培养成为暖言、暖行、有根、有为的高素养、有人文关怀的新世纪人才。

（三）以第二课堂的特色课程建设拓宽人文传统教育的实践路径

基于东风小学的实际情况，在对学生进行人文传统教育的过程中，我们逐步形成三大系列的第二课堂特色课程。

1. 节日课程系列

现在许多学校热衷于办"节"，但是"这些节多为单项，且往往与学科更相关，可能缺的是与文化传统、自然的持续联系"，因此，我们结合学校的发展方向重点强化了节日与传统文化的联系。中国自古便是礼仪之邦，在各种仪式中富含许多育人因素，中国传统节日是学校开展仪式教育的重要契机，除此之外，面向小学生成长的重要阶段，也可以创设新的节日，开展相关活动，让孩子在体验中获得成长。在传统节日之外，东风小学还设置了"成长三礼"与"芬芳六节"。"成长三礼"包括：入学开笔礼、成童立志礼、毕业感恩礼。"芬芳六节"包括：童乐寻春节、创想科技节、快乐艺术节、至暖文化节、悦读书香节、活力运动节。每个节相对独立，又彼此融通。孩子们在过"节"中快乐成长，汲取人文传统精神的养分。

2. 家风、家训课程系列

城中村小学的家长以外来务工人员为主，他们普遍受教育程度较低，在教育子女方面缺乏正确的方法，再加上迫于生活压力，他们在子女教育问题上无论是时间还是精力都十分有限。为了在家长们普遍有限的时间精力中提高家校联动的有效性，我们重点抓好家风、家训教育。家风、家训在中国传统的家庭中，作为一种精神价值追求而长期存在，为了促进家风建设，东风小学深入开展了"树家风弘人文，承家训助成长"活动。"追寻名人家风，共品人文智慧"：学生和家长一起寻找关于名家名人的优秀家风、家训小故事，或阅读关于家风、家训的经典书籍；"'童'寻优秀家风，共承家庭美德"：学生和家长一起挖掘家庭中体现优良传统美德的家风家训、治家小故事；"我的家风我来晒，践行家训共成长"：各班选取的优秀作品在学校官方微信平台进行展示分享，部分学生家庭在节日庆典上演绎家风、家训小故事。家风建设活动将家庭中的人文传统教育与学校的活动相结合，为人文传统教育开拓了新的空间。

3. 社区实践课程系列

城中村有城乡结合的区位特征，见证着乡村迈向城市的进程，对孩子们观察生活，了解社会和时代的变迁，有着得天独厚的优势，我们从学校周边的社区资源中提炼教育题材，为学生带来丰富的生命体验。有专家就指出："利用市域或社区范围内的区域文化资源开展校本课程，对增强学生在课程学习中的实践性和参与性，体现校本课程的自主性、特色化和实践性的特点有非常重要的意义。"的确，来自校外的鲜活资源和生活气息,为东风小学开展人文传统教育提供了坚实的基础。我们根据学校校内外的实际情况,开发各种资源,设立了国学、节日主题活动、体育、科技、综合实践、多彩社团活动等校本课程。以"让生命如花绽放"为课程理念,建设"至暖"课程体系。配合社会实践活动,我们开发了"走进××"寻根乡土的系列活动课程,如"走进海珠湖""走进古祠堂""走进黄埔古港"等。活动课程的开展,为孩子深入了解地域文化,发展人文精神提供了有效路径。

东风小学人文传统教育针对城中村学校的办学实践,将教育与人文传统有效融合,使学生在一系列活泼、实在的人文传统教育活动中走近历史,触摸文化,习得礼仪,感受人文,在潜移默化中得到性格的完善和心灵的浸润,在最美童年度过最美时光,带着最暖的记忆奔向最灿烂的远方。

参考文献

[1] 叶澜. 人间"节"语 [J]. 人民教育,2015(1):74.
[2] 严文清. 城中村小学学习型家庭的创建策略 [J]. 教育观察(下半月),2017,6(7):46-47.
[3] 辛雅静. 城乡结合部小学开发区域文化特色校本课程的优势与策略 [J]. 天津市教科院学报,2015(4):75-77.

(本文作者:广州市海珠区东风小学 吉淑娟;广东第二师范学院中文系 郑国岱)

深圳市蛇口育才教育集团第四小学
传统文化教育实践

2014年3月，教育部印发了《完善中华优秀传统文化教育指导纲要》，"传统文化进校园"正式拉开序幕；2017年1月，国家更是以两办文件的形式发布《关于实施中华优秀传统文化传承发展工程的意见》，明确了学校传统文化教育的重要担当。传统文化教育越来越受到重视，学校都在提升传统文化教育特色。怎样提升？在哪些方面提升？笔者将以南山区传统文化教育特色学校深圳市蛇口育才教育集团第四小学（以下简称"育才四小"）的传统文化教育实践为例与大家共同商讨。

一、战略与策划——在顶层设计中将传统文化教育绘入学校发展蓝图

（一）将传统文化教育融入学校培养目标

传统文化教育就是为孩子奠基的工程，只有将其纳入学校的培养目标，其行为才会在学校扎根。育才四小学生培养目标为：有责任感的现代化国际化小公民。这里的"责任"，是对己、对家、对国的责任；具备中国传统文化之根是这里所讲的"公民"培养的关键和灵魂，爱国爱家是"公民"的基本素养；在此基础上，胸怀世界、锐意进取、开拓创新是"公民"的重要素质，也是谋求家国发展的重要保证。

（二）将传统文化教育写进学校发展规划

传统文化教育不能只是脑子一热，或者一阵风的行动，要确定其目的，明确其行为，在规划里通过长时间的打造，才能造福学生，提升学校办学品质。

育才四小在《深圳市蛇口育才教育集团"十三五"发展规划》中明确提出了：学校致力于打造中国传统文化教育特色。从2016年起至2020年，计划借助三大方面的实践提升学校中国传统文化教育品位与质量。第一，营造中国传统文化教育环境。丰富国学经典藏书；提升国学教室文化品位；营造户外国学氛围；建设校园国学长廊；建设国学馆，成立"明德书院"。第二，丰富中国传统文化教育课程。开设传统节日、国学诵读等国学课程；引进校外师资，开设"十德国学"、中国象棋、围棋、民乐、茶艺、京剧等特色课程。第三，整合校内外中国传统文化教育资

源。引进"深圳市诗书礼乐研究会",以育才四小作为其总部基地,丰富学校国学内涵;借助"陈一丹基金会"的支持,组织"明德讲坛"等国学交流活动。

经过几年的努力,育才四小不仅按照《中华人民共和国国民经济和社会发展第十三个五年规划纲要》的指引在传统文化教育方面稳扎稳打,一步一个脚印,踏踏实实地进行实践,还在教书育人方面收获累累,绽放出美丽的国学之花,成为一道亮丽的风景线。

二、过程与实践——在坚守与创新中让传统文化教育花香满园

(一) 发挥环境育人功能,建设传统文化教育环境

如何激发学生学习传统文化的兴趣?有阵地是非常重要的。传统文化教育的阵地如何打造?要整体设计、全面规划、精心落实,才能让校园溢满浓郁的传统文化教育氛围。育才四小注重营造校园传统文化教育环境,建设了国学教室、陶艺教室、国学长廊等。

1. 古色古香的国学教室

学校在教室、学位紧张的情况下,专门开辟了一块学习国学的园地——国学教室。教室里配备齐全,12张长桌整齐摆放、木纹天成、造型雅致,每张长桌配上2条方椅,四平八稳、落落大方。

老师们在国学教室开设茶道讲坛、茶艺课,"一杯茶,品人生沉浮,平常心,看万千世界",茶艺课让师生感受到中华茶道的博大,也品味人生海阔天空的淡然。

中午小憩时,国学教室也是教师们练习书法的场所。育才四小的教师们热爱传统文化、热衷书法,空暇时,就来国学教室练练书法,陶冶情操。

国学教室也是开展各项活动的场所。郭彩虹老师主持的"传统节日研究"汇报展示、刘仕琛老师主持的"二十四节气"汇报展示、孙茜老师和韩宝珊老师的"茶文化"汇报展示、刘博士的"茶道文化"讲座、子张老师的"诗乐会"讲座都曾在这里举行。

2. 娴雅古朴的陶艺室

陶艺是中国传统古老文化与现代艺术结合的艺术形式。中国是陶瓷大国,制陶是中华传统文化之一。和国学教室并排的就是学校陶艺教室,装修古朴典雅。学校专门聘请了中国美术学院的研究生来担任学校陶艺教师,开设陶艺课程,弘扬传统文化。

3. 厚重雅致的国学长廊

从大厅右拐,经过植物园,就是育才四小的国学长廊了。长廊的上空,贴的是

古代汉语的经典名句，如《诗经》里的诗句——桃之夭夭，灼灼其华，之子于归，宜其室家；《周易》里的名句——天行健，君子以自强不息；等等。长廊的两边是几块主题墙，有四书五经主题、有国学经典主题、有国画经典主题，还有一排排的小书架，书架上摆放着同学们捐献的书本，为方便同学们阅读，长廊边摆放了几排中式长靠椅。

这样的环境，让学生们随处可以学习传统文化，让老师们有了教学、交流传统文化的阵地，让学校充满了书香气。所以学校也成了深圳市诗书礼乐研究会的基地。

（二）重视师资培养，提高教师传统文化内涵

好的学校需要好的老师，学习传统文化也是如此。为了更好地传承、推广国学经典，满足蓬勃发展的国学教育需求，培养孩子更多的国学素养，学校必须重视国学师资的培养。育才四小是这样做的：

1. 国学大师走进小学课堂

学校特聘专家进校指导。育才四小引进的专家有：子张老师，子张老师是深圳"诗乐会"的会长、创始人，"诗乐会"是以诗歌为名组建的公益文化组织，创办于2012年农历九月初九，因《诗经》而汇聚，更因共同喜爱古代文化而走到一起，目前会员已超过500多人，来自深圳各行各业；刘冬颖教授，黑龙江大学文学院副院长、博士生导师，她致力于古乐谱新编，就是从古典文献中辑录出古诗词乐谱，翻译成现代五线谱，邀约音乐制作人重新编曲，重现古代诗词经典吟唱，教老师们唱《诗经》；刘小娟老师，深圳市高级茶艺师，事茶十余载，和深圳茶业博览会达成长期表演合作关系，刘老师每年去茶山游学，实地学习制茶品茶技艺，她教学生、老师和家长茶道。

2. 培养本校国学教师

学校同样重视自主培养和引进传统文化教育老师。学校校长陈显平经常亲自为学生上《诗经》课；副书记雷霞老师每周利用周六下午为大家传授《大学》，和老师们一起学习《大学》之道；奚秀霞老师是中国美术学院硕士研究生，方向为雕塑专业，她和志同道合的美术老师一起，设计并实施了陶艺、国画等课程。在这些老师的带领下，陶靖、郑嘉玲等一批热爱传统文化教育的老师迅速成长。

3. 整合校外国学教育资源

学校聘请校外机构的专业老师。育才四小利用四点半课程经费，聘请了深圳市知名的传统文化教育的老师，开设中华棋类课程，如围棋、中国象棋等；开设国学艺术类课程，如书法、国画、古筝、古琴、阮、京剧等；开设国学生活类课程，如茶艺等。

（三）构建课程体系，让传统文化教育落地生根

课程改革是教育改革的关键。传统文化教育落实到课程之中，才真的能做到落地生根。育才四小构建了完整的传统文化教育课程体系，分别由基础课程、拓展课程、特色课程三部分构成，具体如下：

1. 基础课程——绘就育才四小学子传统文化底色

国家基础性课程方面，每个班每周安排一节书法课，学校统一购买了书法教学软件——胡一帆教书法，包括硬笔书法和软笔书法两种。学校从一年级开始落实新课标推荐的《小学生必背古诗词七十五首》，分年级、分层次供学生读、背、理解，增加积累，这75首古诗词是每一个育才四小学子的保底背诵量。

2. 拓展课程——点亮孩子心中传统文化之光

校本拓展课程方面，在育才四小，有一批以陈显平校长、雷霞副书记为领头人的传统文化爱好者，为学生开设了很多拓展课程，极大丰富了我校传统文化教育课程的内涵。

我校的《诗经》课程，是传统文化教育拓展类课程的明星课程，由育才四小校长、深圳市诗书礼乐研究会副会长陈显平女士亲自上课，不仅让孩子们学会了读《诗经》、唱《诗经》，还能演《诗经》，在全校范围内营造了浓浓的国学经典文化氛围。陶靖主任作为深圳市诗书礼乐研究会评选的"《诗经》传承人"，成立了《诗经》工作室，带着年青老师致力于《诗经》文化的推广，不仅在校内上课，还在深圳市图书馆南书房上了一堂《诗经·小雅·南山有台》的阅读推广课，反响很好，随即被邀请到市园博园的诗乐会再次展示。今年孩子们参加了保利剧院的演出，又受邀到区教育局参加"阅读典范学校"开场展示，在整个五年级掀起了一阵唱《诗经》的旋风。陶艺课程也是校本拓展类课程的一大亮点。学校为此专门建设主题陶艺馆，配置陶艺制作设备。教导陶艺课程的是毕业于中国美术学院的硕士研究生奚秀霞老师，奚老师带着孩子们在古朴的陶艺馆揉泥、塑泥、上釉、烧制，不仅让孩子们体会到制作的乐趣、工艺的繁复，更重要的是感受古代劳动人民的勤恳与智慧。还有刘士琛老师、彭艳老师、刘嘉玲老师、张彩霞老师、张玲老师等开设了国学经典诵读课程，推广《三字经》《千字文》《弟子规》《论语》和小古文等名篇的诵读，以达到"蒙正养心"的教育目标。

3. 特色课程——成就孩子个性国学特长

校本特色课程方面，育才四小主要以深圳市四点半课程为依托，引进校外师资，开设了如围棋、古筝、京剧、国画、毛笔书法、中国象棋、中国茶文化与礼仪等多门相关课程。孩子们参加学习均不用缴纳费用，每周有近500名孩子获益。

作为国粹的京剧，学生在以前很少接触，学习的人比较少。目前京剧社规模不断扩大，社团现共有23人，以四年级、五年级为中坚力量，已有《梨花颂》《花田错》等精品节目，二年级、三年级也在循序成长，社团发展正向"规模化、精

品化、特色化"的方向迈进，社团发展也正进入成长期。社团已经在第二届"湾畔之春"新年音乐会上成功表演剧目《梨花颂》《花田错》。社团参加2018年南山区中小学艺术展演，获戏曲组总分第二名，京剧组第一名的好成绩。

（四）开展课题研究，探寻中国传统文化之美

科学是生产力。想要更好地学习传统文化，必须开展科学的研究。育才四小大力倡导传统文化教育类课题研究，老师不仅主动申报课题，更是带着学生做相关小课题的研究，整个校园研究传统文化氛围很好。

1. 学生探究性小课题

（1）孙茜老师指导学生参加深圳市2015年中小学探究性小课题"茶文化中的礼仪探索"。学生在孙老师的引导下，自主探索中国茶文化。在探究的过程中，学生们不仅学习到了中华茶礼，而且也掌握了探究技巧。在成果展示中，孩子们身着汉服在国学教室展示了与茶文化相关的礼仪。

（2）郭彩虹老师指导学生参加深圳市2015年中小学探究性小课题"传统节日学习"。通过活动，学生了解了节日的来历、风俗习惯以及与节日有关的诗词歌赋，促进了对民族文化的热爱，锻炼了通过各种渠道（书籍、报刊、网络、他人经验等）获取信息的能力，培养了合作意识与动手能力。

（3）刘川主任指导学生参加深圳市2015年中小学探究性小课题"孔明灯的研究与制作"。通过对孔明灯的研究和制作，学生们了解了很多我国的传统文化，同时还能看到古人智慧的一面，如今研究起来，不仅可以增长人文和科学知识，更能激发对我国传统文化的热爱。

（4）周鹰红老师任指导学生参加深圳市2017年中小学探究性小课题"小学生汉字书写现状调查与对策研究"。写字最讲究"知行合一"，"练"应是建立在"知"的基础上的，也只有在"知"的指导下进行的"练"才是有意的；周老师带领孩子以《田章英楷书二十八法》为支点，让孩子站在前人的肩膀上，高效地习字，体会成就感，越学越有劲，我们的"教"才有价值。

（5）李佳贞老师主持深圳市中小学生探究性小课题"开一家三国超市"。李老师带领学生通过开一家"三国超市"的探究活动，让阅读变成一件有趣的事情，让阅读变成一种创造，通过探究、开发各种与三国故事、三国人物有关的"产品"，让经典名著在孩子心中生根发芽。孩子们邀请朋友和父母参加"三国超市"产品交易会，这也极大地促进了同伴交流、亲子阅读，达到共同进步。

2. 教师研究性课题

（1）陶靖主任主持课题"小学生吟唱《诗经》的实践研究"。课题组认为，《诗经》作为最早的诗歌总集，应该以更生动有趣的形式走进我们的课堂，经过初步实践，课题组发现吟诵之法确实有助于改善当今古典诗文教学的枯燥无味，在践行过程中也已经收到了较好的效果。通过此课题，老师们把《诗经》吟诵系统化

的实践经验更好地应用于我们的课堂教学，也带领更多的师生加入吟诵的队伍。传习雅言之道，养成君子之风；继承经典诗词，传播礼乐文明。

（2）李冬杰主任主持的"赏识教育思想的中国古代哲学渊源"的课题对古代哲学中的赏识教育思想做了系统的梳理，并顺利结题。

（五）打造展示平台，营造浓郁的传统文化氛围

打造平台，展示成果，注重评价，反思提升，才能让传统文化教育走上不断发展、逐渐兴盛的道路。育才四小舍得为学生、老师搭建展示平台，打造了一批经典特色项目，如音乐会、经典诗文诵读、诗词大会、诗配画、书法比赛等，校园里散发着浓浓的传统文化气息。

1. "风雅颂"——赏国学之韵

"风雅颂"《诗经》原创音乐会是育才四小的一项特色活动。每一年的孔子诞辰日，育才四小音乐厅会高朋满座，舞台上金声玉振、余音绕梁，"风雅颂"《诗经》原创音乐会会在这里准时上演。短短的一个半小时里，听众沉浸在《诗经》的世界里，欣赏了《小雅·鹿鸣》《国风·卫风·木瓜》《小雅·南山有台》《郑风·野有蔓草》《诗经·周南·桃夭》《秦风·无衣》等风雅颂名篇。

2. 创意说——留国学之音

"发现传统文化之美"也是一项特色活动。2018年5月，育才四小语文学科以"少年创意说——发现传统文化之美"为主题，开展了演讲比赛。比赛分为六个小主题：①汉字文化；②古代蒙学读物；③古代文学作品（包括古代诗词、寓言、古代神话等）；④历史名人故事；⑤文化艺术；⑥文化常识和民风民俗。其中，十多名小选手表现不俗。

3. "项目"学——创"国学新教"

传统文化教育同样可以通过实施项目进行学习。老师们创新教与学的方法，让学生们围绕一个主题开展探究性研究，如罗仁华老师带领孩子们一起研究唐诗，孩子们组成不同的学习共同体，有的研究诗歌的背景，有的研究诗人的生平，有的背诵诗人的作品等，经过一段时间学习，一起开分享会，同学们聚在一起讲诗歌、诵诗歌、唱诗歌、演诗歌。这些活动让孩子们既学到了知识，又开阔了视野，还熏陶了情性，锻炼了能力，是孩子、家长都喜欢的学习活动。又如，韩宝珊老师一直致力于名著阅读教学的研究及实践，在引导孩子阅读过程中，韩老师把"名著"故事演变发展成班级阅读过程的一项重要环节。

4. 诗书画——品国学之美

书法比赛是我校的常规活动，每学期都会按期进行软笔书法比赛及硬笔书法比赛。软笔书法比赛是面向全校有书法特长的孩子，比赛评出的优秀软笔书法作品会给作者颁发奖状、进行展出，并刊登到校刊《绿芽》上。硬笔书法针对全校每一个孩子，优秀作品会颁发奖状及奖品。古诗配画是二年级的一项校本课程，老师引

领学生感受古诗词的意境，让孩子把诗文中的情境付诸笔端，把古诗通过画作展示出来。让孩子们在读诗的过程中想象诗境，在绘画的过程中理解诗意。我校三年级每班都配备《小古文》一书，利用早读时间，老师带领学生一起吟诵小古文，让孩子从小奠定古文的基础。

5. 论茶道——让国学留香

育才四小国学教室里经常举办茶道活动，活动会邀请校内外专家为孩子讲授茶艺、茶道知识。2016年6月，我校隆重邀请了深圳市诗乐会会长于张老师，深圳市高级茶艺师、育才四小茶道社团刘小娟老师，为孩子授课，孩子们了解了茶道，也学习了制茶和品茶技艺。

6. 努力搭建各种交流渠道，整合资源打造特色

育才四小为孩子们精心创设国学氛围，科学设计国学课程，着力打造国学展示平台，不断引进优势国学教育资源，全面推进国学教育。如，引进"深圳市诗书礼乐研究会"，以育才四小作为其总部基地，丰富学校国学内涵；借助"陈一丹基金会"的支持，组织"明德讲坛"等国学交流活动；通过深圳市图书馆的"南书房"将国学的魅力传递出去；等等。

五千年的中华民族传统文化源远流长，这既是世界精神文明的精髓，也是我们一代代中华儿女安身立命的灵魂，进行传统文化教育更是小学教育必须履行的使命。我们的传统文化教育要坚持走进传统文化，用经典来激励志气，用礼仪来作为做人的立脚点，用音乐来完成人生修养，要让学生从先哲圣贤的文字中汲取无限精华，在穿越历史的亘古不息的光芒中获得更多智慧和诗意！

参考文献

[1] 倪娜. 小学生吟诵经典诗文的现实意义与实施策略 [J]. 考试周刊，2014（16）：47-48.
[2] 艾红玲. 文学作品运用于思想政治理论课教学的可行性分析 [J]. 吉林省教育学院学报（上旬），2014，30（4）：50-52.
[3] 唐丁红. 从许渊冲的"三美"原则看汉诗英译：以《清明》的英译本为例 [J]. 海外英语，2014（24）：142-143.
[4] 孙克强，邓妙慈. 中华古典诗词吟诵研究的回顾与展望 [J]. 文学与文化，2012（2）：22-33.
[5] 王向东. 诗歌诵读教学之我见 [J]. 中学教学参考，2013（22）：32-33.
[6] 沈金亮. 《尚书》传本真伪之争新论 [J]. 文史杂志，2014（3）：50-53.
[7] 丁超. 《诗经》与中国礼乐制度关系研究 [J]. 音乐探索，2014（2）：75-79.

（本文作者：深圳市蛇口育才教育集团第四小学　陶　靖）

深圳市松和小学国学教育特色学校建设实践与思考

松和小学位于深圳市龙华区油松河边，创建于1953年。学校占地面积16000平方米，现有38个教学班，学生2162人，教职工131人。学校坚持"深化课程改革，打造特色教育，优化育人环境，提升育人品质"的办学思路，坚定不移地实施素质教育。形成了在"涵养教育——涵养心灵、润泽生命"办学思想指导下以国学教育为特色的"和美、和谐、整合、融合、和乐、合作"的校园文化体系，有效地促进学生发展，提升办学效益。国学教育实施13年以来，深远地影响着教师、学生乃至社区，成为深圳教育一张独特亮丽的名片。

一、独上高楼——国学教育特色建设缘起

（一）时代要求

国学是我们民族文化的精髓，承载着道德伦理观、人生价值观，构成了中华传统文化的核心价值体系，是中华文化最深厚的根基，是数千年来祖先留给我们最宝贵的文化遗产。但在当今经济全球化的进程中，有不少学者认为，"我们出现了深层次的民族文化危机，是民族振兴、国家崛起过程中必须加以正视并克服的障碍与挑战"，并指出"其根本的原因，是长期以来我们对固有的传统文化的认识与承续出现了严重的偏差或迷失，对体现民族之魂魄的基本载体——国学有意无意地采取了忽略或偏激的态度"，呼吁社会"在今天完全有必要重新认识国学的价值，呼唤国学的回归，重建国学的学科"。[①] 因此，重新审视国学教育势在必行，建立一个科学的国学教育体系成了我校亟待攻关的重任。

（二）地区文化

位于中国改革开放前沿阵地的深圳，几十年间孕育出独特的多元、包容和鲜活的改革开放文化，但是传统文化底子薄弱，民众文化背景不同、文化水平参差不齐，给国学的传承和发扬带来诸多困难。尤其是像松和小学这样的村办小学，以外来务工子弟和当地村民子女为主要生源，缺少来自高级知识分子家庭的生源，学生、家庭在农村城市化进程中并不都能和谐发展。所以，要振兴国学教育，促进文明传承，使中国传统文化源远流长；促进文明融合和对话，融汇深圳多元文化；用

---

① 彭永捷主编《国学的新视野和新诠释》，河北大学出版社，2011，第1-8页。

传统文化提高学生道德水准、文化素养和精神生活水平，用国学唤起他们的文化自觉，实现文化认同，增强文化自信。

（三）校园文化

1. 文化渊源

松和小学本身就承载特殊的文化意蕴。"松"，岁寒三友之首，屹立山巅，栉风沐雨，耐寒长青、坚韧挺拔；"和"，中国的普世价值观，即"和谐"——和而不同，有容乃大，相融共生，取长补短。在六十多年的办学历史中，松和小学秉承"松"的意志，逐步达至"和"的境界。

2. 传承发扬

"涵养教育——涵养心灵、润泽生命"办学思想是对"松和"文化的传承和发扬。"天行健，君子以自强不息；地势坤，君子以厚德载物。"成其"君子"者，"涵养"为首。"涵养"意为：其一，内涵修养；其二，熏陶滋润。在梳理总结松和小学多年办学经验基础之上，学校提出"涵养教育"办学思想体系。一方面，以"厚德、博学、励志、笃行"为办学目标，涵养心灵，润泽生命。打造国学教育特色，营造浓郁的校园文化氛围，丰厚师生的文化底蕴，造德才兼备之师，育全面发展之人。另一方面，以"和合教学范式"[①]为依托，加强课程建设，把国学教育与学科教学、德育课程、活动课程、艺术体育课程整合，构建多元立体的课程体系，让学生诵经尚德、读书明理、健体修艺，在丰富多彩的学习活动中浸润中华传统文化，促进主动发展。

二、衣带渐宽——国学教育建设理念凝练过程及具体意义

（一）国学教育建设理念凝练过程

1. 主要理念

环境熏陶：打造文雅古朴、意境悠远的国学校园，中国结、圣人雕像、小桥流水、墙柱壁画、诗词歌赋等，处处渗透着国学元素，让学生在独具特色的校园环境里得到传统文化的熏陶。

诵读经典：致力于课程开发，根据国学经典编写校本教材，让国学进课堂，形成我校国学课堂教学模式。学生诵读经典诗文，感受传统文化的魅力，做到熟读背诵，在读中求思、思中求进。

相融共生：深化课程改革，让内涵包罗万象、博大精深的国学成为一套开放、

---

① 和合教学范式包括：和美的校园生活，和谐的人际关系，整合的教育资源，融合的教育方式，和乐的课堂教学，合作的学习方式。

自由、完善的课程体系，和其他学科整合、融合，互相促进，形成合力，最大程度发挥文化育人的功能。

道德践行：学习国学的根本目的是促进学生的生命成长，用传统文化的精神涵养其心灵、陶冶其情操、丰富其头脑、崇高其人格。让其在日常生活中践行国学精神，做到"知行合一"。

2. 凝练过程

（1）第一阶段（2004年9月至2011年8月），漫道求索。2004年9月，学校经过多方面调研，广泛听取上级部门、各类专家、家长、教师和学生的意见，开设了国学课程，带领学生诵读、背诵国学经典诗文。2005年9月，学校选用《小学必背古诗词七十首》《弟子规》《三字经》《百家姓》《千字文》《增广贤文》和《常礼举要》等篇章，编写了松和小学第一套国学教材《经典诗文伴我成长》，制定《松和小学国学教学常规指导纲要》，用制度保障课程的实施。7年里，学生学习国学，了解趣闻典故、诵读经典诗文、明白为人道理、涵养品质性情。学校的国学教育重实质、抓实效，国学已成为松和人不可或缺的精神财富。

（2）第二阶段（2011年9月至2016年8月），曙光露现。自2011年9月起，学校不断加强国学教学力度、营造浓郁氛围、完善课程体系，使其多元整合、纵深发展，最大程度发挥教育效能。首先，申请专项资金，对学校进行改建，让校园到处都能呈现国学元素，形成独特的墙面文化、楼道文化和廊柱文化等，充分发挥校园文化潜移默化的教育功能。其次，编写第二套国学校本教材《诵读经典润泽人生》，邀请专家指导我校国学课程实施，为教师、学生开展国学专题讲座，逐步完善国学课堂教学模式。加强诵读、背诵力度，促进学生积累，在日常行为规范中践行国学精神。再次，加强国学与其他学科之间的整合，充分发挥国学文化育人的作用，促进各学科教学提升、加强学生养成教育，促进其全面发展。最后，开展丰富多彩的国学活动，展现师生良好的精神面貌，特色教育日渐成熟，扩大了社会知名度和影响力，赢得广大家长、社会人士广泛赞誉。

（3）第三阶段（2016年9月至今），中庭日朗。编写第三套国学校本教材《莘莘儒雅人》，供学生课外阅读使用，开阔视野、促进积累。优化国学课程体系，继续完善国学课堂教学模式，加强学生传统文化学习和道德践行，建立比较完善的国学教育评价体系。国学成果丰硕，国学特色成为我校显著标志，在市、区有较大知名度和影响力。

（二）具体意义

松和小学13年的国学教育实践，从基本的经典诵读起步，到建立比较完善的课程体系、教学模式和评价体系，形成"环境熏陶、诵读经典、相融共生、道德践行"的国学教育建设理念，打造出特色办学名片，这是松和人脚踏实地、孜孜以求的写照。"从实践中来，到实践中去"，这理念又将为我校未来的国学教育指明前进方向和实施途径。

三、众里寻他——国学教育学校建设的实施策略

(一) 优化育人环境，营造浓郁氛围

为打造国学和美校园，学校申请专项资金进行改建。漫步校园，国学元素无处不在，到处弥漫着传统文化的馨香。错落有致的名言、故事夹画呈现在墙壁上、柱子上，格外引人注目。它们镶嵌在简约大气的画框内，或意境悠远，或文雅古朴，或厚重隽永，一幅幅色彩鲜明、生动活泼、给人启迪。

国学精髓逐楼呈现。一楼以"启蒙"为题，选取了经典典籍中关于道德启蒙的相关名言和适合小学生阅读的德育小故事及《弟子规》内容；二楼以"勤学"为题，选取了"惜时""勤勉"等名言和名人学习小故事；三楼以"礼仪"为题，强化文明有礼的行为习惯；四楼以"师德"为题，强调言传身教、为人师表的人师风范；五楼以"孝道"为题，以语言和画面为经纬编织我国源远流长的家庭人伦观念；六楼以"忠诚"为题，宣扬人格的基本准则。

整个校园文化建设因地制宜，绘画图文并茂，雕塑形神兼备，富有视觉美感。形成了校园独特的走廊文化、墙面文化和廊柱文化。让"每一面墙壁都说话，每一个角落都育人"，润物无声的校园文化所营造的育人氛围，充分发挥着潜移默化的育人功能。

(二) 深化课程改革，做实校本教学

1. 开发教材，诵读经典

我们按照《语文新课程标准》的要求，本着"汇知识之萃，补教材之缺"的精神，依据《小学必背古诗词七十首》《弟子规》《三字经》《百家姓》《千字文》《增广贤文》《常礼举要》《论语》《大学》等篇章，编写了三套校本教材——《经典诗文伴我成长》《诵读经典润泽人生》《莘莘儒雅人》（每套包含上、中、下各三册），发放到全体师生手里。要求学生熟读乃至背诵一些经典诗文、熟记一些名言警句，让孩子们在背中求思、思中求进。坚持开展每周一首诗的诵读，坚持"一日三餐"（早读、课前读、中午前读经典诗文）。每个教室门前，每周都会更新一首经典诗文，让学生每周至少背熟一首经典诗文。每个月都有以年级为单位的有主题的经典诗文诵读展演，每个学期都有全校性的经典诗文大型节目展演。每学期学校分高、中、低年段，在学校大操场进行国学展演。大操场"千人诵"气势磅礴，低年段的"孝敬篇"、中年段的"礼仪篇"、高年段的"诚信篇"，让学生找到了民族的根、获得了成长的源动力。

2. 立足教研，助力提升

学校成立了以丘远光校长为组长，以教学处主任和各科组长、骨干教师为成员的国学教育科研工作指导小组，组织教师学习、培训、总结推广国学教科研成果等。建立校本教研制度，形成教育科研过程调控细则，每月举行一次国学教学研讨活动，以"理论学习、教学指导、案例分析、教学反思、经验交流、资源共享、教学论坛"为基本内容，并通过"教学观摩、专家视导、教学反思"等系列活动，为教师参与校本教研创设平台、创造条件。落实"群言优选"式集体备课制度，围绕一个国学课题，采用"捆绑式"教研，确定一个主题，如"孝道""诚信""爱国"等，主备人陈述教学预案、提出教学困惑；备课组成员畅所欲言，"群言优选"，形成共案。在共案的基础上，倡导"二次备课"，倡导"闲谈式聊课"，结合各自班级实际和个人教学风格，形成国学个案。各班每周开设国学课程，每周一节经典诗文诵读课，每月一节经典诗文研讨课，在课后集中评课、议课，不断完善、改进授课质量。形成我校的国学课堂教学模式，即：激趣引入——读顺原文（借助拼音）——知晓大意（根据注释）——感悟道理（结合生活）——导述言行（结合自己谈认识）——拓展延伸（积累名言警句、诗文，外化为良好的行为）。

3. 规范行为，保障实施

国学教育开展以来，我校潜心探索课堂教育模式的建构，提出用优秀课堂常规提升学习效率和学生素养的创新构想。从课前课后的礼仪习惯、坐姿习惯、写字习惯以及课堂的倾听习惯、交流习惯、团结合作等入手，规范课堂行为，融入"礼、智、仁、义、孝"等教育，形成一套整齐而不刻板、活泼而不松散的课堂行为范式。课前齐诵《坐姿歌》，书写齐读《握笔歌》。摆放整齐的课桌、陈列有序的书本、端庄的坐姿、优雅的握笔、迅捷一致的起坐、和蔼亲切的师生问好、落落大方的应答、琅琅的课前经典诗文诵读……一道道独特的课堂风景线呈现在松和校园。

（三）整合课程资源，促进学科共生

孔子教育讲求"礼、乐、射、御、书、数"六艺，从文化到体育、从书本到生活，是非常完备的。国学经典博大精深，所覆盖的领域广博无比，与各门学科有着千丝万缕的联系，加强国学与各科教学整合，互相融合、互相促进。

1. 与德育课程整合，增长见识、涵养品格

国学经典中的大量德育内容，贴近学生的生活实际，容易理解，便于实际应用。《大学》强调："自天子以至于庶人，壹是皆以修身为本。"朱熹也指出："小学学其事，大学学其理。"教学中引导学生从日常行为规范做起，从"孝亲、敬长、悌兄、信友"做起，由近及远，从小到大，逐步提高自己的道德品质，而不是远离生活实际的空泛的大道理。引导孩子在日常生活及行为中反省自己，找"过"并纠正自己。孩子很快就学以致用，到了家中，就开始对照着书本纠正自己

的一言一行。国学与德育课程结合,集育人、学习功能为一体,孩子既长了知识,又学会了做人。

2. 与数学学科整合,生动有趣、启智导思

教学中从我国古代数学趣题导入,让学生感受到我国数学文化的悠久历史与魅力,增强民族自豪感,激发探究的欲望与激情。并带领学生进行自主探索,让学生带着对中国数学文化的崇敬之情进行学习,使得学生不仅学习到新知识,更对数学产生浓厚的学习,能够博古通今,感受古人的过人智慧和国学的博大精深。

国学和自然学科整合,与数学有异曲同工之妙。如让学生了解黄帝的司南、落下闳的浑天仪、张衡的地动仪、华佗的麻沸散、李时珍的《本草纲目》、中国古代四大发明以及我国闻名于世的"四大农书"——《齐民要术》《农桑辑要》《东鲁王氏农书》《农政全书》,增强民族自豪感,激发大胆进取改造自然的决心。

3. 与艺术学科整合,促进审美、陶冶情操

孔子的"兴、观、群、怨"说强调文艺作品的审美功用,他认为审美和艺术在社会生活中可以起到积极作用。蔡元培先生曾说过:"美育者,应用美学之理论于教育,以陶养感情为目的者也。"同时,"美育不仅能陶冶情操、提高素养,而且有助于开发智力,对于促进学生全面发展具有不可替代的作用"。我校的合唱教学,加强音乐与歌词的鉴赏,富有艺术感染力,增进集体凝聚力;国画教学融入书法、古诗词元素,显得更为丰满、立体;啦啦操融音乐、舞蹈于一体,朝气蓬勃,如初升旭日活力四射。

4. 与体育学科整合,强身健体、磨炼意志

蔡元培先生曾提出"五育并举",指的就是德智体美劳全面发展。再往前,古人说的就是文武双全。国学不只是琴棋书画,国学里也有武术骑射,强身健体、修身养性、扶危济困、侠义为怀。将国学与体育整合,给孩子讲述"闻鸡起舞"等励志故事,激发学生锻炼身体、磨炼意志、报效国家的决心,让体育课也能有浓郁的文化味。

(四)加强社团建设,拓宽教育渠道

丰富学生的社团建设,多渠道开发国学教育课程资源。学校面向全校学生设置了民乐、合唱、书法、国画、踢毽子、手抄报、武术、经典诵读、礼仪队、文学社、篮球、啦啦操、乒乓球等50个社团。每学年举行艺术节、体育节、科技节、读书节、朗诵周等传统特色活动,结合中华民族传统节日如元宵、清明、端午、中秋、重阳等,有计划有目的地开展民族教育、集体教育、爱国教育、感恩教育、生命教育等主题活动,深受学生喜爱。学生既增长才干、陶冶情操,又提高审美能力、激发对传统文化的热爱,一举多得。

（五）完善评价体系，促进主动发展

学校制定了比较完善的教学质量综合评价体系，教学评价制度完善，制定了《松和小学国学教研制度》。教师方面，从听课、评课、教案作业检查、期末检测调研等方面进行衡量、评估，做到自评与互评相结合，帮助教师更全面地了解自己的国学教学情况并作出针对性的改进；关注教师，特别是青年教师的教学成长过程；根据教育教学质量进行奖教奖学，发挥评价的激励作用；开展国学课堂开放日活动，通过家长反馈促进教师更好地反思，不断成长。

学生方面，重视学生学习方式和学习过程的评价，关注学生思维的拓展和能力的开发；采用"教师、学生、家长"相结合的"多元主体评价"方式，更客观地对学生做出评价；从思想道德、行为习惯、学习能力等方面对学生进行全方位的评价；每学期，根据学生学习情况、学习成绩表彰优秀学生、进步学生，在学生当中树立榜样；建立学生成长评价档案，记录学生小学阶段的学习表现、学业成绩及教师对学生的个性化评语等；通过艺术节、体育节、国学活动周等活动，拓宽评价的领域，为学生提供展示自我、体验成功、获得自我认同的舞台。

通过形式多样、内容丰富的评价举措，学校建立了多元的国学教学评价体系，有效提高了教学质量，促进了师生共同发展。

四、蓦然回首——国学教育学校建设的已有成果

（一）国学特色独树一帜

国学氤氲馨香重。学校创造浓郁的国学氛围，从办学思想、办学理念、课程设置、建筑风格、墙柱文化等显性、隐性方面打造国学校园文化，开拓出"松""和"文化下的特色教育。国学课堂、"千人诵"已成为我校一张亮丽名片。近三年，我们的校园吟诵队参加"我们的节日"经典诗文朗诵，分别获得深圳市一等奖、龙华区特等奖的好成绩。中国人民大学李若缘教授到我校举办国学教育讲座时肯定了我校在推进国学教育方面做出的巨大努力。我校定期面向社会举办市、区国学成果展示，向各兄弟学校分享这方面的办学经验。2017年12月底，我校将再次在深圳市举办国学教育成果展。

（二）课改稳健，成绩卓越

我校建立了完善的国学课程体系，从教研课程开发、实施到评价，无不体现松和师生严谨治学、精益求精的国学精神。2017年9月，我校国学课程被评为深圳市"好课程"。除了国学课堂的真抓实干，国学还与其他学科整合相容、互相促进、共同发展，与各科构成一个开放、自由、立体的课程体系，加速我校课程改革

步伐，提升教育教学质量。国学理念渗入各学科，对学生的学习习惯、学习品质产生深远影响。我校六年级学生参加区教学质量调研，连续多年名列优秀行列，为中学不断输送优质生源。2012年深圳市中考状元龙华中学王可心同学（900分），2013年龙华区中考状元新华中学的宁雅贤同学（870分），2014年龙华区中考状元龙华中学的吕俊同学（793分），三位市、区中考状元均为我校毕业生。我校学生参加作文比赛连续8年分别获得龙华区特等奖，深圳市一、二、三等奖；参加深圳市童话节连续3届分别获得金奖和最佳组织奖；参加2015年深圳市"节日诗情"朗诵比赛获得第一名。

松和学生刻苦钻研、开拓创新。连续3年参加深圳市科技节成果比赛均获得一等奖，2017年获得最佳组织奖。2017年11月30日在北京参加"科学实验嘉年华"获得2个一等奖、2个二等奖的好成绩，学校被评为"优秀组织单位"。

松和学生顽强拼搏、全面发展。合唱队连续4年均获得深圳市合唱比赛金奖，2016年获得广东省合唱比赛金奖。啦啦操连续4年均获得深圳市中小学啦啦操比赛团体第一名。2016年10月，学校被国家体育总局评为全国啦啦操示范窗口学校，学校飞马俱乐部被评为全国啦啦操四星俱乐部。女篮、男篮分别获得2015、2016年深圳市"体彩杯"中小学生篮球赛冠军，乒乓球男、女团均获2016年深圳市"体彩杯"少年儿童乒乓球联赛小学甲组第一名。2017年10月，学校被国家体育总局评为全国中小学篮球教育示范窗口学校。

（三）养成教育，绽放花蕾

学校把国学精髓"仁、义、礼、智、信"与现代社会的道德规范相结合，在经典诵读中涵养性情，学生文明有礼、乐善进取、尊师爱友、孝顺父母。养成教育取得突出成绩，涌现了大量优秀的学生，如深圳市优秀少先队员段祥玉、黄思宁、阴思佳，阴思佳同学入选"深圳市红领巾议事团"副团长；我校被评为深圳市先进中队、深圳市"少先队红旗大队"。王清萌、毛羽菲同学在2017年第二届寻找"最美南粤少年"活动中，被评为"深圳市美德少年""深圳市优秀少先队员"。还有帮助走失幼儿寻找父母的林爱丹，拾金不昧的一年级学生翟俊智，这些优秀学子为广大学生树立了榜样、弘扬了正能量，充分展现我校国学教育取得的巨大成就。

（四）学校发展更上一层楼

国学教育的实施，为学校内涵式发展融入了生命力，学校在短短5年时间里，实现了区、市、省一级学校"三级跳"，先后获得"全国啦啦操示范窗口学校""全国中小学篮球教育示范窗口学校""广东省一级学校""广东省绿色学校""广东省少先队日活动十佳学校""深圳市教育工作先进单位""深圳市德育绩效示范校""深圳市首批中小学教师专业发展基地学校""深圳市首批教育教研基地学校"

"深圳市文明学校""深圳市书香校园""深圳市阳光体育活动先进学校"（连续四年）和龙华区首批"课程改革特色学校"、龙华区首批"体育特色重点项目学校"、龙华区十佳"文明创建先进学校"等荣誉。

近年来，《现代教育报》《南方教育时报》《特区教育》《晶报》《宝安日报》、深圳市教育局官网、深圳新闻网、龙华教育在线等新闻媒体对我校的办学成果、特色教育、教育动态、教学交流、德育工作、支教帮扶以及社会活动等做了大量的报道，帮助学校树立了良好的外部形象，获得了家长与社会的广泛赞誉。学校以"深圳速度"，实现了跨越式发展，成为农村城市化转制后政府办学的成功先例。

五、灯火阑珊——国学教育学校建设存在的问题及可能破解的思路

纵观我校13年的国学教育历程，特色鲜明、成绩显著，培养了大批"文武双修，德艺兼备"的学生，取得了突出的办学效益。我校把国学教育融入课程建设中，重实质、求创新，已摸索出一条成功路径，构建了适合国学教育特点、适合学校特色创建、适合学生发展的教育模式。但是，课程建设是一项艰巨的任务，只有高屋建瓴、精益求精，才能建立更为完善、科学的国学教育课程体系。我们把国学和其他学科整合，促进各学科的融合和对话，但其方式仍然以"了解历史、讲述故事、激发兴趣、鼓舞意志"为主，建立一套什么样的学科整合方式、如何建立学科整合方式、用什么样的标准去评价学科整合效能，这些都是我校面临的问题。在未来的国学教育及特色创建中，我们将加大学习力度，多方面考察、调研，邀请专家指导、解惑，同时继续推进教研力度，理论与实践相结合，在不断学习、实践、反思、改进中提升国学教育教学质量，为打造广东省国学教育特色学校不断努力。

（本文作者：深圳市龙华区松和小学　丘远光　任　珅）

黄岐中心小学"儒雅教育"特色学校建设行动报告

　　作为学校教育的初始期，小学阶段的启蒙教育对个人的发展和成长可谓至关重要。多年来，黄岐中心小学以"儒雅教育"为核心理念，以规范学生行为、净化学生心灵为目标，以中华优秀传统文化为依托，融合中西教育理念，组织开展了一系列教育教学活动。首先，学校不遗余力地进行设备设施的改造与更新，努力彰显中华传统文化建设的良好氛围，从而完善了"儒雅教育"特色学校整体的显性环境文化。其次，我们注重课内与课外相结合，注重校内与校外相结合，初步走出了一条常规课程教学与国学特色教育融汇发展的路子，从而构建了"儒雅教育"特色学校的课程体系。通过这些途径与方法，我们不断推进国学教育与现代教育的结合，从而在帮助学生形成良好的习惯与品格方面，取得了一定的突破与进步。目前，我校儒雅教育系列活动已经做到了常规化与制度化，深得广大师生与家长的欢迎，儒雅师生与儒雅家长不断涌现。

一、问题提出

（一）课题背景

1. 理论背景

　　当下中国，"立德树人"为教育之根本任务。而以儒学为主干的中华优秀传统文化体系中，有"仁义中和"的思想精华，也有修身成德的哲学：一是自强不息（天行健，君子以自强不息。强调与自己争，即为自强不息）；二是修养心性（不喜不忧，苦其心智）；三是辩证思维（珍惜已有，看淡得失，风物长宜放眼量）。其不仅具有独特的民族性和历史性，也具有世界性和现代性，它可以于潜移默化之中引导人、影响人。如果小学生从小就能从中汲取营养，将会为其人生发展打下坚实的基础。总之，"中学为体、西学为用"，以中华民族传统文化为修身之依托，融合中西教育理念，以规范学生行为、净化学生心灵为目标的儒雅教育在当前具备开展的历史和现实条件。

2. 社会背景

　　19世纪发展至今，无论中国还是欧美的学校，目前在品德教育中，都面临相似的症结：学校功能不断被动扩张，造成家庭教育功能弱化；都市化的教育形式阻断了乡土教育的积淀与传承；同时，由于学校教育强调智育，加上家庭教育功能式微，社会及大众传媒不良影响日增，使品德教育难以发挥功效。

党的十八大提出把立德树人作为教育工作的根本任务，明确强调了教育的本质功能和真正价值，开始从国家层面更加深入系统地考虑"教育要立什么德、树什么人"或者说"教育要培养什么样的人"这一根本问题。而要解决这一问题，学生发展核心素养的培育就必须根植于本民族的文化历史土壤之中。

中华优秀传统文化是中华民族的"根"与"魂"，我国学生的核心素养需"植根"于中华优秀传统文化，体现中华民族之"魂"。中华文明博大精深的思想体系，广泛揭示了人与人、人与社会、人与自然之间关系的真谛。其中，许多优秀的思想精华和理念精粹至今仍然影响着中华儿女的人生观、价值观，构筑了中华儿女独特而坚定的精神世界。

学校对于学生核心素养培养，需重点关注中国传统文化中关于人的理想人格及修身成德之学。

3. 区域背景

被誉为"广佛走廊"的佛山市南海区大沥镇自古物华天宝、人杰地灵。高风亮节的南宋丞相叶颙；人称"中国照相机之父"的清人邹伯奇；中国现代渔业科技的奠基人之一钟麟；教育家、现代诗人、作家冯乃超……这一个个在史册上熠熠生辉的名字丰富了厚重的大沥文化，先贤们的上达仁义、自强不息、持之以恒等人格特质成为我们取之不竭的宝贵精神财富。

4. 学校背景

大沥镇黄岐中心小学是广东省一级学校，先后被评为"全国教育科研先进单位""全国艺术教育先进单位""佛山市德育示范学校""佛山市第一批书香校园"。现有学生3421人，教职员工208人，79个教学班，是大沥镇乃至南海区办学规模最大的一所公办小学。在我校的学生中，有71%的学生为非本市户籍儿童，他们来自全国30个省、市、自治区，有着不同的乡土文化、生活习惯、家庭价值观，且性别比例差异较大。在学生的成长过程中，学校、家庭、学生、社区如何达到"和"？这需要有一个大家都能认可的教育哲学和品德判断，而儒学是较为适合的选择。

（二）课题内涵

何为儒雅？儒，是对读书人的尊称；雅，意为美好、高尚、不粗俗；所谓儒雅，即读书人身上所具备的温文尔雅的风貌与气质。简而言之，儒雅教育是以传统文化为基本内容、以行为养成教育为重点，主要通过德育的内化过程，促进学生的个性发展，使学生在实践中发展、在体验中成长，是培养学生具有健全人格、人文涵养，符合社会主义道德规范的未来社会公民。而在此基础之上，我校将"儒雅教育"之内涵进一步提炼为：以中华优秀传统文化为根，确立"品儒、养雅、辨行、育德、立志、健体"的理念。（见表2-1）

表 2-1　课题学习的方法和目标

方法	品：从三口，三表多数，意为大量品读
	养：教育、练习，使身心得到滋润
	辨：借助理性思考和常识等途径对事物进行区分和辨别
	育：长期的引导和训练
	立：树立
	健：使精力充沛
目标	儒：中华优秀传统文化经典书目
	雅：美好的、高尚的、不粗俗的美学素养
	行：行为举止、思维方式
	德：品德准则和规范
	志：志向，心之所向
	体：身体、意志

二、课题研究的目标

1. 总体目标

确立"品儒、养雅、辨行、育德、立志、健体"的理念，构建具备儒雅教育特色的环境文化、课程体系、教育生态，旨在培育出既能传承中华民族传统美德又具备时代素养的新型人才。

2. 具体目标

以"品儒"为点，打造书香校园，探索开设优秀传统文化课程体系。

以"养雅"为点，探索开发书画琴音美形课程，打造艺术教育品牌。

以"辨行"为点，探索开设礼仪课程、习惯养成课程、思辨思维课程、社区实践课程。

以"育德"为点，探索开展道德教育、法制教育、家长学堂，培育学生品格基础。

以"立志"为点，开展积极心理教育、心理健康课程、立志课程、卓越身心课程。

以"健体"为点，推行师生阳光大课间活动、运动科学课程、运动技能课程、卫生与健康课程，历练坚毅意志、提升身体素质。

三、课题研究的基础

2014年9月，为了推动学校教育的进一步发展，我校结合"崇德、博学、勤奋、进取"的校训，决定将"儒雅"文化建设作为我校长期内涵发展规划，提出了创建"点亮儒雅教育"特色的办学理念。2014年9月，"儒雅教育"成功申报大沥镇2014年"创特色，树品牌"竞争性分配资金项目。经过两年推进，取得以下成效：

（1）2014年9月，项目启动。

（2）2014年9月，项目成功申报大沥镇第二届竞争性分配资金项目。

（3）2014年9月，项目成功申报"十二五"规划国家重点项目"中华优秀传统文化教育研究"子课题。

（4）2014年10月，项目启动"教师校本培训"及配套课程设置、项目文化规划。

（5）2014年11月，佛山电视台《我和国学经典系列报道》节目连续两期报道我校儒雅教育特色。

（6）2014年12月，《珠江时报》全版报道我校"国学教育大有可为"专题活动。

（7）2016年2月，项目完成校园文化配套工程建设及校本教材编印。

（8）2016年5月，项目通过验收，并被评为镇特色学校创建优秀项目。

（9）2016年7月，义务教育均衡发展全国推进会在广东举行期间，云南、西藏、陕西、甘肃、青海、宁夏、新疆、新疆生产建设兵团8省（兵团）的教育厅正（副）厅长、总督学到学校实地参观、考察。

四、研究过程与方法

2014年9月，为了推动学校教育的进一步发展，学校结合"崇德、博学、勤奋、进取"的校训，决定将"儒雅"文化建设作为学校长期内涵发展规划，提出了创建"点亮儒雅教育"特色的办学理念。以"品儒养雅"为纲，积淀学校"点亮儒雅教育"项目特色，创建书香校园。以"志气强立"为纲，营造校园正气，树立师生志气。以"阳光校园"为纲，推行师生阳光大课间活动，历练坚毅意志，提升身体素质。以"奠基幸福"为纲，着眼行为细节，落实习惯养成；扎根有效课堂，实现轻负高质。我校于2014年与2016年均成功申报大沥镇"创特色，树品牌"竞争性分配资金项目，2017年5月成功申报南海区"十三五"规划特色学校创建项目。三年来，学校围绕特色创建项目总体目标，通过营造儒雅环境文化、培训儒雅教师、打造儒雅课堂、培养儒雅学生、完善儒雅评价等多种途径，精心打造儒雅校园，实现了国学教育与现代教育的有机结合，帮助学生形成良好品格基础，从而促进师生全面健康的持续稳健发展。

（一）主要研究方法

1. 文献研究法

搜集鉴别整理文献，形成对事实的科学认识。

2. 调查研究法

调查了解当前学校师生、家长对项目的需求和定位。

3. 行动研究法

在调查研究的基础上，通过案例实践研究，构建儒雅教育课程体系。

4. 经验总结法

针对课题实施过程中的实际问题进行研讨。充分分析、利用各种资源，尝试采取不同策略，推进课题实施，并积累撰写总结和报告。

（二）研究过程

1. 加强建设"儒雅教育"特色学校整体的显性环境文化

三年来，学校以中国传统经典文化为核心，进行规划和布局，努力打造儒雅的校园环境文化。

2014年8月—2015年7月，学校对校徽、校名与校训以及"儒雅校园"做了统一标识，并应用到场室、宣传栏、印刷品、网站等各种可视化物体，规范了校园文化的建设。全面完成东区崇德楼的古诗文化廊挂画、传统文化廊挂画与"晨读对韵"廊挂画。规范制作各种节日、大型活动、重要场所的儒雅教育活动展板。在校道设置了儒学文化带，该儒学文化带由十二幅组图构成。正面的六幅是从《论语》选取经典的语句，并加上译文与国学背景的图画，从仁、义、礼、智、信和孝六个板块，阐述中国的传统美德。另一面则从礼仪之邦、翰墨飘香、七彩舞台、国学经典、书香校园和平安校园六个内容，介绍学校在创建儒雅校园中的活动盛况。

2015年8月—2016年7月，学校以中华传统文化为主调，全面扩建学校图书馆，大幅度增加藏书量，增设教师阅览室与休闲文化活动区。使用镇级竞争性资金，在综合楼大堂设置了经典文化回廊。经典文化回廊由传统的诗词与精美的图画完美结合，使整个综合楼呈现浓厚的儒雅氛围。建设容纳一千人就座的现代化多功能报告厅，为学校更好地举办大型活动以及承接省、市、区、镇的重点活动，奠定了物质基础。

2016年8月—2017年8月，学校完成分校全部场室的儒雅宣传栏与图书文化柜的配置，新建两条现代化楼梯，高标准改建各楼层卫生间，使分校的儒雅环境日渐浓厚；完成综合勤奋楼的"节气园"（以二十四节气为主题，可互动的文化区）的建设；建成恒温游泳池，成为大沥镇所属学校中第一所拥有恒温游泳池的学校。

2. 努力建设"儒雅教育"特色学校的课程体系

第一阶段（2014年9月—2015年1月）：逐渐完善儒雅课程架构。

（1）学校儒雅课程结构（对应《中国学生发展核心素养》）（见图2-1）。

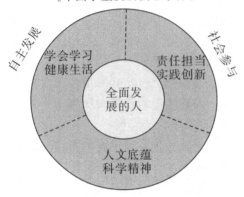

人文底蕴	品儒课程	养雅课程
科学精神	辨行课程	
学会学习	品儒课程	立志课程
健康生活	健体课程	养雅课程
责任担当	育德课程	立志课程
实践创新	辨行课程	

图2-1　《中国学生发展核心素养》和对应的儒雅课程结构

（2）学校儒雅课程门类（对应《中国学生发展核心素养》）（见表2-2）。

表2-2　学校儒雅课程门类

理念		文化基础		自主发展		社会参与	
		人文底蕴	科学精神	学会学习	健康生活	责任担当	实践创新
办学理念：让每一位教师和学生都得到发展，并取得成功	品儒	语文课程、英语课程、信息技术、品读经典	数学课程、科学课程、	阅读指导、校园书香节、诵读课程、信息学		儒雅之心活动、校园运动节、校园科技节	
	养雅	美术课程、音乐课程、书法课程		合唱、古筝、琵琶、舞蹈、语言艺术课程		儒雅之星活动、儒雅之声活动、校园艺术节	
	辨行			习惯养成课程		综合实践活动、知识产权、社区实践课程	
	育德			礼仪课程		品德与生活（社会）、环境教育	
	立志			立志课程（开笔礼、成长礼、国旗下的演讲）		国际教育、班队建设、名家讲堂	
	健体	卫生与健康、心理与健康		体育与健康（田径专项、游泳、篮球、乒乓球、毽球、武术、青春期教育）		运动促学课程	

第二阶段（2014年9月后）：扎扎实实推进国学特色课程开展。

（1）邀请专家指导，提高研究质量。学校邀请岭南著名学者关建人先生担任课题组顾问，同时我们还邀请北京师范大学、华南师范大学等"985""211"院校的有关专家不定期地来学校举办特色课程专题讲座，以确保特色课程的科学性及准确性。

（2）健全组织网络，强化达标意识。本课题采取统一规划、分工研究的方法，最后将分散研究成果统一汇总鉴定。学校课题组建立起管理与研究的立体网络，采取逐级目标管理，层层负责，落实到位。

（3）以点带面，积极推进课堂国学教学活动。学校以207、402、603等班级为试点，积极开展国学特色课教学。同学们用古调吟诵与背诵先秦诗文、唐诗宋词等中国经典国学文化，用古韵演绎歌舞，长年累月练习中国书画等，别有韵味。在试点成功的基础上进行展示，加以推广。2016年与2017年，学校分别从广东第二师范学院、华南师范大学招录国学专业的大学毕业生，到学校担任语文教师兼国学教师，为学校国学教育的进一步发展提供了良好的师资条件。

（4）落实课程评价。课程实施采用形成性评价：①自评。即学生个体对课程的兴趣自评。②教师评价。即老师对学生参与课程的参与度进行评价。③一对一评价。即每学期一次的课程知识以书面和口试的形式进行检测。④活动中的评价。即在"儒雅之星""儒雅之声""儒雅之心"系列活动中实现展示和评价。

3. 以活动与培训为载体，培训儒雅师生

一方面，加大儒雅教师的培训力度。学校通过开展丰富多彩的校本培训，唤醒教师重视中华传统文化的意识，着力点燃教师工作激情，破解教师职业倦怠现象，让教师成为儒雅教育的引领者和践行者。

（1）全面展开礼仪教育。2015年10月23日，学校举办读书、礼仪展示"雅言雅行　品读经典　尚礼启智"活动，来自镇内各学校德育行政与班主任、家长代表近三百人莅临学校东区阶梯室，观摩了学校师生精彩的礼仪展示。

（2）开展"阅读坐标　美文分享"读书活动。每一个学年，学校均邀请一位镇级或以上骨干教师，面向全体教师推介一本好书，培养教师乐于阅读的良好习惯。黄观水、吴思聪等骨干教师则面向全体教师举办讲座，解读儒家经典，学习儒家思想，提升教师的内在素质。利用南海讲师团以及本校热爱传统文化的老师的力量，着力培养儒雅教师。

（3）儒雅教学。修炼"六静"，即教师一要静心聆听和思考；二要静心上好每一节课；三要静心批改好每一本作业；四要静心研究教学；五要静心处理事情；六要静心反思总结，从而使更多教师逐步成长为儒雅教师。

另一方面，以活动为载体，培育儒雅学生。

（1）品味经典，展示才华。学校设置了图书漂流课与国学课，时间分别安排在每周的星期一下午与星期五下午，让学生静下心来诵读经典文化读物。每班每周

安排一节书法课，做到专课专用。学校每年均举办大型的即席绘画、书法与手工比赛，举办科技节，让每一位爱好书画、手工与科技的同学有一展才华的机会。2014、2015与2016学年度，学校均分级部举办"三大"儒雅比赛与展示：举办"儒雅之星"个人才艺大赛，每班选派优秀选手参加级部的初选，初选后脱颖而出的选手则参加级部决赛；举办"儒雅之声"班级合唱比赛，各班挑选经典民歌、经典儿歌以及爱党爱国歌曲参赛，每一位同学都在台上尽情歌唱；举办"儒雅之心"班级经典诵读比赛，各班精选经典的诗文与课文片段，全班同学一同亮相。通过开展绘画、书法、手工制作、朗诵、歌唱、弹琴、跳舞等丰富多彩的艺术活动，让学生接触儒雅、感悟儒雅、展示儒雅、享受儒雅和践行儒雅。

（2）儒雅学习，静心研读。锻炼"六静"：一要静心上好每一堂课，二要静心完成好每一次作业，三要静心参加每一次活动，四要静心读好书，五要静心总结经验，六要静心与每一位同学对话。从课内到课外，从学习延伸到生活和工作，培养知书达理、温文尔雅、多才多艺的儒雅学生。

（3）热爱文学，提高修养。学校是南海区校园文学创作基地，蓓蕾文学社是南海区的优秀文学社，通过品读经典图书，举办文学讲座，承办征文比赛，推荐优秀作品到有关文学刊物发表等方法，激发了同学们喜欢阅读、乐于表达的热情。2016年3月9日，学校与南海区教育局、南海区文联、南海区文化馆和南海区作家协会联合举办了"南海作家进校园"系列活动启动仪式，南海区有关部门向我校赠送了一系列书籍，南海区作家协会主席叶永恒先生以"文学的力量"为题做了一场精彩的讲座。同学们通过现场聆听著名作家的讲座、向作家请教等途径，感受到作家的人文关怀，走上了喜欢文学的道路。

2016年12月13日下午，黄岐中心小学与南海区作家协会合作，特邀国家二级作家、广东省青工作家协会副主席、佛山市作家协会主席团成员吕啸天先生做了一个有关作文写作的讲座——"像玩一样把作文写好"。讲座期间，同学们热情高涨、积极参与，体现了黄岐学子"儒雅"风貌。同时，这次不一样的作文讲座，激发了同学们对读书的热爱和文学的向往，在座的师生均表示受益匪浅。

五、研究分析

1. 课题研究做到了全校一盘棋，严格按照规划与方案办事，收到预期的效果

学校每四年有一个发展规划，每一年度要建设的项目与要达到的发展目标一目了然。学校严格执行四年发展规划，严格执行预算制定，把有限的资金与财力放在设备设施的改造与更新，以及中华传统文化环境的建设方面。经过三年的努力，我们走到校园每一处场室，观察每一个角落，均能感受到中华传统文化建设的良好氛围、"儒雅教育"特色学校整体的显性环境文化。

2. 注重课内与课外相结合，注重校内与校外相结合

初步走出了一条常规课程教学与国学教育融汇发展的路子，从而构建了"儒雅教育"特色学校的课程体系。吴思聪老师多年来自费到广州学习吟诵，回到家不断温习提高。她的语文课少讲多读，腾出来的课时与时间，用于吟诵中华经典诗文。经过长期努力，班中形成了学国学、用国学的热潮，同学们逐渐养成良好而规范的行为习惯与学习习惯，爱学习、讲团结、乐奉献蔚然成风。

3. 儒雅教育系列活动做到了常规化、制度化

常规化和制度化的儒雅教育深得广大师生与家长的欢迎，儒雅师生与儒雅家长不断涌现。"3—2—2—1"是孩子们最爱的活动。"3"是指"三大"儒雅比赛与展示："儒雅之星"个人才艺大赛，"儒雅之声"班级合唱比赛，"儒雅之心"班级经典诵读比赛。第一个"2"是两个节——体育艺术节与科技节。第二个"2"是指秋游以及庆六一游园活动或文艺汇演。"1"是指一级绘画、书法与手工比赛。这些活动已经连续举办多年，形成了传统，发展上了规模，在同学们与家长中有比较重要的影响。

4. 儒雅教育的影响力不断扩大

学校逐渐成为区域内国学教育的试点学校与示范点，《少儿国学》杂志、《佛山日报》、佛山电视台以及《珠江时报》等媒体先后到学校采访国学教育的做法以及经验。而这种采访报道活动激发了广大师生与同学们学习国学的积极性，从而推动国学教育朝着更为良性的方向发展。

这些途径与方法，使黄岐中心小学国学教育与现代教育得到融合发展，帮助学生形成良好的学习习惯与行为习惯，为终身幸福奠定了一个良好的基础。经过三年努力，本研究取得了可喜的进步与不错的成绩，学校参加南海区第十八届中华文化经典诵读比赛，还荣获团体一等奖及其他，最近几年，学生参赛获奖共计264项。另外，学校被定为国家社会科学基金"十二五"规划教育学重点课题"中华优秀传统文化教育研究"实验基地。

2014年12月30日，《珠江时报》整版报道学校在国学教育方面的做法与经验，产生了良好的社会效应。学校老师黄观水一家三口多年来一直喜欢学国学、用国学，读书、写作已经成了家庭的优秀节目，被南海区宣传部、《珠江时报》社联合评为南海区2015年"十大"书香家庭，其特色就是国学。2016年7月1日—2日，义务教育均衡发展全国推进会暨对广东省义务教育发展督导检查反馈会在广州举行。7月1日下午，本次会议代表团的第四考察组莅临我校参观、检查。参观团参观了黄岐中心小学校园及功能室场，观摩了黄岐中心小学的特色活动。嘉宾们对学校的环境、硬件设备、特色文化，都给予了很高的评价。

当然，我们依然存在有待完善的地方：研究中发现，学生之间、家庭之间存在差异。如何让所有的学生、家长都能积极参与到每一项活动中来？怎样使活动更为丰富、更有吸引力、更具成效，从而使学生儒雅素养不断提高？如何使儒雅教育活

动与各个学科、各项活动更好地融合，使学生的素养在更广泛的领域得以发展？这些都是值得今后进一步研究探索的问题。

六、结论

小学阶段的启蒙教育对个人的发展和成长可谓至关重要，学校以中华民族传统文化为依托，融合中西教育理念，以规范学生行为、净化学生心灵为目标进行儒雅教育活动，不断推进国学教育与现代教育的结合，在帮助学生形成良好的习惯与品格基础方面，产生积极而深远的影响。

（本文作者：佛山市南海区大沥镇黄岐中心小学　吴敏强　黄观水）

雅正小学的"雅正"教育实践

——基于核心办学理念的传统文化教育与办学特色发展研究

一、前言

中华优秀传统文化超越了时代和阶级的局限,而民族宝贵的文化遗产主要是通过学校来实现代代相传,因此,在学校建设中,传承和弘扬中华优秀传统文化就是历史赋予的任务,是一种必然的选择,因此,立足中华优秀传统文化成长起来的特色学校才是新课程改革背景下的好学校。东莞市长安镇雅正小学是在改革开放的教育环境中新生的一所学校,学校以"中华优秀传统文化为基石,以艺术教育为突破口,以家校共育为载体,以成就高雅人生为目标,培养既具备现代艺术素养,又具有中华传统情怀,面向国际的社会主义新一代"为办学理念,在立校之初就确立了将传统文化作为学校的发展特色。

自2015年开办以来,雅正小学将传统文化教育提升到办学理念的高度,由此派生并创新出德育与教学的基本模式。两年多来,学校传统文化教育以其深厚的内涵、活泼的形式、独特的魅力,春雨般无声地滋润着孩子们的心灵。不仅提升了学生的文化素养、陶冶了学生的道德情操,而且改变着学生的行为习惯。

二、创新办学理念,丰富学校内涵

(一)确立办学理念

办学理念是学校的指导思想,是全校师生对本校发展的共同期许和追求。苏霍姆林斯基曾说过:"学校的领导首先是教育思想的领导。"任何一所学校想要获得成功,必须首先确立科学的办学理念。

《完善中华优秀传统文化教育指导纲要》指出,加强中华优秀传统文化教育,是构建中华优秀传统文化传承体系,推动文化传承创新的重要途径。我校根据时代的要求与自身发展的需要,确立了以"传承中华优秀文化,培育孝贤智慧英才"为宗旨,以"雅正教育"为核心的办学理念,弘扬中华优秀传统文化这一特色品牌发展战略。

首先,"雅"历来就是一种修养或美德,是文人志士修身的准则,是从外在到内心、从治学到做人的审美终极目标。《毛诗序》有言,"雅者,正也",雅即正确，合乎规范之意。"张耳雅游"，雅即高尚、不庸俗。"忽忘雅素"，雅即美好、不粗鄙。

其次，"正"从一从止，守一而止。意思是不偏斜，匀称适当，平正；无邪恶，无私心杂念，坚守正道，正确发展。《论语·子路》有言："其身正，不令而行，其身不正，虽令不从。"这体现出教育的主旨，以及教师"身正为范"的重要作用。"正者，匡也；匡谬正俗，正身以黜恶，匡思以启智。"此意与社会主义核心价值观"公正"相通，意即培养能明辨是非、正己及人、充满着正能量的一代新人。

因此，"雅正"代表着一切美好与正确的发展，"雅正"丰富的人文内涵有力地支撑着学校先进特色传统文化的创建，也是直面教育改革的文化建设。

（二）锁定特色项目

一所学校，作为具体的学校，其实已经是一所有个性的学校。问题是这所学校有没有认识到自己的个性，有没有优化自己的个性。特色学校的创建就是要充分认识到自己个性，锁定特色项目。

雅正小学以"雅正教育"为核心文化，以"雅正教育"活动为载体，即"雅艺——艺术教育""正魂——传统文化"，引导学生认识美的内涵，创新学校发展。学校用艺术教育提升人生品味、用传统文化塑造做人根本，确立了"雅正文化"体系，设置了别具特色的教学模式，倡导文化熏陶、艺术教育、特长培养、习惯养成相结合的教育模式，为孩子的发展创造了一条与众不同的道路。

（三）优化项目建设

学校的特色文化虽然基于学校历史、地域文化，但也必须不断提升，才能与时俱进。任何一种观念上的变革和行为上的突破，都需要付出辛勤的劳动。在不断研究的过程中，学校通过开发校本课程，构筑学校特色文化的支撑点，实现了由关注学生外部发展到聚焦学生生命成长的提升，打造具有传统文化特色的学校。

语言艺术是优化我校特色项目的突破口，学生对语言文字的运用，也是在传承中华优秀文化。为此，在雅正小学的校园里，我们开发了"传统文化"与"艺术教育"相结合的拓展型课程，组织了专家领衔的团队，特别设置了"语言艺术"之"崇雅课程"体系："经典鉴赏""雅正故事荟""播音与主持""儿童话剧""相声与曲艺""小小解说员"6门特色课程，让语言艺术教育真正走进校园、走进课堂、走进学生的心里。

（四）构建特色文化

特色学校发展的基本方针是全面发展，而不是离开全面发展的基础和前提去片面地发展某一个特色；特色项目所包含的优秀而强大的精神必须成为学校发展的巨大力量。雅正小学"正言雅行，德艺双馨"的教育理念先从每个学生能说会道开始，这是对学生作为全面发展的人的一种推动。在"雅正教育"的办学理念的指导下，学生把对传统文化的学习内化为服务时代要求的"为中华民族的伟大复兴而读书"的宏伟愿望，也是雅正小学"雅正教育"内在人文价值的彰显。

特色学校成功的标志是学校文化。文化构建与学校特色的彰显相辅相成。在由"特色项目"向"特色学校"演变的过程中，文化构建是一个关键环节。只有凭借文化的力量，才能推进学校的全面变革。雅正小学的学校文化显性体现在校训、校风、教风、学风等文字形态的直接表达上，也隐性体现在诸如我校中国风庭院式教学楼、清幽高雅的校园环境形态中。目前，雅正小学作为传统文化的特色学校，已经初步完成了自己的文化系统的构建。

三、外化内修，建设特色学校

学校从外在的校园环境和内在的课程设置、特色活动来推动传统文化教育的发展，凸显以传统文化为特色的发展方向，建立传统文化教育特色学校品牌。

（一）环境浸润，潜移默化提升修养

学校环境是一种隐性课程。良好的学校环境犹如沉默而有风范的老师，起着无声胜有声的教育作用。学校从物质文化环境、精神文化环境等多个维度入手，打造适合学生成长的"雅正校园"。

环境文化是校园规划布局、校舍建筑、人文景观、校园绿化与美化等综合而成的物化的静态文化，从某种意义上讲，学校环境文化是人文精神、学校特点和意志的象征。我校在关注师生生命发展、凸显育人功能的过程中，首先把目光投向环境文化育人。

学校教学楼建筑风格是以中国风庭院式教学楼为主要风格，整个校园古朴典雅，传统的中式建筑融入了中国民族传统的审美和优秀的品格。形成了中国风的意境内涵，即中国传统的艺术审美情趣和民族理想的品德性格。这种意境内涵能够塑造学生高雅的艺术审美，增强学生对传统优秀文化的认同。

在教学楼一楼建造了"书"式喷泉，一本由大理石雕塑而成的大大的"书"卧在图书馆门口，主题鲜明，寓意着"书山有路勤为径，学海无涯苦作舟"。

教学楼中庭矗立着一座孔子雕像，雕像背后的大理石上篆刻着《论语》十则。孔子是我国古代著名的教育家，被后世尊为"万世师表"。《论语》是儒家的经典之作，是一部以记言为主的语录体散文集。清朝赵翼解释说："语者，圣人之语言，论者，诸儒之讨论也。"孔子思想历经几千年而不衰，这让我们直观地感受到了中国优秀传统文化，也是对优秀传统文化的继承和发展。

中庭左边是图书馆，右边是尚武堂，寓意着"左崇文右尚武"，文武兼修。最

根本的目的是"以学养心，以技养身，内外兼修，德艺兼美"。孔子说过："质胜文则野，文胜质则史。文质彬彬，然后君子。"（《论语·雍也》）只有内在的学识，就是一个文弱书生；只有外表的强悍，就是一个莽撞粗鲁的糙人；只有内外兼修，文武双全，才能称得上是一个德艺兼美的谦谦君子。

学校中庭一楼一层的中华传统技艺馆独具魅力。馆内把传统文化的展示、互动交流融为一体，室内设有手工制作展台，让学生能够进行室内的训练与展示。在互动交流区，学生可以通过墙体上的壁画自行了解中华传统农耕文化。

雅正小学的文化长廊也是传统文化展示的又一个阵地，张贴了与"仁""义""礼""智""信"等相关的格言。丰富的内容不断激励着莘莘学子刻苦学习、努力拼搏。

总之，学校无论是大的围墙、宣传栏，还是小的一处角落，都从外在的环境上努力营造宜人的文化环境，培育雅致、诗意、灵动的"雅正"特色环境，对学生起到潜移默化、润物细无声的教育作用。

（二）学科课程，凸显特色

通过校本课程对学校文化进行解读是恰当而有效的途径，也是师生文化上互促互长的渠道。有效落实必修课程，推进特色选修课程，构建必修与选修、课内与课外完美对接的基础性、人文性、学术性、探究性和活动性兼具的"雅正特色课程体系"，实现学生在全面发展基础上的个性发展、教师在专业发展基础上的多能发展、学校在优质发展基础上的特色发展的有机结合。

1. 国家课程，有机渗透

国家课程校本化满足了学生的个性需求，突显了学校的传统文化教育教学。学校在实施国家课程的过程中结合本校传统的"雅正教育"文化的优势，让课程校本化。品德学科在落实传统课程教学的同时，还渗透传统文化，让学生通过亲身体验感受"仁""义""礼""智""信"等儒家思想；综合实践学科通过对传统文化的历史挖掘、对武术文化的深入追寻等专题，让学生加深对"雅正教育"的理解；体育学科中的咏春拳训练，让学生掌握基本的技法与技能；音乐、美术学科中渗透的古典歌曲、雅正美术等都让学生沉浸在"雅正教育"的氛围之中。

2. 通识课程，有序实施

基于"教育是为了每一个学生的终身发展"的原则，学校用蕴涵优秀传统文化特色的学校文化影响学生的终身发展，为其奠定重要的人文基础，从而凸显学校教育的育人功能，推动教育事业的和谐发展。

我校坚持以学校文化的发展与秉承、发挥其在教育教学和管理中的重要作用、凸显学校教育的育人功能为己任，不断探索与研究如何传承和发扬优秀传统文化，影响学生和教师的价值追求，使他们打上具有中华优秀传统文化特点的烙印，从而成为学校文化影响下的全面而有个性的人。为此，我们确定了以下的课程体系。

（1）国学经典课程，全体学生学习国学经典。我校构建了雅正课程体系，根据实际情况，学校在拓展课程的设置中，自编了《玉烛雅音》校本教材，选取了古代优秀的诗词曲赋及我国传统的文化常识，对学生进行全面传统文化的教育。此外，为了让古老的智慧、经典的知识、脍炙人口的诗文，益学生之心智、怡学生之性情、变化学生之气质、滋养学生之人生，我校还选编了脍炙人口的《三字经》《弟子规》以及行文优美、意韵深厚的唐诗宋词，供师生诵读。学校通过让学生诵读经典诗文，让他们接触最有人文价值的作品、塑造他们完美的人格、增强他们的人文素养，在他们记忆的黄金时期，直面经典，获得终身受益的精神食粮。

（2）优雅的汉字课程。从文化学的角度来看，文字是文化的一种载体，汉字与中华文化血脉相连，我们悠久的历史和灿烂的文明都要依靠汉字才能延续。汉字作为记录、保存和传播知识的独特工具，在我国和人类文明进步和发展史上占有重要地位。写好中国字是每一个中国人所应具备的基本素养之一。每一个汉字如同鲜活跳动的生命，都承载着中华民族悠久而灿烂的文明。书写汉字的同时，也是在传承中华文明，增进人们对中华文化的了解，从而更能增强人们对祖国的热爱。我校每天中午会组织全校学生进行15分钟练字，书法老师录微课指导。学生能书写漂亮的汉字，也是对中国传统文化的了解。

（3）卓越的口才课程。对学生表达能力的训练，也是在内化学校特色。我校关注每个学生的发展，良好的语言表达能力是学校对学生的基本要求，每天，由班主任组织"我是演说家""小小解说员"的培训，让每个学生都能大胆地说。

（4）健体强身课程。新时期教育改革发展的大趋势是：学生不仅要能文，还要会武。学校要关注学生的心理健康，通过体育、武术锻炼、心理教育等手段，让学生身心均强健。为达到这个目的，我校特开设武术课程，全校学生学习咏春拳、尚正拳，传承中华优秀文化精神。

3. 特色课程，遍地开花

"雅正教育"语言艺术特色课程经过时间的沉淀，蓬勃发展。学校开设选修课，让学生的语言能力得到发展。

（1）经典诵读。专门开设经典诵读课指导朗诵技巧，并以中华国学经典、现代优秀文学作品及校本教材《玉烛雅音》等内容为载体进行朗诵训练。全校普及的同时，开设校级经典诵读特长班强化提高。每周2课时，每天课前2分钟以及排队吃饭时，组织学生背诵"每日一诵"，每学期组织校内比赛，期末则以经典诵读过关晋级的方式组织朗诵口语测试，同时组队参加市、镇比赛等。

（2）雅正故事荟。讲故事技巧训练，速记训练。学校通过绘本、儿歌、童谣、寓言故事或成语故事等多种艺术形式，从易到难、由浅入深，逐步激发孩子们学习语言艺术的兴趣。以第二课堂为主体，成立"校级—班级"两级联动机制，组建校级特长班，每周2课时。每周四晚阅读时间，各班要以高标准来开展班级讲故事活动，每学期组织校内比赛，优秀选手参加市、镇比赛及艺术节展演。

（3）播音与主持。以少儿播音与主持培训教程为主体开展：①普通话发音纠正；②绕口令训练；③口部训练；④气息控制训练；⑤换气训练；⑥停顿训练；⑦吐字归音训练；⑧用声与嗓子保护；⑨现场模拟主持播音；⑩即兴演说；等等。开展方式：以班级为主体，每周开展班会班课，担任周四故事会时间的主持活动；成立"校级—班级"两级联动机制，组建校级特长班，进行每周2课时的培训，每天参与"雅正之声"广播台的播音工作，培养每周一国旗下讲话的主持人以及校内大小活动的主持人。

（4）儿童话剧。以儿童话剧、课本剧、音乐剧为主体，开展戏剧表演训练等活动。以第二课堂为主体，成立"校级—班级"两级联动机制，组建校级特长班，进行每周2课时的培训，每学期组织节目展演。每学期参与全校"学生才艺选拔"，组织校内文艺活动，丰富文化大舞台的节目形式，积极参加各项比赛。

（5）小小解说员。其教学目的是解说技巧和速记能力的提高。以艺术特长课为主体，组建校级特长班，每周2课时，面向各个班级培训学生。有嘉宾来校时，引领来宾和家长参观校园，介绍学校情况，结合学校雅正文化大舞台，培养德艺双馨好少年。

雅正小学传统文化为主的特色建设，在各种各样的课程中得以体现，对传统文化的继承和发扬也在课程实施的过程中得以体现。

4. 体验课程，强化特色

我校在凸显雅正特色的基础上，开设了雅正文化大讲堂、雅正文化大舞台、雅正文化大课间三种体验性的课程。通过文化大讲堂，对学生、家长进行传统文化的宣讲。在保证学生体育锻炼的同时，在大课间融入《三字经》舞蹈、太极拳等强化优秀传统文化的认知的课程。通过文化大舞台的设置，让每个班每个学生都有展现自己的机会，在文化大舞台的表演中，班级要对经典进行展示，这也是对经典的一种传承。

我们的学校文化，不仅为师生创造和谐美好的校园环境，更注重学生文化素养的提升，希望学生始终保持着一种向上的精神。这种精神，正是以传统文化为特色的学校人文精神的内显。

（三）文化活动，升华特色

学校是传递知识、创新知识、培养人才、服务社会、滋润师生生命的重要文化场所，所以，学校本身应该是学校文化创新的发源地和形成的立足点。我校以建立优秀的学校文化为目的，立足于在活动中感悟优秀的学校文化、在活动中体验优秀的学校文化。例如，我校以师生活动为载体，举办了一系列"用优秀传统文化支撑现代学校持续发展，滋养师生生命"的活动，用优秀传统文化去影响、滋养、培育学生。

1. 经典诵读比赛

我校在诵读经典的同时开展经典诵读比赛活动，以班为单位参赛，要求全班学生参加，着装统一、整齐大方。通过舞台背景、音乐等各种手段，适当创设情境，比赛内容由各班自行从《玉烛雅音》和其他经典诗文中去挑选，要求配乐，以多种形式展现。

通过组织学生经典诵读比赛，弘扬祖国优秀的传统文化，让学生在诵读过程中获得古诗文经典的基本熏陶和修养，接受中国传统美德潜移默化的影响和教育，提高学生阅读古诗文经典的兴趣，增强广大学生文化和道德素质。以此活动为契机，努力营造诵读中华经典古诗文的浓厚氛围，积极推动经典诵读活动进课堂、进校园、进家庭。

2. 话剧比赛

比赛内容由各班自行挑选，要求以多种形式展现。如课本剧、相声、小品等。比赛以团队的形式参加。

通过组织学生进行话剧比赛，弘扬祖国优秀的传统文化，让学生在表演的过程中获得语言艺术的基本熏陶和修养，接受中国传统美德潜移默化的影响和教育，提高学生对语言表达与交流的兴趣，增强广大学生的文化和道德素质。以此活动为契机，努力营造"精美话剧人人学，学好话剧人人乐"的浓厚氛围，继承和弘扬中华传统优秀文化。

3. 讲故事比赛

以儿童故事为主要内容开展讲故事比赛。故事内容要健康、高雅，格调清新、明朗，充分体现积极进取、健康向上的精神风貌；故事取材要符合小学生年龄特征和心理特点，可以是中外童话故事、民间故事、启智故事等，可以尝试有创意的表演形式。

讲故事比赛目的是提高学生对语言的表达能力，丰富学生的课余生活，以比赛促阅读、以阅读促活动，增强学生课外阅读的兴趣，使其掌握将课内阅读和课外阅读相结合的读书方法，为进一步创设良好的书香班级、营造书香校园氛围打下基础。

4. 传统文化艺术节

为了让传统文化深入人心，雅正小学每年五月份会举办为期一个月的"传统文化艺术节"。在艺术节上，我们展示师生的书法作品、篆刻作品、传统手工制作、美术作品等。并且，在六一儿童节当天，我们会举行一系列的传统文化游戏活动，如雅士投壶、盲人击鼓、甲骨文竞猜、成语接龙、传统灯谜等，让学生在活动中吸收中华传统文化的精华，传承和弘扬优秀的传统文化，寓教于乐。

5. 体育文化艺术节

每年下学期，学校会举办一个月的体育文化艺术节，有趣味滚铁环、射箭、跳房子等中华传统益智游戏，通过体育比赛促进文化自觉。传统游戏就是我们孩子的宝贵财富。游戏伴着儿童发展，儿童在游戏中成长。游戏的教育价值已得到大量实践和研究的证明。对于儿童尤其是幼儿来说，游戏不仅带给他们极大的快乐，更使其在玩游戏的过程中获得身心和谐的发展。

6. 传统节日活动

以传统文化为特色的学校，对中华传统节日的重视，让学生从内心深处记住节日，记住节日背后的意义。元宵节，学校会举办元宵晚会；清明节，会举行手抄报比赛；端午节，会进行包粽子活动；冬至，会举行包饺子活动；等等。每到一个中国传统的节日，学校都会举行相应的活动。

四、打造高质量教师团队，助力特色学校品质发展

传统文化特色学校的建立不是一蹴而就，需要有一群高素质的教师作为保障，教师的发展是学校发展的根本与关键。教师的发展是学校内涵建设的核心和真正动力，而教育的成功应该首先是教师的成功。因此，我们多措并举，通过制订教师中短期规划、坚持德能并重原则、深入开展校本研训、强化学习型校园建设、以赛促训、建立名师工作室发挥示范引领作用等途径，激发教师潜能，为他们创造成功的条件，以让他们享受成功的幸福为目标，确立教师队伍的良性发展。

1. 对教师进行传统文化知识培训

吟诵是自古以来人们对古诗文的传统学习方式，雅正小学要求教师必须掌握此项基本技能。另外，我校聘请专家对学校教师进行培训，同时外派教师参加国学知识学习。只有教师在国学教学上不断探索、勇于尝试创新，才会使学生读之有味、诵之有情，才会真正地发挥国学教学传承文化、品味经典的作用。

2. 对教师专业发展做出规划

传统文化特色学校的发展必须培养一大批优秀教师，为使教师教育教学上一个新台阶，打造新型"智慧教师"，提升学校的办学特色，我校特制订学校教师专业发展实施方案，切实提高教师队伍的整体水平。

学校经过教师三年发展规划的建设，力争校级名师达到30人以上；推出在东莞市有影响的名师3～5名，在长安镇有影响的名师10～20名；2～3个学科成为东莞市名学科，争取学校有1/3的教师能够成为各级学科带头人或学科骨干。

3. 教师发展分级目标

（1）合格教师。对象：职初教师（教龄0～1年）。目标：使职初教师2年后基本能成为合格教师。途径：学校通过新教师入职培训，选择骨干教师和新教师结对子，进行学科教学和班主任工作，根据要求开展"传帮带"的培养工作。注重"培、用"兼顾，给职初教师一定的适应期，以利于青年教师的可持续发展。达成标志：基本熟悉本校教育教学常规工作，基本能做好学校安排的教育教学工作，有责任感，热爱学校、热爱学生，基本达到对教师职业的要求。

（2）胜任型教师。对象：青年教师（教龄2～5年）。目标：能达成新手阶段到胜任阶段教师的转变。途径：师徒双向选择，自愿结对，在师德修养、教育理论、课堂教学、教育科研、学业管理等方面进行带教；提倡多参加东莞市、长安镇及学校层面的公开课等交流活动。达成标志：掌握小学各年级教材内容和教学要求，学科专业知识扎实，能运用心理学、教育学等理论指导教育教学实践，实际教育教学效果好，有一定的教育科研意识和能力，能主动参与课题研究。

（3）成熟型教师。对象：教龄6～12年的青年教师。目标：完成胜任阶段教师到成熟阶段教师的转变。途径：选择校内外富有教育教学经验的高级教师担任导师，校内师徒双向选择，自愿结对，在理论学习、教育科研、学科教学、班级管理等方面进行指导。达成标志：学科教学和班主任工作形成风格，实绩明显，有较强的教育科研能力和相应的研究成果，能主持开展课题研究；有较强的带教青年教师能力，被带教者成长迅速；有较强的自觉发展意识和能力，主动参加高一层次的学历进修，能为高一级职称评聘做好积极准备。

（4）专家型教师。对象：教龄13～25年的优秀中青年教师。目标：完成骨干教师到名师的转变。途径：选择名师、教育教学专家担任导师，选派参加高一层次的学历进修，参与学校课程与教学改革，主持开展学校重点课题研究，承担培养骨干教师的任务。达成标志：逐步形成自己的教育教学特色；个人能完成一门自主拓展型课程校本教材的开发；优良的教科研成果得到推广；在市级层面有一定的知名度，实际教育教学效果在同类学校处于明显优势地位。

（5）资深教师。对象：教龄25年以上的中老年教师。目标：完成教育教学经验的积累，指导青年教师成长。途径：回顾并推广教育教学经验，鼓励他们不断更新教育教学理念和现代教育技术，组织青年教师拜师，向他们传承宝贵的经验。达成标志：发挥好老教师的示范效应，好的经验和资料能得到延续和积累。

五、特色学校建设，硕果累累

学校创办两年来，立足传统文化特色发展，在学校领导班子的带领下，全体教职工充分发挥主人翁精神，团结拼搏、无私奉献，通过深化教育教学改革和科学管理，取得了突出成绩：

（1）"雅正教育"荣获"东莞最具品牌价值教育品牌"。

（2）雅正小学被评为长安镇"雅正教育"特色品牌。

（3）2016年，我校经典诵读小组荣获长安镇首届经典诵读比赛特等奖，荣获东莞市经典诵读比赛一等奖。

（4）期末教学质量抽查高居同类学校榜首。

（5）被阳光网评为2015年"最具品牌价值教育品牌"。

（6）学校依靠高端智力库，与广东省当代民办教育管理研究院达成战略合作伙伴关系，并成为研究院实验学校。

（7）被评为"广东省义务教育标准化学校""东莞市语言文字规范化学校"。

（8）学生参加长安镇讲故事比赛荣获一等奖。

（9）有7个课题获东莞市"十二五"规划立项。

六、特色学校建设存在的问题及可能破解的思路

学校文化的形成必定成为全体成员共享、共守的核心价值观。环境文化的创设、课程文化的开发传授、活动载体的感化体验，使师生不断清晰本校所追求的价值观，从而逐渐形成具有一定特点或特色的学校文化。基于此，我校针对优秀传统文化特色学校的发展，做出如下思考。

首先，学校文化建设的积淀与培育必须得到从教育主管部门到学校领导者的高度重视、广大师生的全员参与。虽然说学校文化的凝练是学校在自身发展中的一个过程，是由全体师生共同创造、积淀和秉承的，但在这一过程中，难免会出现一些困难与瓶颈，如经费、学校规划、必要的场馆建设、校园环境的改造等。这些问题的解决必须得到教育主管部门的认可和支持。同时，学校的文化积淀、传承是全体师生共同的责任，必然要全体师生共同参与，使每一位培养对象在学校文化的积淀、传承中都刻下该校文化特质的烙印。

其次，在学校文化的积淀与培育中一定要重视中华优秀传统文化的影响，使学校文化立足传统、超越传统、持续发展。学校文化作为文化的一个组成部分，必定不可避免地受到传统文化的影响。在学校文化的创建、发展中，要正确认识、了解传统文化的精华，自觉抵制不良文化的影响和侵袭，从而影响学生，成为他们的精神支柱。

再次，在构建学校文化的过程中，要强化以人为本、自主创新理念，不断拓展学校文化。学校文化的受教育主体是学校内的全体师生。学校文化的创建、发展和秉承的最终目的在于为每一个学生的终身发展奠定良好的基础。因此，在学校文化的构建过程中，必须始终强化人本理念，从而真正实现"教育为人"的发展服务目标。在共同的育人目标下，学校文化建设应当依托本校基础、资源，构建具备学校特点的学校文化。这是因为学校必定是处于一定地域范围的教育机构，在地方文化、本土资源、民风民俗的影响下，学校文化建设也必将受到地域文化的影响。我们应当充分利用优质的地方文化、本土的自然或人文资源，形成具有浓郁地方特色或特点的学校文化，形成独特的教育理念和人文环境。

最后，学校文化的品牌必须向周边地区辐射，形成一定区域范围的地区性学校文化现象，共同推进教育发展。学校文化凝练起学校精神，塑造起学校品牌。但一所学校的力量总是有限的，我们必须不断向周边学校辐射，才能形成对整个教育发展的推动。可以通过建立区域性的教育发展联合体、类别性学校教育发展共同体等

形式，以管理层面的交流合作、教师层面的学科互动、学生层面的课外交流，不断加强学校文化的区域辐射。

参考文献

［1］穆文熙辑. 史记鸿裁［M］. 西安：陕西师范大学出版总社，2015.
［2］钟艳. 特色学校建设：教育发展的内涵突破［M］. 重庆：重庆出版社，2010.
［3］卢晓中. 大学精神文化刍议［J］. 教育研究，2010（7）：82-87.
［4］王春德. 校本教育与学校文化［J］. 考试周刊，2016（39）：177.
［5］胡才龙. 优秀传统文化与学校文化的融合［J］. 现代教学，2015（Z1）：32-33.
［6］狄厚勤. 浅谈校本课程与学校文化建设的整合［J］. 中国教师，2015（S1）：4.

（本文作者：东莞市长安雅正小学）

第三章 从品德培养到文化自觉

经典诵读与小学生品德培养的研究
——基于广州市海珠区知信小学实践的报告

一、问题提出的背景

本研究的展开主要基于以下三个方面的背景。

第一，民族文化复兴的背景。中华民族的伟大复兴离不开民族文化的复兴，而民族文化复兴离不开优秀传统文化的复兴，优秀传统文化的复兴离不开深入、持久而且有效的传统文化教育。所以，党的十七届六中全会提出要构建中华传统文化的教育体系；2014年4月，教育部出台《完善中华优秀传统文化教育指导纲要》，学校的传统文化教育无疑是这个体系当中最为关键的组成部分。经典诵读则是传统文化教育的基础形式。离开经典的诵读，传统文化的传承与弘扬就成了无源之水、无本之木。

第二，学校德育改革的背景。现在的孩子在家里要么是娇生惯养，要么是家长认为把孩子送到学校交给老师就什么问题都解决了，家长没有意识到家庭教育对孩子的终身发展起着非常重要的作用。缺乏了家庭这个重要的品德养成场所，学校的德育工作就很难走出校园的围墙。因此，加强家校沟通，建设一个更加有效的德育养成场所成了当下学校德育工作迫在眉睫的任务。经典诵读不仅对孩子的成长有利，对整个家庭的和谐也可以发挥相当有力的作用，这和以往的家庭作业有根本的不同，因此可以成为家校沟通的基础性平台。有了这个平台，我们就可以让学生、学校和家庭一起学习、一起成长。

第三，语文课程改革的背景。反思我们当下的语文教学，存在着重知识、重应试，轻人文、轻积累等问题。另外，这些年的语文课程改革重形式、轻内容，语文教材经典性不足一直是制约当前语文教学改革进一步发展的重大障碍。因为，经典性不足使得语文教材缺乏深度的人文关怀和足够的知识深度。在无法对现行语文教材进行根本改革之前，利用经典诵读活动，优化组合语文教学的知识构成就成了当下非常必要而且有效的课程改革路径。

二、研究可行性依据

朱熹说："读书者当观圣人所以作经之意，与圣人所以用心，圣人之所以至于圣人，而吾之所以未至者，所以未得者。句句而求之，书诵而味之，中夜而思之，平其心，易其气，阙其疑，则圣人之意可见矣。"又说："凡看《语》《孟》，且须熟读玩味。须将圣人言语切己，不可只作一场话说。"（朱熹《四书集注》）这两段话的意思是说：要向孔孟等圣贤学习，必须结合自身实际需要，认真领会他们著述的良苦用心，而要体会他们的用心，离不开"诵""味"和"思"，离不开"熟读玩味"。我们的经典诵读就是要通过对经典的"熟读玩味"来学习圣贤，来开展小学生的品德培养。

近些年来，国内不少学校也在如火如荼地开展经典诵读，并以培养学生高尚的情操、良好的品德素养为出发点。我们课题组从 2009 年 9 月开始在广州市海珠区知信小学个别班级开展经典诵读，之后逐步扩大诵读面，并在全校铺开，由此积累了不少经典诵读的实践经验和理论思考。

三、研究目标、内容和方法

（一）研究目标

一方面，我们希望通过研究，培养学生的美德，使学生懂得孝敬父母、尊敬长辈、处理好兄弟姐妹和同学间的关系。另一方面，我们希望通过研究，培养学生良好的行为习惯。从生活习惯、礼貌习惯、学习习惯出发，对他们进行潜移默化的渗透。

（二）研究内容

我们希望让学生在诵读《弟子规》《三字经》《大学》《论语》的过程中，渗透品德教育，利用文中相关的内容和与内容相关的典故培养孩子读经的兴趣，使学生的道德品质得到熏陶。

（三）研究方法

我们以行动研究为主，附之以访谈法、观察法。

1. 行动研究法

我们的课题是关于学生品德培养的研究，学生的行为是体现其思想品德最有效的依据，所以行动研究是贯穿整个研究过程最主要的方法。我们在诵读经典的过程中，对学生进行行为习惯的教育，并在学生在校的学习及活动过程中加以指导。例如，通过诵读《弟子规》，让学生养成良好的学习习惯和活动习惯，并知道如何与人相处等好。我们让学生在不同阶段诵读不同内容，同时采用"照镜子"的方法，让学生时刻以经文中的相关语句与自己的行为加以对照。

2. **访谈法**

访谈法是了解学生思想动态最有效的方法，通过与学生面对面的交谈来了解其心理和行为。对于行为偏激和不守规矩的孩子进行个别访谈，首先让学生对自己的行为进行表述，之后老师对其进行询问，了解学生做出这种行为的出发点是什么，老师借助经典中的相关经文与学生行为进行对照，帮助学生分析其行为的错误之处，并对该生的行为进行追踪。在此过程中，老师对学生进行多次访谈，不断了解其思想动态，并加以教育，使其逐步养成良好的行为习惯。

3. **观察法**

观察法是行动研究的辅助方法，对学生行为进行追踪需要观察学生的行为，是了解学生思想动态的重要手段。

四、开展研究的主要举措

（一）精心选编教材

我们研究的对象主要是五、六年级的学生，即课题组执教的班级，选取诵读的经典读物为《弟子规》《三字经》《大学》《论语》。市场上有许多版本可供选择，但是综观这些在售读物，虽制作精美、图文共赏，但仔细阅读之后，就能发现，当中对文字的译解有些不大妥当，甚至不同的版本有不同的译解。所以，我们从学生的认知水平出发，编制出一套适合小学生诵读的校本教材。

五年级上学期，学生诵读的是《弟子规》，这一内容的选择是基于课题组所执教的班级学生行为习惯差，因此，将《弟子规》作为童蒙养正的基础，将每一句都落实在日常生活中，让学生先打好圣学做人的根基，而后再读其他的圣贤典籍。

五年级下学期，学生诵读的是《三字经》。《三字经》是一部在儒家思想指导下编成的读物，具有积极向上的精神。其内容的排列顺序也极有章法，充分体现了作者的教育思想。作者认为，教育儿童要重在礼仪孝悌，端正孩子们的思想，知识的传授则在其次，即"首孝悌，次见闻"。训导儿童要先从小学入手，即先识字，然后读经、子两类的典籍。读过经部子部的书后，再学习史书，即"经子通，读诸史"。

六年级上、下学期，学生诵读的分别是《大学》和《论语》。《〈大学〉译解》是我们经典诵读系列教材之一。四书的学习顺序按照朱熹的意见应该是：《大学》—《论语》—《孟子》—《中庸》。这样的排列顺序是依据先易后难、由近及远的原则来建构四书的知识体系，如此构想既符合四书本身的知识构成，又有益于学习者循序渐进地学习，因此为后人所普遍接受，我们也遵行不悖，所以先读《大学》后读《论语》。《论语》全文2.3万字左右，一个学期是无法完成诵读的，所以我们选读了其中的4000余字，文章选择的标准是尽量贴合学生的生活实际，便于理解、便于实践。

《大学》和《论语》对个人来说是立身处世、独善其身或者兼济天下的大学问，对于即将升入初中的学生，接触中国历史上影响深远的经典，既是对个人修养的提高，也是一种高贵的精神修炼历程。

（二）以"经典5+1"活动为平台，组织经典诵读

当前，小学生的课业负担其实已经不轻了，如何实现事半功倍的诵读效果？我们为此设计了"经典5+1"活动。首先，每天诵读时间是"5+1"。即每天利用早读课的5分钟加上每节课课前1分钟。其次，每周经典教育时间也是"5+1"。即每周5天除了以学生自读为主的经典诵读之外，还有1节"国学"课进行集中学习。最后，还有诵读组织"5+1"。为了确保学生自读的效果，提高他们自读的自觉性与积极性，我们把学生以6个人一组的形式编排，每天轮流1位学生在早读课带领同组的同学晨读。每周检查诵读效果的时候也是以组抽查的方式进行。

（三）以主题课为引领，突出品德教育

利用每周1节的国学课，学生进行诵读教材的学习。学习的过程是将四个学期分为四个阶段：第一阶段是《弟子规》，第二阶段是《三字经》，第三阶段是《大学》，第四阶段是《论语》。每一阶段学习的课程主要以主题课的形式开展。即：以仁爱精神为主题的课程、以行为习惯为主题的课程、以孝悌为主题的课程、以诚信为主题的课程等。本课题把整个德育实践过程分成四个阶段，即以四部经典教材为内容进行整合，以主题课的形式开展品德教育。

以培养学生仁爱精神为例：

第一阶段以《弟子规》为诵读载体。以"入则孝，出则弟（悌），谨而信，泛爱众，而亲仁。行有余力，则以学文"为主题课的中心内容，突出仁爱精神的自我修为功用。即教导学生在日常生活中，要做到孝顺父母，友爱兄弟姐妹；在言语行为中要认真谨慎，要讲信用；和众人相处时，要平等博爱，并且亲近有仁德的人，向他学习。

第二阶段以《三字经》为诵读载体。以"三纲、五常、十义"为主题课的中心内容，突出仁爱精神的社会功用。即教导学生维持人与人之间最重要的三种伦常关系，就是上下级之间有道义、父子之间有亲情、夫妻之间能相互尊重和睦相处。仁、义、礼、智、信是社会中做人的五种基本道德准则，这五种准则每个人都应遵

守，不可怠慢疏忽、颠倒混淆。父慈、子孝、夫和、妇顺、兄友、弟恭、朋信、友义、君敬、臣忠，这十条义理，每一个人都一样要遵守奉行。

第三阶段以《大学》为诵读载体。以"修身齐家治国平天下"为主题课的中心内容，突出仁爱精神的大爱情怀，培养学生的社会责任感和历史使命感，使学生明白修养自身的道德品行才能管理好自己的家庭，管理好自己的家庭才能治理好自己的国家，管理好国家后天下才能太平。而弘扬光明正大的品德是我们的使命，要从自身做起、要从小事做起，做一个对社会有用的人。

第四阶段以《论语》为诵读载体。以"少年君子"为主题课的中心内容，突出仁爱精神的人格塑造功能。有了前三阶段的学习，到了这一阶段，学生对于仁爱精神的理解更加深刻，并上升到人格层面来，即"君子务本，本立而道生"，从而学习为人处世的根本所在。

（四）以学科整合为基础强化经典教育

经典诵读课虽是独立出来的课堂，但并非独立的学习内容，这不同于其他专科课，它既是语文课程的补充，又是思想品德课程的辅助，因此，以学科整合的形式来学习，会达到事半功倍的效果。即利用经典诵读促进学生语文素养的形成，同时也加强经文的渗透；利用经典教材丰富品德课程的同时，又强化学生对经文的理解。双方是相辅相成的。

首先，把经典诵读与品德课程相结合。将品德教材内容重新编组，配合阶段经典诵读的具体内容实施教学，这种合二为一的教学方式使品德培养的方式多样化，品德教育的内涵更加丰富，品德教育与经典诵读相辅相成。

其次，把经典诵读与语文课程相结合。学生在诵读的过程中，借助译解理解了经文，学习了许多人文知识，自然而然提升了他们文本阅读的能力；同时，指导学生把这些知识运用到写作当中去，从而提高了学生习作的文化内涵和思想水平。

（五）以家校结合为场所落实品德教育

学生的品德培养肯定离不开家庭教育，家庭也是学生品德的养成场所之一，甚至父母的言行举止对于学生的品德塑造更为重要。因此，家校之间的合作，促进了本课题的实施，让家长和孩子共读经典，既影响了家长，又使家长成为孩子德育实践的引导者。

首先，把课堂教学和班级建设作为品德教育的第一养成场所。其次，把品德教育与学校德育活动相结合。指导学生结合所学的经典文本，深入理解学校德育活动的意义，让学生对参与学校德育活动有更深刻的自觉。最后，利用家校联系方式和家长会的渗透，让家长参与到对学生品德的培养活动中来，使家庭也成为学生品德培养的重要养成场。

（六）多种形式提高诵读兴趣

采取多种形式调动学生诵读经典的兴趣和积极性，举办丰富多彩的活动，使学生在愉悦的氛围中受到经典文化的熏陶。

一是采用灵活多样的经典诵读方式。学生既诵读经典又唱经典，并在家长开放日、六一儿童节参加诵读展演。多种形式的唱、诵让学生提高经典诵读的兴趣。

二是结合节日庆祝活动开展诵读活动。结合教师节、母亲节、国庆等节日，开展以"爱国主义教育""感恩教育"等为主题的活动。学生在领略国学经典优美韵律的同时，也深深为其深刻的内涵所震撼、感动，从而接受古文经典中有价值的教育观念。

三是开展奉献爱心、传递真情活动，让学生懂得爱、付出爱，并感受爱、收获爱。培养学生的仁爱精神，如为山区孩子捐衣服、学习用品，为海珠区实验小学白血病同学捐款等。

五、基于行动的研究效度考量

在学生诵读《弟子规》《三字经》《大学》《论语》的过程中，渗透品德教育，利用经文中相关的内容和与内容相关的典故培养孩子读经的兴趣，开展各类活动给予学生实践的机会，使学生的道德品质得到熏陶，良好习惯逐步养成。

（一）学生发扬了中华传统美德，富有仁爱精神

1. 挖掘经典之"美德"，培养孝悌之道

孔子认为，孝悌是做人、做学问的根本。孝悌不是教条，是培养人性光辉的爱。读经能使学生懂得孝悌之道，即体谅父母、孝敬长辈、处理好兄弟姐妹和朋友间的关系。

现在的孩子都生活在蜜罐里，他们只懂得从父母那儿获得他们所需要的东西，老师经常告诉他们要孝敬长辈，不过孩子们根本不知道该怎样做。《弟子规》中有许多经文讲了孝道，如"出必告，反必面，居有常，业无变"。意思是：外出离家时，须告诉父母要去哪里，回家后还要当面禀报父母，让父母安心。平时起居作息，要保持正常的规律，做事也要有常规，要坚持不懈，不要任意改变，以免父母忧虑。在诵读经文时，让学生反省自己的行为，逐条对照，有些孩子就会意识到自己没有做到这些。出去玩没有告知父母，害得父母到处找，回家后还经常撒谎；晚上要父母催促下才肯做作业、睡觉。总之，做什么事都要父母操心。读了经文，再联系实际，孩子们就懂得孝顺父母要从细节做起。

兄弟姐妹和朋友之间又该如何和谐相处呢？《弟子规》中有"兄道友，弟道恭，兄弟睦，孝在中。财物轻，怨何生，言语忍，忿自泯"。告诉孩子们当哥哥姐

姐的要友爱弟妹，做弟妹的要懂得恭敬兄姐，一家人和乐融融，父母自然欢喜，孝道就在其中了。与人相处不斤斤计较财物，怨恨就无从生起。言语能够包容忍让，不必要的冲突、怨恨的事情自然不会发生。学这部分经文时，通过举一些事例或观看视频，让学生分辨是非，并对照自己的行为，检讨自己平时与兄弟姐妹相处时的霸道行径，与同学相处时的小气自私，他们会觉得羞愧无比。经典帮助他们纠正错误行为，使得他们明白与人相处之道。

2. 挖掘经典之"精神"，培养社会责任感

培养孩子的社会责任感是一件重要的事情，也是我们对孩子进行德育教育的目标之一。有责任感的孩子才能有健康的人格，以后在社会生活中才能获得成就感，这同样影响着孩子一生的幸福。培养孩子的责任感，不仅要从家庭的日常生活做起，还要把孩子放在社会环境中，让他知道自己是社会中的一员，要学会以爱己之心爱人、利人、助人，特别是尊重鳏寡孤幼，同情和帮助有缺陷、有困难的人，为社会做出自己应有的贡献。这也就是仁爱精神的核心内容。仁爱精神，是中国传统美德中极为重要的部分，是中华民族宝贵的精神遗产。孔子说："仁者爱人。"仁的根本在于爱人、爱民，这是人性的本质，是人与动物的分界线。仁爱体现了古代的人道主义精神，如《论语》所言："夫仁者，己欲立而立人，己欲达而达人。能近取譬，可谓仁之方也已。"阐述了实行仁的方法就是帮助大家一起过得好，这就是仁爱的表现。在《论语》中，孔子还有许多关于仁爱精神的说法。

在诵读《论语》的过程中，引导学生理解经文的含义，并结合经文开展实践活动，比如帮助身边的同学解决难题，共同进步；通过活动，孩子们从中体会到助人的快乐，感受到自己在社会中的重要性，使孩子们在现实社会生活中，掌握是非原则，从学会"爱人"做起，自小做个关心他人的人。这种强烈的社会责任感将是前所未有的，同时也是诵读经典的巨大收获。

（二）经典诵读对学生行为习惯的培养产生了潜移默化的影响

学生在自我教育、自我约束中，形成了良好的生活习惯、礼貌习惯、学习习惯。

1. 挖掘经典之"言行"，培养良好的行为习惯

现在的孩子物质条件好了，有些孩子就攀比衣服品牌，看谁穿得高档；在学校，有些孩子拿了同学的东西不归还，还占为己有。这些情况比比皆是。学习《弟子规》中关于礼仪、衣着、待人接物等方面的经文，孩子们就懂得了"衣贵洁，不贵华，上循分，下称家"（穿衣服最重要的是整洁，不必讲究昂贵、名牌、华丽。穿着应考量自己的身份及场合，更要衡量家中的经济状况，才是持家之道）；懂得"借人物，及时还，人借物，有勿悭"（借来物品，要爱惜使用，并及时归还，以后再借就不难。别人向你借东西，只要自己有的话就不要吝啬）。

教育专家们认为：培养孩子种种良好习惯是建筑健全人格的基础。美国的约翰·格纳德·凯恩斯也有句名言："习惯形成性格，性格决定命运。"可见，习惯的好与坏可影响人的一生。良好的行为习惯对健康的人格养成有着必然的关系，孩子们诵读经典，将经文内化为个体的认知，自然而然地表现为外在的行为。

2. 挖掘经典之"榜样"，培养良好的学习态度

很多孩子认为，学习是一件苦差事，但也有些孩子乐在其中，因此，两者的学习效果截然不同，学习态度决定了学习效果。如何使学生端正学习态度，明确学习的重要性呢？榜样的力量不可忽视。在《三字经》中，大约有1/4的篇幅是关于学习的经文，讲述了一个个好学勤勉的故事，如战国的苏秦、汉朝的朱买臣、晋朝的孙敬和车胤、隋朝的李密等。这些人物的学习条件都相当艰苦，可是他们却能够发奋读书，坚持自己的志向，最终成就了自己的一番事业，他们都是学生们学习的榜样。学习这部分经文时，我们以举办故事会的形式，并给故事会定一个醒目而鲜明的主题，如"读经典故事，明学习之道"等，学生讲经文中的这些励志故事，并就故事中的人物和品质进行评价讨论。读了这些经文，知道了一个个触动人心的故事，当孩子们在学习上遇到困难时，他们就会以先人这些勤学的精神勉励自己。

六、研究成果及建议

经过持续研究，我们逐步获得一系列的成果。

在已编写经典诵读校本教材《弟子规》《三字经》《大学》《论语选读》的基础上，我们参与广东第二师范学院中文系主持的中小学《国学》教材编写工作，重点负责《论语选读》《孟子选读》两个部分，现在教材已经正式出版并在省内多所学校铺开实践，效果不错。

笔者主持并撰写的《借助经典诵读培养小学生的仁爱精神》优秀德育实践活动案例，撰写的论文《挖掘"经典"素材　培养学生"五品"》都在海珠区教育局主办的评比活动中获奖。同时，笔者指导的学生也多次在中华经典诵读比赛中获奖。

经过5年多的研究与实践，我们深深体会到：从培养学生的仁爱精神为出发点，借力于经典诵读，有助于提高学生的道德认识、陶冶道德情感和锤炼道德意志、促进道德行为，对小学生品德的培养具有深远的影响，在小学阶段具有明显的教育意义。而且研究活动的开展有助于我们对小学生德育教育的开展，与学校德育工作相辅相成，使品德教育的条条框框化作一个个具有吸引力和教育意义的典故，使说教更有说服力。不仅如此，还能帮助小学生积累经典诗文、陶冶情操，加强小学生的文学修养、继承中华传统文化。因此，我们希望借此领略中华优秀传统文化的精华、弘扬传统文化的精神，并与小学德育工作有效地结合起来，加强小学生的品德修养，将学校建设成为更加有效的公民品德养成场。

参考文献

[1] 许欢. 儿童传统经典阅读推广研究 [J]. 图书与情报, 2011 (2): 7-10.
[2] 刘丹娜. 从韩国中小学传统文化教育透析中国实施经典诵读教育的重要性 [J]. 辽宁教育行政学院学报, 2008 (9): 59-61.
[3] 孙荣君. 经典诵读: 滋养学生心灵成长 [J]. 人民教育, 2010 (Z3): 45-46.
[4] 王宏巍, 卢益山. 经典诵读与民族精神的弘扬 [J]. 沈阳师范大学学报 (社会科学版), 2008 (4): 52-54.
[5] 刘淑媛. 让经典润泽孩子的心灵: 小学生古诗文经典诵读教学实践探索 [J]. 教育科研论坛, 2010 (7): 69-70.
[6] 于守海, 韩娇. 经典诵读与人文教育 [J]. 沈阳师范大学学报 (社会科学版), 2008 (2): 27-30.
[7] 陈吉荣. 浅论小学生经典诵读策略 [J]. 中国教育学刊, 2010 (10): 88-89.
[8] 梁培斌. 培养"有根"的中国人: 江苏省赣榆县班庄中心小学经典诗文诵读记略 [J]. 人民教育, 2008 (11): 49-50.
[9] 卢化栋. 我们的"经典诵读"之路 [J]. 人民教育, 2010 (19): 17-18.
[10] 赵为, 张婷婷. 经典诵读与儿童创新精神的培养: 以《弟子规》为例 [J]. 沈阳师范大学学报 (社会科学版), 2008, 32 (6): 28-30.

(本文作者: 广州市海珠区知信小学 郑丹妮)

《论语》与小学生的品德养成教育

孔子在教育的过程中提出"兴于诗，立于礼，成于乐"（《论语·泰伯》，以下注篇名）。这一纲领体现出古代内仁外礼、谦谦君子的养成过程。兴、立、成是品德养成的渐进过程，诗、礼、乐是品德养成的内容。本文试将小学生品德养成的过程分为诗教、礼教、乐教三个部分，将《论语》中可用的养成手段与小学生品德养成相结合。

"少若成天性，习惯如自然。"小学阶段是德育的关键期，近年来，为了使小学生养成良好的品德，各地兴起了不少关于品德养成教育的实践探索，并且形成了"导之以行，养之以情，教之以理，化之以场"四种教育模式，在养成教育实践上取得了一定的成果。然而，这四种养成教育模式使养成过程中的"内化"与"外化"之间形成了分化，教学手段不是显得太"强"就是太"柔"，忽略了养成教育"内化—外化"之间相互作用的过程，使得养成教育的效果不突出。例如：有些学校注重用细节训练对学生进行行为习惯的培养，这种方法显得较为"强"，没有将"知、情、意"结合起来，学生形成的行为习惯并不牢固。有些学校注重对学生道德认知、道德情感的教育，养成的效果相对牢固，但是方法上显得较为"柔"，学生行为并没有得到规范。笔者认为，品德养成教育是从道德认知、道德情感、道德意志、道德行为上对学生进行影响，并且使学生由内而外形成一种品德习惯的过程。养成教育不仅仅要注重"强"，也要注重"柔"，做到刚柔并济。

当下德育问题无良措，使人们将目光转移到了传统教育。将中国传统品德养成教育资源运用到当代品德养成教育中来，成为品德养成教育的一个途径。内蒙古师范大学硕士研究生张霞做了关于"国学经典诵读与小学生养成教育相融合"的研究、苏州大学硕士研究生周建秋也进行了"将中国传统儿童养成教育资源应用于到现代儿童德育"的实践研究。许多学者尝试对中国传统的教学资源进行利用，而部分学者在探究过程中，较为注重对传统品德养成教材的运用，忽略了对传统品德养成教育方法的运用，只注重传统品德养成教育资源的"表"，缺乏对"里"的关注。在对《论语》的运用上，多数运用诵读法，而极少运用其中所体现的养成教育思想和方法。

综上所述，养成教育是解决当下德育问题的途径，而将传统品德养成教育资源运用到现代养成教育中是德育的新思路。但是目前对传统德育养成教育资源的利用仍不够彻底，对传统德育养成教育的方法的运用少之又少。

一、《论语》养成教育思想分析

（一）养成教育的目标

培养德才兼备的君子是孔子教育的目的。在《论语》中对君子有这样的论述，子曰："质胜文则野，文胜质则史，文质彬彬，然后君子。"（《雍也》）"质"与"文"是君子养成的两大内容。"质"是朴素的文质，"文"是人类自己的许多经验、见解，累积起来的人文文化。在杨伯峻的《论语译注》中将"质"解释为朴实，"文"解释为文采。而李泽厚在《论语今读》中，将"质"翻译为质朴，"文"翻译为文采。可见，"质"一般为本性而发的，是本真。而"文"为后天修养的，是人为的。而"质"与"文"具体的表现形式是什么？"质"情感也；"文"理性也。"质胜文"近似动物，但有生命；"文胜质"如同机器，更有可饰。孔子以"礼""仁"作为教育的中心范畴，其功至伟，亦在此也"使人不做动物。而"仁"是以"心理—情感为本体"，"礼"即人文，因此"质"的表现在"仁"，"文"的表现在"礼"。

"人而不仁，如礼何？人而不仁，如乐何？"（《八佾》）"仁"是孔子最高的道德理想，也是孔子德育思想的核心。孔子认为，在德育过程中，受教育者只有在道德认识、道德情感的基础上，用道德意志克制自己，不断将言行统一起来，并形成道德行为习惯，才算真正形成道德品德品质。在《论语》中，"仁"字出现109次，"仁"是君子在道德认识、道德的情感、道德意志上的体现，"仁"是君子品德养成过程"质"的体现。

"恭而无礼则劳，慎而无礼则葸，勇而无礼则乱，直而无礼则绞。君子笃于亲，则民兴于仁。故旧不遗，则民不偷。"（《泰伯》）礼不是礼貌，而是礼的精神的思想内涵。恭、慎、勇、直皆与礼相辅相成，如果有态度没有礼就是"劳"，过分谨慎、过于冲动就容易出乱子，过于率直就容易误事。做人除了要恭、慎、勇、直还要懂得笃于亲、不遗故旧。"礼"是君子品行由内而外散发出来的，是君子"文"的表现。

"质"与"文"之间的关系不是冲突，是相互融合。杨氏曰："文质不可以相胜。然质之胜文，犹之甘可以受和，白可以受采也。文胜而至于灭质，则其本亡矣。虽有文，将安施乎？然则与其史也，宁野。"在品德养成的过程中，"质"与"文"的地位是同样重要的。孔子理想中之"君子"，为能以真性情行礼者。"好直不好学，其蔽也绞"，故仁为人之性情之真的，而又须为何礼的，流露也。既要有"质"也要有"文"，因此"礼"与"仁"也是同样重要的。外在为"礼"（人文），内在为"仁"（人性），以此为人道之本。外显仁，内要含礼，内仁外礼，文质彬彬，才是新一代学生品德养成的目标。

(二) 养成教育的手段

"兴于诗，立于礼，成于乐"，《泰伯》从情感感发、礼仪规范、精神升华三个方面对小学生的品德养成过程进行了阐述。

首先，学《诗》与学《礼》是孔子教学、教子的主要内容。在《季氏》中，有如下记载：

> 陈亢问于伯鱼曰："子亦有异闻乎？"对曰："未也。尝独立，鲤趋而过庭，曰：'学《诗》乎？'对曰：'未也。''不学《诗》，无以言。'鲤退而学《诗》。他日，又独立，鲤趋而过庭，曰：'学《礼》乎？'对曰：'未也。''不学《礼》，无以立。'鲤退而学《礼》。闻斯二者。"陈亢退而喜曰："问一得三，闻《诗》，闻《礼》，又闻君子之远其子也。"

陈亢是孔子的学生，而伯鱼是孔子的儿子，无论是对待学生还是儿子，孔子都要求他们学习《诗》《礼》，他认为："不学《诗》，无以言。""不学《礼》，无以立。"学《诗》可以使人通达事理、从容淡定，故能影响人的言行举止。学《礼》使品节、道德坚定于心，使人由内而外散发君子气息。因此，学《诗》与学《礼》是养成君子的必经过程。

但是，在《论语》中礼、乐有多处以"礼乐"连用的方式出现，说明礼与乐都有重要的地位。因此，在君子的养成过程中，也必须有乐教。在《宪问》一章中，子路问孔子如何成为全人，孔子回答："若臧武仲之知，公绰之不欲，卞庄子之勇，冉求之艺，文之以礼乐，亦可以为成人矣。"知、廉、勇、艺，是现代学生德、智、体、美的诠释，但是有这四方面还不够，要加上礼的立以及乐的和，才能称得上全人。

诗教、礼教、乐教是孔子用于培养学生品德教育的内容，也是当代小学生品德养成中值得借鉴的教育手段。

二、《论语》与小学生品德养成的过程

(一) 诗教

将诗教运用到德育中来，并不是一时兴起之说法。从古到今，运用诗教进行德育并且取得成果的例子有不少。孔子以《诗经》作为教材而进行亲身实践。明代学者王阳明曾在岳麓书院任教时，要求学生"每日轮值一班歌诗，其余静听，每五日各班唱于本学，每逢朔望则合唱于书院"。教育家陶行知主张学校要善于运用"诗教"，要用诗歌的"真、善、美"去教化学生。徐特立先生也采用"诗教"的

方法，写诗对学生的优点、长处进行赞扬，对学生的缺点、错误进行批评。因此，诗教与德育相结合是有实践基础的，诗教与德育相结合是可行的。

"小子何莫学乎诗？诗可以兴，可以观，可以群，可以怨。迩之事父，远之事君，多识于鸟兽草木之名。"（《阳货》）学诗不仅可以激发人的志气，观察天地间万物，使人懂得合群，而且还可以使人学会讽谏排怨，在兴观群怨中懂得侍奉父母、为国效力。不仅如此，还可以扩大知识面，学习自然知识。由兴观群怨到报效祖国再到学习自然知识，是"为我"到"为他"再到"天人合一"的境界。诗教的作用由我到人到物，无尽无穷。

诗教是德育的触发机制。"兴于诗"者，诗者，思也。不只概念之思，此思乃"言不尽意"至死，所以才可以感发兴起。并且诗教既是情感教育，也是审美教育，还是行为仪态教育。在国家《语文课程标准（2011版）》中，推荐小学阶段学习并背诵古诗75首，这些诗歌内容包括文化知识、自然知识、哲学知识、历史知识等，给予学生文化知识的同时，也有利于培养其爱国主义、理想主义、集体主义精神，对劳动教育、人道主义和社会化公德、自觉纪律、民主与法制、科学世界观和人生观也有极大的影响。简而言之，学习诗歌不仅仅有助于知识技能目标的实现，更重要的是在情感、态度、价值观目标上的升华。如学生学习《游子吟》，就能体会到父母的艰辛，并且下定决心"报三春晖"；学习《悯农》，就能体会粮食来之不易，从此珍爱食物；学习送别诗，就能体会到朋友之间依依惜别的情谊，并且珍惜朋友之间的友谊；学习爱国诗，就能体会深厚的爱国情怀，并且有爱国的意识。诗歌给予学生情感的熏陶、审美的教育，还能影响到他们的行为习惯。

多数人认为诗教的重点在于诵读，因此认为选择合适的诵读教材是关键。《论语》中所提到的"诗"指的是《诗经》，子曰："《诗》三百，一言以蔽之，曰：'思无邪'。"（《为政》）《诗》是有正邪之分的。《诗经》的内容包括反抗不合理婚姻、追求自由恋爱，还有反剥削反压迫等。但是，孔子为何说"诗无邪"呢？子曰："《关雎》，乐而不淫，哀而不伤。"不淫不伤是道德底线。"窈窕淑女，君子好逑。"不逾越道德底线则可。由于处于先秦时期，《诗经》成为可以用来进行品德教育的唯一教材，而现如今，我国古代、近代、现代、当代的文学作品百花争艳、各有千秋，培养小学生养成品德的教材已经不受时代以及文学作品的体裁限制。笔者认为，当前作为诗教的教材并不局限于古诗词这一领域，可以往更多的领域引进教材，但是其教材运用不能离开诗教的"诗境"与"德性"。王昌龄在《诗格》中提出，在以诗歌三个境界"物镜""情境"以及"意境"进行诗教的过程中，往往离不开对此三境的融通。因此，在运用品德教材进行诗教的过程中，虽然体裁上可以不局限于古诗词，但是在运用上，不可脱离作品的"诗境"，要使学生融汇"诗境"，方能达到诗教目的。"诗者，源于德性，发于才情。""德性"与"才情"是相辅相成的，才情是德性的表现，德性不仅有助于才情的发挥，而且也是才情的衡量标准。无论是何种体裁，教材皆不可离开德育的原则。

诗教，不是培养能够吟诗作对的学生，更多的是希望通过诗教的触发使学生学会关怀社会、关怀自然、认识人生、认识自我。

（二）礼教

《礼》是孔子培养"士"和"君子"的教材。孔子十分重视礼的作用，他改良了周礼，并且将它作为立国立人的根本大道。而英国思想家约翰·洛克对礼的作用也十分重视，他认为："礼"可以使顽劣的孩子变得柔顺，给教育对象的精神以约规力量，促使他们在各种场合举止得体、平和、谦逊，成为文雅的"绅士"。

2014年4月，一起由于内地幼童当街"如厕"而引发其父母与港人冲突的事件为广大群众所津津乐道。而之前关于我国小孩当街"如厕"的报道也屡见不鲜。为何一再被报道也没能得到真正遏止？事件发生的背后，与其说是文化的败笔，不如说是教育的缺失。当前在养成教育方面，许多人注意到培养行为习惯的重要性，因此采取训练、实践、示范等方法以养成学生的行为习惯，但是由此所形成的行为习惯一般只存在表面，而未真正渗透到内心。如何使孩子真正成为举止得体、文雅有礼的君子？必须从"立礼"开始。

"兴于诗，立于礼"，"兴"乃起兴之义，借助诗教给学生以感性的教育，启发他们的情感，使他们对思想品德有了感性的认识。而"立"则意味着树立，使道德情感能够真正进入学生的内心，并且通过礼仪规范表现出来。由内而外成为一名谦谦君子。

子曰："不患无位，患所以立；不患莫己知，求为可知也。"（《里仁》）在品德养成的过程中，"立"是关键环节。小学阶段学生的认知水平仅停留在学习层面，因此更需要依靠"礼教"来进行"立"的过程。如何进行"立礼"呢？

首先，诗教是礼立的基础。子谓伯鱼曰："女为《周南》、《召南》矣乎？人而不为《周南》《召南》，其犹正墙面而立也与！"（《阳货》）朱熹在《四书集注》中提到《周南》《召南》所言皆修身齐家治国之事。而这两篇都出自《诗经》。作为孔子教学的教材，孔子不仅要求学生要学《诗经》，而且还要通过学习懂得"为"，"为"即将学习的道德践行到生活中。因此"立礼"在于"为"，而"为"来源于诗教。若没有通过诗教，所谓"立"则"其犹正墙面而立也与"，是没有生机的立。

其次，"立礼"最基本的途径是"礼教"。礼文化在中国起源很早。礼，原是指上古时期祭神的器物和仪式，指用器皿盛双玉作为供奉，以表示对上天和先祖的敬意。孔子提出"君君，臣臣，父父，子子"（《颜渊》），"非礼勿视，非礼勿听，非礼勿言，非礼勿动"（《颜渊》）。可见，礼教的过程必须根据一定的原则。但是，礼教并不意味着刻板循礼，在礼教的过程中要做到自然而然。"礼之用，和为贵。先王之道，斯为美；小大由之。有所不行，知和而和，不以礼节之，亦不可行也。"（《学而》）"和"说明"礼之用"是从容不迫的，是讲究自然而然的。

最后，立的重点也在于"仁"。"夫仁者，己欲立而立人；己欲达而达人。能近取譬，可谓仁之方也已。"（《雍也》）以己及人，仁者之心也。推己而及人如何在小学生德育中体现？"弟子入则孝，出则悌，谨而信，泛爱众，而亲仁。行有余力，则以学文。"（《学而》）小学阶段，学生主要生活圈是家庭与学校，从这两方面出发，必须将培养"立礼"的重点放于"孝悌"与"立信"之上。"其为人也孝弟，而好犯上者，鲜矣；不好犯上，而好作乱者，未之有也。君子务本，本立而道生。孝弟也者，其为仁之本与！"（《学而》）孝悌之人务本、立本，孝悌是为人的根本，因此把孝悌作为小学生品德教育的立足点、小学德育的主要内容。子贡问政。"子曰：'足食，足兵，民信之矣。'子贡曰：'必不得已而去，于斯三者何先？'曰：'去兵。'子贡曰：'必不得已而去，于斯二者何先？'曰：'去食。自古皆有死，民无信不立。'"（《颜渊》）无兵国将失守，无食人将身亡，而无信人无以为立，虽生犹死，立信不仅是为政的关键，也是为人的根本。因此，"立信"也是德育的重要内容。

"克己复礼为仁。一日克己复礼，天下归仁焉。为仁由己，而由人乎哉？"（《颜渊》）克己复礼，表现出礼教实施后的结果。德育思想内化于心，学生由内而外散发出仁的光辉。一日克己复礼则天下归仁，而日日克己复礼其效用将无可估量。

（三）乐教

在现代汉语中，"乐"有两个读音，一为"yuè"，可组词"音乐"；一为"lè"，可组词"快乐"。《论语》中所提到的"乐"也可以有不同的解读，一则为名词"音乐"，一则为名词的意动用法，解释为"以之为乐"的态度。"子在齐，闻《韶》，三月不知肉味，曰：'不图为乐之至于斯也！'"（《述而》）在这里，《韶》是音乐。而子曰："知之者，不如好之者；好之者，不如乐之者。"（《雍也》）明显地在这里，乐不可作为"音乐"翻译，而应该作为"以之为乐"翻译。因此，将乐教分为音乐教育和从乐心态的培养。

音乐的功用常为人所称道，并且也被运用于教育之中。朱熹在《四书集注》中肯定了"音乐"对人的作用：乐有五声十二律，更唱迭和，以为歌舞八音之节，可以养人之性情，而涤荡其邪秽，消融其查滓。故学之终，所以至于义精仁熟，而自和顺于道德者，必于此而得之，是学之成也。澳大利亚音乐家、教育家达尔克罗兹也肯定音乐旋律对儿童身心发展的积极作用。1905年，他首创了体态律动教学法，对世界教育史起到了很大影响。在清远黎溪镇进行下乡教学实践时，笔者也曾利用学生对音乐的律动进行课堂管理，即通过学生跟着老师进行有律动的拍手动作，使学生集中注意力，规范学生的课堂行为，以此提高课堂效率。而在语文、英语等课堂中，教师常利用背景音乐协助教学。这种方法不仅能够使课堂更加生动，而且能够使学生更好地进入课堂情境。

音乐教育能够促进德育的发展。音乐本身就是道德的象征。《乐记》中记载："乐者，所以象德"，"德者，性之端也；乐者，德之华也"。音乐是道德的象征，一个人的道德可以通过音乐表现出来，音乐也可以影响一个人的内心心境。音乐本身既有抒情娱乐的作用，也有教化的作用。无论是什么类型的音乐，都可以愉悦人的精神世界并宣泄人的情感。因此，"音乐教育"可以给学生带来身心的愉悦。不仅如此，曾皙曾提出："莫春者，春服既成，冠者五六人，童子六七人，浴乎沂，风乎舞雩，咏而归。"（《先进》）孔子也认同他的观点。在这里，音乐不仅仅是娱乐的工具，还是教化的工具。"乐其可知也：始作，翕如也；从之，纯如也，皦如也，绎如也，以成。"（《八佾》）音乐教育的过程包括"翕如""纯如""皦如""绎如"四个步骤，在这个过程，音乐创作者将情感、思想寄托于音乐之中，通过听觉、感觉、知觉对听者的精神世界产生潜移默化的影响。通过音乐教育的"娱人""化人"功能，人的情绪、精神、思想都得到了熏陶，音乐的作用进而发展到影响学生道德思想、道德行为，从而对德育产生影响。

任何事物都是两面性的，音乐教育对德育的影响也有两方面的倾向。如何让音乐教育对德育产生积极影响？

第一，每个阶段有不同的音乐。子语鲁大师乐，曰："乐其可知也：始作，翕如也；从之，纯如也，皦如也，绎如也，以成。"（《八佾》）"始作""从之""以成"是音乐教育的三个不同阶段，儿童的身心发展的具有顺序性的特点，因此要在不同的教育阶段中设定适当的音乐教育。

第二，领悟音乐背后深刻的文化意义。这是音乐可以升华为精神的关键。"礼云礼云，玉帛云乎哉？乐云乐云，钟鼓云乎哉？"（《阳货》）礼仪与音乐背后都有着深厚的文化意义。要推崇乐教，更重要的是推崇乐背后所拥有的深厚的人文精神，乐不仅仅是乐本身。

第三，选择优质的音乐教材。乐教的作用具有持久性的特点。"子在齐，闻《韶》，三月不知肉味，曰：'不图为乐之至于斯也！'"（《述而》）因此，选择正面的音乐教材显得尤为必要。"恶紫之夺朱也，恶郑声之乱雅乐也，恶利口之覆邦家者。"（《阳货》）优质的音乐能够给人带来积极的影响，腐朽的音乐会给人带来消极的作用。要选择优质的音乐教材，不要把优质的音乐当成腐朽的音乐摒弃了，也不要把腐朽的音乐当成优质的音乐进行弘扬。

从心态的角度出发，乐教还在于培养学生从乐的心态，这是乐教的最高表现形式。孔子在《学而》中提到："学而时习之，不亦说乎？有朋自远方来，不亦乐乎？人不知而不愠，不亦君子乎？"在这里，"说""乐""不愠"表现的都是"以之为乐"的心态。从学习到生活，都能拥有一种从乐的心态。"饭疏食，饮水，曲肱而枕之，乐亦在其中矣。不义而富且贵，于我如浮云。"（《述而》）不仅如此，当生活并不如意时，仍然乐在其中，方能其乐无穷。

从乐的心态关键在于"从"。"子曰：'益者三乐，损者三乐。乐节礼乐，乐道人之善，乐多贤友，益矣。乐骄乐，乐佚游，乐宴乐，损矣。'"（《季氏》）益者之乐与损者之乐，形成了鲜明的对比，我们所要从的是益者之乐。

三、诗教、礼教、乐教的统一

诗教、礼教、乐教作为德育过程的三个方面是相互统一的。诗教启迪人的性情、启发人的思想；礼教规范人的行为、树立人格；乐教培育人的情感、意向，使人性最终完成。诗教、礼教、乐教贯穿小学生品德养成的全过程，没有先后、轻重之分，而且任何一方都不可独立于小学生品德养成的过程而存在。

诗教包含着礼教与乐教。孔子编撰《诗经》，对诗歌内容的选择并不是信手拈来，合乎礼教、乐教是他编撰的依据。"《诗》三百，一言以蔽之，曰：'思无邪。'"（《为政》）所选的诗歌是要使人归正，是合乎礼教的。此外，诗还和乐是相互结合的。"《关雎》乐而不淫，哀而不伤"（《八佾》），表示根据诗歌搭配的乐曲所表达的快乐与悲伤都不可过分。"放郑声，远佞人。郑声淫，佞人殆。"（《卫灵公》）"恶郑声之乱雅乐也，恶利口之覆邦家者。"（《阳货》）雅乐是平正中和的音乐，郑声则指与中和背道而驰的俗乐。"淫"是过分的意思，意谓郑声的旋律、节奏不合法度。除此以外，诗与礼、乐相互统一。"子谓《韶》，尽美矣，又尽善也。谓《武》，尽美矣，未尽善也。"诗不仅要有礼有乐，还要将诗、礼、乐相互融合统一，达到尽善尽美。因此，诗教中既有礼教也有乐教。

礼教蕴含于诗教与乐教之中。前文所述已知礼教蕴含于乐教之中，不仅如此，礼教还蕴含于乐教之中。《八佾》提到三家者以《雍》彻。子曰："'相维辟公，天子穆穆'，奚取于三家之堂？"《雍》出自《诗经·周颂》，是天子行祭礼时所唱，因此不可用于平常人家的祭祀。在诗、乐的运用上要严谨地遵循礼教。在诗教、乐教的过程中必须与礼教相统一。

乐教融合诗教与礼教。在诗、礼、乐三教中，"乐"使人得到人性的完成。乐教往往扮演着中和、融合的作用。诗教蕴含着乐教，礼教蕴含乐教之中，单独的诗教、礼教之间的结合，诗教主要是对情感的启发，而礼教重在礼仪的规范，诗教属"柔"，而礼教属"刚"，乐可以使二者取得平衡，从而达到和谐的状态。

参考文献

[1] 王清平. 我国小学养成教育的实践模式及其思考 [J]. 教育导刊，2009（5）：33-35.

[2] 张霞. 国学经典诵读与小学生养成教育相融合的研究 [D]. 呼和浩特：内蒙古师范大学，2010.

[3] 周健秋. 中国传统儿童养成教育资源应用于现代儿童德育的实践研究：以上海市嘉定区迎园小学为例 [D]. 苏州：苏州大学，2009.

[4] 孙培育. 中国教育史 [M]. 上海：华东师范大学出版社，1997.

[5] 南怀瑾. 论语别裁：上册 [M]. 上海：复旦大学出版社，2005.
[6] 杨伯峻. 论语译注 [M]. 北京：中华书局，2006.
[7] 李泽厚. 论语今读 [M]. 南京：江苏文艺出版社，2010.
[8] 于钦波. 中国德育思想史 [M]. 长春：吉林教育出版社，1993.
[9] 朱熹. 论语集注 [M]. 北京：中国社会出版社，2013.
[10] 冯友兰. 中国哲学史：上册 [M]. 上海：华东师范大学出版社，2011.
[11] 张锡生. 中国德育思想史 [M]. 南京：江苏教育出版社，1993.
[12] 王用章. 诗法源流 [M]. 济南：齐鲁书社，1997.
[13] 王运熙，顾易生. 中国文学史新编：上册 [M]. 上海：复旦大学出版社，2001.

（本文作者：中山市小榄镇绩东一小学　郑乐琼）

诗意风骨以育之

——国学教育之诗教微谈

经济的持续增长使得物质生活变得十分丰裕，同时它也导致文化"快餐化"风潮盛行。太快的节奏和太多的诱惑，一方面令人难以潜下心来走近文字，另一方面又使得人们的情感日愈荒漠化，精神麻木、信仰缺失。德国诗人、古典浪漫派诗歌的先驱荷尔德林说："人充满劳绩，但还诗意地栖居大地。"如今，人们的确是忙忙碌碌、充满"劳绩"，但有多少人是真正"诗意地栖居大地"，能够用美的眼光来看待世界，诗意地生活？正所谓"往者不可谏，来者犹可追"，在此背景下，作为人民教师，我愿意在学生心中种下一颗"诗意的种子"，带领他们走进中国古代诗歌的文艺殿堂，去感受中国古典诗词的文字魅力和诗人文士伟大的人格精神，并在此过程中，引导他们树立起自身的精神信仰。

文化"快餐化"风潮刮过之后，人们开始审视内心，意欲寻回丢失的"文化的根"；而随着"国学热"的推动，传统文化逐渐回归到人们的视野中；加上小学语文部编教材推行，编入课本的古诗数量上升，古诗文的学习亦受到人们的重视。本文依据最新的《九年义务教育全日制小学语文教学大纲》，采用观察、文献调查、个案研究等方法，首先介绍了中国古代诗歌教学的背景。其次，分三个方面论述了诗教的意义：一是丰富学生的情感体验，引领学生恰如其分地抒发个人情感；二是陶冶情操，具有文明高雅的美育功能；三是发挥其德育教化功能，使学生能够"胸怀浩然气，所重惟风骨"。然后，在诗教的践行环节，本文分别介绍了情境教学法的运用、古诗新唱、古诗仿写以及课堂"飞花令"的改良实践。最后，总结全文。

笔者当然也深深明白，当下关于诗教的研究，非博学艺精者，言之所至只及皮毛，以至舛谬紊夥，恐怕也是在所难免的。本文所言甚微，但仍希望能够通过学习，使学生学会从熙熙攘攘的现实生活中采撷一些诗意，也坚守一派风骨，并将优秀的中华传统文化发扬光大。

一、诗教的背景

"天地玄黄，宇宙洪荒；日月盈仄，辰宿列张……"自鸿蒙开辟，人类历经混沌而生；星移斗转，又不知几番沧海桑田，人类于碌碌劳作生产之中创造了文字，并以此记录占卜要事、生活点滴，抒发诸种情怀、聊遣意趣。从最短弹歌"断竹，续竹。飞土，逐宍"到内容澄净无邪的《诗三百》，到古朴而有深意、一字千金的

《古诗十九首》，再到浩瀚如烟海、璀璨若星辰的盛唐诗歌……无数个体的人生经历筑成了诗的历史，而诗歌又在绵延不绝的声声吟诵之间，照亮了无数人的精神家园。

"不学《诗》，无以言"，"《诗》，可以兴，可以观，可以群，可以怨"，孔夫子在中国古代诗歌的第一个高峰之后，即简明扼要地告知世人，诗教的重要性及其遣怀言志的作用。如今，随着"国学热"的推动，传统文化逐渐回归人们的视野；而自部编教材推行，编入课本的古诗数量上升，古诗文的学习亦日益受到人们的重视。在古诗文教学研究成果方面，前人已怀珠玉，即反复吟咏、创设情境、剖析诗眼、铺叙赏析……多种课堂教学手段的综合运用，意在能使学生切实体悟到诗人心、诗中情。在诗教道路上，教学研究者普遍怀有一种共识，即诗歌教学能够发挥其洗涤心灵、净化灵魂、陶冶情操的高尚美育功能，诗教的终极目的，是指向学生文化底蕴的积淀、人文素养的形成。正如《小学语文古诗教学的美育探索》一文指出：让他们（小学生）在与诗人的对话间体会古诗中蕴藏的智慧和精神，让他们在历史文化的长河中品味诗人的胸怀及其人生信念，在潜移默化中感受美、欣赏美，最终学会创造美，还能激发他们对真、善、美的追求，促进自身综合素质的全面发展。

概而言之，诗教活动在文化传承教育上，就好比一次又一次返古寻根的旅程，中华儿女要寻觅且铭记其中的智慧或信仰，这正是华夏民族繁衍不息的生命底色，是为中国古代诗歌教学之背景。

二、诗教的意义

（一）抒我胸中意——抒情功能

《尚书》记载："诗言志。"人心中所思所想，能以富含韵律的文字形式呈现出来，可被吟咏诵唱；诗既能表现作者（诗人）的思想涵养，也能为他人所感，激起群体之间的情感共鸣。人类个体的成长伴随着人生经历的不断丰富、个体情感的多样化，人在持续学习或模仿的过程中，逐渐产生梦想、树立理想目标，并构筑起个人精神的伊甸园。而诗歌在此过程中，则扮演了"传情者"的角色。古诗教学的意义不仅在于给学生展示高度而凝练的文字艺术，更在于它丰富了学生的情感体验，引领学生学会表情达意，恰如其分地抒发个人情感，完善个体人格。就诗歌内容大类划分而言，就有山水、边塞、送别、思乡、田园、闺怨等。而人生有涯，所遇人、事有限，前人传下的诗歌不仅饱含情感，更寓有故事，使学生能在有限的时间内开拓视野，提升见识见地。譬如，学生倘熟读了怀乡诗，在离家的月夜里，便可吟诵起"露从今夜白，月是故乡明""但愿人长久，千里共婵娟"，以为蕴藉；若是送别诗翻阅多了，遇上知交分别，则有"劝君更尽一杯酒"，又或是"莫愁前路无知己"以及"天涯若比邻"的赠别诗篇。总之，人类已有的普遍情感，均能在诗歌中一一寻觅、一一对应，学生在古诗学习中，可以收获最为模范的美的抒情方式。

（二）润物细无声——美育功能

中国古代诗歌自诞生之初，便可配乐而唱，古诗行文之间尤为讲究声律音韵的和谐。如《诗经》中"风"的部分，便是当时各地民歌，回环往复的押韵，令人一咏三叹；而汉乐府《江南》"鱼戏莲叶间"到"鱼戏莲叶北"数句，则好比一首童声大合唱了；至于身兼乐师与词人双重身份的姜白石，填词更是以讲究声韵著称，还能谱写新格律词，即所谓"自度曲"。大多数古诗词固定了篇幅以及韵脚位置，如此不仅使诗歌朗朗上口、易于传诵，有利于古诗教学，古诗的音韵和谐还能给学生以听觉上美的感受，培养学生形成良好的语感，推动或激发学生的文学创作朝音韵和谐的方向前进。

中国古代诗歌因其篇幅决定了用词须简洁凝练、准确生动，如"竹喧归浣女"之"喧"，"星垂平野阔，月涌大江流"之"垂""涌"，"日落江湖白，潮来天地青"之"白""青"等。一幅幅动作精确、色彩鲜明的诗歌画卷，无疑都能使学生在学习的过程中最为直接地接触到语言文字的魅力，给予他们视觉美的享受。

诗最能陶冶心性、情操。尚且不管声律如何婉转动听，抑或是遣词用字的功夫多么炉火纯青，诗最打动人心的，往往还是情之真切，而这也正是诗教美育功能里诗的纯真美的体现。如《游子吟》里"慈母"与"游子"的亲情，因其真挚，才能唤起并加深学生对父母的爱；而《小儿垂钓》里"路人借问遥招手，怕得鱼惊不应人"的孩童，因其真心专注而令人觉得可爱；再如"遥知兄弟登高处，遍插茱萸少一人""相看两不厌，唯有敬亭山"等诗句，无论是对父母、兄弟、妻儿，甚至山水，都因其情真意切而感人至深。通过学习这些古诗，学生生发出追求真与善的意念，并葆有一颗拳拳赤子之心，如此，诗歌作为美的范本的意义，也就全部实现了。

（三）所重唯风骨——德育功能

一位笔名为"李不太白"的文学爱好者曾在《如果一流大学也开始趋炎附势，一个社会的心灵必将荒芜》一文中写道："文人本来身轻，所重者唯骨气也。"无论身处哪个时代，各类的欲望与诱惑都客观存在，而在物质文化十分丰裕的今日尤甚。然而，古今文人身上肩负的责任不仅有文化的传承与创新，他们更代表着社会的良知与底线。"达则兼济天下，穷则独善其身"，正直不阿、不与宵小同流合污是他们首应具备的高尚品质。今时今日，学生学习汉语言文字的目的，并不仅限于习得一种文字系统，作为语言沟通的工具，学习古诗文的目的也不仅限于感受和创造美。如果说儒家经典如四书等，是正面且系统地阐述了"君子"这一儒家理想人格,并提出了成为"君子"的具体要求,那么,卷帙浩繁的文人诗便是辅佐,以潜移默化的形式不断熏陶后人:胸怀浩然气,所重唯风骨。以忧国爱国为例,有"捐躯赴国难,视死忽如归""人生自古谁无死,留取丹心照汗青";以关怀民疾为例,有"白骨露于野,千里无鸡鸣""四海无闲田,农夫犹饿死";以隐居不仕为例,有"安能摧眉折腰事权贵,使我不得开心颜""富贵非吾愿,帝乡不可期"……凡此种种,皆如春风化雨,润物无声,经由诗教而最终凝成莘莘学子广阔心胸之中的一派霁月光风。

三、诗教的践行

在上文所述诗教背景与意义的指导下,笔者在所任教的学校班级开展了相应的诗教践行活动,现总结出主要的方法与途径,有以下几点。

(一)诗中有画——情境教学法的运用

利用图片、视频、音频、语言描述等多种方式创设情境,进行古诗教学。譬如,叶绍翁《夜书所见》一诗,属于羁旅漂泊的客愁诗,而小学生年纪尚小,未曾独自远行离开父母、家园,很难深入地理解诗人思念故土、亲人的浓郁愁绪。因而,在教学上,笔者将"萧萧""江上秋风"作为切入点,创设江上秋风凛冽、江边树叶萧萧的情境,将学生带入其中,激活学生现有的生命体验,由外在感观的寒冷到内心孤独寂寞的寒冷,从而令他们能够设身处地地体味到诗人独自一人的凄清境地,感受到诗人内心渴望家庭温暖的情感。再如,在讲授《望庐山瀑布》一诗时,通过播放瀑布的图片和视频,让学生直观地感受"疑是银河落九天"的壮观,从而加深学生对诗句的理解和记忆。在讲解《赠汪伦》时,则设置了"赠别小剧场",请出两位学生进行角色扮演,用场景的演绎调动学生情绪,使他们走进诗中人物的内心世界。总而言之,情境教学法的运用灵活巧妙,可随处安插于诗歌教学活动的各个环节当中。

(二)歌而咏之——将古诗唱出来

古诗虽具有凝练而音韵和谐的美感,但由于年代久远,许多不认识的汉字对学生来说是读懂诗歌内容、背诵诗歌的一大障碍。在疏通难读难辨字词的读音的基础上,笔者尝试用"古诗新唱"的方法,查找了诸多以古诗为歌词的新曲,带领学生一起唱。譬如,在《春晓》《江南》《村居》等简短的古诗的课堂教学上,教师播放录音,学生跟唱,唱过几遍后,学生便能成诵,学生的记忆效果比单纯朗读背诵更好。其中,值得一提的是,此种方法不仅对短篇的古诗教学颇有成效,在长篇的韵文学习方面也能取得佳绩。如讲授的作为课外拓展内容《声律启蒙·一东》时,笔者反复播放哈辉女士主创的"新雅乐"——《声律启蒙·一东》的视频,重复多次以后，低年段的学生也能较快地将全文背诵下来。小学语文部编教材增加了古诗数量，对于古诗的教学要求是学生能够背诵，因此，"古诗新唱"不失为一种提高古诗教学效率的有效方法。

（三）古诗仿写——增添学习兴趣

"写"建立在学生已有了一定的书籍阅读量之上，同时，要激起学生仿写古诗的兴趣，不仅需要一定的契机，还需要教师能够抓住这稍纵即逝的机会。某日，笔者讲授完《望庐山瀑布》一诗，下课后学生递上一张纸条，写道：

石竹
山上瀑布傍（旁）有竹，石竹立在瀑布边。
下望高山万千尺，石竹悠悠绿千山。

阅罢不由感叹，儿童果真是善于模仿的天才。这首"诗"若依照古诗格律仔细打量，无论是内容还是平仄均不达标，而仅作为一首诗来看，则尚且算得上有"诗味"，其中"悠悠"二字与"石竹""绿""千山"相连，用得尤为好，"仿佛是那么回事"。以此为契机，笔者迅速地激起了学生写诗的兴趣，并及时布置了写诗"作业"，现选取部分学生作品（小学二年级第二学期），展示如下：

春景
春风摇柳枝，细雨润新芽。
湖面平如镜，南燕点涟漪。

梅花
一场轻雪盖梅枝，晚时徐徐长芽包（苞）。
连连夜夜不露头，雪化只见梅花开。

挥泪斩马谡
孔明神府中，挥泪斩马谡。
若不下此令，全军必覆没。

蚕
白白蚕虫爬桑叶，一天吃个八九片。
春蚕到死丝方尽，化茧成蝶始复生。

其中，《春景》一诗中"摇""润""平""点"四字或是动词、或做形容词，用词之准已颇得"诗眼"之法;而《蚕》一诗中"春蚕到死丝方尽,化茧成蝶始复生"一句,更是仿佛师法林和靖,又有几分江西派诗人"点铁成金"的影子。

再看以"四季"为主题的部分现场作品(小学三年级第一学期):

(1) 春天草色染大地,夏日知了树上叫。秋季枫叶飘到地,冬原雪花满天飞。

(2) 春季柳枝随风舞,夏季荷花开满塘。秋季果园香满天,冬季雪花遍田野。

(3) 春日桃花开满枝,夏日荷花飘满池。秋日菊花长得旺,冬日梅花雪中生。

(4) 春季柳絮处处飘,夏季蜻蜓飞满天。秋季菊花开地(得)旺,冬季动物个个眠。

(5) 春日清晨百鸟鸣,夏季鱼儿水中游。秋季果园香满天,冬月蜡梅朵朵开。

其实,纵观这些作品,披着"五绝"或"七绝"的外衣,内在仍旧是白话文;然而笔者所看重的是,经由这样的仿写,学生已开始拥有"炼字"的意识,尽可能用凝练的句子去表达一句完整的意思;同时,在往后的古诗学习中,仿写也能使学生更容易代入诗人角色,从而促进学生对诗词的理解,增添学生学习古诗文的兴趣。

(四) 字字有诗意——课堂"飞花令"

随着《中国诗词大会》的热播,学生对"飞花令"这一诗词游戏形式有了一定的了解;而课堂"飞花令"的改良实践,建立在学生熟读了《小学生必背古诗词75首》(中华书局2017年版)以及本校校本教材《古诗文风韵》的基础上。课堂"飞花令"的实质是将课本"四会字"等汉字的学习与古诗词积累联系在一起。譬如学习"杨"字,学生能够说出"杨柳绿千里,春风暖万家";学写完"村"字,学生马上联想到"借问酒家何处有,牧童遥指杏花村""千里莺啼绿映红,水村山郭酒旗风"等,此为课堂"飞花令"的第一种游戏形式。第一种形式渗入到写字教学之中,学生能够随时举手作答,这样不仅大大活跃了课堂气氛,还营造了诗词背诵的良好氛围。第二种形式则是组际比赛,由教师指定或学生抽取一字,全班分成两个大组或四个小组竞答,使用"正"字法计分,直到其中一组没有一个成员能够想出相关诗句,则根据小组之间的比分分出胜负。课堂"飞花令"一经推出,大受学生欢迎,笔者以为这也不失为一种激励学生学习古诗、教师践行诗教的方法手段。

四、结语

韦羲在《照夜白》一书中说："山令人幽，水令人远。"这固然是说风景、说山水画，但其实又何尝不是说诗？我们咏叹了千年的诗句，诸如"采菊东篱下，悠然见南山""手挥五弦，目送归鸿"，其中的山水、花鸟、云彩、月光，与数千年前不同，但终究是相似相通的；而我们与前人达成一致、想要传达给后人的，不过是学会如何从熙熙攘攘的现实生活中采撷一些诗意，也坚守一派风骨。

参考文献

[1] 李逸安，张立敏译注. 三字经·百家姓·千字文·弟子规·千家诗 [M]. 北京：中华书局，2014.
[2] 无名氏. 弹歌 [M]//张觉. 吴越春秋. 上海：三联书店，2013.
[3] 孔子. 论语 [M]//杨伯峻. 论语译注. 北京：中华书局，2011.
[4] 孔子. 论语 [M]//杨伯峻. 论语译注. 北京：中华书局，2011.
[5] 邵清石. 小学语文古诗教学的美育探索 [D]. 哈尔滨：哈尔滨师范大学，2012.
[6] 顾迁译注. 尚书 [M]. 北京：中华书局，2016.
[7] 杜甫. 月夜忆舍弟 [M]//仇兆鳌. 杜诗详注. 北京：中华书局，2015.
[8] 苏轼. 水调歌头（明月几时有）[M]//孔凡礼. 苏轼文集. 北京：中华书局，1986.
[9] 王维. 送元二使安西 [M]//陈铁民. 王维集校注. 北京：中华书局，2012.
[10] 高适. 别董大 [M]//刘开扬. 高适诗集编年笺注. 北京：中华书局，2017
[11] 王勃. 送杜少府之任蜀州 [M]//中华书局编辑部. 全唐诗 [M]. 北京：中华书局，2011.
[12] 无名氏. 江南 [M]//郭茂倩. 乐府诗集. 北京：中华书局，1979.
[13] 王维. 山居秋暝 [M]//陈铁民. 王维集校注. 北京：中华书局，2012.
[14] 杜甫. 旅夜书怀 [M]//仇兆鳌. 杜诗详注. 北京：中华书局，2015.
[15] 王维. 送邢桂州 [M]//陈铁民. 王维集校注. 北京：中华书局，2019.
[16] 胡令能. 小儿垂钓 [M]//中华书局编辑部. 全唐诗. 北京：中华书局，2011.
[17] 王维. 九月九日忆山东兄弟 [M]//陈铁民. 王维集校注. 北京：中华书局，2012.
[18] 李白. 独坐敬亭山 [M]//王琦. 李太白全集. 北京：中华书局，2014.
[19] 孟轲. 孟子·尽心上 [M]//方勇. 孟子译注. 北京：中华书局，2015.
[20] 曹植. 白马篇 [M]//赵幼文. 曹植集校注. 北京：中华书局，2017.
[21] 文天祥. 过零丁洋 [M]//吴之振，吕留良，吴自牧. 宋诗钞. 北京：中华书局，2015.
[22] 曹操. 蒿里行 [M]//中华书局编辑部. 曹操集. 北京：中华书局，2012.
[23] 李绅. 悯农 [M]//中华书局编辑部. 全唐诗. 北京：中华书局，2011.
[24] 李白. 梦留天姥吟留别 [M]//王琦. 李太白全集. 北京：中华书局，2014.
[25] 陶渊明. 归去来兮辞 [M]. 袁行霈. 陶渊明集笺注，北京：中华书局，2011.
[26] 韦羲著. 照夜白 [M]. 北京：台海出版社，2017 年.

[27] 袁行霈. 陶渊明集笺注 [M]. 北京：中华书局，2011.
[28] 嵇康. 赠秀才入军 [M]//殷翔，郭全芝. 嵇康集注. 合肥：黄山书社，1986.

(本文作者：惠州市第一小学　黄惠远)

文化自觉价值取向下的传统文化教育课程实施策略

在多元文化的新时期背景下，中国传统文化的传承与发展迎来前所未有的机遇与挑战。作为民族文化振兴中的强大力量——初中生，对传承和弘扬民族传统文化有着不可估量的作用，文化自觉的提升是实现整个中华民族文化自觉的前提与基础。校园传统文化教育作为传承与发展中国传统文化的主阵地，在培养中学生文化自觉方面，有着不可替代的作用。古人云："蓬生麻中，不扶而直；白沙在涅，与之俱黑。"基于文化自觉价值取向的传统文化教育的课程实施，实则遵照一定的文化与课程的价值标准，所以必须理性选择传统文化教育的课程实施策略。笔者以文化自觉价值为取向，分别从文化认同、文化自信、文化反思、文化创新四个方面，对中国传统文化教育的课程实施策略进行系统、完整的规划。笔者希望通过这四个方面的策略，进一步完善传统文化教育的课程实施，帮助中学生实现文化自觉。

一、文化认同课程实施策略

（一）构建"认知交汇"式的传统文化通识体系

"认知交汇"是指一方面打破学科之间的界限，把中国传统文化合理的因素纳入各科的教学之中，从而使得传统文化课程与各个学科形成一个相互贯通的通识体系，而不是把传统文化课程当作一门特殊的课程而孤立对待，致使这门课程的知识范围僵持在一个"死胡同"当中；另一方面，通过开发传统文化校本课程、研制传统文化校本教材，将分散在各个领域之中的传统文化知识整合起来，将其系统化、专业化，以此来促进中学生对传统文化的认知。具体来说，起码包括以下两个方面。

第一，革新教学理念，完善传统文化课程结构。当前，我国各地中学都已经普遍开设了传统文化课程，但是由于课时安排、升学需求、教学条件等客观因素的限制，传统文化课程的课时不多，尚属于渗透式的零散教学，育人效果还未达到十分理想的状态，这就直接影响到中学生对传统文化的认知。文化认同，作为培养中学生文化自觉的第一发展阶段，广博的传统文化知识是实现其理想的根基。因此，为了避免渗透式的零散教学带来的劣势，就必须革新教学理念，对整个课程结构进行调整。与此同时，还要兼顾其他学科所涉及的相关传统文化知识，即每一门学科的课程设计都应该融入传统文化因素。坚持传统文化不分家，数理学科、人文学科一视同仁，逐渐淡化专业传统文化课程与各个学科涉及传统文化知识的界限，让整个传统文化课程在培育中学生文化自觉方面，形成一个融会贯通的课程体系。

第二，植根办学特色，开发传统文化校本课程，研制传统文化校本教材。为了弥补其他教育和专业教育形式以及文理分科长期以来造就的单向度的课程逻辑，从文化整合与学科交叉的维度，应将综合课程设置在通识课程中。而校本课程，则是一个极为重要的途径。为了让学生越发直观地感知传统文化所反映出的精神诉求和文化风韵，可将校本课程越发直接地融入传统文化教育中。中国传统文化，历史悠久、灿若星河。为了进一步推动传统文化教育的课程实施，淡化学科知识界限，整合传统文化知识，加深中学生的文化认同感，加深他们对本民族、本地区、本学校传统文化的了解和认识，学校应该加大鼓励教师以本校特色为立足点，进行校本课程的研究编制。传统文化校本课程与教材的开发和研制并非一蹴而就的，就如同培养中学生的文化自觉意识一样，它是一项漫长而复杂的工程。一方面，教师可对具有国家性质的传统文化教材进行二次重组，创造性地开发校本资源，编制具有时代性、民族性、创新性的深厚中国传统文化底蕴的校本教材。另一方面，彰显区域特色。校本课程可以使各地、各学校因地制宜地解决国家课程统一管理的弊端。如果校本课程植根于地方特色土壤，就会具备浓重的乡土气息、深厚的文化底蕴、丰厚的历史积淀。因此，教师可根据学校办学特色、教育宗旨、课程规划以及本地传统文化特色，进行校本课程开发研制，编制符合本地中学生实际发展需要的校本教材。此外，中国作为一个有着丰富文化底蕴的国家，其文化品质与个性的形成，是由汉民族文化与少数民族文化共同创建而成。受自然风貌、风土人情的影响，不同的民族也就形成了不同的文化主旨。因此，在校本课程研究编制的过程中，不能忽略少数民族文化的内容。

尤其值得注意的是，本文研究的对象是初中生。因此，在教材内容设置中，要讲究深入浅出、图文并茂，在专注知识性的同时，要结合中学生身心发展的特点，兼顾内容的哲思性与趣味性，使中学生自觉形成"乐学"的思维意识。

（二）倡导"寓量引质"式的中华经典诵读方式

"寓量引质"就是通过对传统文化知识量的积累，到达一个质的飞跃。这种"飞跃"可能是认知方面、情感方面、意志方面，也可能是行为方面。但无论是哪个方面的质变，其根源都是对于传统文化知识的逐渐积累所造成的。

诵读，"诵"有"朗诵、背诵"之意，"读"有"浏览、求学"之意。"诵"与"读"相辅相成，作为一种科学的教授方法流传至今，在今天的传统文化教育的课程实施中，仍然发挥着不可替代的作用。诵读作为人文教学中必不可缺少的一种教习方式，它的特点是让学生通过屡屡的朗诵、阅读以了解文章内容，是指引与深化学生感悟传统文化的有效方法之一。

诵读经典是继承文化的需求，同时也是教书育人的需求，更是实践与培养社会主义核心价值观的需求。中华经典博大精深，是中国传统文化哲思的瑰宝，它凝聚了无数先人的睿智。诸如唐诗宋词内容精良、辞藻优美、平仄有序；四书五经忠孝仁义、信礼智勇、韵律独特；古典名著影射历史、世间百态、寓意深远，哺育了一代又一代中华儿女。但是，自"白话文运动"发起后，文言文就逐渐退出历史舞台，当今，能够真正把文言文诗词读顺、读懂、读通的中学生几乎是微乎其微。鉴于此，在现代传统文化教育的课程实施中，就不得不培养中学生对文言诗词的语感，就不得不培养中学生对古典文学作品的阅读能力，而要达到这样的教学效果，就必须回归人文教习的源头——诵读。

中华传统诗文经典，既是中华民族品质与精神的载体，同时也是汉语言文学的精髓与示范。初中生正处于思维发展的上升期，与儿童相比，他们对事物有着更深刻的理解能力和熟记能力。正所谓"腹有诗书气自华"，让初中生通过对古典诗词、古典文学著作的反复诵读，在头脑中逐渐建构古典诗词、文章的知识结构。如此一来，每一次的诵读都会带来不同的感受。多一次诵读，就多一份对古代文人墨客的理解；多一次诵读，就多一份对古文精髓的感悟；多一次诵读，就多一份对古典韵律的情怀；多一次诵读，就多一份对传统文化的认同。让初中生通过这样循回往复的诵读来认知古文，再来学习古文，通晓其义就方便、简洁了许多。因此，在传统文化教育的课程实施中，一定要注重诵读实践，加强对初中生中华经典诵读的指导，长此以往，必然会激发中学生对中华经典的喜爱之情，而在这喜爱的情感之中，也自然而然地饱含着其对中国传统文化的认同感。

（三）打造"春风化雨"式的传统文化校园环境

"春风化雨"是指在传统文化教育的课程实施中，光靠显性的课程来提高中学生的文化认同感是不够的，与此同时，还要注重隐性课程对中学生文化认知有着潜移默化的影响，诸如校园环境。打造"春风化雨"式的传统文化校园环境，不是漫无目的地用几张图片、几处标语或几座建筑来零星点缀校园的公共场所，而是要根据传统文化课程的实际需要，打造出恰到好处的人文环境，从而营造出良好的传统文化学习氛围，以此来配合传统文化教育的课程实施。

心理学研究人员发现，"如果教学目标和活动配以相应的学习环境，将有助于达到教学目标"。校园环境是中学生沐浴其中的直接成长环境，这种环境的营造不仅仅是物质的，同时也是文化的。随着社会开明程度的加强，学校意识到其义务不单单是要把现存的全部社会成就保留起来、继承下去，而且要把有利于促进未来社会的部分保留起来、继承下去。校园环境的建设承载着社会期望给予它的一些特定的文化价值，不自觉地接受校园环境中的文化元素，中学生的文化认同感也会油然而生。

因此，各所中学在美化校园环境建设时，尤其应注重对其文化氛围的营造，聚焦中国传统文化载体的开拓，着重添加具有古香古色的校园文化特色。让中学生能够顺其自然地内化于心、外化于行，真真切切地感受到中国传统文化的魅力，增强其对本民族文化的认同感。文化环境是由碎片组成的,"碎片"传递的是民族文化精神,是文化化人的物质基础。"校园人文景观是在校园中赋予了人文寓意的环境和设施,体现着学校的教育目的和意图,潜移默化地熏陶学生的精神世界。"也就是说,中学校园中的一草一木、一花一树、一砖一瓦都应当被充分利用为美化校园环境的传统文化符号。

为深化中学生文化认同感,应充分利用校园文化建设,帮助传统文化课程更好地发展,笔者建议从以下三个方面,营造百家争鸣的校园文化环境:教室文化、走廊文化和操场文化。

(1) 教室文化。主要体现在每一面墙、墙边的每一个角落,都应成为"会说话"的文化墙,每一面墙都发挥启迪传情的作用。教师应充分利用有限的教室空间,挖掘无限的民族文化底蕴。让中学生在洋溢着传统文化人文关照的教室里,时时刻刻地感受到来自中华五千年文明所散发的韵味,加深其对传统文化的认同。

(2) 走廊文化。是在教室文化的基础上,让传统文化的气息更加浓郁。主要体现在,不仅仅是展示一些名诗画作、名人警句之类的挂件,而是要考虑中学生文化自觉的健康形成,走廊文化的建设应增添大量的中学生在传统文化课程中学习的作品,诸如他们的毛笔字、国画、剪纸等与传统文化相关的才艺展示。因为艺术品的展示属于外显于行,其实质是一种文化认同。通过这样的形式,不仅能够调动中学生学习传统文化的热情,而且能使他们在创作之中,无形地增添一种民族文化的归属感。

(3) 操场文化。操场文化比之走廊文化,其文化氛围基础又扩大了一步。如果把教室文化、走廊文化比作人的内在器官,那么操场文化则属于人的外在形象,由此可见,操场文化关乎学校形象,它代表的是学校给人的"第一印象"。操场在教学楼之外,是中学生课下娱乐、运动、休息的主要场所。为了让中学生课下活动时领略到中国传统文化的深厚气息,笔者认为,操场文化的建设不可千篇一律,即每所中学要将传统文化环境的建设与当地文化特色相结合。因为当地文化特色也是中国传统文化的一部分,对传统文化的学习,我们不能仅仅学习其表面,更要深入其细节。以本地传统文化资源为基础就是一个很好的出发点,这样不仅有助于中学生学习、接受传统文化,而且这种接地气的形式可以使中学生的文化认同的生成具有更为深厚的人文底蕴。

在文化自觉价值取向下,传统文化教育的课程实施需要校园环境的支持与引导。优化校园环境、创造传统文化氛围、深化文化认同是课程期许的教学效果,也是传统文化教育的课程实施的必要途径。

二、文化自信课程实施策略

(一) 创设"价值认知"式的文化网络对话平台

"价值认知"是指利用网络平台多样化、开放化的特点，传统文化教育的课程实施可以将互联网作为平台，让中学生获得更多、更广泛的传统文化课程资源。以此，促进中学生对中国传统文化自身的价值认知，并在从认知走向深化的过程中，使其自然而然地树立对民族文化的自信心。

进入 21 世纪，随着信息技术的迅速发展、课程实施模式的不断更新，网络逐渐成为了课程资源和信息交流的重要渠道。积极探索网络与传统文化课程融合的实施路径，将传统文化信息资源、传统文化信息理念与传统文化课程实施有机结合，成为提升传统文化教育的课程实施有效途径。为此，占领网络新阵地，构建网络传统文化教育平台，是培养中学生文化自信的必然选择。它能够有效地摆脱中学生对于传统"接受"式课程实施体系的过度依赖，实现中学生在学习传统文化中的主体地位；它能够有效地凝聚学校、社会、家庭的合力，达成信息技术与中国传统文化有机结合的效果。所以，中学教师必须重视、建设适应时代发展需要的传统文化教育平台，借助网络信息流通快、内容丰富的特点，深化中学生对传统文化价值的认知，从而增强其文化自信。

首先，应加强传统文化信息化课程资源的开发。实现民族复兴的重要基础、提高文化自信的必备素质是文化知识。网络本身就是一个具有极大储存量的传统文化课程资源库，将信息技术作为一种主导媒体渗透到传统文化课程领域中，建立传统文化课程与网络多媒体一体化的新型课程模式。这样，不仅方便中学生对传统文化知识的获取，而且有利于实现传统文化学习资源共享。一方面，教师可充分利用网络资源的优势，通过开发不同学科、不同学段的传统文化精品课程，以慕课、微课等形式，"把传统文化重点内容搬回家""把传统文化的人文气息搬回家"，为中学生自主学习传统文化提供良好的学习平台；另一方面，教师可充分利用信息技术，创造出具有传统文化气息的学习环境，建立"师生对话"的平台。可通过在线交流、语音留言等多种形式，与中学生进行对话交流，为其解答疑惑。但是，值得注意的是，家长、教师和学校必须对中学生使用网络进行一定的健康引导，让中学生能够合理利用网络课程资源带来的福利。

其次，应充分利用当下盛行的通信方式。构建适应时代、适应传统文化课程的信息化课程模式，以当下盛行的通信工具作为传统文化教育的课程实施的载体之一，促进信息化与传统文化课程的深度融合：一方面，教师的课程实施研究能力得到不断的提升，有利于推动传统文化课程的持续发展；另一方面，中学生的文化认同感与日俱增，有利于其文化自信的萌生。也就是说，教师除了要熟练应用网络技术外，还需要充分利用诸如微信、易信、远程视频等形式的网络通信方式，将自己的知识见解、教学观点、教学成果与中学生及其家长进行及时的沟通与讨论，形成基于信息技术的交流共同体，为师生互动即答疑、布置作业、信息搜集等建立便利的沟通渠道，推动传统文化的网络传播。

（二）开设"寓节于情"式的传统节日动态课程

"寓节于情"是指通过开展传统节日课程，培育中学生的民族情感，使中学生在参与的过程中，自觉或者不自觉地将自己的民族情感融入到课程活动当中。而这门课程的开设与其他课程开设的时间、方式有所不同，它不是每周必上课。这门课程的开设是以中国传统节日为时间点进行教学，因此，笔者将其称之为"动态课程"。当然，教师对此课程的开展，不是"一定""必须"以中国传统节日为教学的临近点，可根据实际的教学安排，对此进行适时的调整。

伴随着经济全球化的到来，西方节日正以一种独特、高调的姿态冲击着中学生的视觉与思维。而当下在中学传统文化教育的课程实施中，许多学校偏重于对历史人物、唐诗宋词、民间故事的讲解和背诵等，缺乏对民族文化、民族情感等传统文化中蕴藏的精髓进行深入的挖掘，这就很容易使中学生与传统文化之间产生隔阂。因此，在传统文化教育的课程实施中，仅仅让传统文化局限于"死记硬背"的静态教学模式是远远不够的，结合时代诉求，传统文化课程必须贴近生活，使中学生明确认识到传统文化在当下的意义，才能使中学生自信地践行传统文化所标榜的文化价值观。中国传统节日具备强大的凝聚力与广博的包容性，它所反映出的博大精深的文化内涵，是中华民族长期积淀的历史文化。它作为民族文化符号的代表，其生命力的延续必须是铿锵有力的。这种力量来自本身，作用于每一个中华儿女，其实质就是一种民族性、一种文化认同感。对于传统节日，学生是有一定的生活经历的，所以，传统节日教学的内容应该关怀每一位学生的成长，从学生已有的生活经验出发，从学生的实际生活中选材，有效地将教学内容回归生活。当中学生对传统节日的内涵和价值产生浓厚的兴趣时，传统文化的精髓才能延续下去，民族情感也就自然得到升华，文化自信也就油然而生。

中国传统节日都有其特殊的历史背景，或重大的历史事件，或原始的庆祝活动，或民间传说，或宗教信仰，或严重的瘟疫和自然灾害等。人们希望通过以庆祝的方式来为自己或家人祈福，因而，中国传统节日对中国人来说具有特殊的民族文化内涵。以端午节为例，端午节作为中华民族传统节日，时至今日已有数千年之久，在传统文化教育的课程实施中，教师仅仅传授中学生与端午节相关的知识是远远不够的，实践出真知，不妨以此时间点为契机，调整课程编排，专门开设一节传统节日体验课，带领中学生做香囊、包粽子、学插艾，将与此节日相关的传统习俗巧妙地融入课程中，是加强中学生对中华民族的归属感的必要之举。让中学生学有所感、学有所用，在理论与实践的课程互动中，让传统文化"活起来"，在节日庆典的思维运转的过程中，形成对本民族文化的自信心。

（三）开展"生命力体验"式的传统文化校内活动

"生命力体验"是指为避免传统文化课程结构单一以及"机械式死记硬背"教学方式带来的弊端，学校可根据传统文化所蕴含的艺术形式，在学校范围内，以活动体验的形式，开展各种各样的选修课程，赋予中学生课程自由选择权，让其可根据自己的兴趣爱好，选择自己喜欢的艺术课程，诸如中国书法、中华武术、古典戏剧、民间工艺、饮食厨艺等传统艺术，让中学生通过自己对中国传统艺术的切身体验，感受到传统文化强大的生命力，增强其对本民族文化传承的信心、弘扬的信心。

在当下中学传统文化教育的课程实施中，如果只注重对古典诗词的诵读和历史事件、人物的讲解等，而缺乏对传统文化的实践体验，则很容易使中学生与传统文化之间产生距离感，由此也会造成课程与文化脱节、生活与实践脱节的现象，阻碍传统文化课程发挥的作用。长此以往，会使传统文化课程失去它原有的活力，更不用说达到文化自觉的效果了。就青少年而言，固本强基非常重要，民族的文化起源、文化基因都要依靠青少年一代不断继承，既要学习先人哲思，又要水滴穿石，亲身践行。因此，笔者认为，让中学生仅仅依靠对书面知识的认知是不够的，必须让他们在对本民族文化认知的基础上，感受传统文化强大的生命力，建立其对民族文化的自信心。这就要求传统文化课程必须与生活相通融，让中学生认识到传统文化的现实意义，才能使其真正认同和接受传统文化，在传统文化活动践行中，增强对民族文化的自信心。

校内传统文化活动是传统文化教育课程实施中的一种行为文化形态，对文化自觉价值取向下的传统文化教育的课程实施具有重要意义。它是增强中学生文化自信的重要载体，是营造良好的人文环境的重要措施，是促进中学生融入传统文化最高境界的重要渠道。要为传统文化教育的课程实施服务，要为实现中学生的文化自觉服务，是校内传统文化活动开展所需要遵循的原则。要特别注意的是，在组织校内传统文化活动时，要以突出传统文化特色、增强中学生文化自信为重点，积极营造学习传统文化的氛围，发挥传统文化课程的优势，调动中学生的主观能动性，让中学生在生动、形象、活泼的校内传统文化活动中，体验到学习传统文化带来的快乐，感受到传统文化顽强的生命力，进而逐渐增强其文化自信心。

在开展校内传统文化活动时，笔者认为应该注重如下几个问题：

首先，要满足中学生的身心发展需求。教师如果能够巧妙地将校内传统文化活动与中学生所学的传统文化知识相结合，把传统文化课程的旨趣与中学生的文化特长展现出来，让中学生充分地感受到学习传统文化的自豪感和责任感，从某种程度上来看，这将有助于学校形成本校传统文化特色品牌。对于校内传统文化活动，我们应该以辩证统一的目光来对待，中学生的学习生活应该是五彩缤纷的，中学生不仅要学习中国传统文化，更要在学习传统文化课程之余得到放松，从而达到"玩中学"结合的目的。这样，校内传统文化活动不仅缓解了中学生平日的学习压力，而且还为他们提供了展现文化自信的平台，提供了放松身心、交流思考的机会。

其次，学校在开展校内传统文化活动时，既要符合国家课程标准，又要因地制宜，办出具有本校文化特色的文化活动。如果校方只是单纯地开展一些简单的传统文化活动，这样做不但难以提高学校的传统文化教育课程的实施水平，而且对中学生文化自信的树立也是没有任何意义的。

三、文化反思课程实施策略

（一）创设"认知冲突"式的传统文化教学环境

"认知冲突"是指面对多元文化价值观选择两难的境况，教师需要根据课程目标，从中学生的实际学习情况出发，设计出诸如"中西文化两难""古今文化两难"的教学情景，提高他们对文化价值观的鉴别、判断能力，培养他们去粗取精的精神。中学生文化反思能力是培养其文化自觉的中坚力量，文化反思能力的培养同教学文化环境分不开，创设"认知冲突"式的传统文化教学环境，有助于培养中学生的文化反思能力。激发中学生的文化反思能力，营造出良好的"认知"氛围，是正向思维引导所不具备的功能。尤其是介入到具体的人文情境，它能有效提高中学生对本民族文化的深刻质疑和反省能力，使中学生在春风化雨的过程中，形成对传统文化反思的能力。在传统文化教育的课程实施中，教师要创设"认知冲突"式的传统文化教学环境，需要做到如下三点：

首先，要营造民主、平等、和谐的课堂环境。教师需要以民主、平等的方式与学生进行沟通，树立突显学生主体地位、信赖学生的思想，准许学生表达自己的想法与观念、评判他人的见解、自由地提出问题等，只有如此，学生才能真正地、主动积极地在平等沟通的基础上，加入课程实施的过程当中。因此，教师需要实施民主的教学方式，需要平等地看待每一个中学生，不因其认知能力差异、情感态度差异、意志力差异、行为差异，而对其产生偏见。要毫不吝啬地鼓励中学生敢于质疑、挑战权威，从而形成良好的文化反思教学氛围。

其次，鼓励中学生发问，认真对待中学生提出的问题。真理也并非永恒存在，它需要追随时代的步伐，不断被质疑、更新，甚至是替代。古人语："学贵知疑，小疑则小进，大疑则大进。"文化反思能力的产生不能等同于平时的日常学习，因为它反映的是中学生对传统文化知识的认知冲突，是中学生思维自发进行组织的。若中学生勇于文化反思，则反映出中学生开始对权威的一种质疑，这是好的现象，它预示着中学生独立思维的开始，需要教师认真对待。课堂不是老师扼杀中学生文化反思能力的牢笼，在传统文化的课程学习中，教师应当鼓励、支持中学生独立思考对文化的质疑，并且要善于抓住每一个中学生文化反思思维的"闪光点"，以此来提高中学生勇于文化反思的积极性。当教师以一种亲切的教学方式展现其对学生的帮助与关怀时，学生会做得越来越好。因此，采取一种认真、尊重的态度与中学生进行交流，是每一位教师必备的人文素养。

最后，创建良好的问题情境，引导中学生独立思考问题。脱离了客观的教学情境，就无法正常地展开教学活动，一个支持性的问题情境对于培养中学生的文化反思能力是非常重要的。关于教的所有问题的设计与思考，都必须以对学的掌握与理解为前提，否则，脱离了学的目的、背弃学的规律的教就可能成为没有实际意义的活动与效果。因此，营造出良好的设疑氛围，是进行中学生文化反思能力培养中不可或缺的教学手段。依托具体的传统文化课程内容，设立"认知冲突"的人文情境，教师应该注意提问方式的选择，即事先不要急于给出规范的、准确的答案，要以一种层层递进的形式，不断地向中学生提出一个又一个与文化相关的问题，循循善诱，引导他们进行文化反思。即使他们某些人给出了偏激的想法，教师也不要急于否定或者是批评，而是要合理地纠正中学生错误的观点，通过启发与追问的有机结合，激发学生的文化反思能力。

（二）开展"口语思辨"式的传统文化交流模式

"口语思辨"是指在传统文化教育的课程实施中，教师通过有意识、有目的、计划地提供各种具有文化反思讨论价值的话题，依托丰富多彩的传统文化素材，通过演讲、表演、辩论、报告、讨论等教学组织形式，创设口语交流模式，调动其思维的活跃性、锻炼其反思的积极性、激发其情感的爆发性，开启中学生唇齿与思维的共同运转能力。口语与思辨的关系十分密切，使用口语需要运用思辨思维；同时，思辨思维的进一步发展需要口语交流的促进。因此，开展"口语思辨"式的传统文化交流模式，也是传统文化教育的课程实施的内在要求。与其他传统文化教育的课程实施相比，"口语思辨"式的传统文化交流模式，在实施目的方面，更加明确、具体；在实施计划方面，更加专业、集中；在实施组织方面，更加正式、多样。它以"思辨"为导向，更加注重对中学生口语表达能力的培养，即如何将自己的所想所思确切地表达出来。这种表达不是随便说说，它更讲究培养中学生的逻辑推理思维和公正客观的抉择态度。

课堂教学作为一种基本的课程实施途径，学生能否积极地参加课堂活动直接影响到其实施的效果。因此，教师需要合理地设计各种形式的课堂活动，让中学生都积极地参与到"口语思辨"的交流模式中。例如，中学生在学习古诗文鉴赏时，为培养中学生独立思考的能力，教师可以组织中学生通过演讲的形式，表达其对诗词意蕴的理解；中学生在学习具有争议性与话题性的传统观点时，为了赋予中学生更多的思维空间自由，教师可通过创设人文情境，以辩论的教学形式，让其各抒己见、各展所长；中学生在学习中西文化对比时，为了让中学生能够理性对待中西文化差异，教师可通过报告会的形式，为中学生进行中西文化知识梳理以及正确价值观引导；中学生在学习成语寓言的时候，教师可以组织中学生通过自发的想象，表演出自己所理解的意思，促使其他同学进行反思；等等。

总之，在传统文化教育的课程实施中，教师需要通过各种各样的交流模式，给予中学生"口语思辨"挥洒的平台，利用汉语言的特点以及博大精深的传统文化教育的课程内容，为培养中学生文化反思能力提供新的视角，使其文化反思能力逐渐走向成熟、走向自觉。

（三）执行"醍醐灌顶"式的传统文化作业反馈

"醍醐灌顶"是指为了及时了解、巩固中学生在文化反思教学过程中所达成的学习效果，教师需要以作业反馈的形式更正或是鼓励中学生的某些观点，并给予其前期学习成果一个客观的评价，对改进、强化中学生文化反思能力起到一个点拨的作用，从而使这一阶段的文化反思课程实施告一段落。因此，注重传统文化作业反馈，作为教师促进中学生提高文化反思能力的一个重要途径，可以更直观地反映中学生文化反思水平的高低。

作业作为学生获得、加强与运用知识以及提升素质和能力的重要手段，是教学过程中的重要环节。作业是传统文化教育的课程实施中不可缺少的一个环节，是优化文化反思教学的基石，是课堂教学的延续。传统文化作业反馈，作为教师课后的一种行为，它不单单是对中学生前期文化反思能力的一种评价，其反馈还会影响中学生后期的文化反思能力的延展。作业批改能够真正使学生在动态生成中更正作业，通过不断地积极反思获得知识，促进其走向生成与理解。所以，教师如何有效地起到醍醐灌顶的作用，就显得尤为重要。笔者认为，在进行"醍醐灌顶"式的传统文化作业反馈时，应该注意如下两点：

首先，完善传统文化作业反馈评价功能。由于每个人的智力水平、思维方式和学习态度都不一样，这就要求教师要用心关注每一位中学生的文化反思能力的状况，有目的、层次地在传统文化作业的反馈中，纠正、点拨每一位学生，并且要根据学生不同的思维习惯设计出"量身定做"的语言系统，或鼓励、或严肃、或鞭策，为其找到提升文化反思能力的增长点。教师应该把每一位中学生的传统文化作业当作一份艺术品来欣赏，使得这种评价不再是一种评判，而是一种鼓励和发现，进而帮助中学生形成乐于做作业、勇于提出质疑的习惯。

其次，创新传统文化作业反馈形式。传统的作业反馈形式多局限于书面的、简单的评语形式，这样不仅阻碍了师生之间正常的交流，而且长此以往会使中学生缺乏做作业的热情。每一位中学生都渴望自己的观点被他人认可、得到他人的赞扬，尤其是他们格外渴望引起教师的关注与关怀。因此，为了激发中学生做传统文化作业的热情，吸引他们的注意力，教师应该为他们提供更多的作业交流机会，教师可以对传统文化作业的反馈形式进行创新。例如，教师可以将作业反馈分门别类，以

"一对一""一对二"或者是小组的形式，面对面地与中学生进行交流讨论。当然，这种形式要尽量做到有质有量，可根据教师教学的实际情况，安排作业反馈交流。这样做不仅可以增进师生之间的感情，而且便于教师更加直接地获悉中学生文化反思能力的真实程度。

四、文化创新课程实施策略

（一）设置"推陈出新"式的传统文化认知专题

"推陈出新"是指，在传统文化教育的课程实施中，向中学生传授"推陈出新"的认知观念。与文化认同所传授的基础知识所不同的是，此认知专题的设置更加注重引导中学生思考关于中国传统文化传承的问题，即是全盘继承，全盘否定，还是有所保留地批判继承。教师要通过安排一系列的具体内容，让中学生充分认识到文化创新与中国传统文化生存之道之间的密切关系。

在文化创新过程中，人类作为文化创新的主体，要充分发挥主观能动性，自觉建立文化创新观念，积极促进社会主义文化创新的发展。文化创新的认知观念对中学生的文化创新能力的形成具有重要影响。文化创新认知是文化创新能力的形成的根基，失去文化创新认知作为引导的文化创新实践，将失去其活动的意义和价值。只有在正确文化创新认知的支撑和指导下，才能更顺利地促成个体乃至群体形成健康的文化创新品质，成为中学生文化创新实践的内部驱动力。因此，培养中学生的文化创新能力，首先要培养其文化创新的认知观念：何为文化创新？文化创新的意义是什么？它与中国传统文化之间有着什么样的联系？中国传统文化的哪些方面需要进行创新？中学生能为文化创新做出哪些贡献？通过一系列的专题梳理，帮助中学生形成文化创新的认知，让其逐渐形成对传统文化创新的义务、责任和文化价值观等一系列认知的内在把握。

此外，值得注意的是，文化创新认知专题的设置，不是漫无边际、随意编排的。要遵循逻辑性、层次性、新颖性三个原则。首先，逻辑性。文化自觉作为一种高级的思维意识，无论是哪个阶段的培养都不能肆意妄为。其认知专题的编排，可以历史时间为维度，设置上至远古文化，下至当今社会文化的专题；可以内容形式为维度，分别设置礼仪风俗、服饰家居、舞蹈戏剧、书法绘画、建筑风格、节日习俗等专题；可以地域文化为维度，设置齐鲁文化、闽南文化、巴蜀文化、三晋文化、江浙文化等专题。其次，层次性。是指课程专题设置的难易程度要以中学生实际的学习状况为基础，遵循由简到难、由浅入深的客观规律，循序渐进地促进中学生文化认知的形成。最后，新颖性。文化创新贵在"创新"，因此，无论是课程内容的设置还是教学组织形式，都要突出新意。从认知的角度，激发中学生文化创新的潜能，为促进中学生形成正确的文化认知观念，营造出良好的人文氛围。

（二）提供"自由想象"式的传统文化创新空间

"自由想象"是指在传统文化教育的课程实施中，多设置一些能够激发中学生思维，启发中学生想象力的教学环节，促进中学生文化创新能力提升。想象是人们通过结合自己已有的知识经验，形成的一种立足于生活而高于生活的创造性思维。它能够把意识性的事物变得更为生动形象、丰富具体，并且能够顺利地促进各种创新行为的进行。

丰富的想象力是中学生顺利完成传统文化课程任务的一种必备的心理品质，这种品质的形成有助于中学生文化创新能力的提高。笔者认为，在教学环节中，为中学生提供"自由想象"的空间需要注意如下两方面：

首先，引导中学生用心观察和感知。这样可以促进学生个性自由发展，积极地构建知识，更能激励发奋其天赋、创造力和潜能的显现。累积丰富的传统文化想象素材作为中学生自主认知中国传统文化的基础，也是发展中学生想象力的前提条件，更是训练中学生创新思维中必不可少的一种基本方式。在教学的过程中，无论是开展教学还是进行教学设计，教师所面对的学生群体不是抽象的、概括的、整体的，而是极具差异性与特殊性、具体的学生个体，通过每一位学生能力的展现，体现最终的教学效果。所以，在传统文化教育的课程实施过程中，教师既要了解中学生的观察能力，又要尊重、接纳中学生的意愿与选择，保护、鼓励中学生的求知欲与好奇心。树立中学生的主体意识，将中学生视为独立发展的人、有潜能改造的人，让中学生真真切切地体会到学习中国传统文化的心理自由，鼓励他们敢于大胆猜测、敢于否定腐朽，进而在自由、轻松的教学环境中指导中学生观察，可以是实物、图片、影像、音乐，也可以是风土人情等与传统文化课程内容相关的事物和行为。另外，教师在对中学生进行观察指导的过程中，不能一味地让中学生盲目观察，而是要在这个过程中传授他们方法，将中学生的观察力转变为对传统文化的深刻理解与感知，使其创新思维得到发展。

其次，打破中学生的思维定势。基础教育阶段是学生创新思维、逻辑思维与抽象思维迅速发展的关键时期，尤其是在中学阶段，学生在"应试"的压力下，特别容易受到压抑，创新的热情也最容易被消耗，因此，学生的思维需要更多的发展与关注。在传统文化的学习过程中，特别容易形成对传统文化固定的思维认知，而这种固定的思维认知就如同一把双刃剑，影响着中学生文化创新思维的养成。从积极的角度来看，它将传统文化课程视为一门包含丰富情感、张扬自我个性、激发自我想象力的人文学科，为培养中学生文化创新能力，提供了独特的空间。消极的方面是，中学生一旦习惯了某种定式思维，就会在思考问题时形成惰性，看不到问题的多面性。基于以上两方面，为帮助中学生克服思维定式的消极作用，在传统文化教育的课程实施中，教师应当注重培养中学生文化创新思维的多向性。我们设置如下三个方面：①鼓励中学生运用不同的方法来完成同一个传统文化任务；②引导中学生从不同的维度思考和表达同一个传统文化问题；③适当布置一些开放性的传统文化问题。当然，在传统文化教育的课程实施过程中，为打开中学生的思维模式，其教学方式可以是各种各样的。这就要求教师在传统文化教育的课程实施中，要不断地更新教学观念、提升自我文化修养、探索出切实有效的课程方案。

（三）鼓励"和而不同"式的传统文化合作探究

"和而不同"是指在传统文化教育的课程实施中，鼓励中学生进行合作探究学习，主动参与文化创新教学环节的探讨与交流，在对某一传统文化创新问题进行探讨时，要集结大家的智慧，求同存异，促进中学生整体的文化创新能力提升。合作探究学习作为中学生之间的一种互动行为，可以达到统一集体对文化创新的判断与认知的教学效果，此谓之"和"；在讨论过程中，由于每个人对于问题的思考有着不同的批判性思维，其文化创新思维也就不同，而这种不同的个性正是人类文明创造的源泉，此谓之"不同"。传统文化的课堂上，教师要允许"不同"的存在，因为它们是文化创新的源泉，同时，又要追求集体的创新思维与能力走向"和"的最高境界。事实证明，合作探究学习不仅能够高效地提高中学生的文化创新能力，而且还有助于中学生形成正确的合作竞争观，从而达成智力因素与非智力因素的和谐发展。

在传统文化课程合作学习中，中学生之间要形成一种合作伙伴的关系，要做到资源共享、优势互补。在和谐、轻松的学习氛围中进行关于传统文化学习内容创新的研讨与交流，通过借助集体的创新智慧来提高自身的人文素养。在传统文化教育的课程实施中，在鼓励中学生以合作探究的方式进行文化创新的过程中，应该注意如下两点：

首先，创建批判性的课堂环境。在教育教学的过程中，为鼓励、支持学生尝试参加批判性的思维与讨论，教师需要提供一种尊重批判性的思维环境，从而为培养受教育者的创造思维提供空间。合作探究式的学习应该在一个开放性的课堂环境中进行，以便中学生的文化创新思维在更广阔的思维空间中进行发散。这样，有助于中学生在合作探究传统文化的过程中，充分发挥个体的创造力。

其次，教师应充分发挥其对中学生合作探究学习的指导作用，努力提升中学生个体的人文素养，这也是培养中学文化创新能力的基本策略。如果将知识传授总量片面地加大，将学生视为接受知识的被动容器，以此作为学生增值学习收获的途径，必然会使学生产生厌学的情绪，更不用说健全个性的发展了。因此，在学习传统文化的过程中，教师应该要以一个文化引导者的身份，鼓励中学生学习中国传统文化，鼓励他们努力探索，激发他们学习传统文化的求知欲，培养他们合作探究传统文化的兴趣，以此来增强他们文化创新思维及其能力的活跃度。针对其他同学的不同见解，不该持有偏见，教师应保持一种宽容的态度，给予他们足够的尊重，促进中学生文化创新能力的发展。

综上所述，文化认同课程实施策略、文化自信课程实施策略、文化反思课程实施策略、文化创新课程实施策略共同构成了一个逻辑上相对完整的课程实施体系。每个策略都有区别于其他策略的不可替代的功能，每个策略和其他策略都是相辅相成的关系。但这并不是说每一个具体的课程实施策略都必须"按部就班"地经过这四个课程实施过程，可以根据传统文化教育的课程实施的实际需要，灵活地调整其顺序，对其进行开展。

参考文献

[1] 刘芳. 对文化自觉和文化自信的战略考量［J］. 思想理论教育，2012（1）：8-13.
[2] 张媛磊. 中学生传统文化教育问题研究［D］. 开封：河南大学，2013.
[3] 张良驯. 青少年传统文化教育方式的改进探析［J］. 当代青年研究，2015（2）：11-16.
[4] 于建军. "文化自觉"：我国大学通识教育的课程议题［J］. 教育探索，2016（9）：70-72.
[5] 朱筱新. 中国传统文化［M］. 2版. 北京：中国人民大学出版社，2014：186.
[6] 傅功振. 增强文化自信以优秀传统文化引导青年学生［J］. 中国高等教育，2015（18）：42-43.
[7] 陈珊怡. 文化创新的哲学思考［D］. 福州：福建师范大学，2013：42.
[8] 何平，王永芬. 诵读中华经典为德性生命奠基［J］. 现代中小学教育，2012（2）：10-12.
[9] 周刘波. 以传统文化教育为载体培育中学生人文素养研究［J］. 教育探索，2016（1）：87-89.

（本文作者：东莞市石碣镇袁崇焕中学　石　琴）

以优秀传统文化引领生命幸福教育

一、研究的背景

改革开放四十多年来,中西方文化的交融,在多个方面对青少年都产生了影响。为了把民族精神植根于青少年心中,学校务必将"国家兴亡、匹夫有责"的爱国精神,"与时俱进、自强不息"的进取精神,"先天下之忧而忧"的忧患意识,"民为贵、君为轻"的民本思想,"仁者爱人""为政以德"的仁政文化,"出污泥而不染"的高洁品质等中华优秀传统文化精华融入各项教育工作中。

那如何使传统文化与特色学校建设达到深度融合?泰戈尔曾说过:"教育的目的应该是向人类传递生命的气息。"笔者非常认同此观点,教育绝不应该为考试服务,更不应该被分数绑架。教育的本真是生命,教育的目的是呵护和培育生命。但令人遗憾的是,在我们的教育体制中,生命教育却一直处在被人遗忘的尴尬境地。因此,为了回归教育的本真,笔者结合多年的教育教学实践提炼出"生命幸福教育"的教育思想,并积极探索和践行。

"生命幸福教育"教育思想是指:学校是师生共同成长和寻求幸福的命运共同体,在这个共同体中,教师愉悦地实施幸福的教育,体现教育的幸福;学生自主地享受幸福的教育,体验教育的幸福。师生共同成长、成熟、成功,真正做到生命幸福,幸福生命。

笔者认为,只有通过传统文化做引领,把"生命幸福教育"的教育思想渗透到家庭教育、学校教育和社会教育,才能使每个人能具有一定的道德境界、人文素养、能力担当,最终才能实现人与自身、人与人、人与自然的和谐相处,达到幸福、美满的状态。

二、研究的目标

将"把握今天,挑战未来,让每位师生都走向成功"的办学理念内化为"人人皆为尧舜,个个尽展其才"成人成才观,为学生的终身幸福、教师的专业发展和学校的可持续发展创造优良的人文环境。

有系统、有针对性地弘扬中华优秀传统文化,让每位师生都树立"实现中国梦,从孝道做起"的信念,从儒释道中汲取智慧,学会正确处理三种关系:人与人之间的关系、人与自身的关系、人与自然的关系。

将学校现有的教学特色、德育特色和心理健康教育特色进一步深化，使之成为学校育人特色的三道亮丽的"风景线"。

把读书活动、社团活动作为学校活动文化的两大内容，全面深化社团活动，让学生在书香中熏陶气质、在社团活动中尽展其才。

三、研究的策略与实施

广东省江门市新会东方红中学是新会区一所镇属普通完全中学，多年来，学校以"情系苍生"为教育情怀，以"立人达人"和"幸福生命"为出发点和归宿，秉承"把握今天，挑战未来，让每位师生都走向成功"的办学理念，从不同的角度、不同的层面，积极推动教育教学改革，为学生的全面发展营造和谐的教育氛围。近年来，笔者根据对优秀传统文化的学习与感悟，结合学生发展核心素养培育的需要，主要从三个维度来开展以优秀传统文化为引领，践行生命幸福教育的研究和实施。

（一）大力弘扬传统文化，熏陶人格情操

俗话说，"十年树木，百年树人"，它道出了一个朴素而深刻的真理：一个人在学校受教育的时间是有限的，但育人氛围、育人文化的形成则需要很长时间。校园文化是一所学校的灵魂。理念先进、内容丰富的校园文化，能起到积极的心理暗示作用，不仅能培育师生的积极心态，还能焕发师生的精神和斗志，从而有效地促进优良校风的形成，提升办学品位。

在"生命幸福教育"这一教育思想的引领下，我校以"东方红·中国梦"为文化主题，以"优秀传统文化"为载体，以"经典阅读"为手段，着力打造以"圣贤、励志、公民、卫生、备考、心育、传统、活动、班级"为主的九种文化，全面引领学生克服"弱、私、愚、心、学"等不足和培育学生"贤、志、和、才"等能力和担当，让学生拥有内驱力、济世力、保健力、团结力、知识力、自信力、协调力、表演力和学习力等重要素养，为学生的终身幸福奠基。

1. 打造校园文化，熏陶人格情操

用文化打造校园，以环境感染师生，寓"传统文化"和"行为习惯"于校园的一砖一墙、一草一木，让校园成为师生共享文化魅力的乐园。

（1）"孝道长廊"：在学校主校道建立了"孝道"长廊，当师生每天沐浴着清晨的阳光走入校园时，都能感受"孝"的洗礼。

（2）"幸福阶梯"：在教学 B 楼的楼梯融入"健康心理，幸福生命"的文化元素，利用层层上升的阶梯，寓意步步提升、幸福美好：一楼"激情自信"，二楼"积极乐观"，三楼"正气上进"，四楼"幸福美满"，同时也告诫学生要养成"自信、乐观、坚持"的优秀品格，脚踏实地，时刻激励自己在人生的道路上迎难而

上，最终迈向自己幸福的人生。

（3）"楹联文化"：楹联又称对联，是中国特有的一种文学艺术形式。学校把楹联作为激励手段，张贴在毕业班级前后门，形成一道学校独有的风景线，既起到激励作用，又融入传统文化，相得益彰。

此外，学校在文化建设中不断深入挖掘和弘扬传统文化的精髓，先后建成了两个开放阅读点："东方红读报廊"和"东方红·中国梦"电子阅览室。学生在课间可自由阅览，提升自身的文化品位。

2. 营造诵读环境，提高人格素质

在全国文明家庭表彰大会上，相关领导人表明：读过《孝经》的人，绝不会残害父母；学好《弟子规》，就不用把"禁止随地吐痰"写入学生守则；理解《朱子家训》，中学生就不会好逸恶劳、不刷碗不洗衣。优秀传统文化是中华民族的文化基础，是每位中国人人生必备的知识、必学的传统。

"书是人类进步的阶梯。"学校重视让学生与书本为友，与大师对话，开展"中华经典美文"经典诵读活动（如《弟子规》《论语》《诗经》《史记》等），让学生更好地了解民族文化传统、接受优秀文化熏陶，在潜移默化中养成爱国守法、明礼诚信、团结友爱、勤俭自强、敬业奉献的良好品质。我校通过"每天一读"演讲比赛等形式，全面提升学生的思想道德水平和人格素质，促进学生积淀文化底蕴，涌现出一批"书香班级""书香学生""书香家庭"，深化我校读书文化教育。

（二）认真感悟传统文化，培养健康心理

在开展心育工作中，我们坚持立德树人，遵循孔子的"育人先育心，育心先励志"的育人策略，以"健康心理"和"幸福生命"作为心育的出发点和归宿，把心育工作与培养学生的"核心素养"、践行学校的"办学理念"以及提高家长的"家教能力"有机结合起来，有计划、有组织、有针对性地开展心理健康教育，把"幸福生命"作为一种追求的目标，贯穿于心育的全过程。

1. 强化心理训练，培养健全人格

为培养学生健康的心理和健全的人格，从2009年开始，学校成立"心理健康教育中心"，在起始年级和毕业班开设心理健康教育课程；每个年级全体班主任都是心理导师，每个班设立心理委员，成立多个心理关注小组，时刻关注学生的心理动向；每天定时开放心理咨询室和宣泄室，让学生的心理得到及时的疏导，压力得到及时的发泄；每周组织小团体心理训练活动，增强自信，提高沟通、协调和合作能力。

每年还举办心理节，如"3Q达人""戏剧疗愈训练营"……通过一系列的心理实践体验，学生的情感得到升华、行为得以内化，逐步做到言必行、行必果，学会正确认识自我、珍惜生命；逐步形成健康人格，为"幸福生命"奠定了坚实的基础。

2. 加强家校合作，经营幸福家庭

文明、和谐和愉快的家庭是培养学生良好心理素质的前提，是每个学生身心健康发展的保证。通过家庭教育指引、开设部分家长座谈会等方式，帮助和指导家长树立正确的教育观，提高家长的家庭教育能力。为了促进家校合作，共同经营家庭幸福。学校举办家长节，设置不同的活动主题，如第二届家长节——"感受幸福"，通过"幸福心语"的征集，"幸福就要笑起来"照片墙的展示，以及"幸福一家"亲子活动，创造了家长与学生沟通的平台，促进了家校合作的开展。当家长看着"幸福照片墙"上一幅幅温馨的画面和孩子们写下的"幸福心语"，脸上洋溢着幸福、内心充满着激动。

又如第三届家长节——"你伴我长大，我陪你变老"，组织了大型亲子户外活动，"亲子关系破冰""风雨人生路"两大环节，让家长和孩子进行沟通合作和情感交流，亲子之间紧握双手，说一句"妈妈我爱你""孩子我也爱你"，触动心灵的深处，把幸福的情感推向高潮。诚然，亲子间彼此的挚爱是最久远的幸福。

3. 关注教师成长，享受幸福教育

教师是学校发展的生力军，教师的幸福与否直接关系到教育教学的质量。自2010年以来，学校坚持夯实"三个更加"（更加注重领导班子的和谐团结，务实进取；更加关注教师工作的幸福指数、健康指数及个人专业成长；更加强调学生的个性发展、心理健康和获得成功），打造"四大环境"（干事创业的良好工作环境；团结和谐的人际关系环境；宽松励志的校园文化环境；追求卓越的公平竞争环境），为教师的幸福和专业成长奠定了基础。

（1）推进名师工程建设，坚持实施"骨干—能手—名师"三级培养策略，已举行了四届教学能手评选活动，以此带动教师队伍整体提高，增强教师的职业幸福感。

（2）狠抓两支团队的建设，即"以班主任为核心的班级教师管理团队"的建设和"以备课组长为核心的班科教师备考团队"的建设，促进教师的专业发展。

（3）遵循"强壮体魄，幸福生命"的体育理念，狠抓两操（早操和跑操）、两课（体育课和活动课），让全体师生拥有健康的体魄，提升创造幸福的能力。

（三）深入践行传统文化，建设课程体系

1. 设置德育课程，加深理解

2016年3月，笔者以"探索学生核心素养，全力推动课程建设"为目标，确定了"'弘扬传统文化，塑造学子形象'的探索与实验"的课题研究，围绕立人（孝志义仁礼）、立志（道德智勇毅）、立身（淡静廉俭善）、立威（诚信勤宽严）四个方面20个概念，引领师生积极弘扬和传承华夏价值观，把"孝悌、忠信、礼义、廉耻、仁爱、和平"等优秀传统品格深深地植根于学生的内心深处。表3-1为高中不同阶段德育课程设置的情况。

表 3-1 高中不同阶段德育课程设置情况

年级	课程	德育内容	德育目标
高一	孝心教育	1. 传统文化对"孝"的解读（学习《弟子规》，看吕明晰解读"孝"）	目标一：拥有"小家"的思想境界 目标二：初步塑造"正气上进，激情自信"的东中学子形象
高一	孝心教育	2. 看、听"孝"的小故事，感悟大道理	
高一	孝心教育	3. 感念亲恩，传承孝道（知行合一）	
高一	孝心教育	4. 和谐社会，从我做起（表决心，见行动）	
高一	安全	弘扬中华文化，实现"双自"目标（自主学习，自主管理）	
高一	生存	塑造"正气上进，激情自信"的学子形象	
高二	忠心教育	1. 传统文化对"忠"的解读	目标一：拥有"大家"的思想境界 目标二：进一步塑造"正气上进，激情自信"的东中学子形象
高二	忠心教育	2. 看、听"忠"的小故事，感悟大道理	
高二	忠心教育	3. 讲忠心，见行动	
高二	忠心教育	4. 中国梦·我的梦——为中华崛起而读书	
高二	合作	团结就是力量，合作走向成功	
高二	生命	热爱生命，张扬生命	
高三	爱心教育	1. 读《道德经》，做有道德之人	目标一：拥有"深厚"的人文素养 目标二：成功塑造"正气上进，激情自信"的东中学子形象
高三	爱心教育	2. 看、听"仁爱"的小故事，感悟大道理	
高三	爱心教育	3. 讲爱心，讲环保，见行动	
高三	爱心教育	4. 热爱和平，热爱世界	
高三	水德教育	1. 读《道德经》，感悟"上善若水"	
高三	水德教育	2. 看、听"水"的小故事，感悟成功的要素——目标·坚持·低调·沉着	
高三	水德教育	3. 顽强拼搏，超越自我，走向成功	
高三	水德教育	4. 沉着应战，从容应考	

2. 推进社团课程，培养素质

拥有责任、担当和能力，才能实现修身齐家。孩子只有在活动体验中才能迅速长大，体验越多，感受越深，越容易适应以后的家庭生活和社会工作。为此，我们通过"'建构社团课程，促进多元发展，彰显社团特色'的探索与实践"子课题的研究，成立了 30 多个学生社团（学科类、技能类、艺术类、体育类、公益类），让学生有计划、有步骤地接触传统文化并体验社会工作，培养家政、服务、通用技能等能力，让学生因修身齐家而幸福。以如下几个社团为例。

（1）武术社团。在中国武术的历史发展中，不论师出哪门拳派，都有明确的规定："学拳宜以德行为先，恭敬谦逊，善气迎人，不可恃艺为非，以致损进败德，辱身丧命。"这种以"仁义"精神为核心的武德思想对习练者有培养意志、陶冶情操的作用。同时，结合历史上英雄人物的典型事例（如岳飞的"精忠报国"、霍元甲的"痛击洋人"等），引导学生要注重内外兼修，神形兼备，激发出自强不息的奋斗精神和振兴民族的爱国精神。

（2）书法协会。中国书法艺术与中国文化相表里，与中华民族精神成一体，以凝练的线条彰显着它的文化内涵。书法的精神在于心，可以说，书法在一定程度上诠释了一个人乃至一个社会的精神风貌。学生通过鉴赏王右军的《兰亭序》、黄庭坚的《黄州寒食诗卷跋》等，领悟"天人合一、贵和尚中"的中国文化精神。通过一点一画、一字一行的挥毫，体现书法艺术的中和之美，培养"和为贵"的价值观。

（3）志愿者协会。志愿者精神是对中华民族团结友爱、助人为乐、见义勇为、尊老爱幼、尊师重教等传统美德的继承和发扬。学生志愿者协会通过慰问孤寡老人、社区服务、义演等活动体验生活，学会感恩、学会互助、学会担当。

3. 渗透学科教学，植根心底

课堂教学是弘扬中华优秀传统文化的主阵地、大舞台，课本是展示中国传统文化的重要载体，教师是担此道义的"铁肩"，是这个舞台上的演员。我校要求每个教师都要在课堂教学中向学生渗透中国传统文化教育。

（1）语文教师要系统地介绍诗词艺术的基本知识，推荐有关诗词欣赏的理论书籍供学生研究，对于有兴趣的学生指导其自编诗集或进行诗词创作，调动学生潜在的情感体验，达到自觉内化之功。在期末举行古诗文诵读或创作比赛，纳入教师教学成果。这些文化精品将成为师生幸福人生的滋养之源。

（2）举办传统文化专题讲座。定期邀请本地专家或优秀教师举办传统文化专题讲座，如：学生专场"幸福人生"，家长专场"弘扬传统文化，传承优良家风"。这样双管齐下，通过家长的言传身教、学生的自我感悟，把传统文化植入心底。

（3）让音乐教师在各年级开设戏曲鉴赏课，丰富学生鉴赏戏曲的知识、提高学生鉴赏戏曲的能力、培养学生演唱戏曲的兴趣。

（4）由历史科组编制《传统节日》校本教材，实施"中国传统节日振兴工程"，在教学中讲解传统节日的来由，引导学生正确对待西方节日，纠正盲目追捧洋节日的歪风。

（5）为了让学生对传统节日有更深的感受，学校利用综合实践课开展传统节日庆祝活动。例如，元宵节来临之际，教会学生制作灯笼；端午节前夕，邀请义工家长前来传授包粽子的技巧……以各种生动活泼的方式，弘扬文化、继承传统，不仅可以避免传统节日形式和内容的割裂，更可以在浓浓的节日氛围里，让大家受到传统文化的熏陶。

四、研究的阶段性成果

经过笔者的探索和实践，在全体师生的共同努力下，学校的发展和师生的成长均取得阶段性成果。

（一）学校综合实力不断增强

1. 提升学校知名度

通过传统文化的引领，"生命幸福教育"的教育思想深入人心，教师工作有激情、学生学习有动力、课堂充满生命力、校园充满活力，教育教学质量稳步提高。2017年，我校获得"首批广东省示范团校创建单位"称号。

2. 学校的心理健康教育逐步走向成熟

初步完成了校本课程《我们的幸福课堂》的编写工作，成功培育了学生的追求、竞争、奋斗、感恩等成功心理、良好的个性品质和和谐的人际关系，这些心育成果夯实了"幸福生命"的基础。2016年5月，我校以高分被评为"广东省中小学心理健康教育特色学校"。

3. 塑造学生良好形象

传统文化教育一点一滴滋润着学生的心灵，成功塑造"正气上进，激情自信"的东中学子形象。课题"'弘扬传统文化，塑造学子形象'的探索与实验"于2017年2月中旬通过了中期评估，被评为优秀实验成果一等奖。

4. 教学水平不断提升

近几年，我校高考本科上线人数跃居全区第三，年年有新突破。2017届中考成绩创历史新高，居会城第一名，我校获中考综合成绩优秀奖。

（二）教师育人能力不断提高

1. 成功创建多个品牌学科

化学科组先后被评为广东省和江门市的星级教研组，英语和数学科组被评为江门市四星级教研组，体育与健康科组被评为江门市五星级教研组。

2. 多名教师在各项竞赛中屡获佳绩

如2017年陈越园老师撰写的论文荣获广东省一等奖；冯秀琴、邹翠芳老师主持的课题荣获广东教育学会第三届教育科研规划小课题研究成果二等奖；张绮珍老师制作的微视频《魅力大课间》荣获广东省二等奖；等等。

(三) 学生综合素养不断提升

1. 学生社团蓬勃发展

多个社团在国家、省、市的各项比赛中脱颖而出：物理和技术社团制作的作品获得两项国家专利；IT 协会制作的微电影在 2017 全国中小学生创新实践作品展示活动中获奖；李钟成同学编写的《漏洞》被国家信息安全漏洞共享平台收录；东中电台的赖凯云同学在 2016 年广东省"南粤长城杯"电视网络演讲比赛江门赛区中荣获二等奖；演讲与主播社团在新会区"多彩中国梦，文系新会心"文化民俗故事演绎比赛中荣获中学组冠军；武术协会参加开平市"文化支援在行动传统武术文化交流展示活动"荣获一等奖……

2. 成功扭转了体育弱校的面貌

我校于 2011、2013、2014、2015、2016、2017 年连续六届获新会区中学生田径运动会团体第二名的佳绩。体育高考成绩实现同类领先，并形成一套科学、行之有效的备考模式。2015 年，李诗敏同学以 484 分成绩考入重本院校华南师范大学，成为当年新会区的体育状元。

五、研究的反思

经过近几年的实践研究，我校的"生命幸福教育"日趋成熟，但在今后的工作中，仍要切实地围绕学生的核心素养，有计划地、系统地遵循规律、符合国情、符合人性、符合传统文化地开展浸润和培育学生，先引导学生学会如何做人、学会做事、学会思考，再引导学生学会如何学习，掌握文化科技知识，从而全面提升学生的综合素质。我们相信，通过"学道—悟道—知道—行道"来弘扬中国传统文化，践行社会主义核心价值观，推动教育改革，致力培育学子的核心素养，学校才能培养出杰出的大师，我们的学子才会收获幸福的人生，才能担当起齐家治国平天下之重任。

参考文献

[1] 高红燕. 承优秀民族精神 与传统文化同行 [J]. 教育家，2017 (7)：90-91.

[2] 荣亚娟. 弘扬民族传统文化 加强校园文化建设 [J]. 吉林教育：综合，2012 (10)：128.

（本文作者：江门市新会东方红中学 肖春满）

国学与外国语学校的德育

外国语学校作为改革开放的时代产物,有其国际市场和社会需求。近二十年来,外国语学校更如雨后春笋,在珠三角、长三角、京津冀等地遍地开花。外国语学校是否可以抛弃国学,脱离中华传统文化?外国语学校德育是否可以以西方价值观为导向,偏离社会主义核心价值观?诸多问题值得我们深思和讨论。

一、国学在外国语学校德育的重要意义

(一)国学在学校德育中的重要地位

国学是中华民族优秀传统文化的核心价值体系,是数千年来中国人思维方式、行为方式、生活方式的高度总结,倾浸在每个中华儿女的血液和灵魂中。传统经典文化是中华文明传承数千年的重要载体,内容博大精深,流传的经典浩如烟海。国学经典不仅是中国悠久传统文化的明证,也是每一个中国人的立身处世之本,更是我们不可或缺的精神力量。中小学校德育,必须根植于民族文化、中华传统。

(二)外国语学校的师生主体

外国语学校的生源和师资,不仅来源于国内,还有很多来自日本、韩国甚至欧美。但是我们也要看到,绝大多数外国语学校的师生主体,还是中国学生和教师;韩国、日本都是中华文化圈的主要影响国,对中国传统文化认同感强。如果外国语学校德育教育背离中国背景,脱离传统文化,一味强调国际化,就是简单西化,就是无本之源,根基浅显。

(三)外国语学校德育的国际化与本土化

中华民族的伟大复兴,同时也是中华文化的复兴,中国智慧的挖掘,是中华文化圈在全球范围的再一轮、进一步扩展。我们应该用辩证的眼光看待国学,要有海纳百川的胸襟、和而不同的气度;在肯定传统文化精髓的同时,更要坚决摒弃糟粕。既不能全盘肯定也不能全盘否定,既要学会继承也要学会扬弃。深刻反思我们传统文化的博大精深,不要轻易做出传统文化虚无的论断。我们传统文化更为精华的部分是思维方式,这正是西方工业文明所欠缺的精神财富。

外国语学校德育既要国际化,更要本土化,同样应以国学为基础,继承和发扬中华优秀传统文化,去其糟粕内容,淘汰落后观念,改变思维定式,放眼全球,积

极建构社会主义和谐社会价值体系，培育具有中国内核、世界视野的国际公民。

（四）国学在外国语学校的重要意义

一个民族，一个国家，如果没有自己的精神支柱，就等于没有灵魂，就会失去凝聚力和生命力。中华民族精神是中华民族生存、发展和繁荣的精神支柱与精神原动力，是中国人民精神风貌的集中体现。世界上任何一个民族，要想自立于世界民族之林，必须具有自己独特的文化，而中国的国学就具备这种独一无二的特质。国学经典中蕴藏着中华五千年历史智慧的精髓，构成了我们精神生活的客观环境，维系着中华文化之根。

外国语学校的教育也是中国教育的一部分，在满足市场需求的同时，也必须服从于中国社会主义现代化建设的需要；外国语学校的德育，也应该坚持社会主义核心价值观，倡导改革开放、世界大同、人类命运共同体的主旋律。中华文化具有海纳百川、地承万物的气魄，因兼容并蓄而丰富多彩，因推陈出新而充满活力，因特色鲜明而远播四方。以国学促进学生德育教育，实现国学与德育工作的创造性结合与升华，值得每位德育工作者多加关注。

二、外国语学校德育如何与国学有机结合

（一）营造既有现代气质，又有浓郁国学特质的外国语学校育人环境

一般意义上，国学以学科划分，分为哲学、史学、宗教学、文学、礼俗学、考据学、伦理学、版本学等，其中以儒家哲学为主流。广义上讲，国学还包括传统艺术、建筑、农业、军事、科技、管理等庞大的中华文明体系。

外国语学校校园不仅要有西式洋房、园林建筑、外语氛围，更要有中国特色的亭台楼阁、书画美术。不能千篇一律、全盘西化，而要建构自己的校园文化和校园建筑特色，营造具有浓郁国学特色的校园文化，让学生在校园内处处都能见到国学经典，读背国学经典，在耳濡目染中培养他们诵读国学经典的兴趣。在师生的共同努力下，创建一个具有浓厚国学氛围的校园环境，使学生置身其中，随时受到传统文化经典的熏陶和感染。正所谓：以中西合璧之效，使"入芝兰之室，久而自芳也"。

（二）将国学课程纳入外国语学校的正式教学课程

随着中国改革开放的逐步深入，中国体量日益增大，中国力量迅速崛起，外国语学校的教育导向也在发生微妙而显著的变化，我们要培养走向世界的人才，不再只是走出去学习西方的现代文明，也要把中华传统文化和现代科技带向全世界，把

中国人民的和平福祉带给全人类。国学课程承载着历史的使命，影响深远。外国语学校的教育，不能只是"眼前的苟且"，更要看到"诗和远方"。

（三）将国学活动纳入外国语学校德育管理

各班组建国学经典图书角，让国学经典成为学生自觉阅读的主要读本。开展丰富多彩的诵读活动，培养学生诵读国学经典的兴趣。每天在晨会前（7：40—7：45）进行5分钟的国学经典诵读活动、每天定时间（下午预备前五分钟）播放国学经典配乐朗诵，或者是国学经典音乐，让学生听其声、悟其容、感其情。开展学习型家庭建设，学校和班级文化建设要努力体现国学经典教育特色等。将亲子共读国学读本和共修传统道德作为重要的德育家庭作业，为学生营造一个良好的家庭读书氛围；每周德育作业安排"为父母做一项洗刷家务""给父母做一回健康服务"等，使学生学有榜样、爱有行动，真实地感受父母养育之恩，有效地培养孩子关爱家庭、孝敬父母的优良品质。成立能彰显国学特色的国学班，扎实开展国学活动。成立国学兴趣小组，每周定时开展活动，如：国学音乐（古筝）、国学棋艺（围棋）、中国传统武术、书法等。外国语学校不能只过洋节，更要过中国传统节日。要利用传统节日适时对学生进行德育教育。如春节、元宵节、清明节、端午节、中秋节、重阳节等，让学生在接受传统文化知识的同时了解祖国文化的博大精深，增强民族自豪感，形成良好的行为习惯及个性品质。在各级各类德育评选活动中，将学习国学经典、传承中华美德作为主要的评价标准。在各项大型活动、文艺汇演中突出民族特色，演绎经典内容，展现国学精髓。

三、外国语学校德育如何与国学辩证统一

（一）学习国学，是外国语学校德育的重要途径

在五千年的历史长河中，中华民族形成了以爱国主义为核心的团结统一、爱好和平、勤劳勇敢、自强不息、厚德载物的伟大民族精神。这种民族精神深深植根于中华民族的优秀传统文化之中，吸收了人类文明的优秀成果。中华民族五千年的文明创造了源远流长、博大精深的民族文化，有许多优秀的思想精华永远值得我们发扬。"自强不息"的开拓精神，"厚德载物"的博大胸怀，"富贵不能淫，贫贱不能移，威武不能屈"的浩然正气，"国家兴亡，匹夫有责"的爱国主义精神，"先天下之忧而忧，后天下之乐而乐"的无私奉献精神，"衙斋卧听萧萧竹，疑是民间疾苦声"的忧国忧民的情怀等，这些体现着中华民族精神的思想，对中华民族的形成和发展起到了极其重要的作用。

结合传统文化的内涵，外国语学校的德育工作要以开发学生潜能为己任，塑造学生健全人格。德育工作者应把每一个孩子都视为"一个潜在的天才儿童"，正视

差异、善待差异。人的个性总是独特的。有人脆弱，需要扶持；有人自卑，需要鼓励；有人缺乏自制，需要严格规范。但是不管学生个体差异如何，教师要力争让每一个学生相信"天生我材必有用"，德育工作的目标就是让每一个人都得到充分的发展，即让每一种独特的个性都闪光。学生的智能发展是不均衡的，每一个人都有智能的强项与弱项。一个合格的教育工作者，应该树立正确的人才观、成才观，激发学生的学习兴趣、培养学生健康向上的人格。

（二）学习国学，必须取其精华

中国自古以来兴盛的是术，寂寞的是道。四书五经是历朝君王借以统治臣民的工具，有许多观点论述不能满足现代社会的需要，甚至是糟粕。所以我们在学习的过程中应多思考，以社会发展进步的眼光取其精华，古为今用。例如，"为政以德，譬如北辰，居其所而众星共之"，统治者借此标榜自己是道德教化的化身，神化个人威信，以愚弄百姓，达到"君教臣死，臣不得不死"的统治效果。现今社会虽也应"以德为政"，但笔者认为这"德"应是"良法""法制"，才是社会进步的标志，才是真正的"北辰"，才能"众民拥之"。

（三）学习国学，应结合中西方文化对照借鉴

在漫长的历史长河中，国学作为中华文明的主要载体，传承着中华文化的观念文明，展现着中华民族的精神，使中华民族以特有品质和风貌自立于世界民族之林。而纵观世界文明史，我们同样也可有所领悟。例如，数千年前，古希腊文明已把智力健康和肢体健康相融合，形成了人类永恒的"奥林匹亚"精神。公元前600—公元前300年是"人类文明轴心时代"，中国有老子、孔子、孟子等思想家，他们萌生"儒学治国""政道治术"的思想时，印度有了释迦牟尼，创立的佛教流传至今；西方有了德谟克利特、苏格拉底、柏拉图等伟大的哲学家。现代西方文明，更有值得我们学习和借鉴之处。社会主义核心价值观和西方的普世价值观并不违背，二者可以互相汲取精华、共同进步。

因此，我们更应跳出关系圈，超越固有的思维模式，以宽广的胸襟、求实的态度，帮助学生树立人生信仰，努力实现人生价值，将中华国学精华和现代科技文化知识有机结合，培育现代化的建设者和接班人。

四、结语

回溯源头，传承命脉，"国学"是民族精神的源头活水，是无数代人智慧的结晶，它经受了历史的锤炼打磨与自然甄选的过程，终将成为世界文化史上的瑰宝和受世人敬仰的文化。随着中国改革开放的不断深入，国学从内容到形式都得到了不断的丰富与发展，其社会功能也在与时俱进，进一步形成了自己别具一格的文化内

涵。面对全球化文化浪潮的冲击与融汇，外国语学校也必须在道德教育课程中植入国学，让学生有机会直面中华传统文化的精华，接受中华传统文化和美德的熏陶，让国学根植于师生内心，让中华优秀文化撒播到全世界。

参考文献

［1］章太炎. 国学概论［M］. 沈阳：吉林出版集团股份有限公司，2017.
［2］章太炎. 国故论衡［M］. 上海：上海古籍出版社，2006.
［3］张海燕. 国学经典与德育教育［J］. 考试周刊，2011（75）：50.

（本文作者：东莞市波利亚外国语学校　熊景阳）

课 程 编

第四章 传统文化课程的涵容与新建

中小学中华优秀传统文化教育课程建设实践与探索

2013年3月,肇庆市政府工作报告和全市教育工作会议根据党的十八大精神,明确提出了"全面推进优秀传统文化教育"的要求,市教育局大力推进中华优秀传统文化教育工作,制定了《肇庆市中小学开展中华优秀传统文化教育工作方案》(以下简称《方案》),全市各学校(幼儿园)开设中华优秀传统文化教育课程。两年多来,我们对中小学中华优秀传统文化教育课程建设进行了一些探索,也取得了一定的效果。

一、课程建设的背景

随着改革开放的深入,经济快速增长,物质生活水平不断提高,东西方思想观念快速融合,生活方式发生改变。与此同时,基于历史原因导致了"社会的一些领域和一些地方道德失范,是非、善恶、美丑界限混淆,拜金主义、享乐主义、极端个人主义有所滋长,见利忘义、损公肥私行为时有发生,不讲信用、欺骗欺诈成为社会公害,以权谋私、腐化堕落现象严重存在。这些问题如果得不到及时有效的解决,必然损害正常的经济和社会秩序,损害改革发展稳定的大局,应当引起全党全社会高度重视"。

在这样的社会背景下,我国学校道德教育在相当长一段时间内,存在着内容上理论与实践脱节,方式上更强调系统的教育、理论的灌输,注重道德知识的传授,使道德教育具有强调政治性、注重统一性和规范性,教育效果不理想的特点。

2012年11月8日,党的十八大报告提出了"四个倡导",明确了"社会主义核心价值观"的主要内涵。肇庆市的《方案》就是在十八大的背景下应运而生的。

党的十八届三中全会指出,要"加强社会主义核心价值体系教育,完善中华优秀传统文化教育";习近平主席多次在讲话中强调社会主义核心价值观与中华优秀传统文化教育的重要价值和意义。2014年4月2日，教育部发布《完善中华优秀传统文化教育指导纲要》（以下简称《纲要》），明确了中华优秀传统文化教育"立德树人"的根本任务。很显然，中华优秀传统文化教育与积极培育和践行社会主义核心价值观、实现中国梦有着密不可分的关系。

二、课程性质的把握

首先，明确一下课程的名称。随着十八届三中全会《中共中央关于全面深化改革若干重大问题的决定》指出要"加强社会主义核心价值体系教育，完善中华优秀传统文化教育"，习近平在山东考察时又指出，"中华民族伟大复兴需要以中华文化发展繁荣为条件"，经历了从2007年开始全市范围"中华诵·经典诵读行动"的前奏和德庆县本土教材《弘扬传统文化，复兴中华民族》义务教育学段两年预热，肇庆市自2013年开始的中华优秀传统文化"进校园"到"进课堂"的实践，也顺理成章进入了2014年的教育主流。

对于这项教育内容，有不少人以为就是"国学教育"。2013年3月的《肇庆市中小学开展中华优秀传统文化教育工作方案》明确了"中华优秀传统文化教育"的提法，实际上也明确了教学目的和内容，以之作为基础教育阶段德育内容的组成部分，也与社会上林林总总的"国学"（读经、茶艺、书法、武术、汉服……）培训班区别了开来。

根据百度百科的解释，国学，一般指一个国家的传统历史文化与学术。中华国学以学科分，应分为哲学、史学、宗教学、文学、礼俗学、考据学、伦理学、版本学等，其中以儒家哲学为主流；以思想分，应分为先秦诸子、儒道释三家等；以《四库全书》分，应分为经、史、子、集四部，也有学者分为小学、经学、史学、诸子和文学。2015年10月，在肇庆召开的"中国优秀传统文化教育学术研讨会"上，来自全国各地高校的专家学者还为这个问题展开了激烈的讨论。不管是按哪一种方法划分，要说在中小学进行每周一节的"国学教育"，教学内容就显然过于庞杂了，教学的目标也很容易变成"为国学而国学"，变成一种搞形式走过场的"教育运动"，不利于形成学习的系统性、连贯性和教与学的评估。

如果简略地说"传统文化教育"，就会有人提出：西方的传统也是传统，世界文明难道不应该继承？教学目的和内容也不好规限了，而世界文明的遗产，早已体现在现代基础教育的各个学科之中了。

那么，就说"中华传统教育"或者"中华文化教育"，可以吗？中华传统文化和世界各国的文化一样，免不了需要一种扬弃的精神，来吸取其精华，剔除其糟粕，所以，我们的教育，就是要传承和弘扬中华传统文化的精华部分。结合2009年习近平在中央党校春季开学典礼上的讲话："要通过研读优秀传统文化典籍，吸收前人在修身处事、治国理政等方面的智慧和经验，养浩然之气，塑高尚人格，不断提高人文素养和精神境界",2014年,教育部《完善中华优秀传统文化教育指导纲要》出台,我市的《方案》与《纲要》高度一致,明确了"中华优秀传统教育"课程名称和"学典立德,修身育人"教育目标。《方案》还要求,"中华优秀传统文化"进入中小学课堂,要按照教育现代化要求,通过形成常态化的课程教学,达到长期目标:"让中小学生在传统文化的滋养中养成良好的道德行为规范,健全的人格,提高文明素质,形成正确的价值观、人生观;……健康成长,受益终生","勇于担当复兴中华民族的伟大使命"。为此,在这里为"中华优秀传统文化教育"正一下名。

中华优秀传统文化教育是对传统文化的科学的现代的传承,育人为本,立德树人,培养学生对中华传统文化的兴趣和情感,强化民族文化认同和民族情感归属,体现中华传统文化健康向上的道德价值取向;培养学生树立良好的思想品德及行为习惯,达到明理导行的学习效果;明确优秀传统文化与现在的社会主义先进文化的密切关系,认识中华优秀传统文化理念是沟通过去与未来中国梦的重要理念。培养学生良好的思想道德素质,促进学生全面发展。

我市目前使用的《中华传统文化经典汇编》,既较好地体现了道德行为习惯的养成和由浅入深、循序渐进的教育规律,又结合培育和践行社会主义核心价值体系,以"四书"为重点,进一步体现传统文化的基本思想体系。课程安排是由幼儿园和小学低年级的蒙学经典——《弟子规》《三字经》《千字文》《孝经》,到小学高年级和初中七、八年级的"四书"——《大学》《中庸》《论语》《孟子》,再到九年级至高二的传统文化经典选读——《道德经》《礼记》,最后是高三的"中华文化之源"——《易经》,符合学生认知规律,既体现每部(篇)经典的独立精神,又体现系列经典的整体关联,具备系统性和完整性。

独特的教学内容与教育目的决定了中华优秀传统文化教育课程性质的独特性,首先是"传承经典",它通过一定的语文手段扫清语言障碍,但不是语文课;其次是"明德导行",侧重于对中华传统美德和核心价值观的传承发扬,适当结合一些历史故事和现实案例,引导学生认识经典对于现代生活、自身生活的启发和意义,用经典来巩固和提高自身的道德修养,它是德育课的一个特殊的分支,又有别于平常的德育课。具体来说,2013年9月以来,我市各县区陆续开展中小学优质课评比和研讨,涌现了一批优质课例,这些课例都能呈现这样一个教学流程:诵读经典——理解经典——拓展延伸(领悟和实践经典)。较好地把握了中华优秀传统文化教育"学典立德,修身育人",以"培育和践行社会主义核心价值观",培养具备治国安邦的志向与能力的接班人为目的的德育特色课程性质。

三、教育教学方法的探索

中华优秀传统文化教育课程结合社会主义核心价值观教育,体现了教育的

"价值引导"与"自我建构"的真正意义。在明确了教育目标、确定了教学内容的基础上,教学方法的选择体现着教师的教育意向,决定着教育情境的创设与教育效果的实现。根据师资队伍的特点和教材内容的特点,我们对课程教学提出了四点要求。

(一) 有整体的规划,保证每一节课的教学容量

不能蜻蜓点水、断章取义,要保证每学年所学经典的完整性。课堂的时间有限,讲解要把握"明理导行"的重点,其他内容让学生多读。课堂上读不到的,就安排学生用早读、晚读、课前时间自己读。

(二) 结合不同经典的内容和语言特点来组织教学

比如内容上,对儒家"仁、义、礼、智、信"的表达,《论语》侧重于讲君子的修养,与《孟子》中的士大夫精神是有区别的,跟作者的思想性格有关,也跟特定的时代有关。语言方面,《论语》的循循善诱,诲人不倦,《孟子》的浩然正气,雄辩滔滔,个性和语言特点都很鲜明。而儒、释、道三家的经典,也很能体现中国人民族精神的不同层面。让学生体会到这些特点和不同,有助于提高学生的学习兴趣,有助于传承和发扬中华优秀传统文化,建立和践行社会主义核心价值观。

(三) 结合学校的实际情况,拓宽教育渠道

组织举行经典诵读大赛、传统文化知识竞赛、书画比赛、名人名家故事演讲比赛、传统文化专题晚会等形式多样的主题活动;利用寒暑假、传统节日、重大纪念日等有利契机组织学生开展传统文化教育实践活动,寓传统文化于丰富多彩的活动之中。

(四) 倡导"以诵读为主"的教学方法

诵读和吟诵,是中华传统的读书方式,特别是吟诵,不仅是教学方法、学习方式,也是自娱的方式,修身养性,大有助益。荀子的《劝学》里有这样的表述:"学恶乎始?恶乎终?曰:其数则始乎诵经,终乎读礼;其义则始乎为士,终乎为圣人,真积力久则入,学至乎没而后止也。"这种教导学童"始乎诵经,终乎读礼"的教育方法,成为历代官学与私学一脉相承的传统。朱熹也在他的《小学》《大学章句序》等著述中,多次强调要把读书(诵读)和处事礼仪的教育紧密结合起来。

这种把知识传授与人文教育结合起来的教育方法,也是符合现代教育规律的。所以《方案》中明确指出要以"诵读为主",也正是中华传统教育理念与现代教育理念的体现。在已经开展的五期教师培训中,都安排了"吟诵"主题的课程学习,各地各学校还结合实践,邀请陈琴以及肇庆学院文学院古典文学教研室的老师进行

吟诵专场培训。

根据我们的访校记录，课程实施不到一年，无论城区还是乡村的学生，都已经能熟读或背诵相关经典选段。在一些学校，学生通过诵读和吟诵，熟悉经典，领悟经典，培养了学习兴趣，并得到了潜移默化的影响，尊师行孝等行为有明显的改善，日常行为更趋规范，学风校风也因此更见好转。

四、课程的推进与完善

中华优秀传统文化教育作为德育的一个重要内容，可以作为新形势下德育工作的有力抓手。学者认为教育核心中的准则包括：把有价值的东西传递给那些将受这些价值所约束的人；实证的知识、理解以及某种认知角度；至少要排除某些传递的程序步骤，其依据是这些步骤不能激起学习者的意愿和主动性。要使中华优秀传统文化教育课程得到进一步的推进与完善，必须摒弃以灌输为主，忽略价值引导，忽视学生自主构建的千篇一律的德育模式。

（一）课程教学的推进

市教育局班子成员和科室负责人组成督查小组，到各县市区及市直学校进行定期督查指导，保证中华优秀传统文化教育"进课堂"的常态化和全覆盖。2014年4月，成立肇庆市中华优秀传统文化教育指导中心，主要成员来自市教育局主要领导、德育科和各县（市、区）主管领导、中小学高级教师，并聘请了广东省教育研究院、肇庆学院文学院的专家担任顾问。中心在制订全市中华优秀传统文化教育的教学目标、计划、方案，组织指导全市中华优秀传统文化教育教学活动、教学研究和课题研究与实验工作等方面，发挥积极的专业引领作用。持续进行教师培训，通过办班、参加国内高端研讨会、校际交流、邀请专家到校等形式，提高师资素质，拓宽教育教学视野。组织课程规划和教案设计协作交流，进行优秀教案评比，开展优质课程评比活动等，提高教师的思想认识和专业素养，提高课堂教育教学质量。举办了一次全市范围的教育成果展览与经典诵读会演，营造教育氛围，扩大社会效应。

（二）课程的进一步完善

编写了《中小学生中华传统美德行为指引》，引导学生在实际生活中加深了解传统文化丰富内涵，按照要求，循序渐进，不断规范行为。结合未成年人思想道德建设工作，开展新童谣传唱活动，开展"身边的美德故事"和"与经典同行"征文活动。编撰各年级经典的参考教案集，保障教学内容的落实，并提供创设教育情境的材料和导行参考，倡导教学过程的创新性、教学效果的实效性和教育方法的普及性。推进传统文化"知行合一"教育实践活动，通过全市中华优秀传统文化教育现场会，推广示范校的有效经验，设计了包括"孝亲敬老""与经典同行""传统文化与现代人生""怀祖追远，悼念烈士""原乡情浓"等十个活动主题，广泛开展形式多样的纪念庆典活动、社会公益活动和家校共育活动。

（三）课程的延伸和辐射

据《纲要》的要求，"着力增强中华优秀传统文化教育的多元支撑"。在完成课堂教学参考的基础上，编印了《中小学美德行为漫画集》，以生动的形式对学生进行传统美德的熏陶培养。建立和完善学校、家庭、社区共同参与的德育协同创新机制，形成教育合力。结合"创建文明城市"，推进未成年人思想道德建设等主题活动，学校教育和家庭教育、社区教育联动，培育和践行"爱国、敬业、诚信、友善"等中华传统美德，形成尊师孝亲、廉洁奉公的道德风尚，弘扬中华优秀传统文化，把中华优秀传统文化教育辐射到家庭和社区，争取更大的社会效应。

五、问题与反思

随着课程的推进，我们组织了多次访校督查和现场推进会议，发现了一些问题，并对这些问题进行了反思。

（一）认识是先导

经过两年半的实践，一些县区、学校教育教学效果显著，社会效应明显。但是县区之间、学校之间，甚至校内班级之间，课程教学水平和质量一直存在不同程度的不均衡现象。造成不均衡现象的根源，就在于管理层以及任课老师的思想认识差异。教育观念的扭曲、教育情怀的缺失，使部分领导、老师停留在应试教育的怪圈里，没有认识到这门课程的重要意义，也不愿意花精力来补自己传统文化的课，甚至认为传统文化"进课堂"是头脑发热的形式主义行为。

冯友兰在《中国哲学简史》中引述《中庸》，"唯天下至诚，为能尽其性；能尽其性，则能尽人之性；能尽人之性，则能尽物之性；能尽物之性，则可以赞天地之化育；可以赞天地之化育，则可以与天地参矣"。说明一个人要通过发挥自己的天性，推己及人，才可以化育万物，与天地合一。作为一个教育工作者，如果缺少了对完善自己的正确认识，就会迷失方向，丧失教育英才的担当和能力。所以，如何帮助全体教育工作者觉悟中华优秀传统文化教育的历史意义和时代价值，统一思想、提高认识，是推进传统文化教育课程的先导性问题。

（二）师资是关键

列宁说过："学校的真正性质和方向……是由教学人员决定的。"能否通过有效的情境创设把社会主义核心价值观引导给学生，老师是至为关键的因素。基于历史的原因，目前教师队伍中，多数教师对中华文化经典接触得不多，作为传统文化教学主力的大部分语文老师也只了解中小学教材中的课文部分。所以，我们首先从认识中华优秀传统文化、阅读文化经典入手，借助大学的专业力量（肇庆学院文学院）进行了两期四个批次的骨干教师培训；接着配合教学实践和实地观摩，举办了一期骨干教师高级研修班。经过培训和研修的老师都成为学校的教学"种子"，起到了很好的示范辐射作用。但相对于庞大的教师队伍来说，受培训的 500 多人只是很少的一部分。如何扩大培训的范围，调动老师们自我进修的积极性，是中华优秀传统文化教育能否在全覆盖的基础上，保障和提高教学教育质量的关键。

（三）教材是重点

教材的选用，是"教什么"的问题，是中华优秀传统文化教育"进课堂"的重点问题。我们使用自编的《中华传统文化经典汇编》，由于版权和专业技术的限制，我们提供的是没有删节也没有注释和翻译的"素读本"，一方面体现了对历史的尊重，保持了经典的完整性，避免了断章取义的问题，另一方面可能给授课老师的教学带来一定程度的困难和障碍。为了尽快解决困难、扫清障碍，我们除了着手编撰参考教案之外，还向老师们推荐了另外两个版本的教材作为教学参考。一是人民教育出版社出版的《中国传统文化教育全国中小学生实验教材》，一是中华书局修订出版的《中华文化基础教材》，这两套教材具备较强的权威性。但是由于其选文范围、篇幅等与我市教材有较大的差异，所以也只能推荐给老师们做一个触类旁通的参考。对于《中华传统文化经典汇编》的注释和翻译，当然可以利用网络学习平台提供的参考，我市目前各中小学都基本具备了上网的条件，只要老师们仔细辨别、适当取舍，教材的问题是基本可以解决的。

六、小结

为了更好地落实中华优秀传统文化教育课程，我们将依托广东省深化教育领域综合改革试点项目的开展，完善"立德树人"长效工作机制。创建适应不同地区和学生发展的需求，具有均衡性、综合性和选择性的课程体系、教材体系和教学方法。结合未成年人思想道德建设，提倡经典学习与教育实践活动相结合，促进传统美德与现代文明的养成教育。让中华优秀传统文化教育植根于历史与现实中，着眼于师生和学校的发展，着眼于民族精神的传承和国家未来的前途，为实现中华民族伟大复兴发挥作用。

参考文献
[1] 郭建宁. 社会主义核心价值观基本内容释义［M］. 北京：人民出版社，2014.

[2] 冯友兰. 中国哲学简史 [M]. 南京：江苏文艺出版社，2010.
[3] 肖川. 教育的视界 [M]. 长沙：岳麓书社，2003.

（本文作者：广东省肇庆市教育局　唐文明）

探索新国学教育 用经典浸润现代少年

广州市天河区五山小学于2001年启动国学经典诵读工程，15年来，学校在国学教育领域取得了丰硕成果，由笔者主编的《少儿国学读本》丛书及我校独创的"浸习式"小学国学课程体系在省内外产生了广泛影响。目前，在社会主义核心价值观的引领下，我校国学经典教育实验开始进入新的阶段——探索新国学，培养仁智少年。

一、新国学以传统文化精髓为基础，与时代节拍同步

一说起国学，人们容易想到《三字经》《论语》，想到"仁义礼智信忠恕孝"等道德伦理。需要注意的是，中国传统文化与现代社会大众认知之间存在着一定的隔阂和脱节，传统国学的现实意义和学术价值没有得到充分彰显。因此，一些有识之士提出要在汲取传统文化精髓的基础上融汇古今，凝练具有时代意义的新国学，在继承与创新、理想与现实、传统与当代之间实现平衡与贯通。我校也敏锐地注意到这一发展趋势，立意在实践中不仅重视传统文化的传承，让学生记诵古诗文，而且不断拓展延伸，把握国家发展与时代进步的脉搏，在社会主义核心价值观的引领下，对国学内容进行拓展、延伸和补充，让传统与现代对接，以培养时代需要的人才。

（一）以传统美德滋养少年品行

传统美德的内容博大精深，涉及社会生活的各个领域，其中有些正是当今社会所稀缺的。例如，很多人的生活已经很富裕，但是碰到货车侧翻，不仅不会去帮忙捡拾散落的货品，反而去哄抢，早已没有了古时"助人为乐""路不拾遗"的淳朴品德。我校用传统美德滋养少年品行，主要做法有：让学生学习《弟子规》，引导学生明白从生活规范到社会准则的重要性，为将来走上社会成为一个"文明""守法"的公民做铺垫；学习《论语》时，侧重感悟关于"君子"的句子，如"君子一言，驷马难追""君子成人之美"，引导学生做"诚信"的君子、"友善"的君子、"正义"的君子。

（二）赋予传统伦理道德新的内涵

新国学倡导批判继承、古为今用，不是简单地把不合时代要求的内容删除，而是引导学生学会认识与判断，或赋予其新的解释。以"忠""孝"为例，封建时代

的"忠"是忠君,是"君要臣死,臣不得不死",而现在是指忠于祖国、忠于人民。封建时代讲"孝"包含着"不孝有三,无后为大",甚至"父叫子亡,子不得不亡",而我们现在讲"孝",是强调珍重生命、完善自我、感恩父母及敬养双亲,引导学生给传统文化赋予新的内涵。

(三)让自由平等思想融入传统文化学习中

中国传统文化中渗透着等级观念。因此,新国学教育亟须补充传统国学中缺失的自由、平等价值观念。首先,我们要求教师带头践行"平等"理念,尊重学生,建立平等和谐的师生关系;其次,引导学生批判性地分析"分尊卑,辨贵贱"的封建等级秩序;最后,引导学生认识中国古代知识分子追求自由的人文情怀,比如庄子的逍遥、陶渊明的悠然、李白的浪漫,以及众多文人墨客寄情于山水的闲适;此外,我们还让学生了解追求自由、平等的典型故事,引导学生从小就树立自由观、平等观。有了这些系统的教育,学生们学会了尊重,懂得去尊重身边每一个人。

二、将新国学教育嵌入课程体系,培养仁智少年

(一)基于学校育人理念,明确新国学课程的"知情意行"目标

我校周围高等院校、科研院所林立,人文资源丰富。学生大部分来自知识分子家庭,父母期望孩子们不仅有民族文化的积淀,也要有国际视野。结合学校传统及学生、家长的需求,我们于"十三五"期间秉承"仁智兼修,海纳百川"的办学理念,致力于培养仁智少年,希望学生既有传统的仁爱品德,又有现代的智慧;既胸怀祖国,又放眼世界。我们将新国学课程作为必修的核心课程,各年级每周安排1~2节新国学课程,从知识、能力、情意和行动四方面确立了新国学课程目标。比如,情意目标——感悟祖国优秀文化(不仅仅是传统文化),对新国学有熟悉感、亲切感、认同感,感受名家的智慧与情怀,增强爱国情感和民族自豪感;行动目标——用新国学中蕴含的道理指导自己的言行,践行中华传统美德与社会主义核心价值观,促进身心和谐发展,形成健全的人格。

(二)倡导"浸习式"学习,实现新国学与学科课程和主题活动的多元整合

此外,教师们还发扬"浸习式"学习的优势,有意识地将新国学渗透、整合到教育教学活动中,加强学科整合与综合性实践,在各个学科教学中渗透新国学内容,在各种主题活动中融入新国学元素,形成新国学教育的关联大课程。例如:在美术课学习国画,为古诗古文配画;音乐教学时,用歌舞、小品、快板等艺术形式

演绎古诗文,使精深的新国学内容变得生动。学校举办的"与新国学同行,让书香伴我成长"读书节、"经典浸润心灵,艺术燃亮生命"人文艺术节、"太极与阳光体锻"体育节等,把新国学教育与主题活动融为一体。

目前,学校已经积累了一批优秀的综合性实践活动案例,学生的发展也呈现出十分喜人的发展态势。我们曾经对毕业于我校的初中生进行问卷调查,发现100%的学生认为新国学对他们的语文学习有帮助,90%以上的孩子认为新国学让其更加懂得如何为人处世。我校毕业生对口直升的广州市47中汇景实验学校是一所优质中学,该校老师普遍认为,我校毕业的孩子勇于担当,机敏好学,既乐于探究,又善于合作。

三、创新新国学学习方式,让学生收获不一样的成长

新国学的新不仅体现在内容上,还体现在学习方式上,只有学习方式更符合少年儿童的身心特点,才能有效促进仁智少年的培养。我校新国学教育不是简单的诵读、记忆,而是倡导和发展多样化的学习方式。

(一)自主学习,形成对新国学的独到认识

我校在新国学教育中倡导自主学习的理念。

其一,协商确定学习内容,即学习内容不是由教师单方决定的,而是由学生参与确定的;对同一主题单元,学生的学习内容和节奏由学生自主安排。比如,五年级兰老师在主持"勤学"主题学习时,不同小组自主选择了不同的任务。有的小组致力于翻译和理解《锲而不舍》这篇文言文;有的小组选择查找作者荀子的生平资料,给同学们讲述荀子的故事;有的小组确定拓展介绍"勤学名人"司马光、李白;有的小组把各种关于勤学的名言格言汇总,带同学们温习。

其二,鼓励学生独立思考。我们在学习中创设开放、自由、民主的学习氛围,鼓励学生发表独立见解,强调让学生独立解读、尽情表达。学生只要讲得清楚、有理,教师就给予鼓励。我们发现,由于教师经常鼓励学生自由发表见解,学生的解读越来越活跃,也很多元、独特。

(二)亲身体验,在实践中感悟家国情怀

新国学教育的核心目的在于培养人、塑造人和改变人。诵读、理解不是新国学的目的,培养仁智少年才是新国学教育的主旨。所以,我校在新国学教育中特别强调实践中的体验,将知情意性紧密结合起来。除了引导学生在日常学习和生活中做有心人、用心体验之外,学校还开展多样化主题活动,为学生创造体验的机会。最典型的活动是家国情怀主题教育系列活动,如"我是中国人"的演讲、爱国诗篇朗诵、"榜样三级跳"比赛。以"榜样三级跳"比赛为例,学生们先"找榜样",

认识范仲淹、岳飞、韩愈、鲁迅、杨绛等名家和现代各行各业中的精英模范；再通过一系列"学榜样"行动，争做"仁智少年"；最后自己"当榜样"，向别人分享自己的成功经历。活动持续深入，对学生的影响很大。从2016年春季学期起，我们还策划了"行万里路"体验活动，让学生走出学校，走向社会，到西安、南京等地体验中华文化，传承中国精神。

（三）以评促学，让每个人都有不一样的成长

学校通过建立多元多维的课程评价体系，包括师生、家长共同参与的"新国学促我成长"档案袋和"比赛反馈"等评价方式，促进学生人人参与，互评互学，不断提高。新国学教育的探索不仅弘扬了传统文化，也大力传播了社会主义核心价值观，使学生在优秀中华文化的浸润中，成长为既有传统儒雅气质，又有现代精神的新一代。

参考文献

[1] 何志鹏. 新国学：中华文化的时代表达 [J]. 江西社会科学，2013（4）：234-241.

[2] 王富仁. "新国学"论纲（上）[J]. 社会科学战线，2005（1）：87-113.

[3] 方克立. 创建适应时代需要的新国学 [J]. 高校理论战线，2008（8）：25-31.

（本文作者：广州市天河区五山小学　许凤英）

论中国古代文学课程对科研成果的吸收策略

中国古代文学课程研究的对象是已经完成了的中国古代文学现象，而且学科的时间下限一般被界定在五四新文化运动之前，所以，和现当代文学课程相比，古代文学是一门相对静止的学科，百年来的建设也使得学科的知识体系日益成熟。因此，该课程对新出现的科研成果的吸收在敏感度上是相对迟钝的。但是，迟钝也可以意味着严谨和稳健，这对于一门学科的健康发展其实是有利的。同时，迟钝更非全无发展，近 30 年来，各种各类中国古代文学教材层出不穷，正是中国古代文学课程不断发展的真实写照。20 世纪 90 年代，章培恒等人编写《中国文学史》的时候就说："由于一则新的材料在不断出现，再则人的认识在日益深化，时至今日，再写一部能反映当前研究水平的中国文学史的任务，已提上议事日程。""新材料""新认识"，于是就有了新的中国古代文学史，这就回答了中国古代文学课程建设热情的内在动力。不过，当这样的观念被广泛接受、大力发扬之后，中国古代文学课程的常新常变就成为常态，由此产生的消极影响是：学科的严谨程度在相当大程度上受到了伤害。其实，对于中国古代文学课程来说，新材料、新认识固然重要，但同样重要的还有如何对这些成果进行吸收消化。

一、基于三要素的科研成果吸收主体

考虑中国古代文学课程对科研成果的吸收，首先要对吸收主体进行审视，唯此方能明白谁有能力吸收、可以吸收什么、能够吸收多少，以及怎样吸收等问题。而要思考中国古代文学课程的吸收主体，我们必须明白：中国古代文学课程其实是一个中国古代文学的教学系统，因此，它的吸收主体应该跳出教材建设的单一思维来予以考量。

有人认为："课程主要是受社会、学生、知识三大客观因素制约的，课程的历史发展是'三因素'综合制约的结果。"这样的认识放在课程考察的宏观层面上有一定合理性，但如果具体到课程的实践操作层面的话，社会因素因为太过广泛而退后成为背景；知识因素由于具体的学科规范而有自然选择，此时，知识往往便落实为教材。另外，我们还应该认识到教师因素在课程实施中的关键意义，特别是由于文本阅读的现实难度，中国古代文学课程离开教师的积极参与是无法想象的。因此，我们认为，就中国古代文学课程来说，组成课程的核心要素必须包括：学生、教师、教材。三者当中，学生是课程活动服务的中心，因为评价课程好坏最终是要体现在学生对相关知识以及相关技能的习得上的。教师是课程活动实施的主体，因为教师既是引领者,又是组织者,还是评价者,主持了中国古代文学课程从发动到完成的全部过程。教材则是教师传递教学意图、实现教学目标的基础载体;也是学生了解专业知识、习得专业技能。三者的关系如果打个粗浅的比方,就好比学生是乘客,教师是司乘人员,教材是交通载具,三者合作才能使课程的意义得以实现。

(一)学生对研究成果吸收的影响

孔子说:"不愤不启,不悱不发。"学生是课程活动服务的中心,他的经验水平、知识状况、思想意识、身体发展、情感状态、职业需求等都制约着中国古代文学课程对科研成果的吸收。另外,作为文化素养基础课程,中国古代文学课程可能对应的学生层次是很丰富的。就算仅仅局限在专业训练领域,它在包含学历教育的大专、本科、研究生等不同层次学生的同时,也包含非学历教育的各种专题研修班学生。就学历教育而言,随着学历层次的提升,相对应的中国古代文学课程对科研成果的吸收需求也就更加强烈。

1. 大专(职业技术教育)

大专学生专业基础比较薄弱,职业培养又强调应用型人才的方向,所以中国古代文学课程建设要着重培养他们对古代文学文本的基本感知能力,作品的鉴赏分析应该成为本阶段古代文学课程建设的重心。而作品的鉴赏分析较多体现的是阅读者个体经验的参与,因而,面向大专阶段的中国古代文学课程对科研成果的吸收就要适应专科教学的需要,多一些个体审美经验激发引导的内容。我们培养学生日益丰富的审美体验能力,其实就是培养学生对具体文本的实操技能,这和其他专业的专科段职业技术教育应该是一致的。只不过,中国古代文学课程更加强调学生情感的参与,是动情,而不是动手。此阶段,学生对中国古代文学科研成果的吸收不强调"高、新、尖",只需要"平、易、通"。例如,同样是叶嘉莹先生的科研成果,她的《叶嘉莹说诗讲稿》就比《王国维及其文学批评》更为适合引入到专科段的中国古代文学课程中来。

2. 本科

毋庸置疑,现在中国高校的中国古代文学课程设计的教学对象多数是本科段的汉语言文学及其相关专业的学生。面向本科段的中国古代文学课程,培养的目标是希望学生既要有扎实的专业基础知识,又要有一定的专业研究能力,他们毕业后必须能够胜任一些基本的专业研究工作。因此,课程建设应该兼顾基本知识的传授和专业技能的训练,还要在此基础上培养学生具备一定的学术研究的能力。于是,面向本科段的中国古代文学课程对科研成果的吸收敏感度就强于专科段。学生不仅要知道科研成果的"然",还要知其"所以然",即使面对同样的科研成果,他们的思维方式及方向也和专科段的学生有不小的区别。此阶段,科研成果进入课程不仅范围更广泛,而且也更为深入。同时,由于课时的增加以及课程实施方式更多样化,课程对科研成果吸收的形式就更为灵活和有弹性。例如,同样是先秦诸子散文的教学，专科段的学生只要熟悉了解孟子和庄子这两位最有代表性的作家和其作品就行。但本科段的学生不仅要了解孟子和庄子，还要学习或阅读老子、孔子、墨子、荀子、韩非子等人的作品。在此基础上，还要整理出先秦诸子散文的发展脉络及其各个阶段不同的特点。所以，同一个专题，本科段的中国古代文学课程涉及的面广而且内容也深入许多。相应的，课程对科研成果的吸收既可以用专题梳理的方式，也可以用选本阅读的方式，而且对诸子的品读可以在面上均衡的情况下根据各自学校的学科特长而有所偏重。因此，本科段课程对科研成果的选择就有弹性多了。

3. 研究生

本阶段的教育是在本科段教育顺利完成的基础上进行的，于是可以舍弃框架式的宏大叙事，此时的中国古代文学课程基本上就可以以专题形式实施了。专题的形式有利于长驱直入地探讨相关问题，这时，科研成果进入课程就相当活跃，甚至衡量本阶段中国古代文学课程质量的标准，往往就在于科研成果引入的广度和深度。

4. 研修班

研修班的举办形式多种多样，面对的学员的水平参差不齐。但是，研修班的举办一般都会有非常具体的现实目的，中国古代文学课程在这里就必须密切结合举办的目标，以专题的形式实施，此时科研成果进入课程的选择性非常突出。

总之，不同层次、不同类型的学生作为中国古代文学课程特定受众，具有不同学术基础及学习意愿，也规定了相应的课程课时，决定了课程吸收科研成果的层次与类型，从而影响吸收的姿态与容量。

（二）教师对科研成果吸收的影响

如果说，学生是整个中国古代文学课程的服务中心的话，那么，教师就是这种服务的实施主体。虽然，不同层次、不同类型的学生对课程的需求是不同的（这种不同是相对稳定的）但是，学生对课程的需求同时也是有弹性的。有能力的教师可以把学生参与课程的兴趣调整到最高，也就是说，教师可以把学生对课程的需求在允许的空间内拓展到最大，这意味着对科研成果的广度和深度的需求也相应地大大提高，同时需求的形式也更加多样化。对于学生而言，教师是教材以外的最大专业信息来源，而且教材的信息往往也经过教师的选择与演绎之后才以特定的形式为学生所接收，所以学生对科研成果的吸收通常是经过教师过滤的。从这个意义上讲，教师不仅决定了科研成果进入中国古代文学课程的量与质，也决定了科研成果进入课程的方式。这一点和现当代文学课程相比，显得特别突出。因为古代文学文本相对于现当代文学文本来说，读解永远是一个难题，教师的指引也就特别重要。因此，把教师排除在课程建设之外是非常不合适的。

总之，教师的知识、经验和专业技能都对科研成果的吸收和转化起着关键性的作用。中国古代文学课程的建设需要教师在学生的知识需求与现有的课程资源之间进行创造性的衔接。

（三）教材要素对科研成果吸收的影响

这一点在面对大专段和本科段学生的时候尤其明显。因为这两个阶段的中国古代文学课程有一套约定俗成的类似于"课程纲要"的学科知识框架。例如，讲唐诗一定要讲李白和杜甫，讲宋词就少不了苏东坡。现当代文学则有更多的不确定性。例如，莫言在获得诺贝尔文学奖之前，在文学史教材里和鲁迅、郭沫若、巴金、老舍等人是有些差距的，但现在不一样了，他以及他的作品成了现当代文学绕不开的重要知识点。

学科知识框架的存在和相对稳定成型制约了中国古代文学课程对科研成果吸收的弹性，但也提供了吸收其他科研成果的基础及框架。否则，我们根本无法在海量的科研成果里进行有效抉择。因此，中国古代文学教材的存在是有强大的理由的，可以说，它是自然地被需要了。而教材是对一定时期科研成果整理的结果，整理成型之后的知识形态就自然有一个稳定的生命期，对新科研成果的吸收容易产生惰性。因此，在稳定的知识框架的基础上，如何设计一个开放的知识体系以便容纳更多更新的科研成果，就成为中国古代文学课程教学的重要命题。

综上所述，中国古代文学课程对科研成果的吸收主体里面包含着学生、教师、教材三个基本要素。学生是课程服务的中心，决定着科研成果吸收的层次与类型；教师是课程实施的主体，决定着科研成果吸收的质量与方式；教材是课程实施的载体，提供了科研成果吸收的基础与框架。只有充分认识并把握这个吸收主体的构成机制，科研成果在中国古代文学课程中被吸收才能圆融无碍。

二、基于类型区别的科研成果选择机制

所谓"看菜吃饭"，讨论了吸收主体，我们还要搞清楚中国古代文学课程面对的科研成果是什么，否则囫囵吞枣就会有问题。有学者认为："课程资源量是非常庞大的，而课程活动所能容纳的资源量却非常有限，这就决定了进入课程活动的课程资源必须是非常精简的；课程活动只能吸纳最为高效的课程资源，因此，必须在浩如烟海的资源库中撷取最具利用价值的一小部分。"中国古代文学的研究历史之悠久、成果之丰富，用"浩如烟海"来形容是再恰当不过的了。但由于课程的容量与效率的要求，我们只能撷取一小部分。要达到这个目的，首先就必须对这些课程资源做一个基本的分类，然后再根据各个类别资源的特性进行选择和吸收。当前，学术界关于课程资源的分类标准和方法意见很多，没有统一的认识。这里，我们根据中国古代文学课程的实际情况，先把可以作为课程资源的相关科研成果大致分成本学科成果和关系学科成果两类；然后，在本学科成果里面再把侧重于新材料的探寻的成果定义为史料学成果，把侧重于新认识的演绎的成果定义为义理学成

果。如此，我们可以把和中国古代文学课程相关的科研成果分为：史料学成果、义理学成果、关系学科成果三个基础门类。

面对三大门类的科研成果，我们首先思考的问题是：有没有一个通用的选择标准呢？福柯说："由某种话语实践按其规则构成的并为某门科学的建立所不可缺少的成分整体，尽管它们并不是必然会产生科学，我们可以称之为知识。"这段话启发我们，与中国古代文学课程相关的科研成果要被吸收成为学科的知识就必须符合两个条件：第一，必须是"由某种话语实践按其规则构成的"；第二，必须是"某门学科的建立所不可缺少的成分整体"。前者把"戏说""水煮"类的研究成果排除在外，后者则把成果之于学科的重要性凸显出来。就此看来，虽然许多研究成果与中国古代文学课程建设有关，但多数是无法满足这两个标准的，所以也就没有必要因为"新材料""新认识"的出现就急急忙忙"再写"文学史，中国古代文学课程的建设步伐可以更从容一点。我们可以更从容地审视各式各样的研究成果，仔细梳理之后，再把它们补充或者更新到中国古代文学课程中去。

当然，在通用的选择标准之外，我们还应该深入到不同类型的科研成果里面去讨论相应的选择机制。

（一）史料学成果

"新材料"的不断探求构成这个范畴的研究成果。史料学是中国古代文学课程赖以展开的基础，也是中国古代文学课程生生不息的动力源泉。王国维说："古来新学问起，大都由于新发现。有孔子壁中书出，而后有汉以来古文家之学；有赵宋古器出，而后有宋以来古器物、古文字之学。"由此可见，新发现的材料对于学问，当然包括中国古代文学课程建设的重要性。[1] 因此，我们有必要对史料学的新成果进入中国古代文学课程采取积极的态度，当然，这些材料是不是"学科的建立所不可缺少的成分整体"，还是需要我们谨慎考量的。例如，1987 年，陈庆浩先生在韩国汉城大学奎章阁发现了《型世言》一书，他考察了这部作品之后说："《型世言》的发现，为我们提供了一个四十回本的明代短篇小说集，以后我们谈到明代短篇小说集时就要说《三言》《二拍》《一型》了。"但是，《型世言》之前有《幻影》，有《三刻拍案惊奇》，它们在文学史上一直没有引起多大的重视，《型世言》可以改变这种情况吗？另外，当其他话本小说把"劝世"当幌子的时候，《型世言》却真要把它落实，这让不少人阅读的快感大打折扣，对我们的审美情趣也产生严峻挑战。诸如此类的问题都使得《型世言》进入中国古代文学课程的路途充满不确定性。所以，尽管早在 1996 年章培恒等人编《中国文学史》的时候便把《型世言》纳入明代白话短篇小说的范畴加以论述，但并没有把它放在跟"三言二拍"一样的地位来评价。1999 年由袁行霈主编的《中国文学史》也有论述，

---

[1] 姚小鸥：《出土文献与中国文学研究》，北京广播学院出版社，2000 年。

评价依然不高，论述的篇幅也逐步减少。直至今天，《型世言》是否具备与"三言二拍"齐驾齐驱的文学史地位仍然在讨论中。①

《型世言》的例子表明，尽管我们对吸收史料学成果进入中国文学课程保持积极的态度，但是，史料进入中国古代文学课程需要吸收转化，不少史料的价值和意义需要我们长期的研讨才能产生比较一致的结论。所以，我们虽然态度积极，但在行动上必须十分谨慎。这是由史料之于中国古代文学课程具有非常重要的基础性作用决定的。又比如，20世纪90年代上海博物馆发现的竹简书《孔子诗论》第一次相当完整地展示了孔子的诗学思想，极大丰富了我们对先秦诗学发展的认识。但是，这部作品意义如此重大，把它引入中国古代文学课程或许会对现有的许多认识产生严重的冲击，这更需要我们谨慎对待了。

（二）义理学成果

义理学指向"新认识"，它关涉中国古代文学课程的情感、态度和价值观问题，虽然无法像史料学研究成果那样对课程建设有基础性的影响，但是它会影响我们思考问题的方向，并最终导致结论的天差地别。历史上，小说、戏曲在文学中的地位曾经很边缘，但是随着市民地位的升高，特别是"文艺为工农兵服务"的观念被提出来之后，小说、戏曲在整个文学史上的地位有了本质的提升，甚至在我们的文学史叙事中已经取代诗文，成为明清两代文学创作的最高成就的代表。但是，和史料学客观可靠的特色相比，义理学成果的主观阐释成分居多，容易随着时代风气的移易而摇摆不定。这对于"由某种话语实践按其规则构成的"中国古代文学课程的稳定性而言是一种极大的伤害。所以，我们对这一类型的科研成果进行选择的时候，一定要有一种超时代的宏观视野。

细考义理学研究成果的类型，起码包含三大类。一是本民族故有义理的新阐发，二是别族义理的引进与借用，三是关系学科义理的影响。下面先论述第一点和第二点。

第一，本民族故有义理的新阐发。这是以复古为创新的道路，既强调继承，又企图新变。它可以使得中国古代文学课程在保持本学科话语实践的延续性的同时，又融入鲜活的时代精神。这一命题在民族文化复兴的当代尤其引人注目，一批批优秀的中国古代文学研究者正在对此进行深入持久的思考和探讨。② 中国古代文学课程需要和当代生活有"对话"，那就特别需要这方面的研究成果。

第二，别族义理的引进与借用。这方面对于处在全球化进程中的中国古代文学课程来说有特别的意义。别族义理的引进一方面可以"盘活"本民族自有文学资

---

① 郑国岱：《"人性解放"与〈型世言〉的忠义诉求》，《广东第二师范学院学报》2011年第2期。
② 例如，胡大雷等人关于传统文论"当代化"的思考。参见胡大雷：《关于传统文论的特质及"当代化"的理论思考》《传统文论的魅力及创新性阐释》等，载《胡大雷集》，线装书局，2011年。

产；另一方面有助于中国古代文学走向国际舞台，是对本民族文学资产的增值。陈寅恪把王国维一生的学术内容及治学方法总结为三条，其中就有一条："取外来之观念，与固有之材料互相参证。"其实，对于中国古代文学课程来说，别族义理的引进与借用不仅是努力方向，也已经是事实。例如马克思主义文艺观念，虽然来自西方，但它已经广泛影响并深刻塑造了当代中国古代文学课程的思考方式及研究模式。

（三）关系学科成果

化用其他学科的优秀成果来介入古代文学研究已经有许多成功的案例，就像戴伟华先生指出的那样："交叉学科中的古代文学研究是一个旧话题。"他在考察了20世纪中国古代文学的发展历程之后说："20世纪古代文学有许多问题的解决是依靠相邻学科的发展来完成的。"其实，不仅仅是20世纪，在交叉学科中研究、把握、认识中国文学发展的内在规律也是中国古代文学研究史的一个优秀传统。早在刘勰的《文心雕龙》中，我们就可以看到他在交叉学科中实现对文学现象的圆观宏照。而这种方法一直为杰出的古代文学研究者所继承和弘扬。例如，近代王国维运用"圆照"法对《红楼梦》等小说展开的研究就获得了影响深远的成果。①

不过，笔者认为，应该把古代文学课程建设置入"关系学科"的视域，而不仅仅是"交叉学科"。关系学科是一个包含交叉学科，但其涵括又远大于交叉学科的范畴。我们认为，中国古代文学与特定学科发生关联在许多情况下是研究者主观选择的结果，也就是说，本学科与特定学科发生关系具有偶然性。而且交叉学科的存在正日益形成一套相对独立的话语体系，这种体系的成型从某种意义上讲就是相对于文学中心的疏离。例如，近年来地域文学研究热火朝天，一门新的交叉学科"文学地理学"呼之欲出。但有学者就指出："无论是中国古代的文学地域理论，还是西方赫尔德、斯达尔夫人和泰纳的文学社会学，在地域与文学关系的认识上都存在地理环境决定论的倾向。现今，文学地理学必须从环境决定论转向文化地理的生产理论，文学的想象与叙事广泛而有效地参与了'地方感'的编码与建构，参与了地理空间的生产。"这里在指出当前地域文学研究偏失的同时，也透露了这一研究的最终方向——"参与地理空间的生产"。显然，这已经是离开文学核心有足够距离的话题了。

因此，当我们从中国古代文学研究延展到中国古代文学课程建设这个关涉更为广泛的命题的时候，我们就明显地感觉到：仅仅停留在交叉学科来思考中国古代文学课程建设是不够的。我们认为，中国古代文学课程的建设一定要有宏观的视野，不仅要始终保持对关系学科发展的关注，而且要敢于尝试化用关系学科的优秀成果来辅助我们的课程研究，就像刘勰说的那样："圆照之象，务先博观。"我们的中

---

① 郑国岱：《王国维小说批评的圆照法论略》，《零陵学院学报》2003年第5期，第107-109页。

国古代文学课程要神完气足，就一定要有对于关系学科的博采众收。由此，中国古代文学课程对关系学科研究成果的选择就有了一种宏大的气概：一切有利于学生习得中国古代文学知识和研究能力的文化成果都可以纳入我们观照的视域。

总之，只要我们认真地梳理，三种不同类型的研究成果都可以成为中国古代文学课程取之不尽、用之不竭的资源。当然，我们还必须注意："提炼转化之后得到的课程内容已不是原来的课程资源，而是课程活动体系的一部分，它是与课程活动中的教师教学经验、学生学习经验、教学活动规律等存在有机联系的课程内容。"这就引出下一个问题：与中国古代文学课程相关的各类研究成果是如何被吸收的？

三、基于课程活动的科研成果吸收体式

中国古代文学课程对于科研成果的吸收最终要在课程活动中体现，而课程活动既是一种共时性的存在，也是一种历时性的展开。因此，我们可以把中国古代文学的课程对科研成果的吸收按照共时性，横向划分成教师主导型、学生主体型、教材主轴型三种体式；也可以按照历时性，纵向划分成课前筛选型、课中互动型、课后拓展型。

（一）共时性吸收体式

中国古代文学课程包含学生、教师、教材三个基础构成要素，他们在共同参与课程活动的同时，也都以自己的方式参与了课程对各类科研成果的吸收，因此，我们可以根据他们在科研成果吸收中的姿态，把课程对于科研成果吸收的体式分成三种：教师主导型、学生主体型、教材主轴型。

1. 教师主导型

教师在课程活动中对科研成果的吸收处于主导的地位，吸收什么成果、何时吸收、怎样吸收都由教师来决定。这种方式特别适用于史料学成果的引入，因为对史料之于整个课程的价值的判断，教师往往比学生有更加专业的视野。教师主导有三个方面优势：第一，课程活动容易落实社会和学校对学生的培养目标。因为教师可以围绕目标引入相关专题的科研成果，开展与主题相关的教学活动。第二，课程活动容易体现教师的专业特长和个性风格。中国古代文学课程涉及的研究对象宏博深邃，每位教师都只能各有专长，因此，突出教师在课程建设中的主导地位就容易突出教师的专业特长。另外，中国古代文学课程虽然是一门成熟的学科，具有学科相应的课程活动规范，但是作为文学语言课程，相较于其他课程会有更多的主观情感参与的体验活动。比如对具体作品的解读，没有情感的参与是不可想象的。第三，课程活动容易规范学生对科研成果的吸收。教师主导可以设定明确的专业目的，制订周全的学习计划，帮助学生更加有效地培养自己的专业技能。否则，学生的个性有差异、兴趣有不同，古代文学课程可以吸收的科研成果资源又很丰富，没有专业

规范，学生的学习时效就会大打折扣。

同时，教师主导型对科研成果的吸收劣势也很明显：一是教师的专业特长与个性爱好与中国古代文学课程的学科规范之间需要协调；二是学生参与课程活动需要处在一种相对被动的状态下，不利于他们养成学习的自觉性。

2. 学生主体型

学生在课程对科研成果的吸收中处于主体的地位。他们自主选择吸收成果的类型、时机和方式。学生主体型有三个方面优势：第一，照顾学生的个性差异和不同兴趣。学生的个性不同，容易对不同类型的文学作品产生不同的兴趣，发挥他们的主体作用就可以培养学生独特的学术兴趣，让他们在愉快的学习中学有专长。第二，照顾学生的学习能力。学生尽管对中国古代文学课程感兴趣，但各自的专业基础不同、领悟能力有别，所以学习进度会有快慢。学生主体作用的发挥可以让他们按照自己的学习进度循序渐进。第三，照顾学生的学习环境差异。中国古代文学课程面对的学生层次、类型都很丰富，学生之间的学习环境差异有时候会很悬殊。比如，在职学习的学生与全日制在校学习的学生的学习环境就很不一样，学习的心态和价值取向也不一样。发挥他们对科研成果吸收的主体地位，可以让每一个学生根据自己的学习环境，有所选择地吸收研究成果，最终确保学有所成。例如，志向在中小学工作或者已经在岗的学生可以把古代文学课程的学习与国学教育实践结合起来，那么他们对课程资源的选择自然会与一般同学有区别。

当然，发挥学生在课程中对科研成果吸收的主体作用，如果缺乏有效规范，科研成果的吸收容易散漫，学生养成专业能力的效率比较低下；另外，学生主体的突出也会影响班级教学活动的整体效率。

3. 教材主轴型

教材在中国古代文学课程对科研成果的吸收过程中起主轴的作用，也就是教师与学生围绕着教材所代表的课程规范来开展教学活动。对教材主轴作用强调的好处有：第一，体现课程建设的客观规范。教师主导与学生主体行为都容易带着强烈的个人主观色彩，以教材为主轴可以有效防止课程教学活动的偏转。教材的建设有一套相对严谨的学术规范，吸收进教材的科研成果必须经过规范的改造转化。以教材为轴，确保了教学活动的严谨规范。另外，课程建设是具有价值倾向的活动，它必须是国家文化政策、教育方针的具体落实，中国古代文学课程也不能置之度外，因此，以教材为轴其实也有利于意识形态意图的落实。第二，方便学术传承。中国古代文学源远流长，历史上已经形成了不少有独特风格的研究流派，这些流派各有专长、各有师法，这是中国古代文学课程与其他文学课程迥异的地方。以教材的方式吸收继承这些风格流派的研究特色，可以保存中国古代文学课程丰富的话语内涵。第三，方便课程评价活动的开展。教师主导与学生主体两种体式下，古代文学课程吸收相关的科研成果比较主观随意，后期评价难度较大。教材主轴体式下，科研成果进入课程有凭有据。课程对科研成果吸收转化的成熟程度一目了然。然而，由于教材的话语体系相对固化，因此强调教材的主轴作用容易使得课程活动呆板、缺乏创新。

上述三种科研成果吸收体式各有短长，我们在中国古代文学课程教学活动展开的时候一定要把三者有机适配、扬长避短。

（二）历时性吸收体式

前面三种吸收体式其实是把课程活动视为相对独立的三个要素相互作用的结果，这样的考察是横向的、共时性的，但是，课程活动的展开还是一个历时性的过程，因此也需要我们做时间维度上的纵向考量。为此，我们又从纵向上把中国古代文学课程对科研成果的吸收体式分为三种：课前筛选式、课中互动式、课后拓展式。三种体式划分建立在以课堂为中心的基础上的，因为我们认为，课堂始终是中国古代文学课程实施的主场。

1. 课前筛选式

"台上一分钟，台下十年功"，课前精心准备是课程教学活动顺利实施的保障。中国古代文学课程的课前准备工夫可以用"筛选"两个字来概括。首先是教材的筛选。这时候主要发挥的是教师主导和教材轴心的作用。目前，可用教材很多，教师要根据社会和学校的育人要求，结合学生和教师的实际情况选择合适的教材，这是课程活动顺利实施的第一个前提条件。当然，没有合适的教材，教师和学校自主编写其实也是一种筛选的结果。其次是筛选课程内容。这里发挥的是教师主导作用。一般教材编写都会涵括相当的知识富余以方便教师和学生进行自主选择，以此来体现教材编写的弹性。教材之外，教师还要准备其他与课堂教学相关的教具，包括音像资料等。由于课堂的展开空间比课程更为狭小，这时，教师就必须对即将进入课堂的教学资源进行精心筛选。再次是确定教学方法。这时教师主导与学生主体的作用就突出了。因为选择特定的教学方法就是对师生互动的某种预期，而师生互动的方式可以多种多样，教师可以在各种备选方案中结合课程活动的需要进行筛选。最后是引导学生预习。学生预习可以分成以教材为轴心，或者是以教师设计为轴心两种类型。前者实施起来比较便捷，后者则可以体现更多的课程弹性。但两者都必须体现对学生主体作用的落实。

由此可见，课前筛选式对科研成果的吸收落实在教材准备、教师设计、学生预习三个环节上，而以教师主导为核心。

2. 课中互动式

课堂是中国古代文学课程吸收科研成果的主场，这里教师主导、学生主体、教材主轴的作用得到充分发挥，三者在把合适的课程资源带入课堂的同时，也收获了各自不同的成果。首先，课堂对科研成果的吸收体现的是师生互动的结果。教师在课前筛选中引入的课程资源最终在课堂上展开。学生又依据自身的个性、爱好、知识经验等条件对这些资源进行不同的理解、吸收和转化，这恰恰体现的是学生的主体作用与教师主导作用的结合。其次，课堂对科研成果的吸收体现的是教师与教材互动的结果。教师与教材的互动除了课前的筛选之外，课堂当中，教师根据教学实情对教材内容的机动处置就是教师与教材之间的互动。这一方面是教材提供的课程信息对教师课堂教学活动的支持，另一方面是教师对教材内容的发挥和补充。最后，课堂对科研成果的吸收还体现在学生与教材的互动上。学生借助教材更好地领会教师的教学意图，掌握课程信息；教材通过学生的读解实现了自己的价值功能。

课中互动对科研成果的吸收根据教师和学生在不同课型中地位的强弱又自然地分成教师精讲课型、学生自读课型、师生探讨课型。教师精讲课型中，教师处于相对核心的地位，课堂对科研成果的吸收基本按照教师的意图实现。学生自读课型中学生处于相对核心的地位，学生对科研成果的吸收基本按照自己的学习意愿来实现。师生探讨课型中，教师与学生的地位相对比较均衡，课堂对科研成果的吸收是师生共同选择的结果。

3. 课后拓展式

中国古代文学课程建设是一个长期不断优化改进的过程，所以课堂教学的结束不应该是课程教学活动的结束，虽然课堂是课程展开的主场，但课堂教学的结束其实是到了一个新起点，学生与教师都将从此出发，完成课程的后续展开工作。对于教师而言，课后的拓展起码包含这些工作：第一，检查教学目标的确立是否妥当，教学方法与科研成果的引入是否适配，然后进行优化；第二，检查教材使用情况是否满意，然后对教学内容进行调整；第三，检查学生的学习效果是否达到预期，是否需要课后补救。对于学生来说，课后的拓展其实更为重要，因为课堂的时空容量是极其有限的，而中国古代文学涵盖的内容又极其广博，所以我们可以把课堂教学活动当作一个学生专业学习的启动机制。如此，学生主体对科研成果的吸收、转化都需要课后足够的时间来完成。

综上所述，在中国古代文学课程对科研成果的吸收策略中，教师、学生、教材三要素是吸收的主体，吸收的客体则包括史料学、义理学和关系学科的三种成果类型，对这些成果类型的吸收又存在共时性和历时性两个维度的体式。只有全面立体地把握这个系统，各种各样的科研成果进入中国古代文学课程才能各得其所、各尽所能。

参考文献

[1] 章培恒，骆玉明. 中国文学史前言［M］//章培恒，骆玉明. 中国文学史. 上海：复旦大学出版社，1996.
[2] 廖哲勋，田慧生. 课程新论［M］. 北京：教育科学出版社，2003.
[3] 孔子. 论语［M］//刘宝楠. 论语正义. 北京：中华书局，1990.
[4] 叶嘉莹. 叶嘉莹说诗讲稿［M］. 北京：中华书局，2008.
[5] 叶嘉莹. 王国维及其文学批评［M］. 北京：北京大学出版社，2008.

[6] 范兆雄. 课程资源概论 [M]. 北京：中国社会科学出版社，2002.
[7] 福柯. 知识考古学 [M]. 谢强，马月，译. 北京：生活·读书·新知三联书店，1998.
[8] 王国维. 最近二三十年中国新发现之学问 [M] //干春松，孟彦弘. 王国维学术经典集：上卷. 南昌：江西人民出版社，1997.
[9] 陈庆浩.《型世言》校注本序 [M] //陆人龙.《型世言》评注. 北京：新华出版社. 1999.
[10] 陈寅恪. 王静安先生遗书序 [M] //干春松，孟彦弘. 王国维学术经典集：下卷. 南昌：江西人民出版社，1997.
[11] 戴伟华. 交叉学科中的古代文学研究 [J]. 社会科学战线，2001（6）：113-117.
[12] 刘小新. 文学地理学：从决定论到批判的地域主义 [J]，福建论坛（人文社会科学版），2010（10）：115-119.
[13] 刘勰. 文心雕龙 [M] //周振甫.《文心雕龙》注释. 北京：人民文学出版社，1981.
[14] 饶玲. 课程与教学论 [M]. 北京：中国时代经济出版社，2004.

（本文作者：广东第二师范学院中文系　郑国岱）

加强学校课程建设，落实国学经典诵读

中华文化，犹如一条滚滚长河，滋养着一代又一代华夏儿女。诗经楚辞、史记汉赋、唐诗宋词、明清小说等，作为国学经典，深蕴着中华民族的文化命脉，存续着整个中华民族的文化基因。在大力提倡中华优秀传统文化进校园和全面提升学生语文素养的今天，让国学经典走进学校，丰富与提升学生的生命内涵，已是大势所趋。那么，如何才能更好地实施国学经典诵读，让经典诵读更加规范有序地在学校开展并为学生所喜爱呢？笔者认为，要想"渠水清如许"，将国学经典诵读开展好，就得从根本入手，做好学校的课程建设。要以课程改革为源头、为抓手，积极推进优秀传统文化"进课程、进教材、进课堂、进头脑"，使经典诵读成为有源头之活水，更具生命力，也真正落到实处。通过实践探索，我们加强了学校课程的改革与建设，将国学经典诵读与学校的必修课程、地方与校本课程及特色课程的打造全面整合，让经典诵读在校园落地开花，取得了明显的成效。

一、必修课程巧渗透，经典诵读有侧重

必修课程[①]是学校课程的主干部分，要想经典诵读落到实处，加强必修课程的建设，在必修课程的教学中巧妙地渗透经典诵读是十分重要的，不过，不同的课程渗透的内容和方式应有所侧重。

首先，语文学科是渗透经典诵读的主渠道。语文教材所选取的文章，有许多本就是经典文章，十分利于引导学生开展诵读。比如教学小古文《杨氏之子》及教材中的古诗词，课上就应该自然地融入经典诵读的指导。同时，通过一篇加多篇的"1+n"教学模式，引入多篇相关经典文章的诵读，使诵读更加扎实有效。

其次，艺术类课程也应该有机渗透。比如音乐课上，让学生吟唱经典诗词，学习为经典谱曲，将经典戏曲表演引入课堂等；美术课上，让学生诵读经典并为古诗词配画，根据诗词想象作画等，都是让经典诵读在课堂焕发光彩的有效途径。如美术课《在盘子上作画》引入古诗词的元素，让学生在有感情地诵读古诗后，想象诗中的画面，然后在纸盘上作画题诗，孩子们自然兴趣盎然，创作也会十分精彩。

最后，充分挖掘其他必修课程的经典渗透点，使国学经典在课堂上与学生不期而遇，产生令人意想不到的效果。

比如数学课，巧妙引入经典，效果往往令人惊喜。比如有教师执教《用字母

---

① 参见广东省义务教育课程（实验）计划表。

表示数》一课，将古诗引入教学中，在让学生齐诵"两只黄鹂鸣翠柳，一行白鹭上青天"的诗句后，老师提问："孩子们，诗中黄鹂有多少只？那白鹭呢？""一行。一行是多少只呢？数学上可以怎么表示呢？"看，由古诗诵读巧妙地引出问题、导入新课，设计新颖而贴切，学生们很感兴趣。这节课也因而很有新意，获得了2016年教育部一师一优课评比的优课奖（即一等奖）。

结合思品、综合实践等课程，也可适当开展经典诵读。比如学习思品课《呵护我们的身体》时，让孩子们收集有关好的生活或卫生习惯的谚语、诗句并诵读；在开展《寻找春天的诗意》的综合实践活动时，我们组织学生根据经典诗文进行春天诗句的诵读并开展编写春天诗文手抄报活动；等等。这些活动，能为学生提供版面设计、选材、绘画、书法、编写等各方面能力的锻炼机会，也能让经典在孩子们的心中留下美好的印迹。

二、地方与学校课程重融合，经典诵读有抓手

在地方与学校课程的建设中，将经典诵读与学校教育教学全面融合，这是开展经典诵读最重要的途径与抓手。

1. 经典诵读融入学校德育，打造学校德育课程体系

（1）将学校德育主题教育与经典诵读相结合，建设学校"德育主题教育"课程，使德育教育的主题更加鲜明，德育教育系列化、常态化。首先，尝试用"三字经"的形式明确一学年中每月德育的主题，既便于学生们诵读记忆，也能引导学生自觉参与德育主题教育的课程活动。比如：

一月份：勤学习，惜光阴	二月份：养习惯，有诚信
三月份：讲文明，守纪律	四月份：懂感恩，敬双亲
五月份：爱劳动，有干劲	六月份：树理想，促奋进
七月份：爱社会，服务新	八月份：重实践，知艰辛
九月份：尊师长，遵法纪	十月份：爱国家，知古今
十一月：爱家校，友近邻	十二月：勤锻炼，健身心

其次，在开展主题教育时，也可以将经典诵读融入其中。如将《弟子规》《三字经》《孟子》《大学》等经典中涉及礼仪教育、行为规范教育、感恩教育、爱国主义教育、孝敬父母、尊老爱幼、诚实守信等方面的内容，与专题教育相结合，效果很好。又比如四月开展"懂感恩，敬双亲"专题教育，让学生们诵读《游子吟》"谁言寸草心，报得三春晖"和《礼记》"孝子之养也，乐其心，不违其志"等诗文，学生们在读中感悟、读中自然成长，潜移默化地受到教育。

（2）将德育活动、团队活动等与经典诵读相结合，打造经典诵读常规活动课

程，鼓励师生亲近经典，使活动更有特色与成效。以我校为例，在实践过程中，我们就逐步形成并确定了经典诵读"四级常规"活动。一是班级黑板报每周要刊登一首诗或一句经典文句，让学生反复诵读记忆，鼓励多诵多背。二是班级内每月要开展一次古诗文或经典文章诵读或背诵比赛，评选班级诵读之星。三是年级每学期要组织开展一次主题诵读活动比赛，采用说、读、演、唱、画等个人或集体形式来进行表演比赛。将"三常规"活动与德育月专题教育内容结合，常规活动可以更加具体有效。在实践中，我们鼓励学生集体参与、鼓励团队活动，比如班级开展小组比赛、年级开展班级对抗赛等，活动内容与形式精彩纷呈，增强了德育的效果。四是学校每学年组织一次大型经典诵读的集体展示活动，以激发师生亲近经典的兴趣，也让孩子们在团队活动中得到成长。与此同时，学校加强管理，对这些常规活动进行目标管理，注重活动计划、安排与过程的管理，从而使学校的经典诵读常规活动课程也基本建立起来。在实践中，我们还将经典诵读与学校"首次教育"课程相融合，在一年级新生入学教育、每学期第一课等首次教育课程开课时，充分利用国学经典的内容开展相关教育，也取得了很好的效果。

（3）经典诵读与德育评比挂钩，评选诵读之星、书香学生、书香班级、书香家庭等，使经典诵读更加深入落实。经典诵读活动要想深入开展，离不开家庭、社会的支持。学校就主动与家庭联系，发动、指导家庭并联系社区参与"诵读经典诗文"活动。比如倡导各个家庭制订"亲子共读"计划，每天抽出 10～20 分钟，每周双休日抽出一个小时，家人集中在一起进行诵读活动，形成家长和孩子一起阅读经典的浓厚氛围。学校还应主动承担指导开展亲子诵读活动的任务、安排亲子经典诵读内容、鼓励家长陪伴孩子进行诵读、开展"我为孩子读经典"等活动，增进孩子与家长的相互沟通、相互理解，养成经典诵读习惯。

为了营造良好的诵读氛围，营造诵读社区环境也十分重要。学校应积极与社区沟通，争取社区相关部门及人员的帮助。学校的诵读展示活动，也可以邀请家长及社区代表参与，让丰富多彩的诵读经典活动打动他们，争取他们的理解与支持。同时，学校也应积极参加各社会组织开展的经典诵读活动，形成良好的社会影响，让更多的人参与这项活动，让经典诵读成为共识。

2. 经典诵读与校园文化建设相融合，打造学校整体文化教育课程体系

我们在学校校园文化的建设中融入优秀传统文化的元素，营造典雅的校园环境，能形成隐性的环境教育课程。

首先，将经典诵读与学校整体的长期发展规划相结合，与学校书香校园建设、文明学校建设、优秀家长学校等德育创建活动相结合，发动师生家长、社会人士共同参与，能使经典诵读与学校工作深度融合、共同促进。当然，我们还应以科研促发展，开展与经典诵读相关的课题研究，提高经典诵读活动开展的科学性。以我校为例，学校以"和谐"为核心词，围绕"和谐"这个中心，努力创设和雅环境，营造和美校园；全面实施和煦德育，形成和谐育人氛围；致力打造和乐课堂，建设和宜课程，不断提高教育教学质量。配合这一主题，学校的整体布置注重传统文化的渗透，宣传栏、橱窗、宣传屏、微信等，统一设计、统一制作，突显"和谐"的思想。同时，学校的宣传活动与内容也围绕优秀传统文化，如我们开设凤池大讲堂、凤池广播站、提倡摆手礼等，内涵丰富且形式多样，营造了环境熏陶人的氛围。

其次，我们应大力提倡开展班级文化建设，鼓励各班结合优秀传统文化与经典诵读活动，创造性开展班级文化建设。比如组织开展各班参加最美课室的评比，努力创建班级特色。我们鼓励开展书香班级的建设，倡导经典文化入班级。

环境教育氛围的打造，使学校书香氛围更浓，润物细无声，潜移默化地对学生进行教育，也产生了良好的教育效果。

3. 经典诵读融入书法课、阅读课等地方课程，课程活动更有特色

现在，许多学校都有开设丰富的地方和校本课程，比如书法课、阅读课等课程。这些课程，可以有计划地将经典诵读融入，使课程内容更加多元化。比如我校结合书会课，开设经典诵读指导课，指导学生开展有效阅读，让经典诵读成为正式的课程，学生也更加重视；结合书法课，我们将诵读融入学生的规范写字活动中，读与写并举，学生的兴趣也更高；我们还将每天中午的阅读时间改为读与写时间，不仅重视学生经典诗文的读，也重视学生汉字书写能力的提高，注重培养学生良好的写字习惯。更重要的是，让学生在读与写中感受经典语言的魅力，感受汉字独具的音韵美、形体美和艺术美。

4. 将经典诵读融入学校社团活动及第二课堂等校本课程的建设中，打造优秀传统文化主题课程

加强校本课程的建设，突出以优秀传统文化为主题的课程建设，是学校开展经典诵读的最有效途径。比如我们学校社团及第二课堂以"最爱传统文化"课程超市的形式出现：学校按年级学生的身心特点，确定每个年级不同的传统文化学习主题，分别是趣味传统游戏、爱上传统节日、浸润传统艺术、参与传统体育、亲近国学经典、探秘传统智慧等，六年形成一个传统文化教育的系列。而每个主题下，分学期开设不同的专门课程，如六年级探秘传统智慧主题下开设的《论语》赏析、中华科技与四大发明、《水浒》智慧、传统教育与科举等课程。学生们通过必修与选修，自主选择不同课程，主动参与传统文化学习，亲近经典。通过六年十二个学期的传统文化系列学习，我们相信，学生们的传统文化素养一定能得到极大的提升。以2017学年为例，我校社团及第二课堂提供近五十个与传统文化有关的课程供学生选择。课程内容丰富多彩，贴合学生实际，为学生所喜爱。

由于有了多元的选择，学生们学习传统文化的主动性与积极性被调动起来，学习的兴趣高涨，学得也更加积极认真，从而使传统文化教育由课内向课外的延伸更具实效，经典诵读的活动也更加常态化、多元化。

三、特色课程讲创新，经典诵读有亮点

在地方与校本课程的基础上，学校可以根据校方情况优中选优，创新开展经典诵读活动，着力建设并打造学校特色课程。

比如我校在"最爱传统文化"课程超市活动基础上，将学生最感兴趣也最有利于学生成长的课程定为必修课及社团活动课，花大力气进行打造。我们确定"古诗词诵读"为特色课程，成立了学校特色社团。社团从诵读入手，创造性地开展表演、创编、歌诵等活动，取得了良好的效果，学生先后多次在市区经典诵读等比赛中获奖。如我校社团表演的《木兰行军辞》就荣获2017年中小学中华经典诵读大赛珠海市香洲区二等奖。我们还确定"三十六计学与用"为特色课程，组织学生开展讲三十六计、演三十六计、用三十六计等活动，让传统智慧融入孩子的心灵，让孩子们在传统文化的学习中实践、创新、发展，快乐成长。与经典诵读相融合的特色课程，已经逐渐成为我校优秀传统教育课程的特色与亮点。我们计划进一步建设与打造，使其成为学校特色课程的品牌。而这些特色课程的打造，也必将为特色学校的发展打下坚实的基础。

"问渠哪得清如许，为有源头活水来。"为了更好地开展优秀传统文化教育，落实国学经典诵读，学校就必须从课程建设入手，让经典诵读与学校各类课程的建设紧密结合起来，使经典诵读成为学校各类课程的重要内容之一。只有这样，经典诵读才能真正为学生所接受，在学校生根开花，源远流长。

参考文献

[1] 孙双金，崔兴君. 国学经典：小学生怎么读[J]. 小学教学设计（语文品德版），2013（1）：21-22.

（本文作者：珠海市香洲区翠微小学　唐　琼）

弘扬传统文化　创建书香班级

为弘扬传统文化，彰显学校的国学教育特色，推进"寻根·厚德·睿智·健体"的国学教育课题探究，作为语文老师和班主任，在平凡、普通而又细致的教育教学中，我努力引领孩子们汲取中华文化精髓，创建富有浓厚书香气息的特色班级。

一、巧心布置，创造优雅文化环境

荀子说："蓬生麻中，不扶而直，白沙在涅，与之俱黑。"学生浸润在富有文化底蕴的班级环境中，自然而然能受到艺术的熏陶、文化的感染，不仅能提升个人的文化素养、文化精神，也能增强班级的凝聚力和向心力。

在文化班级的创建中，我们班集思广益、精益求精，经过几年的努力，初显班级的文化特色。班级门口的宣传板清晰明了地呈现班级的目标——做儒雅少年，创书香班级；班级口号——读经典的书，做有根的人；班训——自强不息，厚德载物。激励孩子们厚德笃行，志存高远。而班级公布栏里，除了课程表和社会主义核心价值观，就是光荣榜，表扬每个月在学习、品德、纪律等方面有出色表现或突出进步的"最美少年"，树立全班学习的好榜样。教室的橱窗专门展示孩子们优秀的文章、精美的阅读推荐卡、多种多样主题内容的手抄报、书法作品和精巧的手工艺品，比如剪纸、灯笼。孩子们共享成果，相互学习，取长补短，相得益彰。

板报既有根据主题不断更新内容的板块，也有固定的板块。一是"榜样树"：展示各行各业值得孩子们学习的榜样，包括航天英雄、奥运冠军、科学家、劳动模范以及那些助人为乐、见义勇为、诚实守信、尊老爱幼的好人，为孩子们树立标杆，使孩子们心有榜样，从而像他们一样培养美好的道德品质。二是"喜悦树"：主要记录班级荣誉和奋斗目标，帮助孩子们懂得"宝剑锋从磨砺出，梅花香自苦寒来"的道理。三是"反思墙"：上面写着"吾日三省吾身，为人谋而不忠乎，与朋友交而不信乎，传不习乎？"旨在引导孩子们"每周一思"，认真反省自己在为人处世、学习守纪、自我管理等方面的得失，及时调整和改正自己的思想和行为，从而完善自己。

图书漂流区是孩子们的精神家园，里面有绘本、历史、地理、文学、艺术、科普等各类书籍，这些书都是孩子们从家里带来班级的，课余时间很多孩子会在那里津津有味地阅读。还有图书角，是我的个人藏书，也全部提供给孩子们借阅，每一次我读到好书，孩子们就迫不及待想跟着我一起看，有时候我会把精彩的部分大声朗读给他们听，激发他们的阅读兴趣。同时，我和孩子们有一个约定：我们班谁读了好书，谁的课堂发言精彩，谁的日记优秀，谁的进步突出，谁就可以优先阅读老师的好书。这种方式激励着孩子们力求上进，使班级的阅读氛围更浓厚。图书阅览区是专门给孩子们看报纸和杂志《少儿国学》的地方，虽然只是一个小小的角落，但于孩子们，它却是一处广阔的天地，拓展了孩子们的阅读范围。

二、读书活动营造浓厚文化氛围

"腹有诗书气自华"，四年来，我们班坚持开展一系列丰富多彩的读书活动，使班级不但生机勃勃、充满活力，而且弥漫着浓郁的书香气息、营造了浓厚的文化氛围、凸显了班级的传统文化特色。

1. 日有所诵

从充满童真童趣的童诗童谣到优美隽永的唐诗宋词，从文质兼美的现代诗文到千古流传的经典古文，从朗朗上口的蒙学读物到经久不衰的四书五经，日不间断的诵读和吟诵，孩子们对《论语》《中庸》《岳阳楼记》《桃花源记》《爱莲说》等熟读成诵。我们班时常书声琅琅，孩子们读同一本书，念同一行文字，不计功利地沉浸在诗性的、纯美的、丰富的、有趣的语言中，于不知不觉中，培养了语感和韵律感，丰厚了文化底蕴，并享受阅读带来的难以言说的喜悦和无可替代的满足感与幸福感。正如《朗读手册》的作者崔利斯所言，"阅读与愉悦联系在一起"，阅读带来的成就感和自信心是任何东西无法比拟的。

同时，经典书籍中鲜活的形象以及其中蕴含的民族传统和人类精神，能激发孩子们内在的生命力，引领他们去追求真善美，止于至善。因为阅读，我们班的孩子情思更细腻独特、思维更开阔活跃、感受更广泛深刻、思想更自由独立、人格更高尚健全、气质更温柔敦厚、心灵更充实愉悦，散发出一种"理智的沉静"，有如温润如玉的谦谦君子、清扬婉兮的窈窕淑女。阅读已成为孩子们一种自然而然的生活习惯，一种美丽的行走方式。"博观而约取，厚积而薄发""读书破万卷，下笔如有神"。孩子们在习作中，在言语表达中，国学名句信手拈来，甚至有些孩子自己作诗，尝试用文言文写作等。从孩子们温暖而灵动的文字中，我们能感受到他们的文学素养，也能体会到他们的真情实感。有一颗柔软的心在跃动，有一份真诚的情在流淌。

> 水陆草木之花，可爱者甚蕃。宋周敦颐独爱莲。自古往今，世人甚爱玫瑰。予独爱梅之从不畏寒，遇难从不屈，顶天立地，凌寒留香，一身傲骨，迎风斗雪，从不低头折节。
>
> 予谓莲，花之君子者也；玫瑰，花之妖艳者也；梅，花之勇士者也。噫！莲之爱，唯周爱。梅之爱，懂赏者皆喜。玫瑰之爱，宜乎众矣！
>
> ——黄同学《爱梅说》

已近中秋，且与家人游园。到园外，已是黄昏，见园中花灯闪耀，便进园中赏灯。

花灯两旁尽是，树上挂满灯笼，明月出云间，好似嫦娥月中歌舞，晚风吹入园，虽是在乡中，却有思念亲人之意。已是金秋之时，但两边花儿尽绽放。

行至一时，忽听戏歌声，鼓乐喧天，丝竹声声，胡琴阵阵。但不知何处传来此声，闻后，顿时心旷神怡也。

入亭台楼阁，芳草如茵，百花盛开，明月高照楼台间，此地好也。嗟夫！若在此与众友，把酒欢歌，观灯赏月，岂不好也？

进园已一个时辰，见天色已晚，便乘车而去。噫！愚怎忍别去这似仙境之地也？再等何日，方能重游？

——李同学《忆昨夜游园记》

天山共色，云烟袅袅，似顶戴帽，意境动人。山谷流水，碧似翡翠，游鱼嬉戏，直视无碍。悬崖峭壁，维其高矣。山川悠远，高耸入云。习习谷风，维风及雨。夹岸高山，皆生寒松。风拂木摇，鸟鸣嘤嘤，出自幽谷，迁于乔木。花缀山腰，绿肥红瘦，寥若晨星。花之雅致，山之苍翠。窥山忘返，言无得韵，山木乱红，岂让人忘之？

——韦同学《记银瓶嘴山》

清凉的微风，随风舞动的花草，三五成群的牛羊，成千上万的鸡鸭……这一切美丽又简朴的景色，藏在迷人的乡村之中。

从乡村的房前走过，你会发现几棵粗壮的榕树直立在门前的一片空地，看上去，仿佛镇守房屋的士兵。树荫底下，橙色的南瓜和绿油油的冬瓜，一个个被撑得圆滚滚的。篱笆旁，人们支起了一瓜架。待那些瓜藤攀上篱笆时，又会有几朵淡雅的花儿争奇斗艳，让人心旷神怡，此番美景，使我不禁联想起王安石的诗："茅檐常扫净无苔，花木成畦手自栽。"

走到屋后，一株株竹子形成了一片竹林。经过几场春雨的滋润后，鲜嫩的笋陆续从地底钻出头来，逐渐长出青的竿，绿的叶，投下绿荫。小河边的桃花有的含苞待放，有的欣然怒放，给乡村的屋后增添几分春色。河水清澈见底，不时有鸭子在闲游，真不愧是"竹外桃花三两枝，春江水暖鸭先知。"这里是孩子们的乐园，他们常常在这里嬉戏打闹，乐在其中，为寂静的竹林增添了几分喧闹。

牲畜，在乡村之中随处可见，在篱笆旁走一圈，会看见几只小鸡在一只母鸡的带领下觅食，一只耸着尾巴的公鸡寸步不离地在四处巡逻，为小鸡和母鸡保驾护航。倘若附近有一条小河，必然有几只鹅在戏水，在梳理羽毛或在把头扎进水中觅食。乡下的这一切，令人赞叹不已，如同王驾的诗所描绘的："鹅湖山下稻粱肥，豚栅鸡栖半掩扉。"

乡村风景，总是朴素中带着几分华丽，简单中带着几分独特，十分迷人！

——张同学《迷人乡村》

瓜蔓攀登满屋檐，鲜花轮绽醉人心。雨后春笋成群探，鸡鸭率雏齐觅食。家家户户屋外餐，虫鸣歌曲催梦来。美景四处迷人心，使人来此不舍归。

——韦同学《乡村》

2. 读书汇报

每月举行一次，孩子们上台分享好书，不仅要讲清楚书名和作者，还要详细阐述推荐的理由，包括书中的人物形象、故事情节、主题思想、语言表达或者自己阅读后的真实感受。同学们有依有据的阐述、滔滔不绝的分享，对全班孩子来说，无疑是一股强大的吸引力。正如教育名师薛瑞萍所说的："借助同学的影响力、感召力，是可贵的教育资源。"于是，《诗经》《孙子兵法》、四大名著、曹文轩系列小说、西顿的动物小说、"三体"系列的幻想小说，甚至是《时间简史》《万物简史》等好书一本本进入了孩子们的视野。每次读书汇报后，孩子们会更争分夺秒地捧起书来看，更沉浸在书的世界里。书籍丰富了孩子们的精神世界，拓展了他们的想象力，充盈着他们的心灵，奠定了他们温暖的生命底色。

3. 比赛活动

每一学期，我们班会举行课本剧演绎大赛，讲故事、朗诵、讲演比赛，"汉字知多少"的知识竞赛，诗词大会和成语大赛等比赛活动，通过不同的方式来演绎经典，体会汉字一笔一画中承袭的中国人的风骨，方寸之间蕴含的中国人的智慧，感受诗词和成语的魅力，理解寓言故事、成语故事、童话故事的丰富内涵和精神价值。

三、特色课程文化内涵丰富多样

传统文化与课程的学习相结合，使文化内涵更丰富、更具体化、更贴近孩子们的实际生活，从而提高他们学习传统文化的积极性和主动性。我们班的学生在校本课程和拓展的课程中，不仅学习到更多的文化知识，也将传统文化的精髓运用到实际生活中，提高了文化修养。

（一）丰富多彩的小社团活动

周五的兴趣班，我们班的孩子快乐地学习国画、剪纸、围棋、毛笔、太极、咏春等具有传统文化内涵的特色课程，接受传统文化的熏陶，全面提升自身的文化涵养。

（二）科学系统的校本课程

我们班从一年级开始，每一年都专门学习小学国学经典教育读本的校本课，到现在五年级，孩子们已经在课堂上学习了《弟子规》《千字文》《小学生必背古诗词75首》《声律启蒙》《增广贤文》等。这些传统文化课程，使孩子们较深入地学习国学经典，提高语言表达能力和积累文化知识。比如学习《声律启蒙》，学生在诵读中感受韵文的押韵和对仗，体会其韵律美和节奏美，还调动生活经验和语言材料学习对对子。"博采百花酿蜜汁，细品香茗思甘苦""满园绿树年年吐秀，山涧红花日日飘香""室内书声琅琅，林中流水潺潺；窗外细雨霏霏，园中芳草萋萋；校外杨柳依依，空中星光闪闪，窗外白雪皑皑"等。

（三）文化主题的班队课活动

观看文化节目《开学第一课》、丝绸之路、诗词、汉字、长征、抗战等，了解更多的民族文化，学习革命精神，弘扬民族精神；欣赏电影，并开展讨论，如《小兵张嘎》《英雄小八路》等，让学生们领略少年英雄的机智勇敢、爱国情怀，《圆明园》《故宫》等纪录片让学生们感受中华文化……如果恰巧是传统节日来临之际，我们班的班队课会根据传统节日开展相应的主题班会，比如中秋节：举行有关团圆、中秋的赛诗会；端午节：走进屈原，了解屈原的故事，吟诵屈原的诗词；重阳节：一起品菊花茶，做香囊；春节：包饺子，吃汤圆，贴春联；元宵节：猜灯谜等。这些活动有利于传承中华民族优秀传统文化。

（四）课后拓展的感恩课程

自古以来，众人皆知"羊有跪乳之恩，鸦有反哺之义"，《诗经·木瓜》用最朴素的言语传达了"投之以桃，报之以李"的绵绵情意。一直以来，我都教导孩子们要做一个善良的人，努力使他们明白：父母、老师、同学等，每个人都为他们的成功做了一些牺牲奉献，他们不仅要尊重自己的努力，也要尊重这些帮助自己的人，做一个懂得感恩的人。

于是，我们班有一系列简单的感恩课程。妇女节的"让我为您分忧"，孩子为家中的妇女长辈做一件令她们开心的事，比如敬茶、捶背、按摩、叠衣服、唱歌、读诗等；母亲节的"我爱您"，感恩伟大的母亲，向妈妈表达内心浓浓的爱意；父亲节的"其实我懂您"，勇敢地向爸爸说出心中真实的想法，感受深沉的父爱；劳动节的"今天，让我来"，为家人做一道菜或一顿饭，做家务，在实践中体验父母的艰辛与不易；父母生日，亲手为他们制作生日礼物，寒暑假规划一次短途旅行或户外活动等，这些感恩课程，让孩子们在实践中更懂得孝顺，更明白"百善孝为先"。同时，每学期的"有你真好"，让孩子们回顾并感谢身边的人对自己的付出和帮助，制作"感谢卡"。这些感恩课程虽然是在课外完成，但在课堂上会有汇报分享、总结交流和择优评奖。

四、有效管理提升班级文化品位

我们班的管理以传统文化为指引，融合儒家、法家和道家的思想，汲取其精华，使班级亲切温暖、和谐有序，有更高的文化品位。

（一）儒家思想——以仁为本

儒家思想讲究仁义，而教育是"仁而爱人"的事业，是爱的艺术，就像习近平总书记说的："爱是教育的灵魂，没有爱就没有教育。"因此，我运用儒家以仁为本的思想来进行民主化的班级管理，尤其是阅读《教师要学孔子》这本书后，我更坚定了自己的管理理念，坚持用爱滋润孩子美丽的心灵之花，用爱开启孩子求知的大门，尊重、理解、信任、关心和帮助孩子，与孩子融洽相处。我尊重班上每一个孩子，把他们当作有想法、有情感、有个性的个体，尊重他们的意愿和人格。班上的很多事情，比如制订班规、举行班级活动等，我都会主动和学生商量，了解他们的真实想法，听取他们合理的意见，采纳他们好的建议。我也尊重他们的人格，如果我自己犯错，我会第一时间承认错误，并及时改正，让学生感觉到老师与他们是平等的。

泰戈尔曾说："理解是爱的别名。"理解孩子是师爱最真的体现，带着对生命的了解、洞察和关爱，带着人格的魅力和灵性，去理解每一个孩子的特殊性。时刻记住，正如世界上没有两片完全相同的树叶，也没有两个完全相同的孩子。因为每一个孩子的兴趣爱好、脾气秉性、性格特点、学习水平都不一样，所以要理解个别孩子的暂时落后，当我们多次讲解，孩子还是不懂的时候，要更加耐心地教导，像孔子所说："学而不厌，诲人不倦。"也要接受孩子的反复犯错，懂得换位思考，设身处地地包容、体谅他们，而不急于进行价值判断，妄下结论，让孩子感受到老师的同感与共情，耐心与亲近。

同时，我从儒家文化中获得教育的启示，在日常管理中，耐心地用国学经典来引导孩子们的言行举止，使传统文化润物细无声地浸润孩子们的心田，转化为日常的行为与规范。首先，我与孩子们通过接诗句的方式形成默契。当我要求他们安静下来时，我会说"此时无声"，孩子们便会接"胜有声"，并马上安静下来；当我提醒他们结束讨论时，我会说一句诗，孩子们马上接下一句诗，并安静地坐端正。

其次，我用国学经典指导孩子的学习。当孩子书写不够认真时，我会轻轻地说："字不敬，心先病。"当孩子读书不够静心专注时，我会提醒他们："读书法，有三到，心眼口，信皆要。"当我要提醒孩子仔细琢磨文字时，我会说："旧书不厌百回读，熟读深思子自知。"当我要教育孩子诚实对待自己的学习时，我会说："知之为知之，不知为不知，是知也。"当孩子不懂得珍惜时间努力学习时，我会劝告他们:"黑发不知勤学早,白首方悔读书迟。"

再次,我用经典诗文调整孩子的行为。当孩子犯错的时候,我会告诉他们:"无心非,名为错;有心非,名为恶。过能改,归于无,倘掩饰,增一辜。"当孩子因为天气或者一些琐碎的小事而烦躁或不高兴时,我会说:"不以物喜,不以己悲。"当我要引导孩子学习别人的优点,我会说"见贤思齐焉,见不贤而内自省也。"当我要教导孩子学会自我管理时,我会说"莫现乎隐,莫显乎微。故君子慎其独也。"当我要教孩子们要做善事,不做坏事时,我会说:"不以善小而不为,不以恶小而为之。"慢慢地,我和孩子们形成了默契,现在不用我开口,孩子们便会脱口而出国学名句,并自觉调整自己的行为。

儒家思想给予我很多的教育启示,增加了我的教育智慧,使班级的氛围更温馨,也使班级管理更高效。同时,也让我明白,好老师对孩子的教育和引导应该是充满爱心和信任的,用爱培育、激发和传播爱,用真情、真心和真诚拉近与学生的距离,学生才能"亲其师""信其道"。

(二)法家原则——严爱相济

赏识和激励并非教育的全部,完整的教育还要有适当的批评和严格的要求。我们班师生共同制订班规,并严格执行,每个人都树立规矩意识,明确规则,并自觉遵守,养成良好的行为规范。如果谁不守规则,就得自我反思,写下"说明书"或者日记,贴在板报上的"反思墙"板块,接受同学们的监督,以提醒自己及时改进不足,成就更好的自己。实践证明,教师恩威并施,动之以情,晓之以理,孩子们慢慢懂得"三思而后行",明白做儒雅少年必须严于律己,能慎独,而且要用自己的实际行动真正地实践道德,提升道德情操。

(三)道家精髓——无为而治

"人法地,地法天,天法道,道法自然",方能"天人合一"。道家的无为不是无所作为,而是顺势而为,不背道而行。在班级的管理中,亦需班主任学习道家的思想,有所为,有所不为,要根据孩子们的成长需要和发展需求顺势而为,不违背学生的成长规律和班级的发展规律。作为班主任,不能是一个高高在上的管理者,不能是凌驾于学生之上的权威者,应是一个与孩子共同学习和成长的陪伴者,是孩子的贴心人和好朋友。我顺应孩子的发展趋势,满足其管理他人的需求,把管理权下放给班上的每一个孩子,实现管理自主化,人人参与管理,各自负责某一具体的方面,比如管理图书、卫生、纪律、仪容仪表,设计更新板报等,孩子们积极性很高。在各自的管理岗位上完成得出色的,还可以担任班干、队干,所以孩子们会自我总结,获得自我教育的能力。同时,我创造机会让孩子们学会团结协作、友好相处,从而使班级和谐自然得如同云卷云舒,美好得如同瓜熟蒂落、水到渠成。

五、亲子共读提升宝贵文化精神

"读圣贤书，立君子品，做有德人"，这是我和家长们的共识。因为家长是孩子成长的引路人，家长与孩子共同阅读，让孩子获得"和你一起"的美好感觉，拥有"一起读书"的幸福感，慢慢地产生"我爱读，我想读，我要读"的主动阅读愿景，这是老师无可替代的。因此，我通过多种方式拓展教育的范围，充分利用班级QQ群、微信群、校讯通、海教通和家长会，向家长传达阅读的重要性和引领孩子阅读的具体方法。

我们班每天坚持亲子诵读一首诗词或者一段古文，还可以发到QQ群上共享和交流，彼此学习，营造浓厚的读书氛围。同时，利用寒暑假，亲子共读了意大利埃迪蒙托·德·亚米契斯的《爱的教育》、美国丽塔·埃米特的《拖沓的孩子》、美国雷夫·艾斯奎斯的《第56号教室的奇迹》，读完并交流，家长根据自己的教育心得或困惑写下读后感，总结、反思自己教育方式的得失，孩子们阅读家长的读后感，写下自己的想法。在这一过程中，家长和孩子都说出了心里话，彼此的心灵受到启迪，情感得到升华。然后，家长借鉴书中的宝贵经验，心平气和地和孩子商量解决拖沓问题的方法，共同制订适合孩子的时间安排表，并根据孩子的实际表现细致地做好记录，给予适当的奖励或合理的惩罚，以便有效强化孩子的时间管理能力。在这个过程中，家长和孩子创造共同的阅读记忆，在家庭中慢慢营造阅读氛围，将班级的书香气息延伸到家庭中，这提升了我们班的阅读水平和文化精神。下面展示两位家长的读书笔记及一位家长和学生共同制订的时间安排表（见表4-1）。很显然，他们通过阅读，获益匪浅。

> 在第56号教室里，雷夫老师用信任和爱取代了恐惧，做孩子可以信赖的依靠。在交作业时，当丽莎找不到自己的作业时，雷夫低下身子说他相信她写了作业只是找不到了，并告知她整理一下乱糟糟的资料袋。结果，从此以后丽莎的作业再也没有找不到过。当老师讲过多次，学生还是不会做时，雷夫说："只要尽力，考试不是那么重要，考不好只代表一件事：你还没有弄懂这个题目，老师再为你讲解一次。"当孩子恶作剧打破了东西时，雷夫会说没关系，这种事是难免的，我们可以好好处理……是的，孩子难免会犯错，这时我们最重要的不是观察孩子的缺点，而是发现其转变的痕迹。或许，不一样的处理方法，会产生完全不一样的结果：在短短几分钟的时间里，我们从可能依规定惩罚孩子的"恶人"，变成受他们信赖的师长和朋友。这就是榜样和没有害怕的教育。这就是信任和不走捷径的教育。
>
> ——陈同学妈妈：《读雷夫·艾斯奎斯〈第56号教室的奇迹〉有感》

读完《爱的教育》这本书,激荡心中的感情波澜久久难以平息。作者用爱的钥匙,打开了我的心扉,让我在阅读这本书时,有了很多深刻的思考,这些思考使我能够深刻体会到爱的教育。爱是人类的永恒话题,是人类最基本的情感,而在教育中,爱更是教育的灵魂和生命。对孩子进行爱的教育,是教育的关键,也是教育的基本要求。

在我们的现实生活中,所有的父母都爱自己的孩子,都想给予孩子最好的教育,可我们是否想过我们所给予孩子的是不是他(她)所需要的。我们很爱自己的孩子,可我们却往往以爱的名义做着伤害着孩子的行为,自己浑然不知。孩子始终是孩子,生来所具有的好奇心,不断地促使着他去探索,去尝试。在这一过程中,因为孩子的认知水平的局限,难免会出现我们成人所不能接受的状况,当下的我们是否可以心平气和地,如书中的老师一样,从理解孩子的角度,更是以爱的名义去处理问题呢?这是我看了这本书的最值得思考的地方,也是最能给予我情感滋养的地方。

——林同学妈妈《读〈爱的教育〉有感》

表4-1 李同学作息时间安排表(周一至周五)

时间	作息内容	备注
7:15—7:30	播放起床音乐	由家长负责帮忙播放,音乐尽可能舒缓
	起床、穿衣服、叠被子、收拾房间	家长提醒孩子必须起床
7:35	吃早餐、听英语或新闻广播	让孩子自己习惯打开播放器
7:50	出门上学,如早到学校则先早读	
17:00	放学回家:先吃点水果或零食	
17:15—19:00	做作业时间	家长不要陪伴,让孩子自己做,不会做的留着签字时再问父母
19:00—19:15	帮助家人做晚餐和餐前准备或拖地板(每周3次)	懂得关爱和帮助家人
19:15—19:45	吃晚饭	
19:45—20:45	晚餐后散步、骑车	

续上表

时间	作息内容	备注
20：45—21：15	1. 做未完成的作业或请父母提示不会做的题 2. 如果学校的学习任务已完成，则自由玩耍和阅读 3. 营造良好的阅读氛围（播放阅读音乐） 父母和孩子一起阅读，根据内容，各自静心读，然后交流或者一起朗读经典诗文	
21：15—21：45	1. 晚洗漱（洗澡或洗脸和脚、刷牙） 2. 手洗当日换的内裤和袜子 3. 把要换的外衣放进洗衣机旁的收纳袋	超过22点没完成，此项扣2分
21：50	上床看故事书或看绘本书籍、听音乐	可以放一些轻柔的古典音乐
22：10	准时关灯睡觉，怀着愉快的心情做美梦	
计分方式	每天按时完成任务，可得6分，没完成一项扣2分。每月30号结算	
奖励说明	1. 18分以上，1分可得1个金币，而不同数量的金币可兑换不同的礼物 2. 25分以上，除了金币，还可获得奖励： （1）周六上午打扫卫生后，孩子可以自由活动 （2）周日可参加各种外出活动，如打球、旅游、逛公园等	
备注	1. 评分人是父母和孩子 2. 每天要及时进行总结，以求更大的进步	

——李同学妈妈《读〈拖沓的孩子〉有感》

六、结语

优秀传统文化是我们树立理想、艰苦奋斗的精神沃土，是一笔巨大的精神财富，需要我们在继承中发展、在发展中继承。而我们作为"传道、授业、解惑"

的教育工作者,更是责无旁贷。在教育教学中,我将传统文化渗透到特色班级的建设中,营造了浓厚的书香氛围,引领孩子们对知识、对文化、对一切美好事物的追求,点燃他们对真善美的向往,也传承和发扬了传统文化,使它焕发生机、绽放异彩。

参考文献

[1] 崔利斯. 朗读手册 [M]. 沙永玲,麦奇美,麦倩宜,译. 海口:南海出版公司,2009.
[2] 薛瑞萍. 我们班的阅读日志 [M]. 北京:北京师范大学出版社,2007.
[3] 唐范红. 传统文化在班级文化构建中的实践探索 [J]. 课程教育研究,2017(16):216.
[4] 雷玲主编. 教师要学孔子 [M]. 上海:华东师范大学出版社,2012.
[5] 苏霍姆林斯基. 给教师的建议 [M]. 杜殿坤,译. 北京:教育科学出版社,1984.
[6] 中共中央文献研究室编. 习近平关于青少年和共青团工作论述摘编 [C]. 北京:中央文献出版社,2017.

(本文作者:广州市海珠区南燕小学 曾佩嬿)

微信在初中国学经典诵读中的应用初探

——以《诗经》微信群暑期诵读实践为例

广东省中山市实验中学是一所有初中部和高中部的完全中学。笔者在初中部任语文教师一职，同时也是学校社团"儒行社"（北京大学儒行社①在中学的分支社团）的指导老师。中山市实验中学是国家级示范性普通中学，是中山市重点中学，全寄宿制学校，全校师生近 6000 人。实验中学初中部在 2012 年 9 月时便开始有了国学教育，以在语文早读时间（周二、周四）诵读、讲授《论语》为主，没有专门的国学诵读课。笔者在撰写这篇论文时担任初三 5 班、6 班两个班的语文老师，每个班的学生都是 45 名，有自主招生入学的同学，有派位入学的同学，生源质量总体较好，不过学生之间的语文素养差距较大。师生也都有较大的中考应试压力。虽然有较大的应试压力，但笔者依旧想给学生扩展一些国学知识，让国学经典润物细无声地走入学生的心里，待以后生根、发芽、壮大，给学生带来更多的关于人生的思考。用什么样的方法既能不影响成绩，又能学习国学经典？笔者一直在思考这个问题。

一、初中国学经典诵读教学现状

为了更好地了解目前初中国学经典诵读现状，笔者登录中国知网寻求相应资料，以期能解决困惑。笔者在 2017 年 10 月 10 日以"初中国学经典诵读"为关键主题词，在中国知网上进行了检索，发现从 2009 年到 2017 年，相关的文章只有 34 篇。笔者认真阅读了这些文章，发现多数都是谈应该在初中阶段开展国学经典诵读教学，谈经典诵读教学的重要意义，却很少有文章去讨论怎么开展。

笔者所在的学校是广东省中山市较早开展国学经典诵读教学的学校之一，不过迫于应试压力与师资力量等原因，诵读教学不够系统且缺乏连续性。很多学生三年多下来，只是知道一些经典书籍的书名，了解一点吟诵，会背一点经典篇目，远远谈不上诵读经典给学生带来的浸入式的影响。笔者深深地感到，目前初中阶段的国学经典诵读教学理论和实践经验都是缺乏的，尤其缺乏实践经验。

---

① 北京大学儒行社是以北京大学哲学系为依托，重学术而贵践行的社团，社名取自《礼记·儒行篇》。

二、微信群与经典诵读教学的结合

　　2016年10月10日,笔者在"吟诵空间"微信公众号看到了"小小计划——21天读书系列"活动,该活动旨在用21天去记住一首诗、一首词、一篇文,让孩子用一个个21天去吟诵读书,让小积累的成就感支撑读书的乐趣。该活动的实施计划如下:老师每周在微信群里上一次课,讲解当周需要吟诵的内容。接下来的一周七天里,学生需要每天花几分钟去吟诵该内容,每天在微信群里上交语言作业。该群实行交作业打卡制度,对全勤学生会给予相应奖励。笔者抱着尝试的想法加入该微信群学习。第一期活动读《春江花月夜》,主讲老师是北京景山学校朱畅思老师,朱老师把该诗分解为三个部分,每周讲解一个部分。几个星期下来,笔者就利用零碎时间把《春江花月夜》吟背了下来,很有成就感。后来,笔者又参加了第二期读《诗经·豳风·七月》①,第三期读《琵琶行》②。三期下来后,笔者感觉受益匪浅,这种学习方式有五个方面的优势:第一,每天所花费的时间很少,充分利用碎片时间;第二,利用微信群讲授学习的方式,主流且不受时间、空间限制,只要有网络都可以学习;第三,需要每日打卡、签到,坚持21天会有奖励,也起到了互相监督的作用;第四,可以欣赏群友的音频,找差距,方便自己提高;第五,轻松吟背出一首首很长的经典篇目,带给人更多的自信、自豪感。

　　笔者深深地感受到了现代科学、网络技术的发展给学习带来的便利性。笔者在微信上参加完三期"小小计划"经典诵读学习,刚好快到暑假。漫长的暑假,多数孩子每天都会接触到手机,漫无目的地用手机,或许只会带来负面的效果,何不用手机去学习呢?

　　2017年7月24日至8月25日,笔者每天在经典诵读微信群上发布当天所要学习的国学内容,学生通过微信语音等形式提交作业。为了鼓励学生积极交作业,对于先交作业的学生给予奖励;为了鼓励学生能完成当天作业,当天只要完成作业的学生也能得到相应奖励。部分家长也加入该微信群,进行轮流的每日作业点评,同时,家长们也起到了监督作用。笔者也适时点评,让学生感受到老师的关注。这一个月,笔者教学的内容为《诗经》中的经典篇目。通过将近一个月的微信群学习,多数同学熟读、熟诵、熟背且理解了《诗经》中如《豳风·七月》《郑风·子衿》等经典诗歌。

---

① 参见广东省义务教育课程(实验)计划表。
② 参见广东省义务教育课程(实验)计划表。

三、微信群诵读经典的前期准备

(一) 筹建《诗经》学习微信群

笔者所教的两个班共计有 90 名学生，暑期的《诗经》微信群诵读活动，这 90 名学生都可自愿报名学习。

笔者在两个班的家校 QQ 群发布了以下信息："知礼仪，说雅言，写雅文。为了让我班同学能过一个更充实的暑假，特拟开一个'《诗经》伴我行'的微信群，该群里的每位孩子，每日必须背一首《诗经》里的诗。每天我会在一个比较固定的时间发布一首诗，以及这首诗的释义（《诗经》里的诗，有些释义有争议，笔者选择时以大众普遍认可的为主）。每日前 30% 吟背完这首诗的同学，当日奖励琼瑶（琼瑶：意为美玉）一枚。剩下的同学，只要当天完成了作业，不管是不是前 30%，都可以得到木瓜一个。以微信语音的方式上交当日背诵作业即可。离开学还有 30 多天，能坚持下来的孩子，就获得了一笔不小的财富，也能感受持之以恒的魅力！每个班需一两位家长统计当日奖品数量。琼瑶、木瓜数量靠前的孩子，会获得意外惊喜！这也是算是两个班同学的一次比拼，要参与的孩子，请家长代为报名。两个班报名人数大于 20 人后，公布微信群号，家长自行管理（统计数量），老师只负责教学内容的发布。"

经过家校群的接龙报名，最后有 40 名孩子报名。不过因孩子外出等原因，最后入群的孩子有 33 名，加上家长、老师，该群一共有 56 名成员。然后，笔者在群里调整了下奖励规则，每日前 12 位交作业的同学可获得琼瑶一枚，剩下只要交作业的同学都可获得木瓜 1 个，一枚琼瑶等于 4 个木瓜。活动从 7 月 24 日正式开始。

(二) 制订教学计划，寻找教学资源

《诗经》中有 300 多首诗，分为风、雅、颂三个部分，选择哪些诗歌教授给学生，也是需要仔细斟酌的。笔者反复考虑后，主要选择了《诗经》中"风"部分的经典篇目，力求让学生明白《诗经》是一部现实主义作品，提高学生审美能力的同时，增强对中国诗歌渊源及发展的认识。7 月 24 日到 31 日，笔者选择了《豳风·七月》给学生讲解，通过 8 天三部分的讲解、学习，让学生攻破一首长诗、难诗，获得自信，为 8 月份的学习做好准备。（见表 4-2）

表4-2 "诗经伴我行"活动学习计划表

日期	教学内容	日期	教学内容
7月24日	《豳风·七月》	8月10日	《陈风·东门之杨》
7月25日	《豳风·七月》	8月11日	《卫风·河广》
7月26日	《豳风·七月》	8月12日	《召南·小星》
7月27日	《豳风·七月》	8月13日	《邶风·式微》
7月28日	《豳风·七月》	8月14日	《召南·草虫》
7月29日	《豳风·七月》	8月15日	《召南·鹊巢》
7月30日	《豳风·七月》	8月16日	《郑风·野有蔓草》
7月31日	《豳风·七月》	8月17日	《周南·兔罝》
8月1日	《秦风·无衣》	8月18日	《小雅·蓼莪》
8月2日	《鄘风·相鼠》	8月19日	《小雅·蓼莪》
8月3日	《郑风·子衿》	8月20日	《邶风·绿衣》
8月4日	《王风·黍离》	8月21日	《豳风·破斧》
8月5日	《曹风·蜉蝣》	8月22日	《秦风·车邻》
8月6日	《魏风·硕鼠》	8月23日	《小雅·鹤鸣》
8月7日	《邶风·式微》	8月24日	《卫风·氓》
8月8日	《邶风·击鼓》	8月25日	《卫风·氓》
8月9日	《秦风·蒹葭》		

《诗经》教学中的吟诵音频资料，主要参考了"喜马拉雅"上"盈视讲坛"的专辑《经书谆谆系列——诗经》。该专辑的吟诵者与学生的年龄相仿，加上是吉他配吟诵，利于学生接受。

吉他吟诵是北京景山学校朱畅思老师首创的一种吟诵方式，在吟诵的同时配上了现代流行乐器吉他的伴奏。传统与现代有了结合，比起中国传统的吟诵方式，该方法容易激发学生对经典诵读的兴趣。两个班的学生在初一入学时，笔者开展过一些国学诵读教学，给学生讲授过平仄、依字行腔、依意行调等吟诵知识。两个班的学生也都接触过吉他吟诵，比起传统的吟诵方式，两个班的学生明显更加喜欢吉他吟诵方式。

《诗经》教学的备课，笔者主要参考了中华书局出版的《诗经译注》[①] 这本书。

---

① 周振甫：《诗经译注》，中华书局，2013。

（三）充分发挥家长们的积极性

老师在假期里每日要备课、发布学习内容，已是一项较为艰难的工作。如果再加上微信群管理，学生作业登记、点评，会给老师带来许多额外的压力。家校联动，充分发挥家长们的积极性，在减轻老师工作压力的同时，也能促进家长们的自身进步，同时也增加了亲子互动时间。

家长们按照孩子姓氏拼音排序，每日轮流登记学生作业、点评学生作业。从家长们的点评语中也能看出家长是否有跟孩子一起学习、成长，对家长而言，也是一种督促。笔者委托一位细心的家长来管理微信群，负责答疑解惑。又为家长制作了每日作业情况登记表，项目清晰、一目了然。把这些工作交给家长完成后，笔者主要负责备好课。

四、微信群诵读经典教学缩影

2017年8月10日早上8点15分，笔者发布了《诗经·陈风·东门之杨》吟诵音频、文本、文学赏析（见图4-1）。

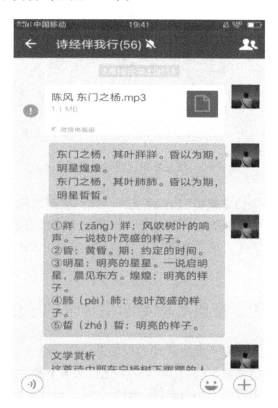

图4-1　笔者发布吟诵音频和文本

40分钟后，就有同学陆续上交吟诵音频作业。其中12位同学按照先后顺序获得了当天的琼瑶奖励。虽然没有了琼瑶奖励，但后面的同学还是很积极完成当天作业。中午时分，笔者把"喜马拉雅"上"广播文艺杂志"的节目《诗经·东门之杨》发到群里给学生学习，让学生更好地了解此诗（见图4-2）。

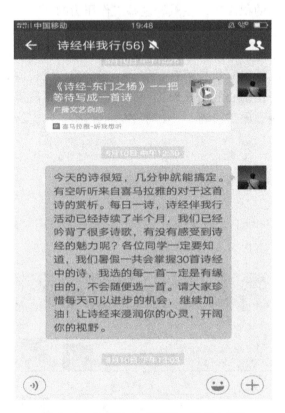

图4-2　笔者发布《诗经·东门之杨》

尽管工作忙碌，却仍有坚持点评的家长。如，城毅妈妈在凌晨时分发布了点评。以上只是微信群中普通的一天的缩影，该群每天都在发生一些感动，每天都有一点进步。为了表扬学生，笔者在微信公众号发布了学生的吟诵作业，增强学生的学习积极性。

五、微信群诵读经典活动给学生带来的感悟

为了调查学生及家长对于此次活动的反馈及建议，也为了以后更好地开展此类经典诵读活动，活动结束前10天，笔者让学生自愿写下参加此次活动的心得体会、感悟。一些学生给笔者发来了学习总结、感悟，特别是梓盈同学的学习感悟最全面

深入。以下为梓盈同学的学习感悟。

> 我认为参加"《诗经》伴我行"这个活动，虽然每天学习一首诗要花一定的时间，但是我不会觉得这是一种浪费时间的行为。我觉得这是一个学习的过程，一个很有意思的过程，这让我更了解《诗经》，因为《诗经》里的诗在书本中出现概率较低，平时我对《诗经》了解很少，而此次也学到了一种新的记忆方式——吟诵。我认为吟诵这种方式很特别，很新颖。以往的吟诵都比较传统，而吉他伴奏更符合新一代学生的审美，类似唱歌一样，朗朗上口。吟诵有很多好处是背诵所不具有的。背诵是要刻意背，一般是不会特别有感情的，像一块淡淡的硬面包，只是硬吞，并没有味道。吟诵就同唱歌，是会投入感情的，而且你并不用刻意地去背，慢慢吟，把每一个字吟到心里去，慢慢地你就会领略诗里的含义，爱上这首诗。有空闲时，吟诵吧，吟着吟着就会背了。如品尝一块巧克力，慢慢溶化在嘴里，回味无穷。我其实挺赞成推广吟诵这种学习方式的。
>
> 在这一个月的学习中，有几首诗让我印象深刻。第一首是《豳风·七月》，这首诗很有民俗风味，详细地介绍了基层百姓的文化。第二首是《郑风·子衿》，第三首诗是《邶风·采薇》，这两首诗都是比较清新的诗，我都挺喜欢。第四首诗是《小雅·蓼莪》，这首诗让我懂了很多道理，比如珍惜父母。第五首诗是《陈风·东门之杨》，这首诗的吟诵调很好听。
>
> 谢谢老师给了我们这样一个好的平台让我们了解和学习了那么多有关《诗经》和吟诵的知识，是老师的教导才使同学们更好地理解诗词。辛苦老师在暑假期间还去想一种新的教学方式来教我们。每天，老师都不辞辛苦给我们准备吟诵内容，也谢谢家长们的点评和鼓励！我会继续学好吟诵的，争取再不断努力，在吟诵方面多下点功夫，好好学习。我希望这样的活动可以多开展，多培养创新精神，寻找新颖的学习方式和有趣丰富的学习内容。

通过梓盈同学书写的学习感悟，笔者已经感受到了孩子们在经典的浸润下，逐渐进步、成长。繁忙的课余，孩子们其实也是非常希望接触到一些课外经典知识的，怎么给孩子补充？需要老师掌握时机及方法。而从其他同学的总结、感悟中，也能明显看出学生的成长。

活动结束后，笔者在群里发布了表扬、颁奖信息："孩子们，你们坚持了一个月学习《诗经》，虽然只学到了《诗经》中约1/10的内容，但我希望这是一粒种子，为你们以后继续学习传统文化打下基础。你们的自学能力在此次活动中也得到了锻炼，学习终是自己的事情，希望你们能养成自主学习的习惯。谁的自学能力好，谁就掌握了先机。人与人之间的差距就是在这点滴之间产生的，群里坚持到最后的孩子，你们都很棒！感谢各位家长的支持、点评，让我们的活动能顺利开展。

这次活动的状元：梓盈，共获得 129 个木瓜。诗经榜眼：少映，共获得 126 个木瓜。诗经探花：城毅，共获得 121 个木瓜。诗经达人（木瓜数排名前 10 的同学）：梁健钆、陈妍妙、欧锐乔、胡昊、郑东毅、李华宸、李语娆、刘靖然、陈婧瑶、欧阳旭欣、黄玉田。恒心达人（坚持完成每日作业的同学）：陈婧瑶、欧阳旭欣、黄玉田、陈思琪、苏蕴诺、梁奕熙、李响、谢雯静、张洁铷、蓝海峰、倪轩、何华靖、陈政、邓镁苓、房子铖、曾子萱。"

六、微信群诵读经典活动反思

（一）微信及微信群在初中国学经典诵读应用中的优势

正如笔者开展此次活动的初衷一样，在应考压力与播撒国学种子之间，需要用方法去寻求一种平衡。此种方法必须考虑到时间因素，利用碎片时间，随时随地去诵读经典是一举两得的方法。微信作为一座桥梁，让这种平衡得以实现。

微信除了交流的功能外，其实完全可以用于课内外教学。笔者暑期在微信开展的活动，在非寄宿制学校，其实可以每天都开展。除了用于经典诵读教学外，还可以根据学校实际情况，开展一系列教学尝试。在微信开展诵读教学之前，2016 年暑期，笔者在微信群还开展过每日作业监督。学生做好暑期计划，把暑期作业、任务分解到每天。暑假期间，每天拍照上交当天作业，传至微信群，家长负责考勤。最终，微信群里的学生作业完成情况及完成质量远远高于没有入群的同学。

（二）微信及微信群在初中国学经典诵读应用中的一些弊端

当然，此次"《诗经》伴我行"活动也有一些弊端。第一，如学生借网上学习、发送语音作业的机会玩手机，进而沉迷于手机游戏、聊天等。如果家长、老师能加强监管，想必这样的情况也能减少。第二，有几位同学求胜欲望较强，争先恐后交作业，笔者怕个别学生为了交作业而交作业，并没有完全领会诗歌的意思，囫囵吞枣只为拿到当天奖励。在以后的活动中还需要制订更合理的奖惩措施，既能激发学生的学习积极性，又能使其学到更多知识。第三，在寄宿制学校，想要每天在微信群开展此类诵读活动，目前是不太现实的，只能在周末、假期进行，有局限性。

暑期微信诗经诵读活动结束了，33 位入群的同学最终有 27 位坚持到了最后，获得了奖励，完成率超过 80%。活动给学生带来的直接益处是多了解和背诵了几十首诗，更深入的影响是学生更加了解《诗经》，更加熟悉吟诵这种中国传统读书方式，进而产生对汉语、对传统文化的喜爱。从文字表面到内心深处的触动，需要一些契机才能达到，笔者想，这次活动或许就是一个深入学生内心的契机。开展此次活动的出发点，不是为了提高学生语文成绩，而是单纯地想让学生多学到一些的修身养性的知识。笔者认为，参加此次活动的学生，哪怕对这几十首诗中的某首或某句产生了一点点共鸣，那么笔者开展此次活动的目的也就达到了。

参考文献

[1] 李宗桂. 国学与时代精神 [J]. 学术研究，2008（3）：21-30.
[2] 谭平，万平. 国学经典导论 [M]. 北京：人民出版社，2010.
[3] 蒙娟. 中学语文教育与国学教育 [J]. 科教纵横，2009（12）：216.

（本文作者：中山市实验中学　潘琳西）

第五章 地方特色资源的课程导入与创新

中小学音乐课堂引进客家乡土音乐的策略探索

客家乡土音乐文化源远流长、自成体系，是我国民俗文化中很独特的派系，在社会上影响较大，有着较高的历史价值和审美价值。随着时代的发展，传承客家乡土音乐文化已是迫在眉睫。把客家乡土音乐文化引进中小学音乐课堂，能促进学生身心发展，提高学生的综合素养，能引起学生对家乡传统文化的关注，达到传承的目的。那么，如何有效地传承客家乡土音乐文化呢？作为一位客家人，一位音乐教育者，以下是本人把龙门县客家乡土音乐文化的资源引进到中小学音乐课堂的探索。

一、中小学传承客家乡土音乐文化首先从传承客家童谣做起

（一）客家童谣的特点

客家童谣是客家方言与客家音乐文化相结合的最基础、最易于传唱的艺术形式。"宁丢祖宗田，不丢客家言"，客家人懂得语言的传承要从"娃娃抓起"，有客家人居住的地方就流传着朗朗上口的客家童谣。客家童谣是用客家方言口头传诵的歌谣，语言活泼，精炼短小，首尾押韵，善用对偶、比拟、夸张等艺术修辞方法，节奏鲜明、朗朗上口，具有鲜明的地方方言特色，是客家人智慧的结晶，是客家儿女接受客家文化熏陶的"人生第一课"，虽不为文人雅士所赏识，却具有坚实的草根性和强大的生命力，它是农耕文明的田园牧歌，小小的童谣蕴含着人生大道理。

（二）传承客家童谣，培养学生对客家乡土音乐文化的兴趣

童谣这种短诗式的艺术，表现形式简单、易学，更适合幼儿和小学生，这里说的中小学中的中学生也只局限于七年级的学生，八年级如果还停留在学童谣的阶段

就显得有点不符合科学规律了。因此，传承客家童谣并不是简单的唱，而是重在吸引学生对客家乡土音乐文化产生兴趣，从而产生继续探讨客家乡土音乐文化的欲望。在课堂上，老师的教学形式要多种多样，比如：让孩子们给童谣配上不同的节奏来吟唱，体验同歌词不同节奏带来的感受；用打击乐器演奏童谣，培养孩子们的合作探究精神；根据童谣歌词创编舞蹈动作、分小组表演，鼓励学生根据生活所闻所见创作客家童谣，培养孩子们的创新精神；在学校开展客家童谣传唱活动；等等。

二、把客家山歌引进中小学音乐课堂是最主要的手段

（一）客家山歌的特点

客家山歌是我国民歌体裁中的一种，用客家方言演唱，在客家乡土音乐文化中最具代表性和特色。客家山歌多是四句体，每句七字，逢一、二、四句多压平声韵，采用赋、比、兴的手法表达主题，常用衬词、衬字，每首曲子都有颤音、滑音、倚音等装饰音，旋律委婉动听。客家山歌历史悠久，但随着时代的发展，受多元文化的冲击及传承、保护力度不够等因素的影响，这一朵艺术奇葩正在逐渐凋零。学校教育是传承文化的最佳途径，因此，把客家山歌引进中小学音乐课堂就显得尤为重要。

（二）中小学音乐课堂引进客家山歌的好处

1. 能增强对学生的德育熏陶作用

客家山歌是客家人智慧的结晶，反映了当地的风土人情和历史传统，山歌里弘扬人间的真善美、批判假恶丑等人生观大道理，传承了客家人的传统美德和特有的精神品质。学一支山歌就是进行一次思想的熏陶，对学生的身心发展和校园文化建设都能起到促进的作用。

2. 丰富了音乐教学内容

中小学音乐课堂引进客家山歌，开发了校本教材、丰富了教学内容，可以让学生学到课本以外的知识，开阔了视野、调节了教学品味，让每一个学生都能用家乡的方言歌唱，感受家乡山歌文化的魅力。

3. 有利于传承乡土音乐，提高学生的民族音乐素养

客家山歌体现了客家民族文化，中小学音乐课堂引进客家山歌，能让学生认识到客家的原生态音乐文化，学习到客家乡土音乐的精髓，是传承、普及、发展乡土音乐的重要途迳，对提高学生艺术审美能力、发扬客家乡土音乐文化、提高民族音乐素养起到重要的作用。

4. 增强学生的民族凝聚力和民族自豪感

2006年，客家山歌已被列为我国非物质文化遗产，学习客家山歌，可以让学生了解家乡的优秀乡土音乐的文化内涵和客家精神，提高学生的综合素养，使学生从不懂到了解，从了解到热爱客家乡土音乐文化，逐步增强学生的民族凝聚力和民族自豪感，对于建设社会主义和谐社会具有深远的意义。

（三）学习客家山歌要注意的几个问题

笔者通过调查发现，有80%以上的学生觉得客家山歌太土气了，羞于开口，对学习客家山歌产生抵制情绪，重要原因是他们对本土客家山歌根本就不了解。其实，学习客家山歌并不难。首先，老师在选材上要下功夫，客家山歌大多是情歌对唱，老师要选择对学生具有教育意义的、内容适合学生唱的山歌。其次，在教学中，老师要抓住客家山歌的曲调特点，比如：是徵调式还是羽调式，是正板山歌还是散板山歌等。客家山歌为了达到婉转、绵长的效果，装饰音用得非常频繁。因此，装饰音唱得到不到位，会关系到一首山歌的韵味。最后，要先教会学生念歌词，因为是方言演唱，腔调一定要正宗。山歌还有一个特点就是随性而来、即兴编唱，老师要引导学生即兴编写身边发生的正能量、接地气的故事，如：创编讲文明礼仪、歌唱美好生活、颂校园好人好事等内容的山歌。

三、邀请民间山歌传承人进入课堂讲学是重要的举措

客家山歌是非物质文化遗产，要靠民间传承人心口相传来传承，民间传承人知识丰富、专业水平高，邀请他们到课堂上来讲学、教唱山歌，会更全面、更有深度、更受学生欢迎。比如，我们学校就经常邀请平陵社区的客家山歌传承人进行讲学、表演，他们传承的源于明末清初的大型客家山歌剧精品《春牛欢歌》非常受师生们的欢迎，他们创作的大型客家山歌剧《公仆颂》、客家山歌小品《赌仔回头金不换》等作品已深深地印在师生们的脑海中，对传承我们龙门地区的客家乡土音乐文化起到重要的作用。老师也可以带领学生到乡村、山间去拜访民间山歌手，去感受原汁原味的客家山歌，让学生学到书本以外的知识，身临其境地领略客家山歌的神韵，让学生能真正乐学、乐唱。2018年11月，我带领学生去了平陵社区的百岁老人温佛招奶奶家，向老奶奶请教，听老奶奶唱自己即兴创作的客家山歌《料下来》；2019年4月，我又带领学生去平陵社区的客家山歌传承人李打铁家中学习，听他讲平陵客家山歌的特点，跟他学唱《平陵人》等。山歌教学要敢于创新，表演形式要多样，说唱结合、歌舞结合，与时俱进，才能让学生喜欢上山歌，把客家山歌传承和发扬下去。

客家乡土音乐文化起源于中原文化，吸收兼容了荆楚文化和吴越文化，主要有山歌、小曲、歌舞、师爷歌、童谣等。其中，客家山歌在客家乡土音乐文化中最具

代表性和特色，流传广泛，在世界各地产生了较大的影响。然而，随着时间的流逝、时代的变迁，受诸多因素的影响，客家山歌文化日益走向边缘，而把它引入到中小学音乐课堂就是继承、保护和弘扬客家山歌文化、培养学生热爱乡土的关键一招，更是弘扬中华优秀传统文化的扎扎实实的举措。

参考文献

［1］罗薇丽. 客家山歌引入中小学音乐课堂的探索与思考［J］. 四川戏剧，2015（12）：178－181.
［2］王予霞. 试论客家先贤在中国近代文学史中的地位与作用［J］. 客家研究辑刊，2003（1）：33.
［3］田莉莉. 赣南客家山歌的人文价值及传承与发展问题研究［J］. 农业考古，2011（1）：20.
［4］高颜仙. 惠州龙门山歌生存样式与传承现状初探：龙门山歌田野研究［J］. 北方音乐，2015（4）：17－18.

（本文作者：惠州市龙门县平陵中学　李秋莲）

弘扬潮人好家风　培养学生核心素养

核心素养是学生在接受相应学段的教育过程中，逐渐形成的适应个人终生发展和社会发展需要的必备品格与关键能力。它是关于学生知识、技能、情感、态度、价值观等多方面要求的结合体；它指向过程，关注学生在其培养过程中的体悟，而非结果导向；同时，核心素养兼具稳定性与开放性、发展性，是一个伴随终生学习、实现全面发展的基本保障。我国学生核心素养框架构建必须认真剖析中华优秀传统文化的思想精华，继而建构起能够真正适应学生个人终身发展，切实为建设有中国特色社会主义服务的学生核心素养体系。

家风，即门风，指的是一个家庭在代代繁衍过程中，逐步形成的较为稳定的生活方式、生活作风、传统习惯、道德规范，以及待人接物、为人处世之道等，其核心内容指一个家庭的思想意识方面的传统。家风作为中华优秀传统文化的重要组成部分，是社会风气的基础，是孕育社会正能量的细胞。一个群体的家风，则是形成群体特色的文化氛围，是自立于社会的鲜明标识。在潮汕地区，潮人好家风中有许多优秀的传统，如何引导学生认知和继承潮人好家风，有效地培养学生核心素养，是当前潮汕地区教育界值得探讨的一个重点课题。

一

粤东地区的潮汕文化有它独特的教育功能，在培养学生核心素养方面具有重要的作用。潮人好家风作为潮汕文化的重要组成部分，蕴含着丰富的修身成德思想，为建构具有中华民族特色的学生核心素养指标框架提供借鉴。

（一）潮人好家风有着培养学生"仁民爱物"的丰富思想

"仁民爱物"思想最早是由是孟子提出的，但其端倪可追溯至孔子的伦理思想，它蕴涵着"爱人如己""心怀天下""奉献社会"等社会关怀的价值理念。在潮汕地区，父母们为了培养孩子的善心，经常从要爱护花草、珍惜粮食等身边小事进行教导，使后代从小就养成了具有同情心、乐于帮助人的优良品质，长大后进入社会就懂得关爱他人、捐资捐物等。在社会责任感方面，潮汕人倡导后代要有心怀天下的责任感。如揭西钱坑林氏先祖要求族众必须"安社会，强国家"；潮汕邹氏教育族人要"士农工商，立足本职，各安生理"，以期实现"民富国强"的目标。在对待家族成员方面，注重宗亲血缘关系的潮汕人从小就会向后代灌输这样的思想：以后要是能够出人头地，要"相护胶己人"（"帮自己人"的意思），要帮助家族之人光宗耀祖。

(二) 潮人好家风有着培养学生"孝亲爱国"的丰富思想

在潮人好家风中,孝悌观念是其精髓,要求子女必须孝顺父母等长辈,也要尊敬兄长、兄弟和睦。一般情况下,父母从小就经常教导子女"父母在,不远行"的伦理思想,待在父母身边以尽孝道。长辈也常常教育后代,兄弟姐妹之间要相亲相爱、礼让、团结,年幼的尊敬年长的、年长的要爱护年幼的。

为了培养子女的爱国情怀,潮汕地区的父母们可谓是煞费苦心。小时候给孩子讲战国时楚国大夫屈原的爱国故事,通过端午节龙舟竞渡、食粽子来纪念屈原这位爱国忠烈之士;通过中秋吃月饼,纪念元朝末期潮州人民抗击蒙古族腐朽统治,培养后代的家国情怀。古时潮汕地区出洋"过番"的人特别多,无数"番客"客死他乡,不能落叶归根。1945年抗战胜利,潮汕各地城乡便举行"食孤",祭祀那些为国捐躯、客死异乡的抗日阵亡将士。这一方面寄托着潮汕人民对这些将士的无限敬意,对祖国的热爱之情,另一方面便是教导后代不仅要感念现在生活的不易,更要有爱国精神。

(三) 潮人好家风有着培养学生"诚信自律"的丰富思想

诚信是与他人交往、事业有成的基本道德基础,故有"人无信不立,业无信不兴"之说。在潮人好家风中,诚信是其中的一项重要规范。父母经常向小孩讲述"老实终久在,积恶无久耐""天地补忠厚"等民间俗谚,形象地教育子女为人处世要守信,遵守诺言,坚持做到诚实无欺,使他们认识到诚信的重要性,并转化为自身的日常行为习惯。

自律是一个人具备优秀品质的重要体现,是克服惰性的有效方法。在潮人好家风中,充分体现了要求后代学会自律的品格。如潮汕陈氏的祖训列举了"轻违礼法,乖舛伦常,贻羞宗祖,得罪彼苍,神则殃汝,汝则不昌"这一系列由于不自律所产生的严重后果,警告子孙一定要学会自律,否则天怒人怨。《揭邑金坑林氏族谱》强调族人要懂得自律,告诫族人"赌毒淫乱,恶习莫沾"。

(四) 潮人好家风有着培养学生"礼敬谦和"的丰富思想

人之文明,首先在于性之善。人性的善良,修养是其中的关键,必须懂礼节、重仁义、晓谦逊。传统社会的潮汕父母,一直将其贯穿于家庭教育中。父母平时经常要求孩子们坐立行的姿势一定要规范,做到坐要端正、立要笔直、行要稳健。走亲串友时,父母总会引导孩子如何祝福别人。到别人家中作客时,应该要懂礼貌。家里来客人时要热情接待,客人要走时,必须送客人到门口,要跟客人道别并邀请客人下次再来。过年时,长辈总会教导孩子遇人要讲吉祥如意之话,如"新年好""新年合想"等。要是受到他人的赞扬,长辈会教导他要谦虚。称呼长辈不能直呼其名，路上遇见老人时要礼让，等等。潮汕地区的父母以身作则，在平日里对孩子的细心教导，有利于孩子在成长中做到礼敬谦和，成为和谐社会中的一分子。

二

经过世代传承下来的潮人好家风，蕴含着丰富的修身成德思想，是培养学生核心素养的重要教育资源。因此，社会各界应采取有效措施，做好对潮人好家风的继承和发扬，以培养学生的核心素养。

（一）加强教育行政部门的重视程度

教育行政部门作为学校教育的管理者与监督者，是否重视学生核心素养的培养，将会直接影响其效果。因此，在利用潮人好家风培养学生核心素养的过程中，教育行政部门应加以重视，做好管理者与监督者的角色。

1. 强化校长关注潮人好家风的意识

学校作为共同体，是一个结构宽松且连接紧密的组织，必须注重组织成员在目的、愿景、价值观等方面的建设。从这一层面讲，校长必须把重心放在培养教职员工的价值观，建设共同的文化愿景之上。校长领导智慧的体现，就在于如何有效地将潮人好家风与校园文化建设、育人目标、办学宗旨结合在一起。从某种层面讲，一个学校的发展境况与校长的治校理念有着密不可分的关系。因此，教育行政部门应加强对各校校长的培训，使他们更加重视潮人好家风的教育价值，引导他们从资源与课程的结合点以及学校的现实条件出发，不断创新潮人好家风的教育方式。校长只有想方设法调动教师的工作积极性，始终保持对教育的热忱，才能使潮人好家风更好地渗透于课堂教学与校园文化，才能在潜移默化之中培养学生核心素养。

2. 加强教师群体的业务能力培训

教育行政部门可采取多种形式的培训，打造一支既能制作本学科课程的教学设计，同时也能设计跨学科课程的师德高尚且专业素养精湛的教师队伍。在培训的过程中，要促进教师思考如何更有效地利用潮人好家风培养学生核心素养。教育行政部门对教师的教学能力要制定新的目标和资格标准，使每位教师除具有良好的职业道德去热爱每个学生外，还应该刻苦钻研如何更有效地将潮人好家风渗透于教育教学中，这样才能在培养学生核心素养中贡献更大的力量。

3. 定期进行考核评估

在教育教学工作中，考核评估是其中的重要环节，是教育教学计划制订的依据，是教育教学质量得以保证的关键。教育行政部门要建立完善的利用潮人好家风培养学生核心素养的考评细则和实施办法，健全考评制度，完善考评机制。在每个学期即将结束时，教育行政部门必须对各所学校进行全方位的严格的考评，对利用潮人好家风培养学生核心素养有突出成绩的教师，给予表彰和奖励、授予优秀教师或优秀教育工作者称号，形成高度重视和积极利用潮人好家风培养学生核心素养的良好氛围。

4. **加强家长群体的知识培训**

当前，养育子女的是"80后"和"90后"的新一代父母，这一群体中还有很多人处在不成熟的阶段，却要开始担负起养育子女的任务。因此，需要对这些年轻的家长进行家风家教方面的培训。首先，必须让家长意识到亲子教育对子女健康成长的重要性。当前，许多父母奔波于生计，往往将子女交由家里的老人照顾，这在无形中减少了与子女相处和教育孩子的机会。这就需要通过各种途径，让家长意识到隔代教育存在的问题，讲明亲子教育对孩子身心发展的重要性。其次，更新家长教育子女的理念。教育行政部门可联合网络、电视台和报刊等媒体推出潮人好家风的教育专栏，让父母意识到家风建设的重要性，学习到教育子女的技巧，并采取科学的方法教育子女。

（二）**发挥学校主阵地的作用**

学校作为教育学生的主阵地，应充分调动各方力量，并采取行之有效的措施，将潮人好家风融于学校教育之中，以培养学生核心素养。

1. **将潮人好家风渗透于学科教学中**

课堂教学是对学生进行教育教学的主渠道，对学生的健康成长和发展有着直接和正面的导向作用。在平时的课堂教学中，教师要善于运用灵活的方法，注意选好进行教育的时间节点和场合，将潮人好家风的经典故事渗透其中，使学生被这些故事所传达出来的优良品质和精神内涵所影响，引起他们的心灵共鸣，从而养成良好的行为习惯和思想品格。

2. **召开以潮人好家风为主题的班会课**

由于不同家长从事的职业不一样，各个家庭的家风也不尽相同。为增强学生对不良家风的辨析能力，班主任可通过班会课与学生进行交流沟通，达到教育的目的。首先，班主任可以开展以"我家的良好家风"为主题的班会，通过讲故事、演讲、课堂辩论等形式，让良好家风在学生群体中得以传承。其次，班主任可在班会课上布置以"家风家规对我的影响"为主题的征文活动，深化学生对家风家规的理解，自觉养成守规矩的良好习惯，并将之转化为日常行为。

3. **利用网络微平台宣传潮人好家风**

网络微时代是当前社会的发展潮流，微平台已影响到不同年龄的群体，迅速进入人们的日常生活中，是一种成功的社交通讯平台。利用潮人好家风培养学生核心素养的过程中，必须充分利用网络微平台。首先，可通过组建以亲戚朋友为主体的朋友圈，传播潮人好家风的相关内容，间接地培养学生核心素养。在传统节日

（如春节、清明节和重阳节）的家庭活动与风俗习惯中，是学生通过微平台"晒"的重要素材，这是实现家风教育的重要途径。其次，学校可利用官方博客、微博、微信公众号等微平台的话语权和主动权，加强引导学生了解潮人好家风的思想精华，实现培养学生核心素养的教育功能。

4. 开展潮人好家风手抄报活动

为了让学生更全面地了解潮人好家风的丰富内涵，学校可通过组织学生抄写潮人好家风中经典、生动、有影响力的内容，让潮人好家风中的名人轶事、家训名句对学生产生积极影响。教师在详细查阅学生的手抄报后，可将其中的优秀作品展示在教室的文化墙上，这样既有利于学生之间的交流学习，也有利于激励更多的学生提交有价值的手抄报。在此过程中，教师要注意把潮人好家风中对后代的行为规范与学校的日常行为规范、国家的法律教育相结合，促使学生在家庭、学校和社会中都能自觉规范自身的行为，使潮人好家风成为触动学生心灵的旋律。

5. 进行潮人好家风的社会实践活动

社会实践活动对学生了解社会、增长见识、锻炼意志、健全人格等具有重要的作用。在培养学生核心素养的过程中，学校相关部门应为学生举办以潮人好家风为主题的社会实践活动，让学生在亲身体验的过程中接受潮人好家风的思想教育。一方面，学校可组织学生调查自己家族史的好家风，并对相关的资料进行收集整理，让学生在此过程中受到好家风的熏陶，提升自身的修养。另一方面，学校可联合有关部门，让学生在社会实践中认识到潮人好家风的教育思想，对潮人好家风产生良好的印象，为利用潮人好家风培养学生核心素养提供有利的环境。

6. 开发潮人好家风的校本课程

校本课程是学校根据自身的办学理念和教育目标，在对学生进行科学评估的前提下，利用当地的课程资源开发设计出符合学生需求的课程。学校在开发潮人好家风的校本课程时，首先要重视学生的参与度，通过采取丰富多彩且灵活有效的教育方法，让学生在"做中学"，使学生产生浓厚的兴趣。其次，教师应鼓励学生进行小组学习与讨论，在合作探究中发现问题，寻求解决问题的办法。最后，学校在进行潮人好家风的校本课程的教学时，可将课堂教学与第二课堂、知识学习与能力提升相结合，通过演讲比赛、社团活动、班会主题等方式开展课程教学，形成培养学生核心素养的良好氛围。

7. 开展以潮人好家风为主题的社团活动

学生社团是由在校学生根据各自的兴趣爱好在自愿的前提下组成的，按照相关的规章制度自主开展活动的学生组织。许多学生热衷于参加各种各样的社团，在社团中得到发展、得到锻炼、得到提高，进行自我教育。因此，学校应在丰富多彩的社团活动中融入潮人好家风教育。一是"孝"字当先，组织充满感恩氛围的"孝"文化节，学生们在"百善孝为先"的价值传递中感受和风细雨、润物无声的家风教育。二是感悟真"爱"，开展"好父母的素质"辩论演讲活动，立足于学生的家庭感受，促使学生思考父母角色的素质要求。通过反思原生态家庭的父母关系，引导学生理性地看待爱情，用心体验"爱"的内涵，从而形成正确的婚恋观。三是责任当"家"，阅读经典家书，感知好家风。

（三）重视家庭教育的重要地位

父母对于子女而言，平时的一言一行都会潜移默化地影响着子女的行为。作为孩子接受教育最早的地方，家庭教育对培养其核心素养有着学校教育、社会教育所不可比拟和替代的作用。

1. 家长应注重言传身教的作用

家长是对子女影响最早且最深刻的人，走路说话、待人接物、行为习惯等方面都会被子女记在心里，并会被模仿和效法。家长既是家庭道德教育的主角，也担任着监督与履行的职责。然而，在如今的许多家庭里，家长并没有意识到自己在家庭道德教育中的重要地位，不注意自己的言行，往往没有起到言传身教的作用。在传承潮人好家风的过程中，家长若不重视，甚至是漠视或曲解，就会使其教育效果大打折扣。为了使子女能够更好地接受潮人好家风的熏陶，家长除了自身行为要与潮人好家风保持一致外，还必须转变家庭道德教育方式，时刻注意自己的言行，起到言传身教的示范作用。

2. 家长应强化环境熏陶的意识

好家风是一个家族在长期的社会生活中逐渐积淀下来的传统习惯、道德观念、处事方式等方面的汇总，并在潜移默化、耳濡目染的过程中对家庭成员产生积极的影响。在潮汕传统社会，每个家族都很重视以环境熏陶的方式巩固好家风对家族成员的强化作用，以促进家庭成员心理氛围、情感氛围的发展。如今，对青少年的环境熏陶不只来自家庭内部，也包括家庭外界的道德环境，这两方面都会影响家庭道德教育的成效。青少年在社会生活中若是接触到不良的思想，其就很容易对青少年产生消极影响，从而影响青少年家庭教育的效果。潮人好家风有利于加强青少年对社会不良风气的抵抗力，增强其对外部影响的辨别能力。因此，在家庭道德教育的方式上，家长要重视环境熏陶的作用，让潮人好家风对青少年的影响更持久。

参考文献

[1] 林崇德. 21世纪学生发展核心素养研究 [M]. 北京：北京师范大学出版社，2016.
[2] 赵景欣，彭耀光，张文新. 中华优秀传统文化传承与学生发展核心素养研究 [J]. 中国教育学刊，2016（6）：23.
[3] 阎旭蕾，杨萍. 家庭教育新论 [M]. 北京：北京大学出版社，2012.
[4] 隗芾. 潮人好家风探源 [N]. 汕头特区晚报，2014-04-08.
[5] 林俊生. 揭邑金坑林氏族谱 [M]. 香港：中华文苑出版社，2010.

[6] 郭晓娟. 校长领导须关注"学生核心素养"的培养 [J]. 教学与管理, 2016 (29): 7.
[7] 白海燕. 好家风融入大学生思想政治教育的探索 [J]. 河南教育（高教版）, 2015 (12): 60–61.

（本文作者：汕头市潮阳第四中学　黄素龙）

以"粤语童谣"为载体传承"黄埔古港文化"

——海珠区黄埔小学传承中华优秀传统文化之经验总结

一、学校基本情况

海珠区黄埔小学坐落在海珠区最东面的黄埔村,创建于1936年,至今已有80余年历史。学校所在地是一个闻名遐迩的古村落,古代这里曾是令世界瞩目的"黄埔古港",是"古代海上丝绸之路必经之地"。近代中国民主革命策源地"黄埔军校"与黄埔村隔江相望,村里古建筑林立、巨木环抱,文化意蕴深厚。黄埔村民自古延续至今的明德尚志、开拓进取的精神,给学校办学以及学生成长提供了可贵的文化资源。

经过反复实践,学校明确了以"建育人港湾,扬理想风帆"为办学理念,以"古港文化"为核心,以"扬帆教育"为主题,以"办一所传承古港文化,培育进取精神,成就理想人生的区域性优质学校"为目标,不断探索、锐意求新,在素质教育的大潮中扬帆远航。学校的发展目标中有两个明确的定位:一个是学校发展的定位,一个是师生发展的定位。前者的指向是"区域性优质学校",主要基于黄埔村厚重的历史感与鲜明的文化现象,这些得天独厚的资源必定对充实学校办学内涵带来巨大的影响,学校的发展令人期待。后者指向"进取精神",既是着眼于对黄埔人敢为人先精神的继承,又是针对地处边远区域,学校师生发展动力普遍不足的现象,借"进取精神"传递正能量。

二、我们的思考

国家曾颁发《关于实施中华优秀传统文化传承发展工程的意见》,广东省委就此也在2017年印发了《贯彻落实〈关于实施中华优秀传统文化传承发展工程的意见〉工作方案》,方案提出要不断增强中华优秀传统文化的生命力和影响力,形成向上向善的社会风尚,打造岭南文化新高地。我们认为黄埔古港文化更是岭南文化的典型代表之一。这里备受岭南文化研究学者的青睐、广州市政府的重视。作为这古村里的文化传播源,黄埔小学则有着得天独厚的优势。

俗话说得好:一方水土养育一方人。因此,每间学校在特色确立与发展的过程中必然也印上浓重的本土地域文化色彩。学校从地域文化中提取精华,使之成为学生的学习、活动、实践、生活等资源,这不仅是实现学校独特创新发展的必由之路，也是对本土地域文化的尊重与传承，更能令学生形成正确的地域文化情感价值观。地域文化对学生的影响是潜移默化的，当然，学生对地域文化的意识往往是不自觉的，尤其是在基础教育阶段。受 1600 多年古港文化熏陶，80 多年办学的沉淀，使学校拥有深厚的文化底蕴，在广府、古港文化里成长、学习的黄埔小学师生有着浓厚的粤韵情怀。

故此，我们确定要采取学生喜闻乐见的形式开展活动，方能让其从"本土"感受知识的力量，从"本土"感受文化的魅力。学校以传统的广府文化展现形式之一的粤语童谣为抓手，从粤语童谣的诵读、创编中抽取文化的元素、教育的元素，传承黄埔古港厚重的文化，形成学校独特的追求，照亮学校发展的前路，更希望唤起作为黄埔村新生代的学生们传承黄埔古港文化的自觉性。童谣是非物质文化遗产，是一种口耳相传的在民间传唱的儿歌。粤语童谣便是在广府地区传唱的歌谣，与广府人的生活息息相关。在粤语声调和童谣本身合辙押韵的巧妙配合之下，粤语童谣抑扬顿挫的韵律感得到了最大的释放和发挥。而且，它的魅力不仅来自语言和语音，还来自其内容。童谣蕴童趣，我们期待孩子们在唱响童谣中了解文化，在创编童谣中抒发对古港的热爱。

三、我们的做法

（一）挖掘古港文化内涵，梳理古港文化精华

自 2015 年开始，学校决定以"粤语童谣"为切入点传承"黄埔古港文化"。学校组织老师们查找学习相关资料和文献，走进古港，通过走访古港中驻守祠堂的老人，收集素材，并进行筛选整理，梳理归纳出黄埔古港文化主要包含文物古迹（丝绸之路的重要地位、粤海第一关、古港码头、"哥德堡号"）、祠堂文化、建筑艺术、节日文化、饮食文化、人文历史故事等。这些文化遗产既有物质层面的，也有精神层面的，极具岭南文化特色与本地地域特色。学校还通过探索粤语童谣的内容、艺术形式、表现手法等，挖掘黄埔古港文化和粤语童谣的丰富内涵。

学校聘请岭南文化专家走进校园开办有关古港辉煌历史的讲座，采用座谈会、访谈等形式广泛听取专家意见，让老师们深入了解古港文化，积淀传承古港文化的理论基础。

（二）构建粤韵情怀，彰显课程童趣

各班在教室墙报设置了粤语童谣角。学校每月会根据古港文化精华，结合当月的德育工作重点、教学工作安排或时令节日，选定一首有关的经典或创编粤语童谣作为"每月一谣"。各班把"每月一谣"张贴在童谣角里，每逢周二红领巾广播站时间，将会由老师组织开展"粤唱越流行"童谣诵读活动，诵读传唱粤语童谣。

我们利用校门 LED 显示屏展示师生创编的体现黄埔古港文化的优秀童谣作品。操场设置了"古港文化宣传栏",用来介绍古港的历史故事、文物古迹、美食文化,还把这些内容变成朗朗上口、易于传唱的粤语童谣并展示,实现传承与创编的衔接。校道文化长廊将童谣分为中国粤语童谣精品、学生创作精品展,并张贴"童谣之星"的照片,营造粤语童谣教育氛围。老师们还在教室墙壁、走廊等地方展示学生创编的童谣、童谣配画等作品。

为了能让学生爱上童谣,我们每天早上、下午开校门时播放的音乐改成了《读书好》《鸡公仔》《有定时》等催人奋发向上的粤语童谣歌曲,让学生踏着欢快的节奏开始新一阶段的学习;中午、下午放学时的音乐是用《卖懒》《一支竹仔》《月光光》等劝人珍惜光阴、好好学习的童谣歌曲,欢送学生出校门。

为了激发学生的学习热情,学校德育组特别设置了"童谣之星"特色章,每月表彰诵读、创编粤语童谣最多的同学,并将其作品和照片张贴在校道文化廊。这一举措,对于激发学生学习童谣的热情,推动学生爱上童谣起到了至关重要的作用。

(三)开展校本课程,推动童谣教育

学校设计了粤语童谣校本课程,学习广府经典童谣,根据黄埔古港古村文化改编新童谣,挖掘黄埔古港文化和粤语童谣的丰富内涵。实施教育途径分成"主体课程(童谣课),相关课程(与学科结合),活动课和主题教育活动"三部分。课程安排"粤语童谣导读""童趣链接""童心乐园""童味创作"等,从读、诵、赏、析、仿、写角度对学生进行童谣的相关教学与练习,探索粤语童谣的内容、艺术形式、表现手法等,宣扬古港文化和更多的广府文化。

经过对黄埔古港文化的深入调查、整合,学校教师在专家引领下,开发校本教材《明德惟馨》(见图 5-1),分为低、中、高三学段三册,采用主题式编写结构,内容为讲述古港文化精髓,并将其浓缩创编成一首首充满纯真童趣的粤语童谣。

1. 主体课程——粤语童谣课

(1)主体课程主要通过《广府童谣》一书,学习经典粤语童谣,使学生掌握童谣欣赏和创作的基本知识,并用多种方法赏析和创作童谣,促进学生精神品格等综合素养协调递进发展。

(2)学习校本教材《明德惟馨》。教材利用粤语童谣篇幅短小、语言通俗、合辙韵律、朗朗上口、形象生动的特点,选择和创编关于"古港文化"新童谣。通过新童谣和经典童谣的熏陶,帮助学生了解黄埔古港文化精华,提升对本土文化的认同感和精神归属感,萌发热爱家乡、热爱祖国的情感。借助教材让学生在读、诵、赏、析、仿、写等角度,进行童谣的相关学习,宣扬古港文化和更多的广府文化。

(3) 本课程在一到五年级开设，利用班会或者周二午读时间上课。有时也会根据实际情况修改课时内容，例如举办童谣教学研讨课、综合性展示活动等。

图 5-1　学校开发的校本教材《明德惟馨》

注：学校汇编的校本教材由广东教育出版社正式出版，其中包含大量借助粤语童谣传播黄埔古港文化的内容。

(4) 教学模式有赏析、仿作、采风等。采风模式就是有目的、有组织地带领学生到古港古村体验生活，采访记录，调查研究，然后自主取舍素材，进行新粤语童谣创作，或用手抄报的形式记录活动中的见闻。这几种教学模式不一定是单一进行，有时相辅相成、有机融合。

2. 相关课程——与学科结合

师生结伴，各学科教师结合本学科特点，发挥课堂主渠道作用，将粤语童谣与日常教育教学巧妙结合。

(1) 与语文课的结合。童谣在语文课扎根、发芽、开花并结果，因为语文课课本中本身就有童谣的课文内容（特别是年级低段语文教材）。另外，语言文字是童谣的基础，语文教师教语文的同时教童谣，有得天独厚的身份优势。语文课可以开展欣赏童谣，诵读童谣，根据课文改编或续编童谣等多种形式的活动。粤语童谣与教材中的童谣有异曲同工之妙。两者结合能引领学生感受文学形式的多样性。例如，统编版一年级上册教材最后一课《春节童谣》是一首介绍北方春节习俗的童谣，老师适时引入粤语童谣《卖懒》，介绍岭南地带春节时卖懒换勤的风俗，同时，黄埔古港的祖祖辈辈也是由于勤劳肯干，才创出一片天下（详细的故事记录在校本教材《明德惟馨》里）。又如，人教版教材六年级语文上册有一个"轻叩诗歌的大门"的综合性学习活动，任教语文老师将这一综合性学习与本课题研究相结合，展开了一次《走近粤语童谣》欣赏课。引导孩子通过搜集和整理粤语童谣以及欣赏、朗诵粤语童谣等活动，进一步了解粤语童谣，感受粤语童谣的魅力。班里的学生有近一半不是本地生，他们能听懂粤语，但是存在不敢说、不敢唱的情况。即使是本地学生，会说粤语，但对粤语方言及粤语童谣的了解也是有限的。诵、唱、玩的方式能帮助学生们更全面地了解粤语方言和粤语童谣，也能拉近广州人与"新广州人"的距离，使后者尽快融入广府文化中。

（2）与音乐课的结合。粤语童谣的语言精练、节奏明快、音韵流畅，使得童谣与音乐的结合有着天然的纽带。在实际的操作中，老师在音乐课上让学生欣赏中外民间儿歌童谣，了解童谣吟唱方法，以此来培养和发展学生的节奏感、韵律感，领悟童谣文辞和意境的美感。例如，音乐老师在广州音乐课上执教《月光光》。先由一首流行的粤语音乐《月光光照羊城》引入。《月光光照羊城》是一首由广东流行歌手东山少爷演唱的节奏比较有动感的流行歌曲，孩子们对带有动感的流行音乐很感兴趣，歌曲中有出现《月光光》的旋律，从而引出课题"月光光"。然后，对比两首歌曲的相同与不同点。有些外省的孩子不太了解粤语某些方言的意思，所以在教歌曲时教师先解释歌词的含义，再带领学生用粤语方言阅读，引领学生感受粤语童谣的魅力，在此基础上拓展到介绍广东丰富的乡土音乐文化。歌词描画了岭南水乡家庭其乐融融的生活情景，而黄埔古港也是水乡，引起了孩子们的情感共鸣，深深扣住听者的心。

（3）与美术课的结合。童谣是无形的画，画是有形的童谣。童谣与画融合，相得益彰。在教学中，老师引导学生给自己的画作配上童谣，这就像古人作完画后题诗，如果恰到好处，就能起到画龙点睛的作用。也可以根据童谣作品画，让学生在充分理解童谣的基础上通过联想和想象，把直观的线条和形象生动的内容结合起来，把童谣中的有、无、隐、显的空间填补起来，形成一幅惟妙惟肖的图画。这样，既能调动学生学习的积极性，也能点燃学生思维灵性的火花。学校"童心童谣诵古港"画展涌现了许多这方面的佳作。

（4）与体育课的结合。兴趣是最好的老师，游戏是孩子的"朋友"，孩子在游戏中生活，在游戏中成长。在体育课中，游戏占了相当的比例，把童谣结合到游戏中，既能增加游戏的趣味性，促进孩子个性的激发和张扬，还能促进学生参加锻炼，增强体质，锻炼思维。体育课上，老师开展韵律感强的"唱着童谣跳大绳"，伴随着《一支竹仔》这首宣扬团结友爱的粤语童谣，训练学生跳绳的节奏点，和同学间的动作协调配合，充分调动学生的多种感官参与，规律性地提高了儿童大脑、小脑反应的灵敏度，协调全身的动作，起到体育锻炼所不能起到的作用。可见，体育课中引入粤语童谣，使得体育课更生动、活泼，也更有创意。因此，童谣的出现，使学生的学习形式更加丰富、学习的兴趣更加浓厚、学习效果更好。

3. 主题综合实践活动

除了主体课程和相关课程外,学校还在开展德育教育过程中,以"粤语童谣"为载体,结合各类主题教育的要求、特点,努力开拓教育训练场域,寓教育于各项活动中,把主题活动作为童谣校本课程实施的途径。

学校还组建了"粤语童谣兴趣社",这一社团十分受孩子们青睐。学校专门选派了两名优秀教师,每周二下午,利用兴趣社活动时间,对孩子们进行培训。培训内容有诵读经典粤语童谣,分析经典粤语童谣中富含的音乐性。童谣平仄相间、抑扬顿挫、押韵自如灵活,体现了民谣的艺术特色,充分体现了它的生命力。在广泛流传的粤语童谣中,不乏经典之作,都采用了起兴、拟人、顶针、回环、排比、夸张、重叠、联想、摹状等修辞手法,增强了语言的形象效果。老师们借助经典为社团孩子们创编新童谣打下了理论基础。

学校德育组还带领社团学生走进古港,去了解古港的街巷、牌坊名的故事,去了解古港古建筑的传说,如日本楼的故事。还带孩子们去采访驻守祠堂的老人,听老人讲关于祠堂、关于古港的过去。孩子们将这些古港文化运用所学的创编童谣的知识,新编了一首首朗朗上口、蕴含着传统文化内涵的新童谣。社团活动还包括唱童谣、演童谣。孩子们根据童谣内容,加上自己的动作,用大家喜闻乐见的形式表演出来。

常规性的主题活动有"每月一谣"童谣创作活动,如四月踏青篇、五月劳动篇、十月爱国篇等,活动具有时令性,结合节日、当地风俗、学校活动开展。常规性的主题活动还有每年六月份的"童谣月",在"童谣月"中举办"童谣节":粤语童谣社以及各班同学通过开展童谣朗诵会、原创童谣大赛、童谣配画比赛、童谣手抄报比赛、童谣教学展示等活动,营造校园中浓浓的童谣教学氛围。

学校德育组还通过"校园童谣之星"评选、背童谣大比拼等主题活动,汇编师生童谣作品集等,激发学生创作童谣的热情。我们还组织同学积极参加社区的大型主题活动,如在海珠区区政府"岭南祠堂文化节"开幕式上进行粤语童谣展演。

粤语童谣文学社也不定期与社区联合,举办丰富多彩的活动,如外出采风活动。这样的主题活动为孩子童心飞扬提供了广阔的舞台和纵深的空间。培养了学生对本土文化的自豪感、健康的思想感情、积极的人生态度、良好的行为习惯,以"粤语童谣"为载体做好"黄埔古港文化"的传承者。

(四)依托粤语童谣,进行德育渗透性教育

粤语童谣本身具有丰富的德育价值,是学校德育的有效途径。学校依托粤语童谣中所蕴含的德育要素,筛选适合的粤语童谣,找准德育的渗透点,采用生动的粤语童谣形式优化德育的渗透途径,融粤语童谣于生活中,拓宽德育的渗透范围。通过诵童谣、唱童谣、编童谣等形式,使学生将粤语童谣记心间,从而加强了德育的渗透实效,使孩子们在学习粤语童谣的过程中受到潜移默化的影响,从而形成正确

的道德行为观。粤语童谣为学校进行渗透性德育提供了可能性和必要性。

1. 粤语童谣含义丰富——蕴含深厚德育

将古港文化中所蕴含的乐观积极、务实创新、勤奋好学等道德观念创编成粤语新童谣，字里行间渗透着道德思想，从而达到渗透性德育的目的。粤语童谣便是德育和学生内在兴趣的完美结合，它涉及德育内容的方方面面。经典粤语童谣中有很多作品能使学生从中学到伦理道德，而新编粤语童谣，又能依托粤语童谣使古港文化的精髓得以传承。

2. 运用生动的粤语童谣形式——优化德育的渗透途径

渗透性德育是一种悄无声息的教育方式，粤语童谣应体现一些做人道理，但不能干巴巴地喊标语或道理，而应该在字里行间蕴含道德，用儿童化的方式表达道德。例如：我校地处黄埔古港，走进黄埔古村，青砖、灰瓦、镬（huò）耳屋、麻石路、大木门，所见都是岭南乡村的浓浓风情。老人家、细蚊仔（小孩子）欢声笑语，迎面而来都是美善相随的文明和谐。如果教师喊标语似的告诉学生，古村蕴含着真、善、美，学生并不能体会，也达不到教育的目的。所以，教师特改编了《鸡公仔》这首粤语童谣：

鸡公仔

鸡公仔，尾弯弯，
当年太公去金山。
飘洋过海追梦想，
掘矿修路吾怕难。
鸡公仔，尾婆娑，
凑仔耕田是太婆。
紫霞居里学绣花，
人人赞她好老婆。
鸡公仔，吱吱喳，
古村盛开美善花。
勤相伴，爱相助，
和谐文明乐千家。

《鸡公仔》有许多个版本，我们平常唱的《做人点可以怕艰难》这一版本，是告诉学生们"一分耕耘一分收获"。现在改编的版本是述说黄埔古村追求梦想、追求真善美的故事。这则粤语童谣，改编自学生熟悉的粤语童谣《鸡公仔》，全篇用生动的故事诠释真、善、美，学生从浅显易懂的故事中受到启发，从中领悟深刻道理。教师以艺术的形式将古港文化中所蕴含的做人的深刻道理融入粤语童谣中，让粤语童谣不仅生动有趣，也蕴含人生道理。

3. 融粤语童谣于生活中——拓宽德育的渗透范围

将渗透性德育落到实处就如海绵吸水,教育者首先要保证受教育者可以吸收到水分,才能从中吸收养分。优秀的粤语童谣应该广泛地出现在学生的学习、生活之中,随处可见、触手可及。

粤语童谣不仅仅出现在课堂上和课外活动中,也应该存在于学校的各个角落。教室的板报、学校的宣传栏,都可以用粤语童谣来布置。粤语童谣也应该由学校内走向学校外,在社区为市民们表演粤语童谣,增强粤语童谣的道德影响力。我校粤语童谣社的同学,曾两次参加"海珠区祠堂文化节开幕式"的表演,获得了社会各界的一致好评。长此以往,粤语童谣中传唱的深刻道理就会深深地印刻在学生的心里,成为他们为人处世的标准。

4. 将粤语童谣记心间——加强德育的渗透实效

道德教育不能只停留在道德认知的表面,而应该将其内化于每个学生的内心,成为他们的道德准则。教师应该让学生真正去领悟当中蕴含的深刻道理。我们在课上开展品读和鉴赏粤语童谣的活动,在朗读的同时更注重感悟,让每个学生都说出对粤语童谣的理解;组织学生开展粤语童谣表演,通过角色的扮演深刻体会粤语童谣故事中所阐述的深刻道理;鼓励学生在家向爸爸妈妈背诵粤语童谣,让家长们了解学生的成长和学习的情况,结合家庭教育,共同促进学生形成良好的道德品质。总之,使学生理解粤语童谣、熟记粤语童谣,将古港传统文化中所蕴含的道德观念融入学生的知识体系之中,并落实在实际行动上,达到知行合一。

四、我们的收获

(一) 古港粤语童谣教材的编制

1. 梳理了"黄埔古港文化"精华

学校对前期收集的素材进行整理,根据小学生的认知水平进行筛选,梳理归纳出适宜小学生学习的黄埔古港文化精华(见图 5-2)。主要包含文物古迹(丝绸之路的文物、粤海第一关、古港码头、"哥德堡号")、祠堂文化、建筑艺术、节日文

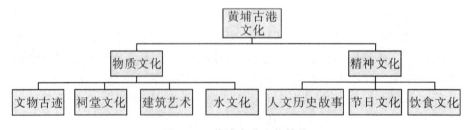

图 5-2 黄埔古港文化精华

化、饮食文化、人文历史故事等。这些文化遗产既有物质层面的，也有精神层面的，极具有岭南文化特色与本地地域特色。

2. 明确了古港粤语童谣教育内容指向

开展古港文化教育不能简单呆板，需要用学生喜闻乐见、生动活泼的形式开展有效教育，粤语童谣是一个很好的抓手。它朗朗上口、节奏明快、篇幅短小，是最适合孩子、最容易被孩子接受的一种民间文学形式。

为了使童谣教育更具体化、更有操作性，学校对古港粤语童谣教育内涵进行了界定：就是通过粤语童谣教育渗透黄埔古港物质与人文文化的精华，使学生知道黄埔古港的辉煌历史，古港祖先的思维模式、生活方式、风俗习惯、宗教信仰等方面的特有精神，继承黄埔古港人锐意进取、有情有义、勤劳好学等优秀品质。从小知历史、明道理、立志向，激发对本区域文化的认同感和精神归属感，萌发热爱家乡、热爱祖国的情感，希望唤起作为黄埔村新生代的学生传承黄埔古港文化的自觉性。与此同时，明确了古港粤语童谣教育内容指向，形成整体框架。（见图5-3）

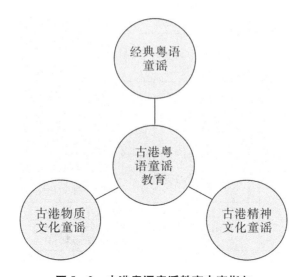

图5-3 古港粤语童谣教育内容指向

3. 提炼了古港粤语童谣教育所要达到的层次

（1）第一个层次是积累：充分诵读经典粤语童谣，习得其文学特色、语言特点。

（2）第二个层次是选材：资料收集，采访记录，调查研究，自主取舍有关古港素材作为粤语童谣创作的参考内容。

（3）第三个层次是创编：将黄埔古港文化精华创编成新粤语童谣，汇编成册。

4. 系统编制"古港粤语童谣教材"内容

学校系统编制了"古港粤语童谣教材"，校本教材《明德惟馨》为其中的代表，该教材的编制不是简单地收集、整理和创编相关童谣的过程，而是一个系统的工程。

因此，学校在编制的过程中，通过课程编制专家的指导，确定教材编制的主要组成部分、主要教育内容及分层教育要求。将教材分为低、中、高三学段三册。阐述古港文化精髓，并将其浓缩创编成一首首充满纯真童趣的粤语童谣。借助教材让学生从读、诵、赏、析、仿、写等角度，进行童谣的相关学习，从而宣扬古港文化和更多的广府文化。校本教材《明德惟馨》主要内容见表5-1。

表5-1　校本教材《明德惟馨》主要内容

主题	单元	内容
古港溯源（低年级）	1. 我家住在黄埔村	天空飞来金凤凰
		两艘船的故事
	2. 走进黄埔村	走过大街小巷
		古村"百家姓"
	3. 暖暖村风暖暖情	金龙啸，彩凤吟
		美食美名四海扬
古港传承（中年级）	1. 走进黄埔古祠堂	古祠堂里故事多
		建筑艺术好辉煌
		"出弟""入孝"好家风
	2. 大门背后藏美善	紫霞居里的绝活
		谜一样的日本楼
	3. 我是古村小导游	热闹的祠堂文化节
		最美古村落
古港开拓（高年级）	1. 叱咤风云大人物	诚信仁爱梁经国
		华侨楷模胡璇泽
		为国开路胡栋朝
		护法铁卫冯肇宪
	2. 黄埔精神我传承	黄埔精神古牌坊
		祠堂对联学问多
	3. 百舸争先好扬帆	涉趣花园宝贝多
		走进粤海第一关

（二）摸索出古港童谣教育内容与实践结合的方法

文化具有"文治""教化"功能，《易经》所说的"观乎人文，以化成天下"，正是其功能的诠释。很显然，将"人""文"与"教"内在连接起来，它清楚地说明教育本身也是一种文化符号和崇高的文化事业，是文化生成的肥沃土壤、文化传播的主要途径。学校一直在思考：促进黄埔古港文化传承创新更好地融入小学教育，尤其要充分考虑小学教育的特性、目的和任务，把文化传承创新渗透到学生人格与道德成长、社会性发展和科学文化知识学习中去，这就必须采用富有童趣、生动活泼的方式，有机融合日常学习生活，多方多元参与，让学生在教育的过程中，产生对文化的认同，进而继承与创新。

1. 利用隐性课程助力古港童谣教育

我校构建了粤韵情怀、童心童谣的校园文化氛围，建立学校视觉形象系统，彰显隐性课程的童趣。

2. 开展显性课程深化古港童谣教育

经过对黄埔古港文化的深入调查、整合，学校在专家引领下，开发校本教材《明德惟馨》，分为低、中、高三学段三册，采用主题式编写结构，内容为讲述古港文化精髓，并将其浓缩创编成一首首充满纯真童趣的粤语童谣。实施教学途径分成主体课程（童谣课）、相关课程（与学科结合）、活动课和主题教育活动三部分。

3. 融入实践与养成普及古港文化

传统文化普及离不开学与用，并不是学术研究层面独立发生作用，在相当程度上，人民群众通过普及渠道所获得的文化信念与价值，在实践中坚守之、信守之，并付诸行动。因此，在新一代黄埔学子中传承古港文化，要融入学习和生活，注重实践与养成、形式与内容相结合，把黄埔古港优秀文化内含更好地融入学子的心中。

4. 借助古港粤语童谣达到美育目的

粤语童谣内含的自然美、道德美、人情美是广府人寻求人性真善美谛意的源头。黄埔古港的文物古迹（丝绸之路的文物、粤海第一关、古港码头、"哥德堡号"）、祠堂文化、建筑艺术、节日文化、饮食文化、人文历史故事等，这些文化遗产既有物质层面的，也有精神层面的，极具有岭南文化特色与本地地域特色。将其创编成粤语童谣，为学生提供丰富的学习内容，并引导性地为他们开启可感知、可享受的美感世界。从基本的忠孝礼义到自我道德体系的完善，粤语童谣用语言美、自然美、道德美构筑童年记忆，感性美与理性美并驾齐驱。

5. 依托社区家庭传承古港文化精髓

学校积极参加社区的各项大型活动，如参加海珠区区政府"岭南祠堂文化节"，并在开幕式上进行了粤语童谣展演。通过展演让更多的社区群众爱上粤语童谣，了解古港文化。学校粤语童谣文学社也不定期与社区联合，举办丰富多彩的活动，给社区群众唱童谣、诵童谣、演童谣。这样的主题活动为孩子童心飞扬提供了广阔的舞台和纵深的空间。孩子们有了学习童谣的热情后，回家与家长们一起学习粤语童谣，主动采访爷爷、奶奶，了解古港历史故事，并与家长们一起将了解到的故事创编成新的粤语童谣，达到了依托粤语童谣传承古港文化的教育目标。

五、结语

两年多来，学校开展粤语童谣相关活动，汇编了以"粤语童谣"为载体传承黄埔古港文化的校本教材，共三册。学生在校本课程学习过程中，认识、诵读蕴涵地域文化内容的新粤语童谣，较为充分地了解到关于黄埔古港文化的精粹，形成正确的地域文化情感、地域文化价值观；还了解到粤语的精髓，习得粤语童谣的文学特色，并尝试结合黄埔古港文化创作新的粤语童谣。

我校以"粤语童谣"为载体传承"古港文化"、传承中华优秀文化，取得了阶段性成功。学生的人格品质和人文素养得到提升；更好地使良好行为规范得到内化，更唤起作为黄埔村新生代的学生传承黄埔古港文化的自觉性。弘扬学校正气、提升校园文化，解决了多年来学校德育实效性低的难题。同时，提升了我校教师对本土文化的认同感，增强科研能力、课程开发能力。校园营造出具有古港风情，粤韵童趣的校园氛围，提升了校园文化品位；带动了学校科研、新课程开发、校园文化建设、儿童文学教育、学校特色创建等一系列工作的有效推进，提升了学校的办学效益。

（本文作者：广州市海珠区黄埔小学　朱晓蓉　袁　源）

基于 STREAM 教育的灰塑工艺文化传承探析

灰塑作为岭南建筑中的代表性的特色工艺，是我国民间工艺的瑰宝，已被列入国家级非物质文化遗产名录。近年来，灰塑文化走进校园，是非遗文化传承的新探索。但目前这种以体验为主的实践学习对灰塑工艺的传承浅尝辄止。将灰塑课程与未来教育趋向中的 STREAM 教育融合，把灰塑作品的制作作为 STEM 课程的一个"驱动性项目"，可改善目前以浅层体验为主的校园灰塑传承实践方式，代之以融科学、工程、技术、数学、艺术和阅读写作为一体的探究实践活动，借此可深挖出灰塑课程丰富的教育教学价值，同时实现灰塑工艺文化的良性生态传承。

一、融合 STREAM 教育，传承灰塑文化

近年来，灰塑文化进校园，主要是以灰塑讲座、亲子体验活动和开设灰塑作品制作课程的形式开展，以期广泛传承灰塑非遗文化。据调查，近年来，广州灰塑研究院与华南理工大学、广东工业大学等高等院校建立产学研合作，并在广东培正学院、广东行政职业学院、圆玄中学、广州市黄埔区深井小学等大中小学建立灰塑传承室，互设学生实习、就业基地与灰塑人才培养基地。在灰塑讲座和体验灰塑制作课程与活动中，每位学习和体验者都在和艺术与文化进行交流，是传承非遗文化与传统文化的良好实践。但目前这种以体验为主的灰塑文化实践活动并非传承灰塑非遗文化最好的实践。作为传统文化重要载体的灰塑，其工艺制作过程本身是一个综合实践学习过程。若将其与适应于未来教育也是应大力推广的 STREAM 教育理念融合并构建为课程，即把灰塑作为一个 STREAM 项目引入课堂，形成特色课程，这将是一种将灰塑工艺制作与传统文化在实实在在的研究和操作学习中，内化为学生综合素质与核心素养的生态流动性传承途径与方法。如此，便能以灰塑作品的制作项目作为教育载体，让学生在制作灰塑作品整个过程中，将独立自主学习与合作学习探究结合起来，以寻求到更为深广的灰塑文化认知与更强大的综合学习能力，灰塑课程的教学价值也得以深入挖掘，灰塑文化的传承也就得已在广大学生中实现。

（一）中国 STREAM 教育势在必行

目前，全球各国都处在一个技术高度变革的时代，从互联网、物联网、人工智能到智能制造，所有这一切不仅改变了人们的生活方式，也改变了人们的生产方式，特别是对未来的就业和产业所需要的人才提出了新的要求。在这个过程中，未

来的人才竞争主要是知识与技能的竞争，各个国家都非常重视人才的培养。

我国为适应未来社会的人才新需求，于 2016 年 9 月将"中国学生发展核心素养"敲定为文化基础、自主发展、社会参与 3 个方面，综合表现为人文底蕴、科学精神、学会学习、健康生活、责任担当、实践创新 6 大素养，具体细化为人文积淀、科学素养、国家认同等 18 个基本要点。6 大素养中的科学精神、学会学习、责任担当和实践创新 4 大要素，尤其是科学精神素养和实践创新所包含的理性思维、批判质疑、勇于探究、问题解决、技术运用这 5 个点，通过中国传统的教育教学方式与策略是难以达成培养目标的。在这样的时代背景下，我们的教育必须连接传统与现代、面向未来。以 STREAM 教育理念为指导，将传统文化教育的承载体引进校园并课程化传承，以进行教学改革，是大势所趋也是行之有效的一大举措。随着把培养创新人才列为国家战略，我国也大力推动 STREAM 教育，在北京、上海、杭州等多个地区逐步开展 STREAM 教育，以期通过 STREAM 培养出更多适应未来社会的复合型人才。

STEM 是融合科学（Science）、技术（Technology）、工程（Engineering）和数学（Mathematics）进行跨学科式整合的教育理念和实践方式，"是学生参与的基于项目的学习，应用跨学科的科学探究和工程设计过程，通过团队协作解决学生生活实际的问题，培养具有科学与技术文化水平的创新型人才"。而 STREAM 教育是 STEM 教育的进一步演进，先后加上艺术（Arts）和阅读写作（Reading and Writing）。

它的出现区别于传统的分科课程，有别于传统的课堂教学，强调聚焦某个特定的项目或任务，引导学生动用多领域的知识，帮助学生摆脱单一学科的知识体系的束缚，整合可获得的资源，合作完成学习任务，发展 STREAM 素养。

从国际经验和我国正在推行的以 STREAM 教育为指导的创客教育实践中，我们可以看出 STREAM 教育作为培养学生的探究能力、批判性思维能力以及与人沟通合作能力的载体，具有非常好的效果。因此，在这个时代背景下，开展 STREAM 教育非常重要。

（二）灰塑课程与 STREAM 教育彼此互推

随着我国把培养创新人才列为国家战略，STREAM 课程日益受到学校教育机构与社会教育机构的广泛重视，有些已经投入了大笔资金。但我国基础教育在内容上长期缺乏工程与技术训练，形式上一直被"应试"所统治，传统教学围绕考试而进行，因此，作为提升中国学生创新能力的"一剂良药"的 STREAM 课程，在我国中小学开展过程中面临很大的困境。而其中"一大困境就是课程资源与项目的匮乏。这使得学校和教师不得不从国外购买，照搬甚至翻译国外 STREAM 教材。在未衡量别国教材专业性的前提下，盲目的借鉴就会导致 STREAM 教学的不专业"。

作为承载了丰富的中国传统文化的灰塑工艺制作恰是大家所忽略的具有民族文化特色的 STREAM 课程资源与项目。灰塑制作从选材、配料、设计绘画到架构造型和批灰上色的全过程，以及其制作材料性能、工具运用等都是一个集科学、工程、技术、数学及艺术与阅读表达等综合学科知识与能力于一体的学习实践过程，这样的项目恰好可作为 STREAM 课程所必需的"驱动性项目"。"项目驱动"是 STREAM 课程的特殊属性，它以开放性的真实问题作为导向，让学生围绕项目，解决问题，完成任务。把灰塑作为 STREAM 项目驱动下的课程学习，可丰富学生对灰塑的认知，将学术性知识转化为生活经验知识，灰塑工艺文化课程的教育教学也将变得有趣、生动且充实，并成为一个深广的核心素养与综合能力培养平台。

（三）灰塑项目驱动性学习，活态传承非遗文化

目前在校园里开展的灰塑制作课程，大多以制作出一件精美的灰塑作品为目的，以传承灰塑工艺文化。一般的教学步骤如下：第一步，教学生画一幅传统灰塑文化中常用的图形，或者让学生自由起稿画图；第二步，由老师手把手教学生如何用铜线塑造基本框架；第三步，教学生使用老师事先准备好的草筋灰填塞批底，初现作品轮廓，再通过纸筋灰细化作品细节；第四步，学生自由上色，然后，闲置晾干作品。全过程的目的是让学生在老师的精心指导下尽量制作出比较美观的灰塑作品。这种教学模式与方式是目前与研究院开展了合作项目的中小学的灰塑文化传承的主要实践方式。作为全国第一所将这一国家级非遗文化灰塑引入课堂的小学——广州市黄埔区深井小学，在 2016 年 9 月与广州市花都区灰塑文化产业研究院签订合作协议。2017 年 4 月正式开启灰塑课程。深井小学先在四年级每周开设 1～2 节灰塑课程。一个学期下来，至少连续 15 节课。灰塑课程第一次走进深井小学课堂，是由广州地区灰塑传承的领军人物刘娟院长亲自执教。2017 年 9 月，已经开设了灰塑课程的五年级继续开设灰塑课，又在新一届四年级新设该课程。课堂上学生动手实践，从起稿绘画、铜线造型到批灰上色，学生在老师的指导下一步步完成。灰塑老师每节课示范制作以教学生，学生跟着老师制作，也乐在其中。学生的作品最后得以烧制并装裱出来，非常有纪念价值。

但是，这种学习方式只是一种简单的手工实践活动，是对灰塑工艺的一种浅层体验，学生在这个过程中缺乏思考探究、合作创新等重要的核心素养能力的培养。如果老师能在 STREAM 教育理念指导下，调整教学策略与方法，就能不以做出尽可能精美的灰塑作品为主要目的与任务，而是以通过小组合作完成灰塑制作项目为任务，以合作与探究的方式，注重制作灰塑作品的探索过程（作品一定要做出，但是不以作品是否美观为评价标准），一方面深入了解灰塑工艺文化，一方面让学生体会到在科学、技术、阅读写作、工程、艺术、数学之间存在着一种相互支撑、相互补充、共同发展的关系，通过制作灰塑作品，实现深层次的学习、理解性学习，发展学生的 STREAM 素养。而 STREAM 素养并不是将科学素养、技术素养、

写作素养、工程素养、艺术素养和数学素养进行简单组合，而是以融合的形式发展成探究真实世界的综合能力。

例如，我们可在STREAM教育理念指导下，将"灰塑作品制作"课程设计为：第一步，思考（陈家祠屋脊上的）灰塑作品是干什么用的；第二步，思考要实现这些功能，需要哪些材料；第三步，我们怎样做这个灰塑作品；第四步，我们试一试将作品晾干后放在室外进行日晒雨淋，看看会发生什么。在这个过程中，还要适时开展阅读与写作。因为，未来社会中，写作是一项异常重要的团队协作和沟通能力。这几个教学环节，都是尝试合作探究的过程，可以增加学生的有效学习时间，发展学生的STREAM素养。

1. 灰塑材料选择探究，领略民间智慧

陈家祠屋脊上的灰塑作品有何作用？装饰之用不难猜测，但作用并非如此单一，它还有更为实在的保护屋脊与建筑的作用。其实，为增强屋顶防水和抵御台风的能力，岭南地区房屋的屋脊通常需要造得非常厚实，但在大量降水、强光照等多重因素影响下，屋脊与瓦面的接驳处容易受外部侵袭而漏水。在接驳处装饰灰塑，既能转移视觉焦点，掩饰屋脊的笨重，又能进一步保护接驳处。

作为岭南建筑修饰作品，必须适应岭南的气候特征，这就关系到制作材料的选择。目前，在校园里开展的灰塑制作课程，一般是给学生直接提供现成的灰塑材料。这就让学生失去了一个良好的探究学习的契机。在降水量大、光照强、台风多发的岭南地区，现代建筑中普遍使用的建筑材料——水泥和化工颜料能否直接用于灰塑制作？可提出这种假设让学生去探究、论证。这需要学生运用广泛的科学（生物、化学、物理、地理等）和数学知识与方法去探究。

根据自己对灰塑功能的猜想与了解，进一步猜想要实现这些功能需要用到什么材料。学生根据自己的材料猜想展开实验。有的学习小组尝试用水泥和化工颜料制作灰塑作品，有的学习小组尝试用灰塑传统材料：石灰、沙子、稻草、红糖、糯米粉等去制作灰塑作品。作品出炉后，都将其放置在露天处经历至少一个月的日晒雨淋。经过一段时间的持续观察与记录，两相对比，便不难得知：水泥和化工颜料都难以经受住暴晒和雨淋，易出现裂缝与褪色，并非最佳材料；而传统灰塑材料相对更加稳定，防风和防雨能力更强。

因此，这一系列围绕选材进行科学实验与探究的过程，不是简单地按照老师的要求依葫芦画瓢地去"实践"与制作，而是都需要学生同时运用数学、科学的知识与方法，不断尝试、不断犯错、不断修正、不断假设、不断验证。在此过程中，灰塑工艺的发展与传承也就通过选材和备材过程中的科学与数学知识和技能的运用而得以实现，学生的数学素养和科学素养也在探究中培养起来了。

2. 灰塑作品制作探究，传承灰塑工艺

制作灰塑作品，除了用到科学选材与配比之外，它还会用到很多技术知识并通过工程（设计）这种解决问题的方法，来完成一个灰塑的STREAM课程。制作材

料选择好，各种材料也经恰当配比融合而成后，就要动手制作灰塑作品。"我们怎样做这个灰塑作品（手工艺术品）？"问题抛给学生，学生需要去思考并动手做。制作的步骤和注意点都是需要学生自己去摸索探究的，而不是直接告诉学生。这也就需要学生调动工程（设计）和技术的知识去完成，数学则是作为技术与工程的基础工具。学生经过思考与尝试，一致得出制作步骤：构图定型—填塞批底—细化作品细节—上色。但在这些环节的具体操作中，各个小组会有不同的表现。

第一步，构图定型，这是创意设计的重要环节。每个人的构图不同，最后出来的作品也就不同。作品能否蕴含更丰富的传统文化元素，这与学生的知识结构和设计能力有关。第二步，如何用铜线将构图定型在薄板的恰当位置——承力结构的核心部位——塑造基本框架，并固定住，是一个工程技术问题。第三步填塞批底、第四步细化作品细节及第五步上色，又是一个个科学、工程问题。草筋灰、纸筋灰和色灰三种灰塑材料，哪一步适合用哪一种材料，也是需要学生去尝试探究的。经过观察、实验，将会体会到宜选用草筋灰填塞批底，以初现作品轮廓，宜选用细腻的纸筋灰来细化作品细节，令细节惟妙惟肖，宜选用色灰来上色。

从造型、轮廓、细化，到最后上色，环环相扣且互为关联，每一步骤都至关重要。这个过程中的每个动作都是需要学生调动科学、工程（设计）、技术的知识与技能，这些综合能力最终表现为制作灰塑的方法，而方法在此就显得尤为重要，其中任何一步出了差错，都将影响到灰塑作品的成型。在这个过程中，学生的工程素养和技术素养当然也包括了数学素养都得到了培养。灰塑工艺文化的传承也就通过具体制作过程中的工程与技术以及作为基础的数学知识、方法的运用而得到实现。

3. 全程观察记录与统计，弘扬科学精神

在灰塑作品制作之前的选材、原始材料中糯米粉和红糖的比例调配和制作过程中上纸筋灰的厚度、最后涂色的时机的把握，以及作品从完成到晾干再到历经日晒雨淋后的成色的变化，这些都要用最基本的数学知识与方法，以观察、记录与统计来得出最佳的制作方法。

灰塑作品选用水泥和化工颜料还是传统灰塑材料更适合岭南地区的现代生活需求，这个通过小组分工实践探究并做好作品在历经日晒雨淋后的变化记录，便可对比得知结果。

灰塑材料可以分为草筋灰、纸筋灰和色灰，三种灰浆的作用各不相同，其制作方法亦各不相同：把干稻草与石灰膏混合、密封、发酵后，加红糖搅拌，即成为草筋灰；将玉扣纸与石灰油混合，加红糖和糯米粉搅拌、密封并发酵，就是纸筋灰；将制作好的纸筋灰中掺入颜料，就变成色灰。其中，红糖与糯米粉的比例非常重要，或可以尝试让学生探究这两种原始材料的调配比例，并记录与统计。以小组合作探究的方式，各自按照不同的比例调配这两种原始材料来制作灰塑作品，并全程做好记录，体会其细腻程度的变化。同时，可以感知传统石灰粗糙和松散等问题，将红糖和糯米粉加入后，它们既具备乳胶漆附着力强的特性，又能保留石灰原有的保温、保湿的功效。

学生还可以与灰塑传承人一起通过现代化的研究手段，对灰塑的成分及其在不同环境中变化的数据进行实验与检测。

上纸筋灰细化作品，其厚度也是一大工艺技术。小组可合作探究上纸筋灰的厚度，0.1～2厘米范围内分工尝试，最接近灰塑师傅所得经验：在5毫米左右，最多不能超过1厘米，作品自然会更美观细腻。据此，再做调整。

涂色时机的把握也是可尝试小组分工完成探究的。1～7天，尝试在不同时间上色，并将作品上色时间和天气情况以及上色后的效果记录下来，最终对比可探索出最佳时机。

在观察、记录与统计过程中，能培养学生的数学素养和科学素养，弘扬科学精神，并深刻体会灰塑材料的稳定性与独特性，进而体会灰塑作品所蕴藏的民间智慧与传统文化精髓。

4. 灰塑作品题材探究，追寻传统文化艺术

灰塑作品题材广泛，包含了中国古代神话故事、民间传说、戏曲人物、祥禽瑞兽、花卉果木、器皿法宝以及象征意义的几何文字等题材，每一幅灰塑作品都蕴藏着典故玄机，有一套完整的符号象征系统，具有丰富的中国传统文化内涵。

这些丰富的文化内涵如何才能由学生自己挖掘出来呢？或可直接告诉学生，但"纸上得来终觉浅，绝知此事要躬行"。组织学生去陈家祠、资政大夫祠、南海神庙、余阴山房等地方，给其任务观察记录并统计出在何处、有什么灰塑作品、出现过几次，再整理分类总结，猜想其寓意，又通过互联网查找资料论证，最后动笔写出这个探究过程与发现。

就其中的祥禽瑞兽为例。岭南传统建筑上最具代表性的可谓是蝙蝠灰塑。据了解，陈家祠各建筑主体正脊、垂脊和山墙上的蝙蝠灰塑用得最多。便可给学生一个蝙蝠灰塑探究任务，首先通过观察统计蝙蝠灰塑以及其他的动物灰塑的数量，来了解蝙蝠灰塑的重要性，再通过蝙蝠造型来猜测其寓意。要论证猜测，就要上网查询资料。在中国汉字体系里，音义相连，形相近义相连，音相同义亦相连。蝙蝠的"蝠"与福气的"福"同音，形又相近，两者自是相通。

千姿百态的蝙蝠寓意也有不同：五只色彩艳丽的蝙蝠围绕着一个'寿'字为'五福捧寿'；两只活泼可爱的蝙蝠相叠，喻为'福上加福'；蝙蝠口含'如意结绳、桃子'，意为'福寿双全'；一只蝙蝠和几个铜钱的组合成为'福在眼前'。

如此，学生在老师适当的引导下以合作探究为主，去追寻出这些灰塑作品背后的文化内涵与艺术特征，最后动笔写出一份有关蝙蝠灰塑的探究报告，便是一个充分培养学生写作能力、合作能力、沟通能力、探究能力的实践过程。

二、灰塑项目驱动性课程教学价值

STREAM 教育理念指导下的灰塑项目课程是将承载着丰富的传统文化内涵的灰塑作品制作作为一个学习项目，在不断假设、不断尝试、不断验证的"慢学习"过程中，让学生运用多学科知识与技能去合作探究完成学习任务，其教育教学价值也就更加丰富而深广。

（一）接轨未来教育，培养综合能力

灰塑课程以 STREAM 教育理念为指导，便是一个跨学科的综合实践学习课程，既可锻炼学生的观察中的持久力、实验中的合作力、遇挫时的耐挫力，树立正确的价值观，又有助于提高学生解决实际问题的能力和迁移学习能力。还能让学生学会合作、学会分享，更有助于发展学生的 STREAM 素养，培养学生的创新能力与创新精神，最终培养出更多适应未来社会的复合型人才。灰塑课程是为国家培养创新型人才的重要的教育教学媒介。

（二）提供工艺传承与 STREAM 课程落地活态路径

除了灰塑之外，目前，传统工艺基本都面临着传承困境，如木工、陶塑、砖雕、木雕等特殊工艺，作为非物质文化遗产的徐州香包出现传承危机，而贵州非物质文化遗产银饰工艺早在 2016 年就出现了人才断档危机。各传统工艺领域的手艺人都鲜有徒弟，"单打独斗"成常态。这些蕴藏着中华民族丰富的民间智慧与文化的传统工艺都迫切需要找到活态传承路径。融入 STREAM 教育的灰塑项目一方面可为传统工艺传承提供一条切实可行的路径，另一方面也可以为作为未来教育重点之一的 STREAM 教育在中国中小学落地提供良好的学习项目媒介，为中华民族的传统文化教育和未来社会急需的创新性高素质人才培养做出贡献。

（三）接受艺术熏陶，提高审美情趣

灰塑作为传统建筑的装饰工艺，有自己独特的审美意趣。其作品形态丰富生动，可呈现神话故事、民间传说、戏曲人物、祥禽瑞兽、花卉果木、器皿法宝以及象征意义的几何文字等。岭南地区的灰塑更是色彩明丽、色泽和谐、层次分明、颇富立体感和动态感，这种艺术形式同时具有传统美学的深厚文化积淀和现代设计对功能形式统一的审美追求。

（四）推助工匠精神，弘扬传统文化

与其他非遗项目不同，灰塑必须在现场制作，完成一件灰塑作品，从构图到成形，要经过至少 8 个步骤，少则耗时数天，多则数月才成型。STREAM 教育理念指

导下的灰塑项目驱动性学习虽然不以制作精美的灰塑作品为目的，但是在探究制作灰塑作品的过程中，最后一定要做出一个完整的灰塑作品，这个过程是一个设计与重新设计的过程，也是一个磨炼意志的过程。在这个灰塑项目学习中，有的学生可能就能慢慢练出一点好手艺，大部分学生并不能掌握灰塑的制作，但是在根据自己的猜想去制作灰塑作品的过程中，依然需要心无杂念、一心一意，集中所有的力量在自己的手上，并渐渐精进。这种精益求精、执着专注、一丝不苟的精神是一种改变未来的信仰和力量，这便是现代社会极其宝贵的工匠精神，也是灰塑课程的宝贵精神文化财富。

灰塑作品题材丰富，每一幅灰塑作品都蕴藏着典故玄机，有一套完整的符号象征系统，具有丰富的中国传统文化内涵。比如陈家祠大量用狮子、鳌鱼等形象，是因为这一建筑原本是作为书院使用，希冀陈氏后人能"独占鳌头"，佛山祖庙多用琴棋书画、娱乐场景以及蝙蝠等图样，是希望人心向善，祈愿吉祥。通过对灰塑作品文化内涵的解读，能让学生体会中国传统文化的博大精深，增强民族自信心，或可培养灰塑传承人，肩负文化传承的时代使命。

三、结语

灰塑作为岭南传统建筑装饰艺术的一颗璀璨明珠，是中国非物质文化遗产和民间工艺瑰宝。如此珍贵的非物质文化遗产却因现代建筑的兴起而渐渐丧失了生存的土壤。非遗文化不应该是精英文化，而应该是大众文化，应该成为群众都能够接触到的，唯有如此，传承人才能更为广泛，非遗项目才有发展前景。灰塑文化走进校园是新探索，可将灰塑文化的传承主体进一步扩大，但以体验为主的实践学习对灰塑非遗文化的传承囿于浅尝辄止。而将灰塑课程与STREAM教育理念融合，把灰塑作品的制作作为STREAM课程的一个"驱动性项目"，灰塑传承与STREAM教育彼此互助推进，能让学生在灰塑作品的制作过程中培养由科学素养、技术素养、艺术素养、工程素养、阅读写作素养和数学素养融合发展而成的探究真实世界的综合能力。STREAM教育理念指导下的灰塑项目课程，其课程目的不在于最终做出多好的灰塑作品，而是合作探究完成灰塑作品制作，那么参与学习者就不用局限于美术基础好的学生，而是只要有意愿都可参加。这样便可将深入接触灰塑工艺文化的对象从小众延展到大众，也就可借此最大程度地将灰塑非遗文化从精英文化转变为大众文化，也可培养更多的灰塑工艺文化传承人（而非局限在手艺传承上），同时可深挖出灰塑工艺文化的丰富的教育教学价值，让灰塑这种蕴含着丰富传统文化的非物质文化遗产实现生态性传承。

参考文献

[1] 朱祥烈，岳佳丽. 以STREAM教育推进课程创新的实践探索［J］. 教育科学论坛，2018

(32): 31-33.

[2] 赵兴龙, 许林. STREAM教育的五大争议及回应[J]. 中国电化教育, 2016, (10): 62-65.

[3] 余胜泉, 胡翔. STREAM教育理念与跨学科整合模式[J]. 开放教育研究, 2015, (4): 13-22.

[4] 董泽华. 试论我国中小学实施STEM课程的困境与对策[J]. 全球教育展望, 2016, 45(12): 36-42, 62.

[5] 杨辉. 岭南灰塑的动物装饰题材研究[J]. 现代装饰（理论版）, 2016 (5): 176-177.

[6] 李佩. 谈岭南灰塑的美学内涵及其现实意义[J]. 艺术与设计（理论版）, 2018, 2 (7): 129-131.

[7] 周杰. 试论非物质文化遗产的保护与传承[J]. 大众文艺, 2018 (17): 12.

（本文作者：广州市黄埔区深井小学　朱智萍）

"陶韵乐"特色班级文化建设研究案例

一、研究背景

（一）人文优势

石湾有"南国陶都"的美誉，石湾一小是广东省陶艺特色教学与创作实验基地，此大环境文化为"陶韵乐"特色班级文化建设的开展提供了得天独厚的人文优势。

（二）班情背景

我和我所教的学生深受学校陶文化的熏陶，喜欢陶艺。但班上孩子以独生子女居多，遇事怕困难，意志力相对薄弱；部分同学较以自我为中心，不懂得互助与宽容，学习上表现出浮躁、缺乏勤奋沉稳等特点。于是，我立足班级发展，与学生共同提炼出以"陶韵乐"为特色的班级文化建设新思路。

二、研究思路

（一）研究目标

通过陶艺班级特色文化的建设，提升学生的素质，建设学生的精神家园。在班级文化建设中，充分地"挖掘陶品、树立人品"，把陶艺作为班级文化的表现载体，通过开设富有陶艺特色的班级活动课程，让孩子们在陶艺创作中发扬儿童天性，在赏陶、玩陶、研陶中，把陶艺家"坚毅沉着、勤劳刻苦、真诚互助、实干创新"的品格和陶品本身"朴实、能屈能伸、千锤百炼"的特质融入学生品格，促使班级成员都各扬其长，激发每个孩子勤奋好学、坚持不懈、互助宽容、开拓创新的精神。通过班级特色文化的建设，提高班主任的管理能力。

（二）研究内容

通过开展"陶韵乐"特色活动课程，打造富有"陶韵乐"特色的物质文化和精神文化。

（三）研究对象

佛山市禅城区石湾一小 2010 届 3 班学生。

（四）研究方法

1. 调查法

通过访问、发问卷、开调查会、测验等方式去收集反映"陶韵乐"特色班级文化研究现象的材料，以便全面掌握情况，正确理解学生的发展需求。

2. 行动研究法

根据行动研究法的"问题—计划—行动—反思（问题）"的基本程序，周期性地对班级管理工作进行观测和改进，总结提炼特色班级文化建设的思路。

3. 个案研究法

对潜力生的表现进行深入具体的研究，然后再对研究对象进行研究前后的纵向比较和横向比较，找出隐藏其中的规律。

4. 文献法

通过阅读或上网查找有关班级文化建设以及陶艺教育的书籍、资料和文件，提升项目研究的理论依据，开拓研究思路，用来指导班级文化建设的实践。

（五）实施方式

针对班级的焦点问题，开展系列教育活动，采用"引进来、走出去"的形式，开展丰富多彩的小组陶艺创作比赛、亲子活动，请陶艺大师开展陶艺文化讲座或现场陶艺创作，开展陶艺展览参观等活动。同时，每周利用班队课或思品课，开展小组合作创作陶艺或学生个性陶艺创作，内化、升华主题思想。

三、实施过程

班级活动也是课程，本课题以班级课程主题为引领，将班级物质文化、精神文化与活动课程体系建设融为一体，实现以陶养德、以陶立人的班级生活。

我坚持从尊重学生出发，抓住学生身心发展的特点，紧紧围绕"陶韵乐"特色班级文化建设目标，开展"陶韵乐"特色班级活动课程文化建设。为了保障课程有目标、有计划、有步骤、高质量地开展，我系统地拟定了"陶韵乐"特色活动不同阶段的课程表及课程文化建设的内容，明确各阶段的课程主题、课程目标、课程内容、实施时间、参加课程人员。

(一) 第一阶段：在赏陶、创陶中悟理，塑造懂感恩的陶都创意小天使

1. 课程主题

感恩有你，当阳光的陶都创意小天使。

2. 课程目标

通过制订班规、班名、班徽，制作感恩母亲的陶艺作品系列活动，增强班级的凝聚力，培养学生热爱班级、感恩父母、感恩同学、感恩老师、感恩社会的情感，增强学生的班集体主人翁意识。

3. 具体课程安排

通过采访身边的陶艺大师，让同学们在活动中深受陶艺家大师勤奋、谦虚、好学、宽容、互助、坚持的精神鼓舞，认识到每一个成功人士的成长都要经历许多艰辛和汗水，塑造出积极进取、阳光向上的心态。在第一阶段中，我们多次组织了赏陶、品陶、小组创作陶笛等活动（见表5-2），同学们在活动中体验到小组团结协助的重要性，所创作的陶艺作品无不闪耀着创意的思维火花，更在活动中深化了感恩的思想教育。

在"感恩母爱、亲子做陶"系列活动中，家长与孩子们一起创作陶艺，不但增进了亲子感情，更是让孩子内化了感恩教育的思想。当家长和孩子们把一团泥巴捏成了生动的"感恩之花""送给妈妈的心形""我帮妈妈洗脚""帮妈妈捶背""送给妈妈的城堡""感谢我的好朋友"等作品时，大家的脸上都挂着笑容。接着，我们班级的家谊会组织了给陶艺上色、烧制陶艺等系列活动。期间还发生了一件让我和家长都非常感动的小事：班里的小康是有名的"捣蛋王"，时常爱因小事发脾气，课堂随意插话、学习态度不端正，让老师和父母操心。他这次亲子活动特意为妈妈做了一个漂亮的城堡，但由于城堡的用泥太薄了，陶艺在风干的过程破碎了。当他发现自己用心制作的城堡破碎时，他非常心痛，在失望的时候，他看到另一位同学在陶艺作品中废弃的圆环，就像捡到珍宝一样眉飞色舞地说："我就给这圆环涂上翡翠色，做一个漂亮的翡翠手镯送给妈妈！"我把小康认真给"玉镯"上色的照片和他的原话通过短信发给了他的妈妈，小康的妈妈说："孩子的举动太让我感动了！是妈妈做得不够好，平常教育他时过于急躁了……今晚回家要好好抱抱我的宝贝！"孩子细腻的爱、母亲的感慨让既为人师又为人母的我也热泪满眶。我想，最好的教育，莫过于让孩子们在活动中悟理、懂理。

表5-2 第一阶段课程内容安排

课程内容	实施时间	参加人员
"我爱我班"活动,师生共同商定"陶韵乐"班级特色奋斗目标,共同商拟"陶韵乐"特色活动课程设计,从而定出富有"陶韵乐"特色的班名、班徽、班歌、班规	2014年2月	全班学生、班主任
我是闪闪的创新之星:小组创作陶笛比赛	2014年3月	全班学生、班主任、美术老师
"感恩母爱,亲子做陶活动""我给陶艺穿衣服活动""品陶、赏陶活动"	2014年4月—5月	陶艺大师、全班学生、社区工作人员、家长、班主任
开展"陶艺大师精神大家谈"系列活动	2014年6月	全班学生、班主任
邀请刘湛川大师到班级开设"陶艺大师成长之路"的讲座	2014年6月	陶艺大师刘湛川、全班学生、班主任、家长义工
社会实践课程: 课程之一:到社区展示陶艺文化 课程之二:走近身边的陶艺大师,采访陶艺大师 课程之三:参加城市夏令营做陶活动	2014年7月—8月	黄松坚、黄淦生、苏美颜、霍钜潮、刘湛川等国家级、省级、市级陶艺大师,以及全班学生、班主任、家委会成员

注:第一阶段课程安排在2014年2月至8月(四年级下学期)。

(二)第二阶段:走近陶艺大师,培养宽容互助、坚毅拼搏的陶都之星

1. **课程主题**

走近陶艺大师,争做宽容互助、坚毅拼搏的陶都之星。

2. **课程目标**

通过采访走进陶艺大师、开展"宽容互助、相亲相爱一家人"等系列教育活动,让学生在活动中学会宽容、友善、互助共进的处世之道,内化陶艺大师特有的"宽容互助、坚毅拼搏"的精神。

3. **具体课程安排**

暑假中,在家长们的热心组织下,我们班级以小组形式分别采访了黄松坚、黄淦生、苏美颜、霍钜潮、刘湛川等国家级、省级、市级陶艺家。在实践活动中,孩

子们深受陶艺家的勤奋、谦虚、好学、宽容、互助、坚持的精神鼓舞,认识到每一位名人的成长都要经历很多艰辛和汗水,学生感慨道:"我们做任何事都要像做陶泥一样,要耐心、沉下心思索才能取得成功!"

第二阶段课程为了实现"挖掘陶品、塑造人品"的教学目标,我们开展了"走近陶艺大师,弘扬大师精神"系列课程、"陶艺家精神之我见"征文比赛等活动(见表5-3),让学生在多彩的活动中进一步感悟陶艺家勤奋、好学、坚毅、互助、创新的精神。接着,我们以学校举行街舞比赛、运动会为契机,开展弘扬陶艺家宽容互助、坚毅拼搏精神的系列课程,让学生在活动中内化陶艺大师特有的宽容互助、坚毅拼搏的精神。

表5-3 第二阶段课程内容安排

课程内容	实施时间	参加人员
"走近陶艺大师,弘扬大师精神"系列课程:"采访陶艺家的心得交流会""陶艺家精神之我见"	2014年9月	全班学生、班主任
"陶艺家精神之我见"征文比赛	2014年9月	全班学生、班主任、语文老师
"宽容互助、相亲相爱一家人"系列活动:"瞧我们这团结的集体:小组街舞比赛""我会交朋友""互相尊重多快乐"	2014年10月	全班学生、班主任
"面对挫折、永不言败"主题教育。抓住学生精心做陶、烧陶失败的教育实例,结合陶艺家积极、乐观、坚毅地面对挫折的精神,加强风险教育,培养学生坚毅的品格	2014年11月	全班学生、大部分家长、班主任
弘扬陶艺家坚毅拼搏精神系列课程	2014年12月、2015年1月	全班学生、班主任、家长义工

注:第二阶段课程安排在2014年9月至2015年1月(五年级上学期)。

(三)第三阶段:感悟石湾陶文化,成就勤奋好学、自立自强的陶都好少年

1. 课程主题

快乐学习,当勤奋好学、坚毅自立的陶都好少年。

2. 课程目标

通过开展"石湾陶文化社会调查实践活动"、绘画、手抄报、创陶、品陶、展陶等活动,以贴近学生活动的实践体验课程,激发学生奋发向上的内动力,内化陶

艺家特有的勤奋好学、自立自强的品质。

3. 具体课程安排

五年级是一个意志力高速发展的时期，孩子们面对困难往往容易退缩。我聚焦班级学生存在的问题，以贴近学生、活动体验的方式，通过开展系列主题活动课程激发学生奋发向上的动力，内化陶艺家特有的勤奋好学、自立自强的品质。（见表5-4）

我们开展了"感悟石湾陶文化"系列课程以及"感悟家校陶文化"系列课程。在"石湾陶文化社会调查实践活动"中，我们让学生对最受欢迎的陶艺作品做市场调查，并结合市场调查得到的信息，为陶艺工厂设计、生产和销售陶艺提建议。在这过程中，学生提高了情商，在活动中了解到做工精巧、时尚、寓意好的陶艺作品最受欢迎、销量最高。活动后，学生感慨道："陶艺销售市场竞争激烈，陶艺创作技术精湛、富有创意作品自然最受消费者的青睐，我们学习也是，只有自己不懈努力、发挥自己的特长，才能在激烈的竞争中脱颖而出。"通过一系列活动，学生以创陶、绘画、手抄报等形式展现自己对石湾陶文化的理解，凸显了对石湾陶文化的感悟，更加热爱石湾本土文化、热爱学习。在学生对勤奋、自立自强的精神有了知、情、意的感悟基础上，我以五年级军训为契机，通过5天的军营生活实践来锤炼坚毅精神。军训活动后，我引导学生回顾军训所感所悟，开展"自信、自立我能行"系列活动课程，让学生在富有层阶性的系列教育活动中，把思想教育与实践经历相结合，让学生在活动中增长见识、陶冶情操、锻炼能力。

表5-4 第三阶段课程内容安排

课程内容	实施时间	参加人员
开展"石湾陶文化社会调查实践活动"。让学生对最受欢迎的陶艺作品做市场调查，让学生为陶艺工厂设计、生产和销售陶艺提建议，提高学生的情商	2015年2月	全班学生、班主任、家委会、家长义工
"感悟家校陶文化"的系列课程："感悟石湾陶文化""陶文化社会调查所感、所悟""感悟家校陶文化"绘画、手抄报比赛	2015年3月	全班学生、班主任、美术老师
创陶、品陶、展陶系列活动：开展以"勤奋、坚毅"为主题的陶艺创作比赛，用陶艺作品展现"陶韵乐"的班级精神	2015年4月	全班学生、班主任、美术老师
参加军训社会实践活动，锤炼"陶韵乐"班级的坚毅品质	2015年5月	全班学生、班主任

续上表

课程内容	实施时间	参加人员
"自信、自立我能行"系列课程:"我的军训感悟""向困难挑战""相信自我 快乐成长"	2015年5月	全班学生、班主任
开展"夸夸我的陶艺作品,陶艺作品鉴赏会"活动。每位同学挑选自己的得意之作,上台解说陶艺作品的寓意,比比谁是最优秀的"陶艺作品解说师",培养学生的综合能力	2015年6月—7月	全班学生、班主任

注:第三阶段课程安排在2015年2月至2015年7月(五年级下学期)。

(四)在课程文化建设中打造学生喜爱的"陶韵乐"文化殿堂

班级的环境文化氛围对学生起到耳濡目染的无声教育力量,在班级环境文化建设中,我努力让班级既温馨和谐又充满陶艺文化气息,真正成为学生喜爱的文化殿堂。

我们的教室专门设计了陶艺展示角与陶艺作品展示墙,展示孩子们每学期亲手制作的陶艺作品。让学生在课间就能欣赏到自己亲手制作的富有教育意义的陶艺作品,增强自信的心理暗示,更进一步深化和内化主题教育的思想。

教室的左侧是"陶韵乐照片墙",定格了系列主题活动的精彩瞬间,上面呈现了每次主题活动中难忘的时刻,记载了亲子共创陶韵的融融之乐。教室的右边是"妙笔生花"——"陶韵乐"优秀书画、作文、手抄报展,展示了学生在赏陶、悟陶、做陶等活动中的所思、所想、所获。教室的后面专门开设了"走近陶艺家""感受石湾陶文化"的作品展示栏,展示孩子们采访陶艺大师的感想、与陶艺大师的合照等,让学生课间就能回味陶艺家的叮咛和启发。班级的环境文化布置对学生发挥春风化雨、潜移默化的陶冶功效。

四、研究的效果与价值

(一)在班级对比的研究中,凸显了"陶韵乐"特色班级文化建设的意义

在项目研究期间,我同时教两个班的数学,我把两个班一个作为实验班,一个作为对比班进行研究,并通过调查问卷、生活观察记录、访问记录等形式,总结出以下对比结果。(见表5-5)

表 5-5　班级情况对比

班别	勤奋学习，积极参与课堂学习	遇到困难，相信自己有能力解决，积极面对	当与同学发生矛盾时，能学会控制自己的情绪，宽容互让	班级里任何同学有困难，都能给予力所能及的帮助	参与陶艺创作的获奖率
2010 届 2 班（对比班）	76%	52%	73.5%	74.6%	11.2%
2010 届 3 班（实验班）	87%	97%	84.2%	89.7%	35.6%

从数据可以看出，陶韵乐班的学生在面对困难时，有更多的学生积极面对。在实验前，3 班同学在处理同学间的误会、矛盾方面，在互帮互助方面是比 2 班弱的，通过开展陶韵乐特色班级文化建设研究后，3 班同学的综合能力有了明显的提升。

（二）班级学生陶艺创作方面凸显优势

孩子们在长期赏陶、玩陶、研陶中，审美能力、陶艺创造得到很好的锤炼和提升，在石湾一小的校园文化宣传栏里，展示了班级同学多份富有创意的陶艺作品；在学校举行的陶艺创作比赛中，2010 届 3 班获奖的陶艺作品是最多的。班级同学参加省陶艺创作比赛，梁同学创作的"洗脚"荣获一等奖、梁同学创作的"小火人"荣获三等奖。

（三）社区、家长、学生对班级文化的整体评价

班级文化建设取得家长与社会群众的大力支持与称赞，深受学生喜爱。例如，在采访陶艺家的实践活动后，钟爸爸感慨地说："走进身边陶艺大师的活动实在太有意义了！很好地发掘了孩子身边的资源，用名人曲折、艰难的成长历程，让孩子在生活中真实地感受'一分耕耘才有一分收获'的真理。我想，等孩子长大以后，他还能深刻地记得这次采访经历，记住大师成长故事对他的启发。"平常文静少语的小俊说："每当我看到我亲手创作的'小火人'时，我内心就特别自信，我要像小火人一样，强壮而充满力量。"

（四）课题成果的推广与运用情况

在"陶韵乐"特色班级文化建设初显成效后，研究项目发挥了积极的辐射作用，不少有兴趣的班主任一起互相研讨，并把此研究成果向其他班级推广。在禅城区"2015 年暑期专题培训"中，本人作为项目主持人，在区"三名"人员专题讲

座"促进班级自主管理的技巧与策略"中推广了"陶韵乐"特色班级文化建设的研究成果，受到听课老师们的好评。

五、研究的总结与反思

通过本项目研究，我感受到以班级活动课程为引领开展班级文化建设，能最大限度地开发每位学生的潜能，促进学生的健康成长。但同时，此项目研究在团结共建、与学校特色同步发展方面还有待改进。如果我在项目研究过程中，能主动与学校特色研究组进行沟通互动，将会让班级课程文化开展得更深入，让学生得到更好的发展。

（本文作者：佛山市禅城区澜石小学　严晓玲）

让剪纸文化在校园绽放光芒

——以小学五年级《佛山文化》民间技艺为例

  作为一项民间艺术，剪纸是中华文化的瑰宝。它历史悠久、实用美观。佛山剪纸更是以其风格金碧辉煌、苍劲古拙，结构雄伟奔放，用色夸张富丽，以剪、刻、凿、印、写、衬等技艺并用，材料和表现手法巧妙结合等特色于 2006 年入选第一批国家级非物质文化遗产名录。剪纸作为中国民间盛传的特色传统手工技艺，是中华民族农耕文化的缩影。随着人们生活习俗和生活方式的变化，很多民俗活动渐渐消失，而剪纸这项民间技艺，也失去了生存与发展的丰富土壤。现代生活丰富多彩，文化生活多元化，这些需要静得下心、老老实实做得细致活很难吸引年轻人，而且部分手工艺人思想观念比较顽固，认为工艺的传承要"传内不传外"，导致现在真正继承了老一辈工艺的人很少。真正希望学这门制作工艺的"外人"却是投师无门，屡屡被老艺人拒之门外。因此，改变传统传承观念，培养新人势在必行。学校作为传授知识、培养学生的良好学习阵地，利用好这个阵地，能更好地保护、传承和发展这一民间技艺，让传统文化绽放光芒。通过学习小学五年级《佛山文化》民间技艺，可以提升学生对中国民间传统美学的认识，了解剪纸在生活中的作用以及剪纸独特的民族特色，让学生喜欢民间剪纸，更好地促进非物质文化遗产的传承和发展。该课符合时代对民族精神文化教育的需求。

一、教案背景

  （1）教学对象：小学五年级学生。
  （2）学科：《佛山文化》。
  （3）课时：1 课时。
  （4）课前准备：①教师准备。对佛山民间技艺进行深入了解，制作课件、对学生课外资料收集进行指导。②学生准备。搜集有关佛山民间技艺的资料。

二、教材分析

  《佛山文化》第 11 单元是民间技艺，该单元主要介绍了佛山本土三种最具特色的技艺，剪纸、木版年画和狮艺扎作。本课主要介绍佛山剪纸技艺，通过欣赏佛山剪纸的部分作品，深入了解佛山剪纸的基本知识及审美特征，进一步了解佛山剪纸的设计制作方法，激发学生对佛山剪纸文化的热爱之情，同时让学生感受佛山传统文化的艺术魅力。

三、教学目标及重难点

（一）教学目标

1. 知识与能力目标
（1）了解佛山剪纸的特点及风格，感受佛山传统文化的魅力。
（2）了解佛山剪纸的题材故事，深入了解佛山传统艺术的创新。

2. 过程与方法目标
（1）通过欣赏佛山剪纸作品，了解佛山剪纸的基本知识及审美特征，进一步了解佛山剪纸的设计制作方法，能初步设计出具有佛山剪纸特点的作品。
（2）通过参与欣赏与设计作品的过程，增加学生对佛山本土文化的认识，开阔学生的艺术视野，帮助学生树立正确的审美观。

3. 情感态度与价值观目标
（1）通过对佛山剪纸的教与学，培养学生感知美、创造美的能力。
（2）通过对佛山剪纸的教与学，激发学生对佛山民间技艺的喜爱之情。
（3）通过对佛山剪纸的教与学，培养学生热爱生活，热爱传统文化，并能为传承和发展传统文化做自己力所能及的事的情感。

（二）教学重点和难点

（1）重点：初步了解佛山剪纸的起源与发展。
（2）难点：佛山剪纸的剪刻方法。

四、教学准备

1. 课前准备：搜索佛山剪纸的相关文字资料。
2. 课堂准备：①教学课件；②佛山剪纸作品；③剪刀、刻刀、彩纸。

五、教学方法

讲授法、讨论法、体验教学法等。

六、教学过程

(一) 新课导入

(1) 通过 PPT 展示佛山剪纸作品"朱小企"（见图 5-4），引发学生思考：你对佛山剪纸这门艺术了解吗？关于佛山剪纸，你知道多少？

图 5-4　剪纸作品"朱小企"

(2) 学生通过欣赏作品及讨论，相互交流佛山剪纸文化知识。通过展示佛山剪纸的作品，用开门见山的方式，直接切入本节课的内容，同时用学生喜闻乐见的形式导入新课，吸引学生的注意力，提高学生的学习兴趣。

(二) 讲授新课

1. 探究佛山剪纸

(1) 以文字资料的形式，了解佛山剪纸的起源与发展。

广东佛山民间剪纸，宋代已有流传，盛于明清两代。其风格既有北方剪纸苍劲雄浑的特色，又有南方剪纸剔透秀丽、明静清雅、严谨工整的长处。主佛山民间剪纸要包括四类：纯色剪纸、衬料剪纸、写料剪纸、铜凿剪纸。近年发展的"铜衬料"剪纸成为佛山剪纸的主要门类，这类剪纸具有金碧辉煌的特殊艺术效果，很受现代人的欢迎，并且其产品能够远销海内外，不少类似剪纸形式的艺术作品已进入现代化的厅堂装饰。以文字资料的方式介绍佛山剪纸，简单直接，能让学生比较具体全面地了解佛山剪纸文化，为接下来的学习奠定基础。

(2) 结合图例分析，了解南北方剪纸的艺术特点。

展示南北方的剪纸作品（见图 5-5、图 5-6）：

图 5-5　北方剪纸

图 5-6　南方剪纸

归纳南北方剪纸的特点。（见图 5-7）

图 5-7　南北方剪纸特点

通过问题思考与讨论，了解南北方剪纸的差异，引起学生对佛山剪纸的好奇，吸引学生的注意力，增强教学效果。

(3) 结合图例分析，了解佛山剪纸的艺术特点。(见图 5-8)

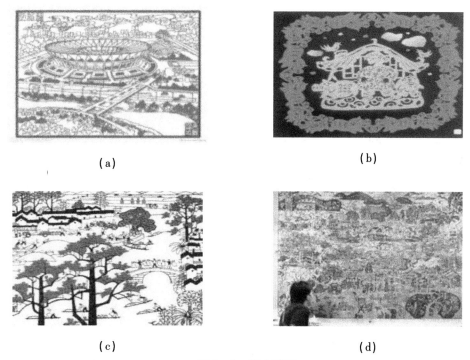

图 5-8　佛山剪纸

通过展示佛山民俗剪纸、光彩剪纸、大型剪纸等作品，让学生从视觉效果上初步了解剪纸艺术，近距离感受佛山剪纸的魅力，同时引导学生分析作品特点，归纳出佛山剪纸具有构图严谨、装饰性强、剔透雅致、金碧辉煌的特点。通过让学生欣赏各种类型的佛山剪纸，结合图例分析，让学生根据作品特点进行分析归纳，印象深刻，激发学生的学习热情。

(4) 探究佛山剪纸的用途。

让学生通过思考和小组讨论，探究佛山剪纸的用途有哪些，常用在哪些方面。通过两个小问题，让学生联系生活实际，根据生活经验进行讨论与思考，让学生的学习贴近生活，贴近实际。

(5) 探究佛山剪纸的价值。

首先，欣赏诗词，体验艺术价值。

　　延客已曛黑，张灯启重门。暖汤濯我足，剪纸招我魂。——杜甫《彭衙行》
　　剪彩赠相亲，银钗缀凤真，双双衔绶鸟，两两度桥人。——李远《剪彩》
　　镂金作胜传荆俗，剪彩为人起晋风。——李商隐《人日》

学生通过欣赏诗词,识记名句,以一种传统文化去学习另一种传统文化,从中了解剪纸是具有一定文化含义的。

其次,介绍佛山剪纸传承人饶宝莲的事迹,欣赏其作品,体会传承价值。(见图5-9)

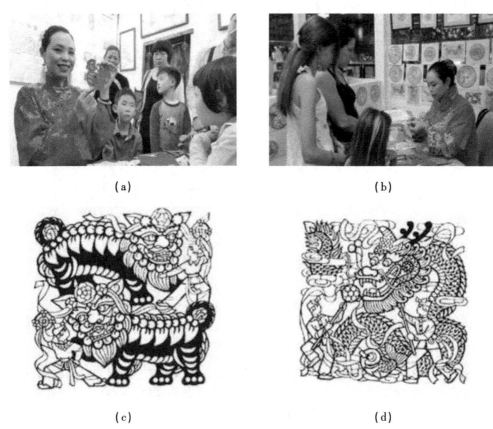

图5-9 佛山剪纸传承人饶宝莲及其作品

通过身边名人的真实事迹去讲述佛山剪纸的传承与发展,贴近生活;同时,以非物质文化遗产传承人的故事去感染学生,让学生从中感受佛山剪纸文化的魅力,并教导学生向饶宝莲女士学习,为佛山文化的发展努力。

最后,通过欣赏佛山剪纸传统装饰,领略其实用价值。(见图5-10)

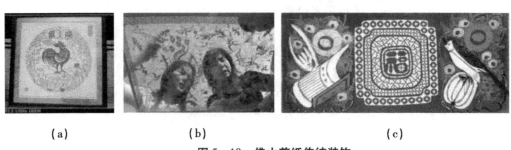

图5-10 佛山剪纸传统装饰

通过介绍佛山剪纸的传统装饰,了解剪纸的实用价值,培养学生热爱传统文化的情感,使其具有传承和保护优秀传统文化的意识。

(6) 介绍佛山剪纸制作方法。

介绍佛山剪纸的分类:纯色剪纸、写料剪纸、铜凿剪纸。

通过介绍佛山"铜凿剪纸与爆竹"(见图5-11),让学生了解铜凿剪纸的制作方法。

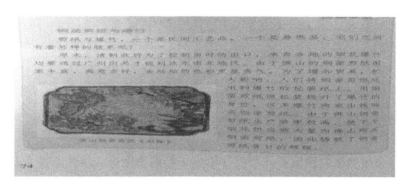

图5-11 佛山铜凿剪纸与爆竹

学生联系生活,感受剪纸艺术对自己的影响。同时,利用地方优秀的传统文化资源能丰富教学内容,提高学生学习的兴趣。

(7) 教师介绍剪纸的一般制作方法。

出示剪纸的一般工具(见图5-12、图5-13):演示剪纸的剪、刻方法。

 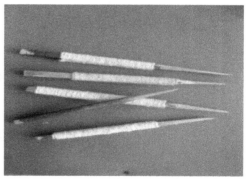

图5-12 剪刀   图5-13 刻刀

教师要强调剪刀、刻刀的拿、放,要注意安全,规范操作,不随意乱扔纸屑,保持良好的习惯。通过教师讲解,让学生掌握剪纸的技巧方法,提高学生参与的积极性。

（8）剪纸的图案设计。

首先，介绍剪纸的基本语言，出示一些基本的剪纸符号，包括：圆形、月牙形，逗号形柳叶形等。（见图5-14）让学生了解它们的使用方法。

图5-14　剪纸符号

学生通过了解基本语言符号的使用，能正确认识剪纸艺术。同时，能正确引导学生学习。

其次，介绍剪纸的图案设计，引导学生进行图案设计。示例：通过花朵图案的变化，掌握设计的方法，引导学生尝试。（见图5-15）

图5-15　花朵图案

通过实例展示，让学生真切感受到剪纸的变化，培养他们的设计意识和创新能力。

七、实践探究，动手练习

（1）教师引导学生正确操作剪刀、刻刀。
（2）鼓励学生独自设计图案。

让学生通过动手操作、自我探究来巩固所学的知识，让学生真正做到学以致用。

八、作品展评

（1）展示学生作品。
（2）引导学生自评、互评。

通过展示学生作品，通过学生自评、互评的方式来交流学习，分享劳动成果。让学生体验到成功的乐趣，激发和保持学生持久学习兴趣。

九、教学小结

（1）欣赏优秀学生剪纸作品。
（2）回顾佛山剪纸优秀作品。

总结：剪纸根植于民间，深受大众喜爱，同学们要从学习佛山剪纸文化知识中吸取营养，让这门传统文化更好地发扬光大。

通过回顾学生作品和经典佛山剪纸作品，让学生再次感悟和理解佛山剪纸文化，培养学生正常的学习方法——学习需要不断反思和积累。

十、课后作业

每位学生设计一幅剪纸，装饰教室。作业设计不仅是课堂教学的巩固，更是课堂教学的延伸。通过布置学生设计剪纸、装饰教室，可以培养学生感知美、创造美的能力。

十一、拓展措施

（1）网上搜集更多关于佛山剪纸的资料，继续学习。
（2）观看视频《佛山剪纸——剪不断的美》。

通过课后学习，拓展知识，帮助学生进一步了解佛山剪纸文化。

十二、教学总结与反思

剪纸毕竟是一门古老的艺术，它所表现的素材与现实生活存在一定的差距，它所需要的耐性和悟性也是当代年轻人所缺乏的。如何让这门手艺吸引学生的注意力，激发学生学习的兴趣，使剪纸文化深入人心，并使学生乐而学之，趣而用之，这是我们教师需要思考和反思的。在教授完这节课后，学生虽然对佛山剪纸文化有了初步的了解，但是谈论如何发动学生继续学习，更好地发扬优秀传统文化，更好地保护和传承传统文化还为时尚早。我认为如果在教授过程中把学生熟悉的物品、动物和喜爱的图案，如船只、车辆、娃娃等作为剪纸的题材，或许这样更能激发学生学习剪纸的兴趣，只有学生感兴趣了，才能更好地谈发展和传承。因此，保护非物质文化遗产，发扬优秀传统文化，让剪纸文化走进校园，在校园中绽放光芒，道路漫漫，但这正是我们需要探索和研究的重要方向。

参考文献

[1] 李明. 佛山文化 [M]. 广州：广东教育出版社，2015.

[2] 叶红娜. 关于小学剪纸课教学的初浅认识 [J]. 中小学教学研究，2001（3）：43.

[3] 陈荣静，魏忠丽. 心随剪走美从剪生——在剪纸活动中培养学生审美的能力 [J]. 吉林教育，2009（21）：94.

（本文作者：佛山市三水区云东海街道宝月小学　陈丽杰）

第六章 传统文化教育的学科渗透与融通

小学《论语》关键词双语教学研究[①]

当今世界虽然文化多元,交流频繁,但中华优秀传统文化的输出较少,欧美文化仍是世界文化交流的主导力量,这就严重影响了中国在国际舆论场上的话语权。培养跨文化交流人才是讲好中国故事、提升文化输出能力的关键。而小学三、四年级学生正处于身心发展承上启下的阶段,是培养跨文化思维与交流能力的关键时期。针对小学三、四年级学生,我们以《论语》关键词双语教学为基点进行跨文化视野下的小学国学经典教学研究,探索出跨文化视野下的小学国学经典关键词双语教学原则、教学方式,并且形成具体、系统、有效的教学体系。

一、《论语》关键词双语教学背景

中华优秀传统文化既是民族的,也是世界的。《论语》既是中国人修学立身的经典,也是西方人了解、学习中华文化的窗口。《论语》作为中华优秀传统文化的杰出代表,其所代表的儒家文化从根本上影响了中华文化长达两千多年,因此《论语》历来是中国人文化学习的启蒙经典,是中国人修学立身的起点。要想了解中国人的思维方式要从《论语》开始,而要研究中国人为学修身的精神也必以研究《论语》为先。

目前,随着中国实力的崛起,传统的"西方中心主义"语境越来越与现实不相符,由"西学东渐"到"东学西渐"就显得格外重要。但由于欧美文化仍是文化交流的主导力量,西方文化习俗、价值观通过多种形式渗透到中国人的日常生活中。低学龄段学生的个人价值观和思想信念正处于塑造期,更极易受到影响。反观中华传统文化向世界传播最核心的途径仍是经典译介,其中大多数以学术交流的形

[①] 本文由郑国岱提出整体研究思路和框架并负责论文定稿,广东第二师范学院中文系学生张溯源、江凯业、王钗和广东第二师范学院政法系学生钟俊南等人负责初稿撰写。

式呈现，由于译著翻译取向各有特点，对同一观点的阐释不一，也就容易造成文本理解混乱以及接受群体有限等情况，① 尤不适于中小学教学。因此如何使学生在学习中华优秀传统文化的时候利用好经典译著，培养文化自信和文化自觉，增强学生跨文化交流的能力，推动中华优秀传统文化"走出去"，成为教育教学的当务之急。

目前，小学阶段开展跨文化国学经典教学课程比较少，已经开展的也只有初步的教法探索，或者是把国学经典的英译本当成英语学习材料来使用，忽视对国学经典的跨文化解读的研究。② 其实小学三、四年级是学生由形象思维开始向抽象思维发展的关键时期，这对于跨文化思维养成而言非常重要。与此同时，学生的中英文能力都还很薄弱，无法进行全面的跨文化交流，基于此，我们立足于"关键词"教学，在中英《论语》关键词的对比分析中带领学生进行跨文化的解读，从而实现对三、四年级学生进行跨文化思维与能力训练的目的。

我们的实践采用郑国岱主编的实验教材《国学》③ 第三阶段《论语选读》上下两册，教学环节则以郑国岱创立的"三元互动五场联通"国学经典课堂教学模式为主要操作方式。具体来说，"三元互动"指经典、教师、学生三个课堂教学中的核心元素在国学经典教学过程中互促互动，"五场联通"则是指教学过程中"导趣屋、乐读斋、善品堂、开悟轩、回味阁"前后相承。具体实践思路则按照郑国岱提出的"对接、扩展、融合"三阶原则来推行。

二、《论语》关键词双语教学原则

（一）教学目的设置遵循阶段性原则

小学生身心发展具有阶段性特点，对《论语》关键词的理解需要一个循序渐进的过程。基于此，笔者根据跨文化视野下的《论语》关键词的难度、课堂教学比重、教学方式三方面将《论语》关键词双语教学划分出"对接""扩展""融合"三个阶段。

"对接"阶段致力于构建中西跨文化思维的接口，基于关键词字形结构、意义对比进行"字词解读"。课堂以国学知识讲解为主，《论语》关键词双语教学只局限于"开悟轩"环节，基于词汇结构和意义的跨文化解读，通过比较中英词汇的意义，重在培养学生学习国学经典的兴趣和热爱中华优秀传统文化的情怀，引导学

---

① 杨平：《〈论语〉的英译研究——总结与评价》，《东方丛刊》2008年第2期。
② 代正利：《英韵国学经典推广到小学英语课堂的探新——以〈英韵三字经〉为例》，《现代中小学教育》2019年第7期。
③ 此套教材由郑国岱主编，名称为《国学》，由世界图书出版公司在2016年正式出版。

生体会中西文化的异同。

"扩展"阶段致力于推动中西跨文化思维的发展，基于关键词进行《论语》"整句解读"。将关键词放入原文，以"句"为单位进行跨文化解读。与前一阶段相比，教学比重增加，逐渐向"乐读斋""善品堂"等教学环节渗透。教学形式更加丰富，基于《论语》表达的精神进行中西文化事例的讲解，培养使用跨文化思维体察中西文化异同的意识。

"融合"阶段致力于实现中西跨文化思维的顺畅切换，基于关键词进行《论语》"整则解读"。将关键词放回原文，以"则"为单位进行跨文化解读。双语教学中的跨文化解读不再局限于特定环节，能自然融入国学经典讲解之中。通过中西文化经典著作讲解、口语交流等方式进行双语教学，引导学生使用跨文化思维看待事物，弘扬中华优秀传统文化。

（二）教学过程实施遵循系统性原则

提高教学效果的关键在于优化教学过程，教学环节和教学内容是教学过程的主要组成部分。《论语》关键词双语教学注重教学过程的系统性，注重课堂教学环节的有序性以及教学内容的整合性，逐步引导学生实现跨文化思维的发展、学习能力的提高。

例如，我们采用的《论语选读》教材是基于主题式教学理念来编写的，教材将《论语》分为 10 个单元主题。每个单元主题分为 3 课时，前两个课时进行关键词双语精讲，第 3 课时在精讲关键词时，侧重于关键词双语总结教学。例如在讲"仁智"时，需突出"仁德"的君子也具有智的特质，仁并不是愚昧的善良。笔者围绕单词"the intelligent"与"the benevolent"进行关键词双语教学，同时立足文法，介绍讲解定冠词"the"的用法。第 3 课时则进行"连缀成句"，对所学内容进行整合，形成"I love the intelligent and the benevolent."。引导学生理解单词和短句含义，在生活中增长智慧的同时，也需要培养"仁爱待人"的行为。由此，在讲授国学知识的同时，进行跨文化的解读和思考。促使学生掌握系统国学知识，体会中西文化的差异。

三、《论语》关键词双语教学方法

（一）依托教材，尊重文本思想

在中文教材方面，以郑国岱主编的《论语选读》为教材，在安排教学活动时，教师先研读教材，明确文意。为保障文本解读的准确性，我们还以《论语别裁》《论语集注》等作为教学参考。在尊重原意的基础上再对照译本选取《论语》关键词进行解读。以单元主题"为学"为例。第 1 单元第 1 课时围绕"学"，在译本中选取"learn"和"study";第 2 课时围绕"习",则选取"review";第 3 课时选择"pleasant",同时将一二课时选出的关键词结合,汇合成句,体现第 1 单元主旨:"Isn't it pleasant to learn with constant review?"因此,在择词时,需以教材原文为依托,尊重文本原意,力求与单元思想的逻辑体系同步,层层递进。

(二)立足译本,开拓跨文化视野

多角度选择英译著作,力求优势互补。国内外已有多版本的《论语》译本。国外译者有柯大卫(David Collie)、理雅各(James Legge)、苏慧廉(William Edward Soothill)、亚瑟·韦利(Arthur Waley)、安乐哲(Roger T. Ames)等,国内译者有辜鸿铭、刘殿爵、许渊冲、王福林等。译者所处背景不同,创作目的和翻译取向也各有差异、各有侧重。为此我们根据出版年代和代表性两个原则,选取了辜鸿铭、许渊冲以及理雅各的译著作为关键词选取的译著来源。这三者的翻译原则不尽相同:辜鸿铭侧重对读者心理的解读,其翻译原则为"以西释中",立足于西方读者的视角,相对而言更贴近英语语言文化;理雅各注重原文直译,采取的是直译、注释的方式,更加贴近中文原意;而许渊冲崇尚原文意译,注重文学效果,多采用意译的方式诠释原文。

(三)结合学情,趣味"炼字"

"炼字",即根据内容和意境的需要,精心挑选最贴切、最富有表现力的字词来表情达意,这是关键词双语教学的关键。《论语》具有极高的思想和文学价值,以其为基础的译著在关键概念、核心观点的翻译也是经过反复揣摩、推敲的。因此,我们也需要通过比较教学、反复"炼字"来达到准确理解的效果。就如,在讲授"孝"时,孔子说:"今之孝者,是谓能养。至于犬马,皆能有养;不敬,何以别乎?"孔子强调"尽孝"须"敬而养",而"敬",不同的译者也给出不同的观点。辜鸿铭认为"敬"是"the feeling of love and respect",理雅各认为是"reverence"。理雅各强调"敬"是"尊敬、崇敬",辜鸿铭则认为不仅是尊敬,而且还是爱。基于此,辜鸿铭的"敬爱"将寄寓在"敬"基础上的深层次情感表达出来,更加符合孔子仁爱思想。

四、总结

总而言之,本文立足于《论语》双语关键词教学,从教学原则、教学方法的角度论述了"如何有效开展小学国学经典教学的跨文化解读"。其中强调教学目标的设置须遵循阶段性、教学过程实施须遵循系统性原则。以《论语》关键词的解读为突破口,以依托教材、立足译本、结合学情为解读原则。通过探析构词、趣味"炼字"、以及连缀成句的解读方法进行《论语》双语关键词教学,以此建构具体、系统、有效的跨文化视野下小学国学经典解读体系化教学模式。

参考文献
[1] 南怀瑾. 论语别裁[M]. 上海：复旦大学出版社，2002.
[2] 朱熹. 论语集注[M]. 北京：商务印书馆，2015：81.
[3] 辜鸿铭，黄兴涛.《论语》英译[M]. 海口：海南出版社，1996：385.
[4] 理雅各. 论语[M]. 沈阳：辽宁人民出版社，2016：189-190.
[5] 许渊冲.《论语》汉译英[M]. 北京：海豚出版社，2013：51-52.

（本文作者：广东第二师范学院　张溯源　郑国岱　江凯业　王　钗　钟俊南）

传统文化教育与小学英语校本课程的开发

——以肇庆市实验小学为例

校本课程是国家基础教育课程设置实验方案中的一个部分，指学校自行规划、设计、实施的课程。其特点是 school-based curriculum development，基本定位是非学术性或者说是兴趣性的，以发展学生个性为目标指向，强调课程以《英语新课程标准》为准绳，从学生的兴趣、生活经验和认知水平出发，倡导体验、实践、参与、合作与交流的学习方式和任务型的教学途径，发展学生的综合语言运用能力，使语言学习的过程成为学生形成积极的情感态度、主动思维和大胆实践、提高跨文化意识和形成自主学习能力的过程。在《英语新课程标准》指导下，英语校本教材的根本宗旨是培养学生的文化意识。文化意识是指对异国文化与本国文化的异同的敏感程度和在使用外语时，根据目标语文化调整自己的语言理解和语言产出的自觉性。这种自觉性和敏感性可以在教学过程中培养，学生通过了解文化特征，分析文化冲突，深入体验各种文化，学会能设身处地从目标语文化的视角看问题，达到视其所视、感其所感的理解。

一、校本课程开发目标

（一）总体目标

根据《英语新课程标准》的三维目标，促进学生在知识与技能，过程与方法，情感、态度、价值观方面有全面的发展。关注教师和学生的生活经验与实际需求，不断追求校本课程的个性化建设，适应学生个性特长的发展，适应师生全面素质的提高。

（二）具体目标

本课题以"弘扬中华传统文化，增加民族自豪感"为课程目标，立足于小学英语课堂，结合小学生年龄结构、身心特点和兴趣爱好，以中华传统节日文化为突破口，探讨如何进行传统文化的有效翻译以及总结一些有效的经验；努力让孩子了解和体验中华优秀的传统文化，使其能够用英语进行相关表达，作为中华传统文化的传播者。

1. 体验中华传统节日文化传译

校本教材的实施对象——学生是直接受益者。通过校本教材的研究与实施，学生能够掌握简单的中华传统节日以及相关的简单节日风俗的英语表达，让学生有能力用英语介绍中华传统节日文化。同时，小学生英语学习兴趣将进一步提高，动手动口能力以及语言运用能力等方面得到培养与锻炼。通过开展各类的英语教学和综合实践活动，运用所学知识，用英语介绍中华传统节日文化。在课堂上，学生体验到了学习中华传统节日文化的乐趣，并把这份学习热情扩展到课外。通过高科技网络等信息渠道查找中华传统节日文化资料，开展分享交流会等活动，自觉深入学习中国传统文化。

2. 扩展小学英语教学思路

对教师而言，通过对校本教材的实施与研究，一方面，总结在小学英语课堂中有效教学中华传统节日文化的手段，提高学生英语学习的兴趣，从而更好地服务于教学，促进教学质量的提升。师生关系也更加融洽，得到更多同行、家长、领导的认可。另一方面，自身素养得到全方位的提升，不仅深入了解了中华传统文化，熟知各大重要传统佳节的时间、传说故事、民俗活动、典型传统美食以及经典节日诗词等，而且通过中英文翻译、比较、推敲，英文应用能力也有一定的进步。

二、英语校本课程开发的原则

在本套校本课程开发的实践操作过程中，我校遵循了以下三点原则。

（一）以生为本原则

以学生的学习兴趣为导向，尊重学生成长规律，满足学生个性发展需求，拓宽学习渠道，发展学生多元智能。根据学生的年龄特点和英语水平，教师在编写校本教材《我们的节日》的过程中，必须思考如何能够让学生积极参与进来。要了解学生想学些什么，要知道些什么，这样的教材才能使学生积极主动地去学习。

（二）注重校本综合实践原则

英语校本课程在开发时，必须要遵守其综合性、实践性的特点。在教材编写方面，逐步淡化英语学科的独特性，使得学生在实践过程中感知英语是一门语言、一种工具；强调学生在亲历实践中，掌握新的学习方式；促进学生主动学习、综合学习、探究学习、实践学习，为学生创造一个开放的更为广阔的学习途径。

（三）联系实际原则

校本课程的开发离不开学校自身的性质、特点及条件。因此，在校本课程开发过程中，学校及教师应当组织学生利用周边一切可用的课程资源，合理使用校本教材《我们的节日》，通过学习与实践，丰富学生的学习生活，增进学生社会与文化参与度，使学生更了解中国传统节日文化，陶冶学生爱家、爱乡、爱国的文化情操，尊重并学习不同地域文化，使学生增强社会责任感和民族自豪感，让学生了解科学探究的过程，提高自信心和实践能力。

三、校本课程开发的内容选取和研究重点

英语校本教材的内容包括对春节、元宵节、清明节、端午节、七夕节、中秋节和重阳节这七大中国传统节日介绍的英文翻译。包括翻译节日的名称、日期、传说故事、典型节日美食、民俗活动等。将中华传统节日的相关素材编写成校本教材，并利用校本教材引导学生进行中西方文化的对比，加深对这种文化差异的理解，增进学生对中华传统文化的理解和热爱，树立对异国文化的正确态度。

英语校本教材的研究重点之一是根据学生的年龄特点和英语水平，研发校本教材《我们的节日》，为学生创造了一个开放的更为广阔的学习途径，强调学生在亲历实践中，掌握新的学习方式，促进学生主动学习、综合学习、探究学习、实践学习。英语校本教材的研究重点之二是合理使用校本教材《我们的节日》，通过学习与实践，丰富学生的学习生活，增进学生社会与文化参与度，使学生了解中国传统节日文化，陶冶学生爱家、爱乡、爱国的文化情操，使学生尊重并学习不同地域文化，增强社会责任感和民族自豪感。

四、校本课程开发与管理

编写校本课程《我们的节日》，使中华传统节日文化教育课程化、系列化。以"弘扬中华传统文化，增加民族自豪感"为课程目标，具体分为"节日简介、节日的由来与传说、节日习俗、节日诗选、节日主题活动"等内容，并在教材中提出分年级要求。校本课程的编写必须符合时代要求，更应立足于学生实际情况，表现出鲜明的教育教学特色。

（一）课时安排及内容安排

在传统节日的前后期间，每班可利用一节英语课开设以"我们的节日"为主题的课程，以此启动本班专题节日文化活动。专题活动结束后，班级要举行分享交流会或展示活动，并收集相关资料上交校本课程开发组。下面以几个节日为例做进一步的介绍。（见表6-1）

表6-1 "我们的节日"主题课程安排

内容	节日	目标		
		一级	二级	三级
主要包括中华传统节日的口头或非物质遗产的文化多样化资讯以及部分相关的民风民俗等方面的内容，用英语介绍节日的相关资料	清明节（二月二十三日）	能明白校本教材英文介绍的清明节具体日期，初步了解节日的来历，了解清明节的风俗习惯	通过调查、访问，收集有关清明节的资料，并能完成校本教材的相关学习任务	通过分享与交流等形式挖掘清明节的文化内涵，并能用英语交流和宣传节日的相关文化
	端午节（五月初五）	能明白校本教材英文介绍的端午节具体日期，初步了解节日的来历，了解端午节的风俗习惯	通过调查、阅读、上网查找等方式，收集有关端午节的资料，并能完成校本教材的相关学习任务	收集有关端午节风俗习惯的各种图片，办一次图片展或搞一次其他形式的实践活动，挖掘端午节的文化内涵，并能用英语交流和宣传节日的相关文化
	中秋节（八月十五）	能明白校本教材英文介绍的中秋节具体日期，初步了解节日的来历，了解中秋节的风俗习惯	能通过多种渠道收集与中秋节有关的资料，并能完成校本教材的相关学习任务	了解中秋节的文化意义，并能通过一些实践活动发现更深层次的内容，并能用英语交流和宣传节日的相关文化
	春节（正月初一）	能明白校本教材英文介绍的春节具体日期，初步了解节日的来历，了解春节的风俗习惯	通过回忆、查找资料等途径了解春节在各地的不同风俗习惯，并能完成校本教材的相关学习任务	通过各种实践活动，发现春节的文化意义，并能用英语交流和宣传节日的相关文化
	元宵节（正月十五）	能明白校本教材英文介绍的元宵节具体日期，初步了解元宵节的来历；了解元宵节的风俗习惯	通过回忆、查找资料等途径，了解元宵节在各地的不同风俗习惯，并能完成校本教材的相关学习任务	收集元宵节风俗习惯的图片及各种实物，办一次展览，了解元宵节的文化内涵，并能用英语交流和宣传节日的相关文化

（二）课程开发的一般操作流程

1. 构建"学校—家庭—社会"一体化的课程资源

由于所开发的课程综合性大，内容宽泛，因此要努力构建"学校—家庭—社会"一体化的课程资源。既要充分利用现有的人力、物力资源（如各任课教师、活动场地等），还要依靠丰富的网络资源，有时还需请家长支持与参与。

2. 树立现代教育观念

该课程对英语教师提出了很高的要求，要求英语教师改变观念，要求英语教师积极参与开发课程资源，要求英语教师改变教与学的方式方法，要求英语教师具备跨学科的广博知识、专业性以及协调教学的素养等。

3. 全员参与，反复修改

（1）确定文本主题，制定目标。中国的传统文化博大精深，它所涉及的面非常广，我们在开发校本课程时，对中国传统节日文化的内涵进行挖掘。每个传统节日为一个主题，依据每个主题所涉及的内涵，有选择、有重点地渗透，同时参与开发课程的教师还要熟识每个主题的目标，做到心中有谱，眼中有人，脑中有思路。

（2）设计活动方案，实践反思。按照制定的目标，教师根据学生的兴趣爱好、年龄特点、地方特色、教师自身的特长选一个主题，设计一个适合某一年级的主题活动方案；然后，分年级组进行初步尝试教学；最后，各年级组对该活动方案提出修改建议，设计教师写出反思，为进一步修改打好基础。

（3）组织编写，反复修改，初步成稿。教师修改后的主题方案，送校本课程开发小组进行可操作性鉴定，提出进一步修改意见。待教师进一步修改后，学校组织教师编写校本课程。

（4）跟踪调查，扩展课程内容。按主题编写成课程文本后，将组织教师在校本课程课进行教学，组织人员随堂听课，做好学生和教师教材使用情况的调查、反馈工作，组织上课教师研讨，教学过程中出现的问题，及时收集整理，在此基础上逐渐扩展文本主题范围，使校本课程的内容更加丰富多彩。在注重教师反复实践修改的同时，还应注重学生的参与，学生的实践活动得到的许多信息，将是我们编写学生读本及教材的第一手资料。

五、开发校本英语课程的思考

《英语新课程标准》指出：除英语教材外，学校和教师还应积极开发和利用其他课程资源，要使学生尽可能多地从不同渠道、以不同形式接触和学习英语。亲身感受和直接体验语言及语言运用。因此，为了寻找新的课程资源，增强英语教学的开放性和灵活性。开发校本英语课程已经势在必行。校本课程是国家课程的补充和拓展，它同样要求教师关注过程和方法，关注教学环境的设计、活动的设计。我们在校本英语课程开发的实践与探索中，以学生的发展为核心，让学生超越课本，走出课堂，有效地转变了学生的学习方式，使新课程所倡导的自主学习、合作学习、探究学习的理念真正落到实处。校本课程的开发是一个任重而道远的艰巨任务，仅靠我校的几名教师是难以完善的。在体验开发过程的酸甜苦辣后，笔者认为，真正有效地开发校本课程，我们必须做到以下三点。

（一）充分调动教师积极性和参与度

一套教材的开发需要的大量的人力物力及时间的花费。为此，在校本课程开发过程中，仅依靠部分教师的作用难以体现"校"的真实底蕴。从某种程度上来说，教师的态度及其素质的高低决定着校本课程开发的水平和质量。因此，在校本课程开发过程中，学校教师应该群策群力，跨学科合作，为校本课程的开发贡献自己的力量。

（二）学校提供良好保障性

所谓的保障性是指在校本课程开发及实施过程中，学校必须提供相应的开发条件和实施基础。校本课程顾名思义是以学校为本位，重在强调学校的积极性和创造性。校本课程的开发必须在学校为基础单位的保障下，以教师团队为开发主要力量，形成教师资源的互补，聚集更多的才智，实现课程开发的最优化。

（三）社会体系的支持性

校本课程的开发离不开社区及相关地方的专业人员的参与和指导。我们在编写校本教材时，涉及到传统文化方面的知识，必须邀请本地大学中文系教授等相关专业团队的指导，因为这些部门比学校在这方面更为专业，更有发言权。学校在开发校本课程中更需要在充分评估学生需求的基础上，根据学校的特点利用社会资源来进行有针对性地开发，这样可以实现有效的资源利用。当然，校本课程的开发还需要得到社会的支持、认可及评价。因为它与学校完成的学科课程有着根本的区别。校本课程往往需要走出校门，因此，一个社会系统的支持是十分必要的。

校本课程的开发，其根本宗旨是体现教育以人为本的特性，最大限度满足各有差异的学生的学习需求，促进学生的发展，从而满足社会对不同人才的需要，促进社会的发展。中华文化博大精深，除了传统佳节，孝文化、饮食文化等都可以成为校本教材的编写内容。我校校本课程的开发是一种抛砖引玉，以期有更多的热爱英语的中国人，热爱中国文化的外国人，有机会继续整编中华传统节日文化教材。我们相信，通过我们团队的共同努力，集思广益，我校的英语校本课程必将越来越完善，越来越成功。

参考文献

[1] 徐玉珍. 校本课程开发：概念解读[J]. 课程教材教法，2001（4）：12-17.

[2] 沈家驹，马卓. 英语校本课程开发：含义、原则及其步骤[J]. 基础教育外语教学研究，2006（12）：26-27.

[3] 刘正伟，杨林. 关于地方文化和校本课程开发的几点思考[J]. 福建教育（小学版），2009（3）：21.

[4] 钟萍. 南宁外国语学校英语校本课程开发的建议和设想[J]. 广西师范学院学报（哲学社会科学版），2006（S1）：102-105.

[5] 钱瑛. 英语校本课程的开发与探索[J]. 教学与管理，2003（15）：31-32.

（本文作者：肇庆市实验小学　梁小敏）

传统文化在小学科学教学中的融合

——以《观察月相》一课为例

一、设计思路

在我国古代诗词中,有许多以月亮为吟咏对象的诗,我们可以从科学的角度去辨析诗中月亮的月相和出现的时间,同时领略中华诗句文化的精髓与美妙之处。在我们看来,国学经典诵读不是为了教国学而诵读,更重要的是发挥其"立德、启智、育美"的功能,在生活中切切实实地用国学规范孩子的言行,或者说用国学经典里的格言指导孩子做事。因此,让孩子诵读、听老师讲解、背诵国学经典不是最终目的,最终目的是通过日常生活中具体的场景,让孩子感同身受,理解国学经典中内涵,从而内化为自己的精神,外化为自己的行动。本文将以《观察月相》一课为例,结合中华传统文化中的经典诗歌,通过欣赏、阅读、动手实践等形式进行教学,以加强实践探究过程,引导学生动手与动脑相结合,增强学生的问题意识,培养他们的创新能力与实践能力。

二、实施过程

(一)教学设计

1. 教学目标
(1)通过中华诗句知道月相每月会发生有规律的变化。
(2)知道观察是认识事物的基本方法。通过诗歌朗诵了解月相,推理月相有规律的变化。
(3)增强观察月相的探究兴趣和对中华优美诗句的学习兴趣。

2. 教学重点
通过欣赏中华诗句知道月相会发生有规律的变化。

3. 教学难点
通过各种诗歌引导学生用不同的方法记录月相;再用诗句将不同的月相描述出来。

4. 教学对象
二年级学生。

5. **教学准备**

学生课前准备关于月亮的诗句、科学活动用具。教师准备关于月相的诗句锦集、用于贴月相的挂图、月相成因示意图、月相变化的课件、月相变化模拟材料、板书等。

三、教学过程设计

（一）创设情境，激趣质疑

教师：同学们，我们古代有位名叫苏轼的诗人写了一首诗，其中有"人有悲欢离合，月有阴晴圆缺"一句，看来人们很早就发现了月球有圆缺变化的情况，说说你曾经见过的月亮是怎么样的呢？（学生回答，当学生回答各种月亮形状的时候，老师给予表扬与鼓励）

讲解：我们看到的月球发亮部分的形状叫月相。（板书）

展示学生们完成的提前一周布置的月相观察记录单。（投影展示，表扬坚持每天完成记录的学生）

利用诗词导入的方式，实现科学与中华传统文化的整合。通过展示学生记录的月相，实现学生原有认知概念的呈现，为这节课的学习做一个概念的铺垫。

（二）观察、描述月相

（1）自古以来人们最注意的天象之一就是月相的变化。中国是世界上天文学发展最早的国家之一，对月相的观察，不仅对推断日期和时间有重要的应用价值，更是各个诗人笔下情感寄托的载体，有着丰富的文化内涵。

（2）月相在每个农历月中变化顺序是由缺到圆，再由圆到缺。今天我们利用高科技来观察一个月的月相。（展示课件）

（3）你能说说你是用什么方法将前一周的月相记录下来的呢？（学生回答，老师表扬鼓励）

（4）月相是月亮在每个农历月中的形状变化，接下来请你仔细地观察小组各位成员记录的月相，你有什么发现？（小组观察探讨，全班交流发现，老师同时记录板书。在板书相对应位置贴出典型月相图，便于学生观察掌握月相变化）

（5）总结：同学们，你们有没有发现月相是怎么变化的呢？

（6）老师把一个月的月相观察图补充完整，先看上半个月的月相变化，再看下半月的月相变化。（展示整个月的月相变化，学生发现总结，老师及时表扬并板书）

（7）那我们一起用一首《古朗月行》来感叹一下："小时不识月，呼作白玉盘。又疑瑶台镜，飞在青云端。"白玉盘指的是月相，犹如我们十五的月亮一样。

通过学生展示发现总结、老师补充拓展，学生能自我总结并发现规律。让学生积极思考发现规律，形成对探究问题的思考的习惯，这对后面的环节有至关重要的作用。

四、观察记录月相

（1）宋代王安石《菩萨蛮》中"梢梢新月偃，午醉醒来晚"一句写到了月初弯弯的月亮。那我们用什么办法能显示月亮的球形？用什么表示月亮明亮的部分？看每月初一的月亮是什么样的？怎么表示？（黑色的球）

（2）我们一起来制作一张月相观察卡片，用白纸剪下月相形状贴在黑色球相应的位置，月相就完成了。

（3）那老师要考验同学们，请问苏轼的诗《上元侍宴》"侍臣鹄立通明殿，一朵红云捧玉皇"中的"玉皇"中大大的月亮怎么表示的呢？（预设学生回答整个圆圆的白纸）

（4）学生动手制作月相卡片。（小组展示，班级评价）

设计意图：通过诗句引出月相记录，让学生用纸剪出月相的形状，并贴月相，了解学生平时观察到的哪一种月相较多，每个学生观察到的情况都可能不一样，从而引出下一个环节——认识各种月相的名称。

五、研讨交流，课外延伸

（1）根据月相变化的规律，通过展示古诗词中出现的月相，了解每种月相的名称。（新月、蛾眉月、上弦月、下弦月、凸月、满月）

（2）了解每种不同的月相对应的一个月中的时间点。

（3）听一听《月相变化歌》。

初一新月不可见，只缘身陷日地中，初七初八上弦月，半轮圆月面朝西。
满月出在十五六，地球一肩挑日月，二十二三下弦月，月面朝东下半夜。

（4）制作科学活动用具中的月相变化观察图模型，课后和同学或者是家长一起探讨各种月相，并且结合月相查找对应的诗词句，录制视频发到班群共同欣赏。

结合诗词句来了解认识各种月相名称，通过动手活动和模拟真实的情境，让学生深刻体会自然现象的神奇。

六、小结

通过这节课的学习，我们知道观察是做科学研究的一种基本方法。通过观察，我们发现了很多月亮的知识，实际上月相变化还蕴藏着丰富的科学知识，而且月相与我们中华五千年的传统文化可以结合起来，学习观察月相的同时还欣赏了许多美妙的中华古诗词。希望同学们课余时间对月相进行实际观察，要注意确定固定的观察地点和时间，用我们所学的方法进行记录，课后我们还可以欣赏每位同学找到的与月相有关的诗句，将来有机会我们举办一场小型的班级诗词大会，看谁的诗句比较精彩！

七、板书设计

观察月相
我们看到的月球发亮部分的形状叫月相
上半月　由缺到圆　亮面在右边
下半月　由圆到缺　亮面在左边

八、拓展措施

继续完成观察月相，在课后对观察到的月相可与同学或家人进行分享，并且在班群上可以继续分享交流每天晚上的月相如何，以此对诗一首。

九、效果评估

学生对月相的认识会跟生活经验有关，知道晚上的月亮时而像眉毛或者镰刀，时而像圆盘，时而只有半圆。有部分学生的课外知识比较丰富，懂得比较多。所以在课上结合中华诗句能使学生更清楚地了解每种不同的月相，加深对月相的了解。在课上，学生能对日常观察的结果进行总结，得出月相的规律，这是学生自主学习的关键。学生在本节课上学会用图画的方式记录观察到的月相，而且能学会自我分析，能发现月相是在逐渐变化的。教师以赛中华诗词的方式加深了学生对月相的深度了解。本课的重点是让学生学会观察并记录月相，随后发现规律，这是在科学学习的基础上，对学生思维的拓展。

十、总结与反思

二年级学段的学生可能对有些中华诗句不熟悉或者是不理解其中的含义，教师可以通过多媒体视频的方式对选择的诗句进行情景模拟或者展示，这样学生才能体会诗句中对月相的描写，使自然科学知识变得简单易懂，让学生体会到科学学习与我们的生活息息相关。

本课的内容较多，中华传统文化与现代科学教学结合时会有衔接不起来的地方，教师应注意需要合理转化的内容以及各个教学环节所需要的时间，可以将课前能让学生准备的材料准备好，如果有需要，可以根据实际教学情况增加课时安排。

（本文作者：佛山市禅城区澜石小学　侯庆婷）

传统文化教育视域下的初中地理教学案例

一、设计思路

经过中图版《地理》(中国地图出版社出版)七年级上下两册的学习,学生们对有关中国区域的地理知识已经有了初步的印象,但是还欠缺进一步将知识点串联和巩固。同时,为了培养学生热爱祖国的情感态度和价值观,并弘扬中国传统文化,故特意设计这一课时,让学生从中国传统文化的角度领略祖国的大好河山。

二、实施过程

(一) 自学提纲

课前列自学提纲,让学生先复习课本知识,温故而知新,同时有利于学生养成自主学习的习惯。

(1) 总结四大地理区域的自然和人文地理特征。

(2) 诗词、俗语等传统文化中蕴藏的中国自然和人文地理特征。①诗词等与中国自然地理的关系;②诗词等与中国人文地理的关系。

(二) 导入新课 (2分钟)

你见过什么样的中国?是960万平方千米的辽阔,还是300万平方千米的澎湃?是四季轮转的天地,还是冰与火演奏的乐章?像鸟儿一样,让自己的思维离开地面,冲上云霄,结果超乎你的想象!前往平时无法到达的地方,看见专属于传统文化思维的奇观,俯瞰这片朝夕相处的大地,再熟悉的景象,也变了一副模样!从身边的世界,到远方的家园;从自然地理,到人文历史;40分钟的旅程,前所未有的极致体验!从现在开始,和我们一起,遨游祖国!(同时播放自然景观的动态图片)

（三）教学新课

1. 中国四大地理区域的自然与人文地理特征

这部分关于我国四大地理区域的基本知识（见表 6-2）复习用时 10 分钟，通过基本知识的复习唤醒学生的记忆，为后面中国地理特征与传统文化的关系探讨做准备。

表 6-2　我国四大地理区域的基本知识

要点		北方地区	南方地区	西北地区	青藏地区
分界线		北方地区与南方地区：秦岭—淮河 北方地区与西北地区：400mm 年降水量线 青藏地区与其他三个地区：地形因素			
分布范围		东部季风区 秦岭—淮河以北	东部季风区 秦岭—淮河以南	西部非季风区	青藏高原
地形特征		平原、高原	平原、丘陵	高原、盆地	高原、山地
气候	温度带	暖温带、中温带	亚热带、热带	暖温带、中温带	高寒气候
	年降水量	400～800mm	>800mm	<400mm	
	干湿状况	半湿润和湿润区	湿润区	半干旱和干旱区	
植被		落叶阔叶林、针叶林	常绿林	草原、荒漠	高寒植被
农业	耕作制度	一年一熟或者 两年三熟	一年两熟至 一年三熟	我国最大的畜牧业 生产基地	牦牛和青稞等
	耕地	旱地为主	水田为主		
	农/畜产品	主产：小麦、棉花、杂粮	稻谷、茶叶、蚕丝	羊、牛、马等	
		水果：苹果、梨、桃、杏、枣、山楂等	柑橘、香蕉、荔枝、龙眼、菠萝等		
民居		比较注意防寒保暖，建筑形式有四合院、窑洞等	多用砖瓦、竹木材料建造，注意通风散热，屋顶坡度较大，利于排水	由于降水少，屋顶一般建得比较平坦	多为石块或石木结构的碉房式建筑

2. 诗词、俗语等传统文化中蕴藏的中国自然和人文地理特征

诗词、俗语等与中国自然地理的关系。主要呈现诗歌中我国雨带的变化和推移（见图6-1、表6-3），以及诗歌中的季风气候（见表6-4）。

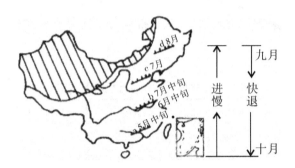

图6-1 我国雨带的地理变化

表6-3 诗歌中的我国雨带的推移

诗词	地区	简要分析
随风潜入夜，润物细无声。	南方地区——四川盆地	我国的夏季风主要来自太平洋暖湿气流。 三月底，太阳直射点北移至北半球，北太平洋海水开始升温，暖湿气流形成的夏季风开始在我国的东南沿海登陆，故我国雨带从东南沿海逐渐往北推移。同时，由于三月底刚形成的夏季风势力还不强，而此时整个中国都还有较强的冷空气，所以清明时节是绵绵细雨。 而随着气温的回升，夏季风逐渐增强，雨势加大，进入夏季后多为大雨或者暴雨。而由于北方地区与夏季风源地距离远，与南方地区相比雨季短而雨量少。 九月后，冬季风又开始加强，夏季风开始从东北快速南撤。 降水的多变往往触动了诗人内心的柔软，触景伤情发出千古传诵的动人诗篇。
黄梅时节家家雨，青草池塘处处蛙。	南方地区——长江流域	
雨急山溪涨，云迷岭树低。	北方地区——华北平原	
渭城朝雨浥轻尘，客舍青青柳色新。	北方地区——黄土高原	
雷声千嶂落，雨色万峰来。	北方地区——华北平原	
空山新雨后，天气晚来秋。	北方地区——黄土高原	
君问归期未有期，巴山夜雨涨秋池。	南方地区——大巴山脉	

表 6-4 诗歌中的季风气候

季风	诗词	简要分析
夏季风	春风又绿江南岸，明月何时照我还？ 野火烧不尽，春风吹又生。 晴日暖风送麦气，绿阴幽草胜花时。 沾衣欲湿杏花雨，吹面不寒杨柳风。 羌笛何须怨杨柳，春风不度玉门关。	我国东邻世界最大的大洋（太平洋），背靠世界最大的大陆（亚欧大陆），使得我国海陆热力差异明显，形成了世界最典型的季风气候区。每年夏半年，我国受来自低纬度的太平洋和印度洋暖湿气流的持续影响，气候高温多雨；每年冬半年，我国受来自高纬度的蒙古－西伯利亚寒冷气流的影响，气候寒冷干燥。诗人感叹暖暖的春风（夏季风）吹绿了江南岸，吹绿了坚韧的野草，带来了播种的未来的希望，这风是多么的温暖人心。而位于非季风区的西北地区缺乏夏季风水汽的滋润，气候干旱，多沙漠戈壁，水源是西部人们永恒的追求，所以诗人有感而发"春风不度玉门关"。九月，冬季风的势力逐渐加强，这股西风凋落了碧树，催熟了果实，大地推起了厚厚的雪花。在诗人看来，强大的冬季风带来气温的骤降可以是"忽如一夜春风来，千树万树梨花开"，也可以是"瑞雪兆丰年"，甚至是"北国风光，千里冰封，万里雪飘"中的祖国大好河山。 不管祖国的风光如何变幻，不变的是诗人对祖国的热爱。
冬季风	昨夜西风凋碧树，独上高楼，望尽天涯路 夜来南风起，小麦覆陇黄。 忽如一夜春风来，千树万树梨花开。 北国风光，千里冰封，万里雪飘 瑞雪兆丰年	

在和学生们共同探讨"诗词、俗语等与中国自然地理的关系"这一部分需要用时 12 分钟。通过探讨中国古诗词中的我国自然环境，培养学生学会如何通过一些线索把零散的地理知识联系在一起，初步串联起了中国自然地理特征的脉络；同时，通过情感上的熏陶，可以培养学生的爱国主义情感。

3. 诗词、俗语等与中国人文地理的关系

在漫长的农业社会，科学技术落后，大自然对人们的影响深远。古人善于观察，往往能通过口口相传的俗语或者诗词等来表达他们对自然环境的适应、总结与感悟，而这些感悟凝聚了古人的智慧，是我们中华民族传统文化必不可少的组成部分。

（1）七月流火，九月授衣。

从这首来自《诗经》的诗句我们可以知道在一年中气温变化对人们生活的影

响：农历七月份天气从最热开始降温，但却是一年中第二热的月份，所以流火的七月依然是酷热难耐；农历九月冬季风加强，天气进一步降温，要开始裁制御寒的冬衣了。

同时，要提醒学生的是农历与我们现在使用的公历之间的转换：在农历里，一至三月表示春季，四至六月是夏季，七至九月是秋季，十至十二月是冬季，所以农历七月相当于公历的八、九月，恰恰是由夏入秋，由热转凉的转折月份。

最后引入《诗经·国风·豳风·七月》完整的诗句——"七月流火，九月授衣。一之日觱发，二之日栗烈；无衣无褐，何以卒岁？三之日于耜，四之日举趾。"（译文：夏历七月，"大火"恒星向下行，天气转凉，九月把裁制寒衣的工作交给妇女去做。周历一月大风触物发声，二月凛冽。没有衣服，如何过完这一年？三月修理耜类工具，四月抬脚踩耒耜等耕田。）通过译文，让学生明白中原地区一年中的气候变化、农事安排和社会生活状况。

（2）朝辞白帝彩云间，千里江陵一日还。

从这首来自李白的《早发白帝城》的诗句我们可以体会到长江在我国交通运输业的地位，自古以来就是我国重要的交通要道——"黄金水道"。

同时还可以引导学生回顾我国古代交通运输模式的"南船北马"，简单复习我国的地形地势等特征：北方地区地形以平原和高原为主，地形平坦开阔，交通工具以车马为主；南方地区地形以丘陵和山地为主，地表起伏大，而且降水丰富，河网密集，交通工具以船只为主。

（3）南米北面。

从这句俗语我们能够进一步了解的是自然环境对我国饮食文化的影响：同在中国的东部季风区，北方地区由于距离夏季风源地较远，降水少于南方，所以耕地以旱地为主，主要的粮食作物为耐旱的小麦；南方地区降水充沛，耕地以水田为主，主要粮食作物为喜湿热的水稻。受粮食作物主产区的影响，我国形成了北方以面食为主食、南方以米饭为主食的饮食文化。

与此相似的还有口味上的"南甜北咸"，山西人喜欢"吃醋"，山区多"山珍"，临海地区多"海味"。

和学生们共同探讨"诗词、俗语等与中国人文地理的关系"这部分需要用时8分钟。通过对这部分知识的探讨，引导学生学会把日常生活与地理紧密结合，把枯燥的课本知识融入生活，从而培养学生的地理学科素质。

三、拓展措施

在分别分析了中国古诗词、俗语等与中国自然和人文地理的关系后，我们可以通过一些诗词联系多个区域，总结其中的中国自然地理与人文地理特征，从而让学生树立中国地域紧密相连、中华文化兼容并蓄的爱国意识。

（一）课堂总结

在这一部分主要通过一句耳熟能详的诗词"一骑红尘妃子笑，无人知是荔枝来"引入，引导学生思考"一骑红尘"为什么如此难得，因为其中包含的是中国复杂多样的自然地理环境使得古代交通运输相当困难。

流程如下：①让学生在地图中定位起止点——起点为荔枝主产地岭南，岭南地区我们可以选取广东省；终点为唐朝都城长安，即今天的西安。②学生自己设计简单的线路，言之有理即可（提醒学生注意马匹疾驰的地形应该以平坦为最佳）。③分析线路中包含的地理知识，包括自然与人文地理特征（比比哪个学习小组总结得最全面）。小组代表讲解完本组观点后，教师可适当展示一些中国现代地形图和气候图等，便于学生们对中国地图的古今联系。

（二）课后巩固（课后作业）

学生自选一句诗词或者俗语，分析诗词中的自然和人文地理特征。

四、效果评估

通过观察学生的课堂表现和课后反馈，大部分学生对我们这节课的主旨有一定的认识，能够体会到地理这门学科与中国传统文化关系密切，同时也能够意识到并学会如何分析传统文化中包含的地理知识。通过分析中国传统文化与祖国大好河山之间的内在联系，教师潜移默化地培养了学生探索祖国山水、探索中国传统文化的爱国意识。从这些方面看，学生们基本完成了这一课时的主要学习目标。

五、总结与反思

总体上看，这节课的主体目标完成良好，尤其是让学生意识到了中国传统文化与地理学科是息息相关的，同时也让学生初步掌握了如何分析中国传统文化中蕴藏着的地理知识的方法。但是还有几点需要改进：

一是多个专题部分的时间分配不合理，在一课时40分钟的时间内前面第一部分"中国四大地理区域的自然地理特征"和第二部分"诗词、俗语等与中国自然地理的关系"探讨的内容过多，导致"拓展措施"部分的时间不足，这就使得学生们用于总结归纳的时间不足，知识点的连贯性训练不足。

由于第一部分"中国四大地理区域的自然地理特征"属于旧知识，可以把这部分表格列出来适当让学生浏览即可；第二部分"诗词、俗语等与中国自然地理的关系"可以把部分诗词作为课后练习巩固，这样时间上安排更加合理。最后，在"自学提纲"部分可以适当改进学生的预习内容，让学生课前准备得更加充分。

修改后的"自学提纲"如下所示。

（1）总结四大地理区域的自然和人文地理特征（适当列表格对比）。

（2）诗词、俗语等传统文化中蕴藏的中国自然和人文地理特征：①诗词等与中国自然地理的关系（可以从气温、降水等方面思考）；②诗词等与中国人文地理的关系（可以从人们的衣食住行等方面思考）。

二是从学生的课堂反应来看，涉及地图部分学生的反应较慢，这就使得有关地图解读部分超出设计时间。地图是地理学的第二语言，学生的读图能力较弱直接影响到地理的教学效果，故平时应该加强学生的读图识图记图能力，做好脑海中随时有地图。

（本文作者：广东省五华县水寨中学　李婷萍）

让中华传统文化在高中地理课堂中绽放

一、在地理课堂中感受古诗词之美

我国古代的许多诗歌，语言凝练，易读易背；其中不少诗词对地理的课堂教学有辅助作用，在课堂上，若能根据教材内容恰当地选择相关的典型作品穿插进去，不仅可以创设丰富多彩的教学情境，加深学生对知识的理解和记忆，还可以对学生进行传统文化熏陶。

例如：讲授"常见天气系统——锋面系统"的时候，根据课程标准"运用简易天气图，简要分析锋面天气系统的特点"，可引用诗词概括三种锋面系统所带来的天气进行教学辅助。如，"忽如一夜春风来，千树万树梨花开"形容冷锋过境时带来的雨雪、降温等天气；"一场春雨一场暖"描述暖锋过境时带来的连续性降雨、升温等天气；"清明时节雨纷纷，路上行人欲断魂"描述的是华南准静止锋过境时带来的天气现象；"黄梅时节家家雨，青草池塘处处蛙"描述的是江淮准静止锋过境时带来的天气现象。讲授"自然地理环境的差异性"时，可引用"才从塞北踏雪来，又向江南看杏花"导入自然地理环境的纬度地带性（从赤道到两级的地域分异规律）；"羌笛何须怨杨柳，春风不度玉门关"导入自然地理环境的经度地带性（从沿海到内陆的地域分异规律）；"人间四月芳菲尽，山寺桃花始盛开"导入自然地理环境的垂直地带性（山地的垂直地域分异规律）。

再如："问渠哪得清如许，为有源头活水来"是关于水循环；"竭泽而渔，岂不获得，而明年无鱼。焚薮而田，岂不获得，而明年无兽"是关于可持续发展；"君问归期未有期，巴山夜雨涨秋池"是关于大气热力作用；"日中万影正，夕中万影倾"是关于太阳高度的周日变化规律。"问君能有几多愁，恰似一江春水向东流"是关于我国的地势特征。

诗词是中华传统经典文化的重要组成部分，挖掘中国丰富的诗词资源，将其运用到地理课堂教学中，在教学过程中注入美的情感，让学生在学习的同时能够感受美，获得美感；将地理知识寓于文学艺术之中，能达到对学生进行中华优秀传统文化渗透之目的。

二、从地理角度体会戏曲剧种之精妙

中国优秀传统文化内容出现于地理教学中，往往是作为一些支撑知识用来论证和说明问题的。教师要深入探讨、精心设计，采用灵活的方法以营造良好的氛围，在生动而鲜明地突出地理知识点的同时，不忘把课堂教学与中华优秀传统文化教育统一起来。例如，在讲授"中国区域地理"的时候，教师可以借中国戏曲剧种的南北差异来验证：戏曲的形成与地理因素有密切的关系，正所谓是"一方水土养一方人，一方人唱一方戏"。京剧、豫剧、越剧、黄梅戏、评剧这五大戏曲剧种体现出我国南方与北方戏曲和音乐的鲜明差异。

越剧的特色是轻歌曼舞，低吟细唱，曲调委婉曲折，清新柔和。这是因为越剧发源于浙江，长江三角洲地处我国地势的第三级阶梯，位于长江中下游平原地形区，平均海拔在50米以下，地形起伏小，河湖众多，小桥流水，山明水秀，人烟稠密，人与人间的距离不长，歌声不需要传送到很远的地方。同时戏曲也不可避免地与"水"有了不可分割的联系，山环水绕的江南水乡，使越剧具备了水的灵气、秀气与柔性。

秦腔，陕西十大怪之一，"唱戏大声吼起来""八百里秦川尘土飞扬，三千万老陕齐吼秦腔"，吼是秦腔的特色。那是因为西北地区的地形以高原为主，广袤开阔。开阔的视野、闭塞的交通使西北山地民歌形成了穿透力强，带有吆喝高调的民歌风格，秦腔高亢激越的唱腔特征与其一脉相承，伴奏乐器亦是极具穿透力和震撼力的板胡和锣鼓。

从地理角度研究戏曲文化景观，探讨不同风格的戏曲文化与地理环境间的关系，在我国众多非物质文化遗产濒临消亡的时代背景下，以此来强化文化群体的地方认同感和地方依恋感。充分利用地理课堂教学来渗透中华优秀传统文化，弘扬中华优秀的传统文化，这或许是一种值得一试的教学方法。

三、用地理现象唤起对二十四节气之关注

地理学科是进行中华优秀传统文化教育的重要科目。如地球运动为高中《地理必修1》中较为抽象的知识，学生理解比较困难。而这部分知识与学生的日常生活密切相关，其中就包括老祖宗传下来的二十四节气。二十四节气作为中国古人了解自然界的重大成果，是中国古代订立的一种用来指导农事的补充历法，是中国古代劳动人民长期经验的积累和智慧的结晶。更值得弘扬的是对仗工整、韵律和谐、朗朗上口的二十四节气歌：

立春梅花分外艳，雨水红杏花开鲜；惊蛰芦林闻雷报，春分蝴蝶舞花间。
清明风筝放断线，谷雨嫩茶翡翠连，立夏桑果像樱桃，小满养蚕又种田。
芒种育秧放庭前，夏至稻花如白练；小暑风催早豆熟，大暑池畔赏红莲。
立秋知了催人眠，处暑葵花笑开颜；白露燕归又来雁，秋分丹桂香满园。
寒露菜苗田间绿，霜降芦花飘满天；立冬报喜献三瑞，小雪鹅毛片片飞。

大雪寒梅迎风狂,冬至瑞雪兆丰年;小寒游子思乡归,大寒岁底庆团圆。

而在平日教学中,教师对此部分知识涉及并不多,在实际地理教学中,中华优秀传统文化与地理教学是相分离的,导致学生对二十四节气的关注度不够。因此,教师应提高优秀传统文化运用意识,作为教师,本身应熟悉二十四节气,做到在课堂上讲到相关知识时可以信手拈来,通过树立科学教育理念、提高本身的文化素养,在课堂教学中营造浓厚的优秀传统文化学习氛围,让学生感受民族文化的魅力,才能内化为学生的品格,才能使中华优秀传统文化得以传承和弘扬。

四、以试题为载体渗透传统文化之教育

将中华优秀传统文化渗透于地理试题之中,可帮助学生更加深刻地理解悠久的中华优秀传统文化,同时,地理试题把中华优秀传统文化融入背景材料,可使传统文化具体化,从而树立中华优秀文化的自豪感和自信感。2017年普通高等学校招生全国统一考试(新课标Ⅲ卷)第1—3题以中国传统文化艺术形式——剪纸为载体,通过人文景观去考查其背后蕴含的地理特征、地理过程,最终落脚到和谐共生的人地关系。

剪纸是中国民间传统艺术,2009年9月入选联合国教科文组织人类非物质文化遗产代表作名录。剪纸表现的内容丰富多彩,反映人们的生活环境、习俗和风情等,寄托人们对美好生活的向往,图6-2是一幅剪纸作品。据此完成1—3题。

1. 图6-2剪纸所反映的景观主要分布于我国(　　)。
   A. 四川盆地　　B. 华北平原
   C. 珠江三角洲　　D. 长江三角洲
2. 形成这种景观特征的自然条件有(　　)。
   A. 沟壑纵横,降水集中
   B. 地势低平,降水丰沛
   C. 地形封闭,排水不畅
   D. 山河相间,降水均匀
3. 该景观主要分布区具代表性的地方剧种是(　　)。
   A. 川剧　　B. 豫剧
   C. 粤剧　　D. 越剧

图6-2 剪纸作品

在研读《考试大纲》《考试说明》和研究历年高考题的基础上，作为一名优秀的地理教师也具备改编和编写试题的能力，将中华优秀文化渗透于试题之中，既可以弘扬中华优秀文化，又可以提升学生的人文地理素养。

例如，以上文所提到的"二十四节气"为背景，可以命制以下试题：

根据图6-3，回答以下问题。

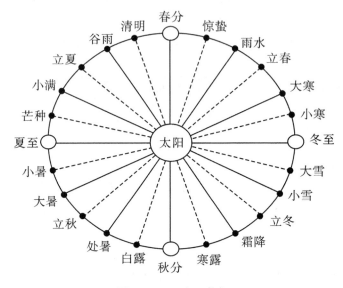

图6-3 二十四节气

1. 下列农事活动中的谚语与"惊蛰"这一节气相吻合的是（　　）。
   A. 春雷响，农夫闲转忙
   B. 麦熟一晌，虎口夺粮
   C. 东风不倒，雨下不小
   D. 有霜有霜，晚稻受伤
2. 有关济南的描述，正确的是（　　）。
   A. 寒露的夜较清明的昼短
   B. 小寒较大寒日出时刻早
   C. 立春与立冬的正午太阳高度相同
   D. 夏半年与冬半年时间长度一样

值得注意的是，渗透中华优秀传统文化的地理试题，其考查的重点不是死记硬背的中华优秀传统文化知识，而是遵循继承、弘扬和创新的发展思路，注重优秀传统文化在现实中的创造性转换和创新性发展，注重考察传统文化下所隐藏的地理知识，设问往往寻求传统文化与地理知识的契合点。

五、结语

经世致用是文化科学的基本精神,在地理教学过程中,教师若能融入和渗透中国传统文化,将传统教育与现代教育接轨;把地理学与中国优秀传统文化教育统一起来,使学生长期在充满中华民族优秀传统文化的氛围中学习知识,不仅其个性可以得到充分发展,还可能成为中华民族优秀的传统文化传承者和创新者。

参考文献

[1] 朱贵秋. 中华优秀传统文化在中学地理教学中的渗透策略研究 [D]. 长沙:湖南师范大学,2016.
[2] 朱永新. 完善中华优秀传统文化教育刻不容缓 [J]. 河南教育(基教版),2014(4):4-5.
[3] 秦新然. 中小学要加强和完善中华优秀传统文化教育 [J]. 教育实践与研究(A),2014(7):25-26.

(本文作者:汕头市第一中学　郭美玲)

从高考看数学文化的传承与弘扬

习近平总书记指出，不忘本来才能开辟未来，善于继承才能更好创新。中华优秀传统文化是中华民族的根与魂，要实现中华民族的伟大复兴，就要结合新时代的条件传承和弘扬中华优秀传统文化。"立德树人，能力立意"，是新课标高考的宗旨，数学文化试题不仅考查高中数学的六个核心素养，而且更是引领学生对中华优秀传统文化的传承和发扬。

数学文化题是近五年新课标全国卷中出现的新题型，多数以选择题或填空题的形式考查，也不排除以解答题的形式考查，难度适中或容易；题目往往是以数学文化为背景，注重考查数学核心素养。因此，在高考备考中，不仅要注意数学知识点的教学和数学核心素养的培养，更要讲好数学文化，传承和弘扬中华优秀传统，本人从以下四个方面来谈自己的见解。

一、深入理解数学文化，坚定文化自信

数学文化题，学生往往简单理解为"数学文化就是以历史文化为背景"，做题时可以忽略古文或数学文化，直接看白话文，找考点即可。这种学法是草率的，所以作为教师有责任传承和弘扬中华文明。

例1（2017年新课标Ⅱ卷理数） 我国古代数学名著《算法统宗》中有如下问题："远望巍巍塔七层，红光点点倍加增，共灯三百八十一，请问尖头几盏灯？"意思是：一座7层塔共挂了381盏灯，且相邻两层中的下一层灯数是上一层灯数的2倍，则塔的顶层共有灯（　　）。

A. 1盏　　　　B. 3盏　　　　C. 5盏　　　　D. 9盏

本题的考点是等比数列的前 n 项和，用数列知识解相关的实际问题，关键是列出相关信息，合理建立数学模型——数列模型，判断是等差数列还是等比数列模型。

例2（2015年新课标1理科）《九章算术》是我国古代内容极为丰富的数学名著，书中有如下问题："今有委米依垣内角，下周八尺，高五尺。问：积及为米几何？"其意思为："在屋内墙角处堆放米（如图6-4，米堆为一个圆锥的1/4），米堆底部的弧长为8尺，米堆的高为5尺，问米堆的体积和堆放

的米各为多少？"已知 1 斛米的体积约为 1.62 立方尺，圆周率约为 3，估算出堆放的米约有（　　）。

  A. 14 斛 B. 22 斛
  C. 36 斛 D. 66 斛

本题考点是圆锥的性质与体积，是以《九章算术》中的问题为材料，解答本题的关键是米堆为 $\frac{1}{4}$ 圆锥，底面周长是两个底面半径与 $\frac{1}{4}$ 圆的和，解得底面半径。

图 6-4 米堆

例 3（2019 年高考浙江卷）祖暅是我国南北朝时期的伟大科学家，他提出的"幂势既同，则积不容异"被称为祖暅原理，利用该原理可以得到柱体的体积公式 $V_{柱体}=Sh$，其中 S 是柱体的底面积，h 是柱体的高。若某柱体的三视图如图 6-5 所示（单位：cm），则该柱体的体积（单位：cm³）是（　　）。

  A. 158 B. 162
  C. 182 D. 324

本题考点是三视图，根据三视图还原得到几何体棱柱，注重基础知识、视图用图能力、基本计算能力的考查。祖暅原理是我国南北朝时期的伟大数学家

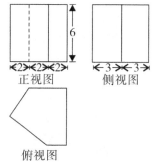

图 6-5 三视图

祖暅提出的一个关于几何体体积的著名定理，祖暅提出这个原理，要比其他国家的数学家早一千多年。人民教育出版社 A 版《数学必修 2》教材第 30 页专门介绍了祖暅原理。本题取材于祖暅原理，既考查了考生的基础知识和基本技能，又展示了中华优秀传统文化。

根据以上三道高考题，不仅考查数学知识和学生的数学核心素养，更重要的是引导学生深入理解中国的数学文化及其对生活、生产的影响。中华文化有五千年的历史，数学文化也是丰富多彩，比如《算数书》竹简于 20 世纪 80 年代在湖北省江陵县张家山出土，西汉初年编纂，这是我国现存最早的系统的数学典籍，罗列了一些已有的方法、算题，或利用已有的方法解决应用问题；刘徽是一个伟大的数学家，他的杰作《九章算术注》和《海岛算经》是我国宝贵的数学遗产，他所提出的割圆术可以估算圆周率 π，理论上能把 π 的值计算到任意精度；《数书九章》是

中国古代数学著作,由南宋数学家秦九韶所著。《数书九章》中给出了"已知三角形三边长求三角形面积的求法",填补了我国传统数学的一个空白,与著名的海伦公式完全等价。由此可以看出,我国古人具有很高的数学水平。引导学生深入理解数学文化,让学生明白从古至今数学在生活、生产中的重要性有深远的意义。

二、数学文化展现了数学美,也传递了民族性与世界性

著名数学家华罗庚说过:"就数学本身而言,是壮丽多彩、千姿百态、引人入胜的……认为数学枯燥乏味的人,只是看到了数学的严谨性,而没有体会出数学的内在美。"

例 1 (2017 年新课标 1 理科) 如图 6-6,正方形 $ABCD$ 内的图形来自中国古代的太极图。正方形内切圆中的黑色部分和白色部分关于正方形的中心成中心对称。在正方形内随机取一点,则此点取自黑色部分的概率是( )。

A. $\dfrac{1}{4}$　　B. $\dfrac{\pi}{8}$　　C. $\dfrac{1}{2}$　　D. $\dfrac{\pi}{4}$

图 6-6　太极图

本题由图形的对称性可知,太极图中黑白部分面积相等,即各占圆面积的一半。

例 2 (2019 年高考全国 1 卷理数) 如图 6-7,古希腊时期,人们认为最美人体的头顶至肚脐的长度与肚脐至足底的长度之比是 $\dfrac{\sqrt{5}-1}{2}$ ($\dfrac{\sqrt{5}-1}{2} \approx 0.618$,称为黄金分割比例),著名的"断臂维纳斯"便是如此。此外,最美人体的头顶至咽喉的长度与咽喉至肚脐的长度之比也是 $\dfrac{\sqrt{5}-1}{2}$。若某人满足上述两个黄金分割比例,且腿长为 105 cm,头顶至脖子下端的长度为 26 cm,则其身高可能是( )。

A. 165 cm　　B. 175 cm
C. 185 cm　　D. 190 cm

本题采取类比法,利用转化思想解题,考查类比归纳与

图 6-7　断臂维纳斯

合情推理，渗透了逻辑推理和数学运算素养。

例3（2019年北京卷）数学中有许多形状优美、寓意美好的曲线，曲线 $C: x^2 + y^2 = 1 + |x|y$ 就是其中之一（见图6-8）。给出下列三个结论：

①曲线 C 恰好经过6个整点（即横、纵坐标均为整数的点）；

②曲线 C 上任意一点到原点的距离都不超过 $\sqrt{2}$；

③曲线 C 所围成的"心形"区域的面积小于3。

其中，所有正确结论的序号是（　　）。

A. ①　　B. ②　　C. ①②　　D. ①②③

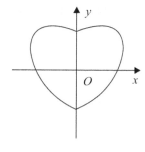

图6-8　曲线

本题考查曲线与方程、曲线的几何性质，基本不等式及其应用，注重基础知识、基本运算能力及分析问题解决问题的能力考查，渗透美育思想。

中华太极图，悠悠千古昭著于世，是我们华夏先祖的智慧结晶，是中国传统文化的骄傲象征，更是中华民族献给人类文明的无价之宝。试题通过太极图和断臂维纳斯展示了数学文化的民族性与世界性；中国传统文化中很多内容体现了数学相互转化、对称统一的形式美、和谐美、对称美。

三、传承弘扬中华优秀传统文化，做好创造性转化和创新性发展，与学科教学相融相通

梁思成说："中国建筑既是延续了两千余年的一种工程技术，本身已造成一个艺术系统，许多建筑物便是我们文化的表现、艺术的大宗遗产。"独具特色的中国古建筑凝聚了历代工匠们的智慧，突出运用了严谨的"数学方法"。工匠们总是能够使用逻辑严谨的数学语言来记录建筑的空间形式和施工方案，精妙的数学计算被运用得淋漓尽致。在高考试题中多有考查。

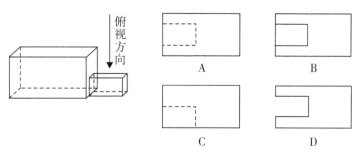

图6-9　卯眼

例1（2018·高考全国卷Ⅲ）（见图6-9）中国古建筑借助榫卯将木构件连接起来。构件的凸出部分叫榫头，凹进部分叫卯眼，图中木构件右边的小长方体是榫头。若如图摆放的木构件与某一带卯眼的木构件咬合成长方体，则咬合时带卯眼的木构件的俯视图可以是（　　）。

本题考查三视图的基本概念和空间想象能力，此问题源于生活中的盖房问题。

例2（2015年湖北卷）《九章算术》中，将底面为长方形且有一条侧棱与底面垂直的四棱锥称之为阳马（见图6-10），将四个面都为直角三角形的四面体称之为鳖臑。在如图7所示的阳马 $P-ABCD$ 中，侧棱 $PD\perp$ 底面 $ABCD$，且 $PD=CD$，点 E 是 PC 的中点，连接 DE，BD，BE。

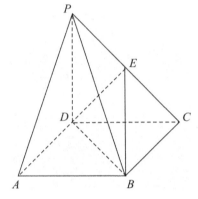

图6-10　阳马 $P-ABCD$

（Ⅰ）证明：$DE\perp$ 平面 PBC。试判断四面体 $EBCD$ 是否为鳖臑，若是，写出其每个面的直角（只需写出结论）；若不是，请说明理由。

（Ⅱ）记阳马 $P-ABCD$ 的体积为 V_1，四面体 $EBCD$ 的体积为 V_2，求 $\dfrac{V_1}{V_2}$ 的值。

本题以"鳖臑"为背景，考查有直线与平面垂直的判定定理；直线与平面垂直的性质定理及其简单几何体的体积。对于其他几何体，如"刍童""羡除"等，需要给予关注和研究。

所以，不论是新课标卷还是地方卷的试题，都涉及中国的建筑，这明确引领教师和学生关注生产、生活中的社会问题，体现数学文化"以数化人"的功能。随着时代的发展，土建数学是高等数学和土建工程的结合，既具备数学理论基础，又具有利用数学思想和方法解决土建工程实际问题的能力，是培养土建工程类大学生数学素养和抽象思维能力的重要途径。

中华文化是劳动人民智慧的结晶，教师要讲清楚中华优秀传统文化的历史渊源、发展脉络和独特性，让学生感受中华文化的精深，增强文化自信和价值观自信。

四、结合新时代的发展，发扬中华文化

信息技术的广泛应用，引起了社会各个方面、各个领域的深刻变革，加快了社会生产力的发展，促进人们的生活质量的提高。信息技术是数学的分支，信息与计算科学专业原名为计算数学，1987 年更名为计算机数学及其应用软件，1988 年教育部将其更名为信息与计算科学。信息与计算科学专业是以信息领域为背景，学生要有良好的数学基础，熟练使用计算机，解决实际问题。高考命题对此也有涉及，教师应引导学生多做思考。

例 1（2017 年高考全国 I 卷理数）几位大学生响应国家的创业号召，开发了一款应用软件。为激发大家学习数学的兴趣，他们推出了"解数学题获取软件激活码"的活动。这款软件的激活码为下面数学问题的答案：已知数列 $1, 1, 2, 1, 2, 4, 1, 2, 4, 8, 1, 2, 4, 8, 16, \cdots\cdots$，其中第一项是 2^0，接下来的两项是 $2^0, 2^1$，再接下来的三项是 $2^0, 2^1, 2^2$，依此类推。求满足如下条件的最小整数 $N: N > 100$ 且该数列的前 N 项和为 2 的整数幂。那么该款软件的激活码是（　　）。

A. 440　　　　B. 330　　　　C. 220　　　　D. 110

本题非常巧妙地将实际问题和数列融合在一起，首先需要读懂题目所表达的具体含义，并观察所给定数列的特征，进而判断出该数列的通项并求和。本题的难点在于数列里面套数列，第一个数列的和又作为下一个数列的通项，而且最后几项并不能放在一个数列中，需要进行判断。以信息时代为背景，软件编程的思想最重要的是算法，而算法是建立在数学思维上的，算法是程序的灵魂，算法本就来自于数学，没有深厚的数学思维功底，是弄不懂算法的，软件的发展正是数学深层的发展。

总之，作为新时代的数学教师，不仅要上好数学课，讲授好数学核心素养知识，更要有责任做好数学文化的传承、弘扬中华优秀传统文化；同时也要发展数学，放眼世界，吸纳世界各种文明。数学教师要围绕"立德树人一堂课，服务选材一把尺，引导教学一面旗"这一时代责任，不忘本来、吸收外来、面向未来。

（本文作者：肇庆市德庆县香山中学　李素琼）

品味传统文化的化学魅力

党的十九大报告中提出"推动中华优秀传统文化创造性转化、创新性发展",把优秀的传统文化融合到化学教学中,让学生感受传统文化的魅力,不但能使化学课堂教学锦上添花,也能使学生感受到不一样的课堂,感悟到传统文化的厚重,使化学课堂不再是枯燥的科学知识累积。而那些沉淀了几千年的中华优秀传统文化瑰宝与化学这个通向无限未来的现代学科,有着怎样交织错落的无限魅力?

一、汉语成语的化学魅力

汉语成语是中华民族语言中的瑰宝,具有丰富的文化韵味,它用简洁的语言阐释了深刻的道理。很多成语包含丰富的化学知识,了解成语中的化学知识,可增加学习的趣味性,拓宽知识面,使人耳目一新。例如,在学习燃烧条件与灭火原理时,可以用"钻木取火、煽风点火、釜底抽薪、杯水车薪"四个成语来解释。钻木取火是通过钻木产生摩擦使物体发热,温度升高,当其温度达到了木头的着火点,木头就会燃烧起来。煽风点火,扇风可以增大与氧气的接触面积,又可增大氧气流量,使燃料更加充分燃烧。釜底抽薪就是移去可燃物,控制了物质的燃烧,从而实现灭火。杯水车薪,用一杯水去灭大火,由于不能完全降低可燃物的温度,所以就将起不到灭火的作用。

又如在学习二氧化碳的性质和制法时,让学生知道"滴水穿石"的道理,水滴的力量是如此微小,它为什么能够把石头滴穿呢?通常人们认为,这是由于水滴长年累月地冲击石头的结果。殊不知,这里面还伴随着化学反应,因为石头的主要成分是碳酸钙,而雨水中溶有二氧化碳,使得雨水略呈酸性。碳酸钙与水及二氧化碳会发生化学反应,生成了一种易溶于水的碳酸氢钙随水流走[化学方程式是:$CaCO_3 + CO_2 + H_2O = Ca(HCO_3)_2$],久而久之,滴水的地方就形成了凹陷,甚至是穿孔。屋檐下的青石板就常有这种情况发生,风景区的石笋和钟乳石,就是由含有二氧化碳的水长期冲刷而成。

如在学习化学肥料时,用成语"刀耕火耨"让学生了解人类最早使用的化学肥料,古人在播种前放火烧去野草,用余灰肥田。燃烧后的草木灰含钾5%~12%、钙5%~25%、磷0.5%~3.5%,它是一种高效肥料,还可降低土壤酸性。

二、古诗词的化学魅力

化学是严谨的，古诗词是浪漫的，这两者似乎格格不入。然而人类历史上，将严谨的化学融入浪漫精美的古诗词中也屡见不鲜。古人以独特的视角给我们留下了极其珍贵的笔墨，他们对化学现象、化学反应的细心观察与独特的文学审美，以及对化学在社会生活中应用的精彩描述，创作了无数优美的诗篇，为化学教学与古诗词的结合提供了重要的素材。

例如学习常见的碱——氢氧化钙时，可以用明代民族英雄于谦一首托物言志的诗《石灰吟》进行教学。"千锤万凿出深山"，表明了原料来源；"烈火焚烧若等闲"，石灰石（主要成分是碳酸钙 $CaCO_3$），是一种广泛分布的矿物，色青灰，质地坚硬，经过千锤万凿将石灰石敲碎，然后在石灰窑里高温煅烧制成白色的生石灰［化学方程式：$CaCO_3 \xrightarrow{\text{高温}} CaO + CO_2 \uparrow$］；"粉身碎骨浑不怕"，制得的生石灰与水反应生成白色的熟石灰［化学方程式：$CaO + H_2O = Ca(OH)_2$］；"要留清白在人间"，熟石灰与空气中的二氧化碳反应生成白色的碳酸钙［化学方程式：$CO_2 + Ca(OH)_2 = CaCO_3 \downarrow + H_2O$］。所以石灰经一系列的物理变化和化学变化，尽管"粉身碎骨"，总保持自身的"洁白"不染，它在建筑、农业等部门用途十分广泛。学生在学到化学知识的同时也学到了不畏艰难、不怕牺牲、刚正不阿的崇高精神，也体现了人作用于自然环境，体现自然环境陶冶了人美好情操的人文精神。

又如在学习金属矿物与冶炼时，可引用"诗仙"李白的组诗作品《秋浦歌》中第十四篇"炉火照天地，红星乱紫烟。赧郎明月夜，歌曲动寒川。"这是一首正面描写和歌颂冶炼工人的诗歌。诗人用雄浑的笔调，描绘出了一幅气氛热烈、瑰玮壮观的秋夜冶炼图：炉火熊熊燃烧，红星四溅，紫烟蒸腾，广袤的天地被红彤彤的炉火照得通明。而在这热火朝天的冶炼图景背后，可以发现出古代炼铁的一系列化学反应过程。古人一般是以赤铁矿石、焦炭等为主要原料冶炼，赤铁矿的化学成分为 Fe_2O_3。其反应过程首先是由焦炭与空气中的氧气生成二氧化碳［化学方程式：$C + O_2 \xrightarrow{\text{点燃}} CO_2$］；然后，生成的二氧化碳继续与焦炭反应生成气体还原剂一氧化碳［化学方程式：$C + CO_2 \xrightarrow{\text{高温}} 2CO$］；接下来，一氧化碳还原氧化铁生成铁和二氧化碳［化学反应方程式：$3CO + Fe_2O_3 \xrightarrow{\text{高温}} 2Fe + 3CO_2$］，从而冶炼得到生铁。

把古诗词融入化学课堂中，学生在新奇的感受中学到了化学知识，同时感受到古人的科学精神、崇高情操和爱国情怀。

三、古本草药学的化学魅力

中医药是我国传统文化的一块瑰宝，古代中国数千年积累的有关药物学的资料，大部分记载在历代的本草书中，而本草学则蕴藏着丰富的化学知识。例如，《神农本草经》中对一些元素及其化合物的化学变化和性质做过一些正确的叙述。书中指出"丹砂……能化为汞"，就是说丹砂（HgS）在加热时能分解成汞。又说"水银……主疥瘘痂白秃……杀金银铜锡毒。熔化还原为丹"，说的是汞能和一些金属生成汞齐，当将汞加热后能起缓慢氧化作用生成氧化汞。这里提到用水银治疗疥疮，是个有价值的临床经验，比其他国家都早。书中还提到"空青……能化铜铁（铅）锡作金""曾青……能化金铜""石胆……能化铁为铜"，这都讲的是化学上的置换反应。石胆、空青、曾青这些铜盐溶液遇铁后，能发生置换，产生出金属铜。后来的水法冶金技术就是在这个基础上发展起来的。

又如《本草纲目》中的化学知识。对于化学实验类，李时珍总结前人的记载曰："石胆出蒲州石穴中……涂于铁上，烧之红者真也。""铅山有苦泉流为洞，挹水熬之，则成胆矾，所熬之铁釜内，久亦化为铜也。"这里所说的石胆涂于铁上，烧之红以及熬胆矾铁釜化为铜的现象，就是铁置换出硫酸铜溶液里铜的反应〔化学方程式：$Fe + CuSO_4 = Cu + FeSO_4$〕。对于化学工艺类，李时珍总结的记载有，"冬月灶中所烧薪柴之灰，令人以灰淋汁，取碱浣衣，发面。""彼人采蒿蓼之属，晒干烧灰，以水淋汁，久则凝淀如石，浣衣发面，亦去垢发面。"这是从植物燃烧后的灰烬中提取碱，是利用草木灰的主要成分之一碳酸钾（K_2CO_3），用水淋取，当水被蒸发后，碳酸钾则可析出而成石碱。对于某些化学现象的记载和总结，李时珍对"鬼火"现象的总结为，"野外之鬼磷，其火色青，其状如炬，或聚或散，俗称鬼火，实乃诸血之磷光也。"人或动物死亡后，其身体中含有的磷在某些细菌的作用下，变成磷的氢化物（P_2H_6），它像白磷一样能在空气中自燃，发出蓝绿色的火光，俗称"鬼火"。当然，在当时的历史条件下，李时珍还不可能知道"磷火"实质上是 P_2H_6 的燃烧。

四、传统美食的化学魅力

近年来中国的美食风靡全球，连我们自己对中国的传统美食也回味无穷。在品尝美食的同时，让我们来感受一下化学在美食中的神奇作用，进而领略化学的魅力——化学来源于生活，又服务于生活的。

例如在学习食盐的知识时，教师先播一段美食纪录片《舌尖上的中国》中盐焗鸡的制作视频，然后由《尚书》中的"若作和羹，尔惟盐梅"引出五味之中咸为首，所以盐素有"百味之王"之称。食盐味咸，常用来调味，或腌制鱼肉、蛋和蔬菜等，是一种用量最多、最广的调味品。再向学生提问盐中的化学成分有哪些，加碘盐的成分是什么，加碘盐的使用方法是什么，如何鉴别加碘盐的等问题。然后逐一解决问题。

在学习碳酸钠的性质和用途时，让学生周末在家学习如何使用纯碱、如何蒸馒头等。充分体验一下酸和纯碱的反应。同时，也让学生体会一下劳动的辛苦，知道生活的艰辛，也让他们深刻认识到"谁知盘中餐，粒粒皆辛苦"的内涵，要珍惜粮食、爱护粮食，不只是停留在口号上。

在学习乙酸时，以糖醋排骨、糖醋鱼两道传统美食引入，让学生知道人生五味之一的酸，来自于我们日常使用的食醋。醋的化学名字叫乙酸（化学式：CH_3COOH）。醋不仅是一种调味品，而且还有很多用途：在烹调蔬菜时，放点醋不但味道鲜美，而且有保护蔬菜中维生素C的作用（因维生素C在酸性环境中不易被破坏）；在煮排骨、鸡、鱼时，如果加一点醋，可以使骨中的大量钙质和磷质溶解在汤中，从而大大提高了人体对钙、磷的吸收。

在学习蛋白质时，以广东的传统美食清蒸鱼来导入。学生知道鱼富含蛋白质，蒸鱼的必备调味品是酱油，酱油是由"酱"演变而来。早在三千多年前，周朝就有制酱的记载了。酱油俗称豉油，主要由大豆、淀粉、小麦、食盐经过制油、发酵等程序酿制而成的。酱油的营养极其丰富，主要营养成分包括氨基酸（酱油中氨基酸有18种，它包括了人体必需的8种氨基酸）、可溶性蛋白质、糖类、酸类等。可增加食物的香味，并可使其色泽更加好看，从而增进食欲。酱油含有多种维生素和矿物质，可降低人体胆固醇，降低心血管疾病的发病率，并能减少自由基对人体的损害。

总之，在化学教学中，适当引入中华传统文化，通过"润物细无声"的方式感染熏陶学生。在中华民族上下几千年的历史长河中，用传统文化为那些看似枯燥的化学方程式穿上艺术的外衣，留下我们漫长的历史印记，同时也将最核心的科学原理保存至今。而今天的化学，在现代技术的推动下，以更加精致的姿态出现在社会生活的各行各业。化学魅力，名不虚传！

参考文献

[1] 鲍继才. 让古典诗词为化学教学服务 [J]. 化学教育，2008（1）：34
[2] 符爱琴. 化学教学渗透民族传统文化的实践与研究 [J]. 中学教学参考，2011（14）：104
[3] 沈小惠. 浅谈中学化学教学中传统文化的渗透 [J]. 中学课程辅导，2018（12）：51

（本文作者：广东省德庆县斌山中学　谢磊鑫）

教学编

第七章 基于"公益岭南"国学夏令营的教学实践与思考

"公益岭南"国学夏令营教学实践行动报告

一、问题的提出

"公益岭南"国学夏令营企图为解决当前中小学国学教育教材建设、教学研究、师资培训三大问题提供平台,这三者分别指向国学教育的"教什么""怎样教""谁来教",系统地构成当前国学教育突破的核心。

(一)中小学的国学教材建设问题

当前中小学中华优秀传统文化教育正在如火如荼地进行中,但是整体发展水平、发展质量并不高,其中一个关键原因就是缺乏真正适合中小学使用的国学教材。市场上流行的教材有的是高等院校组织专家编写的,多数悬义过高脱离中小学大多数师生的接受水平与执行能力;有的是由各个学校自己组织一线教师编写的,多数是简单的经典"读本",而不是有清晰教学序列的"教材"。如何让国学教材的编写能够体现国学教育的精义又能紧扣基础教育的师情、学情,这是急须解决的问题。

(二)中小学的国学教学问题

除了教材,"怎样教"成为另一个关键性的问题。当前的国学教学存在三个方面问题:一是把国学经典教学简单化,只有"小朋友跟我读"六字教学法,无法在常规教学体系中长期坚持;二是把国学教学语文化,照搬文言文教学的方法,常常忽视国学经典的人文性;三是把国学教学复杂化,教学形式上要穿汉服,文本诵读上要吟诵,文本读解上要遵照古音古义,罔顾了国学经典的成长性历程与国学教育的现实可能。三个偏颇造成当前国学经典与中小学师生身心成长始终无法有效连接。

(三) 中小学国学教育的师资培训问题

当前担当一线国学教育任务的绝大多数是语文教师，而当代语文教师在其职前教育阶段并未接受过系统的国学教育，国学素养普遍薄弱，要迅速改变此种状况必须开展有针对性的在职训练。可是，当前热热闹闹的国学教育师资培训热衷于强调"名家讲座"。有的"名家"学术成果虽然丰硕，但没有在基础教育一线开展国学教育的实践积淀，导致许多培训宏论滔滔，难以践行；另一些"名家"虽然成长于中小学国学教育一线，但个人综合素质高，课堂风格鲜明独特，也难以效法。这就造成受训学员虽然感受到头脑风暴、耳目一新，但培训结束却发现国学教育仍然无从着手。因此，我们迫切需要接地气的、高效的国学师资培训。

以上三大问题相互掣肘，必须有系统性、整体性的解决方案，"公益岭南"国学夏令营创设的就是一个综合性解决问题的平台。

二、解决问题的过程

为了寻找综合性解决问题的方案，广东第二师范学院中文系国学教育团队已经探索了整整8年。广东第二师范学院是广东省一所服务基础教育的应用型师范院校，在学校办学理念的引领下，本团队的实践始终面向中小学，始终强调应用性，8年来，我们的国学教育实践经历了3个时期。

(一) 中小学国学课程开发与构建期

在做了大量前期准备工作之后，自2009年9月起，郑国岱率队陆续与广州市海珠区知信小学、东风小学、赤沙小学，佛山市禅城区澜石中学等多所学校协作开展国学教育实践，探索中小学国学教育课程的开发与建设。历经5年，到2014年初，教材建设初具规模，国学课堂教学模式逐渐清晰，与此同时也开始积淀出系列师资陪伴成长的辅导课程。在这过程中，我们发现：国学教育是一个系统工程，它的大面积推广需要一个综合性的平台。"公益岭南"国学夏令营的创设正是这种思路的结晶。

(二) "公益岭南"国学夏令营推广期

2014年7月，郑国岱率领大中小学国学教育协作学校志愿者教师队伍到汕头市潮南区嘉盛伟才实验小学举办第一届"公益岭南"国学夏令营，借此进行国学教育的推广与持续开发建设。迄今为止，团队已在广东的汕头、佛山、东莞，贵州的黔南州举办了四届五期"公益岭南"国学夏令营，直接带动省内外39所中小学开展国学教育。2015年，我们以"公益岭南"国学夏令营的成果为基础创建广东省第一个专门探讨中小学国学教育问题的公益学术论坛——"岭南国学教育论坛",组织开展中小学国学课堂教学公开课,编选《岭南国学教育论坛论文集》,组建"岭南国学教育协作联盟",构建"公益岭南"国学夏令营长期运营机制,紧密联动协作学校深入开展国学教育,在省内产生了较大影响。

(三) 国学教育专业委员会整体弘扬期

为了整体促进广东基础教育国学教育事业的发展,2016年我们以"公益岭南"国学夏令营协作学校及协作教师为基础成立广东第一个服务中小学国学教育的专业学术机构——"广东教育学会国学教育专业委员会",已经成功开展了两期国学教育的校长培训与骨干教师培训,参训校长190多人,参训教师400多人。

2016年与2017年暑假,我们与东莞市长安镇教育局整体合作,结合该局"中华经典'五个一'工程",连续举办两届"公益岭南·走进长安"国学夏令营,探索基础教育片区国学教育整体协同推进的路径。目前,长安镇幼儿园、中小学的国学教育已经全面铺开,成就喜人,社会反响也很好。2017年,我们还利用"公益岭南·走进长安"国学夏令营平台承接广东省教育厅"中华经典诵读写"骨干教师培训任务,参训教师47人,全程实训加理论辅导令参训教师感觉收获非常丰盈、实在,由此迅速树立起开展国学教育的底气与信心。

2017年暑假,我们依托国学教育专业委员会整合省内国学教育资源与广东省扶贫办、广州市教育局等机构合作在贵州省黔南州成功举办了"公益岭南·广黔一家亲"国学夏令营,把广东的国学教育经验推广到了省外。

三、解决问题的方法

多年实践表明:"公益岭南"国学夏令营能有效帮助解决中小学国学教育的系统问题。主要靠以下三个方面。

(一) 国学教材开发与建设生态的优化

广东第二师范学院国学教育团队主动与中小学校开展协作,利用国学夏令营这个平台把教材编写工作与一线教学实践同步结合起来,边实验边完善,优化了国学教材的编写从学者书斋出发的生态;让教材直接从基础教育一线教学的土壤上生长出来,从而贴合学校日常教学的实际情况,适应当前大多数中小学教师的执行水平,然后又可以志存高远,符合历史与社会对中小学国学教育的使命要求。

(二) "三元五场"国学课堂教学模式的建构

我们大胆质疑"师本""生本""书本"等各执一端的课堂理念,根据国学经典教学的实践结果提出"三元五场"国学课堂教学模式,即:教师、学生、经典

"三元并重"，导趣屋、乐读斋、善品堂、开悟轩、回味阁"五场连环"。借助这个模式，我们把国学教育生活化、现代化、规范化，为国学教育与中小学生的身心成长构建起有亲和力的链接。借助这个模式，一线国学教师的备课思路清晰简洁，工作量得到极大优化，国学课堂教学的推广普及方始成为可能。

（三）国学教育师资陪伴成长系列课程的开展

国学夏令营改变国学教育培训以往侧重理论熏陶、高位指导、时空分散的培训模式，利用夏令营教学平台集中时间与精力开展国学教育师资实训。培训导师队伍既有高校教师、一线国学教育名师，更多的还是经过我们培训已经成功掌握国学课堂教学规律的教学同伴。看到自己身边的同伴可以在国学课堂教学上自在从容，自然给夏令营受训教师注入强大的自信心。而且基于陪伴成长，我们可以及时发现受训教师存在的问题并有针对性加以解决。由于时间、空间、人力、物力的聚集，有专业导师全程指引，又有充沛的实践与伙伴交流分享的空间，接受培训的教师可以在较短时间内系统了解国学教育的基本构成与基本方法，同时较快形成相应的教学技能。

四、成果的主要内容

（一）构建了一个引领中小学国学教育发展的可持续发展平台

1. 它是一个中小学生德艺兼长的身心成长平台

夏令营在课程安排上进行动态分班。学生上午根据学年段参加国学班，下午根据个人兴趣参加中华才艺班。此外，在课程比例上，国学经典、中华才艺等"读书"课程与野外现场研讨、康乐拉练等"行路"课程按照 1∶1 的比例编排，真正贯彻"知行合一"的教学原则。我们日常除了组织《论语》《孟子》《道德经》等课堂教学外，还根据当时当地的教育资源开展现场国学教学活动。例如，2016 年，我们结合红军长征胜利 80 周年的纪念主题，组织营员在东江纵队大岭山抗日根据地进行野外拉练，同时开展现场课教学；2017 年，我们利用贵州文化资源，组织营员开展"遵义会议与中国道路选择"现场课、"龙场悟道与人生挫折的升华智慧"现场课等。我们还创造性地把国学教育与爱心帮扶活动结合起来，让营员带着大爱走进夏令营。这些活动的组织让营员在做中学、在行中学，国学真正成为与自身身心成长亲密链接的文化资源。

2. 它是一个教材建设、教学研究、师资培训三位一体的实践平台

教材建设解决"教什么"，教学研究解决"怎样教"，师资培训解决"谁来教"，这三个问题在传统的课程开发与建设中往往是有明确的先后顺序或者是分散性建构体系的。国学夏令营把三者统合在一起，在教材建设中开展教学研究，在教

学研究中进行师资培训，又组织培训的师资进行教材建设与教学研究。这就使得教材建设能够符合基础教育教学的实际需求，又使得师资培训告别高谈阔论而植根于教师国学素养的生成与国学教育能力的实质性提升。

3. 它是一个高等院校、中小学校、社会力量三位一体的公益平台

借助夏令营，师范院校师生与中小学师生协同探索，资源互补。一方面，师范院校师生获得了深入基础教育第一线的机会，真正走入中小学课堂，真正参与中小学课程的开发与建设；另一方面，中小学师生短期内不但可以借助高校的力量攻克国学教育的重、难点问题，而且资源的聚集也有利于承办学校迅速构建国学教育的校本体系。同时，公益夏令营也把民间支持国学教育的资源导入平台，从而解决国学教育发展资金不足的问题。国学教育虽然呼声很高，但是由于机制的滞后，不管是高校还是基础教育领域，相应的投资才刚刚开始，这与当下国学教育发展的迫切现实需求严重不协调；与此同时，民间却有许多热心人士与机构有强烈支持国学教育事业发展的意愿，但民间爱心资源缺乏有效的、可靠的投放渠道。"公益国学"夏令营创造性地以正规学校联合运作的方式为社会爱心资源的导入提供了一个可靠的平台，借助这些爱心资源，国学教育得以更加顺畅的、深入的、可持续的展开与推广。

4. 它是一个学术科研与社会应用相结合的可持续发展平台

平台的可持续发展源于它的临时性、学术性、可控性。①夏令营具有临时性，所以成本低。它不需要日常维护，对合作各方都是低成本选择。②夏令营具有学术性，所以质量高。国学夏令营源于学术性探索的属性使得它在组织管理上主动权在高校，研究团体在活动中具备相对充分的主导权与主体性，确保夏令营的学术探索功能不走样。有了学术探索，质量就有保障，质量打底，长期发展就有了可能。③夏令营具有可控性，所以风险小。时间、地点、规模都可控，可以根据学术研究的需要与经费筹措情况灵活安排。

"公益岭南"国学夏令营有旺盛的生命力，值得大范围推广。试想，一个由师范院校国学教育团队发起的公益平台可以良性发展这么多年而且规模越来越大，这本身就是对平台价值的有力肯定。

（二）衍生一批对中小学国学教育有积极意义的教学与学术成果

1. 教材课例类

在多年打磨之后，由广东第二师范学院中文系国学教育团队与中小学协作学校联合开发的基础段国学教材《国学》（12册）于2016年6月正式出版。这套教材从零基础出发开展国学经典教学，通过灵活组合可以满足从幼儿园到小学、初中、高中国学经典入门教学的需要。依托《国学》教材，团队利用夏令营平台组织一线教师进行国学课堂教学的赛课活动，提炼出系列基于"三元五场"模式的国学教育精品课例，从而令国学教育"有本可依又有法可行"，如此向省内外推广自然受到受训教师的一致好评。在长期的教学实践中,团队教师锤炼出优秀的教学能力,其中,东莞市长安镇岳林杨老师执教的《诫子书》在第二届全国小学国学经典教学评比中荣获三等奖,他还同时参加全国小学语文青年教师素养大赛,并获一等奖,而他指导的学生经典诵读节目《蒹葭》在东莞市中华经典诵读大赛中荣获特等奖。

2. 教研论文类

基于长期的国学教育实践,团队成员这几年来在期刊上发表了不少相关研究论文,其中最有代表性的是郑国岱的《基础教育视域下国学教育的内涵、体系、方法研究》,这是一篇全面系统探讨中小学国学教育的文章,这篇论文公开发表之后被人大复印报刊资料《中小学教育》全文转载,显示出较高的学术水平。还有黄艺校长的《让社会智力资源成为学校课程改革新引擎》探讨了师范院校与中小学协作给学校带来的发展助力,这篇文章获得了佛山市禅城区年度教育教学论文一等奖。除此之外,"公益岭南"国学夏令营由于有了高校专家团队的引导与协助,受训教师在国学教育的日常课堂教学之外还同时开展教学科研,两届《岭南国学教育论坛论文集》中的大多数论文就是在这样的背景下产生的。这些论文从真实的国学教育实践中来,虽然总数只有39篇,但这是一个良好的开始。这39篇论文内容已经涵盖了中小学国学教育的四个大方向:①对国学的内容、性质以及与我们的时代的关系等进行宏观探讨,如前述郑国岱的论文,又如深圳市宝安区弘雅小学曾亢老师的《加强文化软实力,构筑牢固民族魂》;②关于学校或工作室层面开展国学教育的论述,如东莞市长安镇雅正小学的熊景阳、程利金老师撰写的《国学再复兴 雅正在践行》,又如东莞市厚街圣贤学校国学教育工作室撰写的《国学教育特色学校的系统运作模式研究》;③关于国学教育与学生素养的形成等相关问题的论述,如海珠区东风小学吉淑娟校长的《核心素养视角下小学国学课程建设的实践与思考》,又如海珠区知信小学郑丹妮老师的《挖掘"经典"素材,培养学生优良品德》;④论述国学教育的具体教学策略,以及开展、设计等微观问题,如广东第二师范学院余新明老师的《关于中小学国学课堂建设的思考》,又如潮州市饶平师范实验中学邱晓琼老师的《国学课堂"五场"教学法的实践策略研究》等。可以说,经过8年多的实践,我们团队已经带领协作教师群体对中小学国学教育做了一个系统全面的探索与思考。

3. 科研课题类

这些年,围绕中小学国学教育,团队组织教学科研队伍与中小学校协作,成功申报了多个国家级、省级、市级、区级课题,成果丰硕。下面按时间为序,列举最近几年有代表性的成果。(见表7-1)

表 7-1 团队课题研究代表性成果

序号	主持人	课题名称	课题性质	批准时间	备注
1	郑国岱	"公益岭南"国学夏令营	广州市高校创新创业教育项目	2017年	在研
2	郑国岱	"公益岭南·广黔一家亲"国学夏令营	广东省教育工委大学生党员暑期社会实践项目	2017年	在研
3	陈涵平	国学教育	广东省应用型人才培养课程建设项目	2017年	在研
4	郑国岱	高年级小学生国学经典诵读考评研究	国家级大学生创新训练项目	2017年	在研
5	郑国岱	广州市塱头村古书院活化运营	省级大学生创新训练项目	2017年	在研
6	余新明	基于课程的《大学》教学设计与应用研究	校级大学生创新训练项目	2017年	在研
7	郑国岱	协同模式下汉语言文学专业师范生国学教育能力培养研究	广东省本科高校高等教育教学改革项目	2016年	在研
8	郑国岱	"新木铎"优秀传统文化社会服务队	广东省教育工委大学生党员暑期社会实践项目	2016年	结题
9	郑国岱	广州市花都区中小学国学教育现状的调查	校级大学生创新训练项目	2016年	结项合格
10	郑国岱	低年级小学生国学经典诵读考评研究	国家级大学生创新训练项目	2016年	结项优秀
11	余新明	《弟子规》歌曲改编的应用研究	省级大学生创新训练项目	2016年	结项优秀
12	余新明	《弟子规》微课开发与应用研究	省级大学生创新训练项目	2016年	结项合格
13	郑丹妮	经典诵读与小学生品德培养的研究	广州市海珠区教育科学"十二五"规划课题	2015年	结题
14	余新明	中文师范生教学技能训练资源库建设的研究与实践	广东省本科高校高等教育教学改革项目	2015年	在研

续上表

序号	主持人	课题名称	课题性质	批准时间	备注
15	岳林杨	国学经典"立体学习六法"的实践研究	东莞市课题	2015 年	在研
16	郑国岱	师范院校与中小学国学课程协同开发与建设	广东第二师范学院创新强校工程项目	2014 年	在研

以上这些丰硕的成果都是在团队与中小学国学教育协作学校与教师的协同创新中取得的，如果没有国学夏令营这个集中实践平台把大家的力量整合起来，这些成果很难形成。

五、效果与反思

8 年来，广东第二师范学院中文系国学教育团队走出高校，把学术研究与社会服务密切结合，为广东国学教育事业的发展实实在在做了一些贡献，公益岭南国学夏令营先后获得了多项荣誉：团中央授予"全国优秀国学教育项目"，广东省教育厅授予基础教育教学成果奖二等奖，广东省教育工委授予"两学一做"优秀活动案例二等奖等。潮州电视台、佛山电视台、《新快报》、金羊网、南方网、网易、凤凰网等多家媒体还对国学教育团队的活动做过相关报道，产生了良好的社会影响。当然，在服务社会的同时也大力促进了中文系自身人才培养模式的转变，因此"公益岭南"国学夏令营活动的开展对于中小学和高校来说是双赢的。

首先，"公益岭南"国学夏令营为中小学校国学教育的发展打开了新局面。中小学虽然一直开展国学教育，但囿于中小学个体资源薄弱、能力不足，发展局面一直是不温不火。国学夏令营借助高校的智力、人力资源帮助中小学集中用力，重点突破，从而打开了国学教育发展的新局面。具体而言起码有三方面助力：第一，帮助中小学认识了国学教育的核心任务与可能的达成路径，明确了学校国学教育发展的特色方向。第二，帮助中小学构筑国学教育师资陪伴成长校本课程体系，借助这个体系积极稳妥、渐次铺开全校的国学教育课程。第三，帮助中小学开展国学教育特色校园文化建设，不仅校园文化建设有浓郁的中国风格、中国气派，教师个人的专业成长也有了更加明确的方向与强劲的助力。

其次，"公益岭南"国学夏令营为广东第二师范学院大学生暑期社会实践提供了一个优质平台。2014 年参加我们夏令营的大学生"三下乡"志愿者服务队只有 1 支，2015 年有 2 支，2016 年有 3 支，2017 年已经有 5 支队伍。这表明在夏令营的感召下，越来越多的大学生志愿者积极投身弘扬中华优秀传统文化的时代潮流，而他们是未来的人民教师，即将成为中华文明的传承者，他们积极奋发的投入让我们有越来越多的理由相信国学教育的美好明天。

最后,"公益岭南"国学夏令营为广东第二师范学院人才培养模式的优化与改革提供了有益的经验与条件。有了多年与中小学国学教育的协作基础,以"公益岭南"国学夏令营广东二师师生志愿者团队为班底,2015年,我们成立了广东第二师范学院国学教育协会,整合广东二师国学教育资源;2016年,中文系在原有的汉语言文学教育专业上,率先在省内开设第一个面向中小学的应用型本科国学教育方向班,而且创造性地采用了"方向班+协会"的人才培养模式构建课内外联动、校内学习与社会实践相结合的中小学国学教育师资培养新模式。"公益岭南"国学夏令营与广东第二师范学院国学教育协会已经成为中文系培养中小学国学教育师资的重要平台。

当然,在发展多年之后,我们也发现不少问题,其中最困难的是经费不稳定。虽然我们导入了社会爱心资源,但是爱心资源往往不是常态的,时多时少不稳定,因此我们需要政府有关部门的大力支持,最少能够提供部分稳定持续的活动经费,确保活动可以长期有序进行。其次,将来大规模推广的话自然会面临人力不足的问题,因此我们期待更多的高校、更多的中小学加入到我们团队中来,一起为民族文化复兴实实在在做点事。

(本文作者:广东第二师范学院中文系　郑国岱)

"公益岭南"国学夏令营家长反馈报告

"公益岭南"国学夏令营从 2014 年开始，迄今已举办了四届五期。为深入把脉国学夏令营的活动质量，探索国学教育长效机制的构建方法，夏令营组委会从 2016 年开始，在夏令营结束一个月后对家长进行电话回访。之所以选择家长是因为家长是夏令营师生关系最密切的"第三方"，因为关系密切所以会有足够的观察与思考，因为是"第三方"所以数据会相对理性客观。而之所以选择在夏令营结束一个月之后进行回访，我们有四个考虑：第一，国学教育之于营员的身心成长是否产生一定的影响，而且此种影响是否在某种程度上沉淀下来了，这需要延续一定时间后再进行检验。第二，家长和营员与夏令营脱离了特定的组织关系，减少了功利考量，此时反馈意见可以较为公允。第三，夏令营毕竟是一个临时性的教育机制，它的教育效能不可能无限放大，特别是 9 月份一开学，新的强力影响会改变（或增强或弱化）夏令营国学教育的效能，因而 7 月份的夏令营 9 月初进行家长反馈调查是最合适的。迄今为止，电话回访调查已经开展了两届三期，包括 2016 年"公益岭南·走进长安"、2017 年"公益岭南·走进长安"、2017 年"公益岭南·广黔一家亲"。

一、基本情况

2016 年"公益岭南·走进长安"国学夏令营（以下简称"16 东莞"）于 2016 年 7 月 16 日至 7 月 31 日在东莞市长安镇东安小学举办，分为 13 个班，营员共有 364 人；2017 年"公益岭南·走进长安"国学夏令营（以下简称"17 东莞"）于 2017 年 7 月 12 日至 7 月 21 日在东莞市长安镇东安小学举办，有 17 个班，营员共有 341 人；2017 年"公益岭南·广默黔一家亲"国学夏令营（以下简称"17 贵州"）于 2017 年 7 月 23 日至 8 月 1 日在贵州省黔南州福泉市福泉二中举办，分为 5 个班，营员共有 79 人。三期夏令营结束后一个月，随机在每个班抽取家长进行电话采访，迄今为止共采访的家长 64 人。

为持续了解营员参与夏令营的后续情况，同时也便于形成统一的数据进行对比研究，我们为电话回访统一设置了 5 个问题：

①请您给国学夏令营打分，满分 10 分。哪一部分您最满意呢？例如中华才艺学习，学习国学的兴趣激发，孩子行孝等美德的引导，等等。

②如果明年再举办国学夏令营，您还支持孩子参加吗？请分享一下您对夏

令营的看法或建议，还存在什么不足。

③请评价孩子在夏令营中的变化，可以举例吗？比如在行孝方面，孩子有进步吗？

④孩子对于国学课有什么看法？例如，欢乐诵读的形式，国学品读课的形式，国学经典教材等。

⑤您关注过我们微信公众号对夏令营的推送吗？有什么看法或建议吗？

以上5个问题中，问题①指向夏令营的正面影响调查，问题②指向夏令营负面影响调查，这两题基本上都属于整体评价调查（访谈中当然会包含一些具体问题的探讨）；问题③指向育成效果调查，针对个体，问题④指向育成形式调查，针对教学，都属于具体的教学问题调查；问题⑤指向宣传推广效果调查，针对公众，既包含夏令营内部教育也包括夏令营对外推介。

5个问题的设计有三个方面的考虑：第一，必须要有整体有局部，有内部也有外部，如此才可以比较全面了解夏令营的教育效果。第二，问题要有一定的开放性，同时又相对简约。有开放性让家长有话可说，容易发现问题；相对简约确保电话回访的效率，在保证质量的同时不造成烦扰，家长容易配合。第三，问题要有普遍性，方便长期持续调查，以便形成有效数据库。从两届三期夏令营的电话回访情况来看，这样的安排是合适的。下面按照整体评价和局部评价两个部分就回访数据展开分析。

二、整体评价

从问题①的调查情况来看，就整体评价而言，家长对夏令营的满意度是很高的。（见图7-1）综合三期夏令营，家长给出的分数都在8分以上。具体如下：

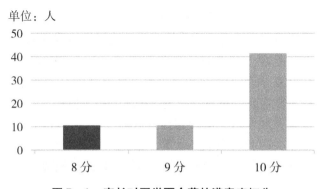

图7-1 家长对国学夏令营的满意度打分

综合平均而言，72%的家长打了满分10分，17%的家长打9分，另外有11%的家长打了8分（见表7-2）。这样的评价得分表明家长们并没有碍于回访教师的情面全部给10分，他们在参与电话回访的态度是诚恳的，数据采集的信度是比较高的。在整体综合评价上，大多数家长都满意国学夏令营，这对于一个以推广普及为目标的夏令营来说，使命达成了。就三期的具体数据来看，情况略有变化，其中包含不少有价值的信息。

表7-2 三期国学夏令营的满意度得分情况

营期	10分	9分	8分
16东莞	70%	20%	10%
17东莞	76%	12%	12%
17贵州	70%	20%	10%
综合平均	72%	17%	11%

由上表可以看出，随着夏令营举办次数的增加，夏令营整体办学水平稳步上升。其中，17贵州夏令营的评价得分与16东莞夏令营的得分一致，这是很难得的。因为16东莞夏令营是我们以驻地营形式举办的第三届夏令营，前期经验丰富；17贵州夏令营采用游学营的方式，组织管理难度远高于东莞和以往各期的驻地营，但仍然有70%的满分率，夏令营办学水平的稳步提升是毋庸置疑的。此外，在东莞连续举办的两届夏令营，满分评价率稳步上升，但同时评价8分的家长增多了，评价9分的家长减少了，意味着家长对夏令营的评价有两极化的倾向。从电话回访的具体交流来看，其中原因起码有三个方面：第一是家长对夏令营的期待更高了。第一届他们是"求其有"，第二届他们是"求其优"，从"求其优"的角度来看，以推广普及为主要目的的"公益岭南"国学夏令营自然还有很大的成长空间。第二是家长对夏令营的"国学"意涵开始有了自己的理解。基于自己的理解，对夏令营的要求开始出现分化。这表明更多的家长开始参与思考国学教育，这是一个令人鼓舞的现象。第三是夏令营办学质量虽然稳步上升，但本身的成长速度有待加强。由于师资培训是夏令营的重要使命，参加夏令营的教师除了个别骨干教师外，每一期的多数教师并没有很好的国学教育实践经验，他们边培训边上岗实践，这就严重制约了夏令营整体教学水平的快速提升。综合三个方面的原因，我们认为夏令营前期的师资集训至关重要，应该加大夏令营正式开营前师资集训的长度与强度。

从问题②的调查情况来看，对于明年继续举办国学夏令营，全部家长表示支持，并希望自己的孩子能再次成为营员。当然，作为家长，也从他们的角度提出不少建设性建议，希望能够共同努力改进夏令营的工作。这些建议可以分为两类。

第一类是整体要求。主要有四个方面：①延长夏令营时长。家长们认为夏令营

10 天的时间太短，孩子们有许多良好习得未能很好固化。②增加夏令营营员名额。部分家长认为夏令营既然是公益的，就应该普惠，名额应该开放。③伙食有待改善。家长认为小孩假期学习的伙食应该比平时要好，因为饭堂需要服务的学生人数少了，质量是能够改善的。④增强上学和放学秩序管理安排。由于夏令营上学放学时段开放营区，原来的目的是欢迎家长参观营区，但却造成家长和孩子们在营区滞留，影响了营区的秩序。上述前三个问题根源在于受到活动经费的制约。第四个问题主要出现在 16 东莞夏令营上，后面两期夏令营我们都对营区采用了封闭式管理，秩序问题已经解决。

第二类是课程活动的要求。主要有两个方面：①增设才艺课类型，以便营员都能选到自己喜欢的才艺课。家长们提出这个问题意味着社会公众对"国学"范畴的理解其实是比较宽泛的，这既符合德艺双修的课程理念，也符合国学本身博大精深的实际情况。只不过由于中华才艺课的师资来源有限，同时也为了方便管理，每期夏令营才艺课都是与国学经典品读课按照 1∶1 的数量来设置的。这表明国学夏令营要改变以语文教师为主的师资队伍结构，吸引更多学科师资力量加入夏令营志愿者团队。②让家长旁听国学课，了解孩子学习内容和夏令营基本情况。许多家长除了把孩子送来夏令营学习国学之外，自身对国学也很感兴趣，因此希望旁听，同时也借此了解课堂教学质量。为此，我们吸纳了少数家长参加志愿者队伍一起进行公益夏令营服务；同时，我们也考虑增设夏令营家长开放日，并准备明年夏令营开始执行。但是，要求夏令营全时段开放给家长旁听是不可能的，因为组织强度太大了。

就问题①和问题②的调查反馈情况来看，家长们对夏令营的整体评价是比较好的，参与的热情也很高。这为夏令营奠定了良好的口碑，为夏令营后续发展提供了很好的基础。

我们的夏令营实行动态分班，上午为国学班，根据学生的学年段分别教授不同的国学经典；下午为才艺班，根据学生的兴趣分别组织不同的中华才艺课。如此安排的目的就为了实现德艺双修。除了正常课程学习之外，我们还安排了社区实践、野外拉练、经典现场课等学习形式，希望达到知行合一。因此，"公益岭南"国学夏令营是一个实验性、综合性、整体性的育人平台。而任何大系统都是由许多子系统组成的，所以在整体评价之外，我们还需要对夏令营教学的具体问题进行认真探讨。

综合问题①的调查结果，我们就品德养成（以行孝为主要指标）、国学学习、性格优化效果、才艺兴趣培养 4 个方面汇总家长最满意的数据，形成夏令营各类教学最满意人数汇总。（见图 7-2）

就三期整体情况来看，国学学习的效果是最令人满意的，其次是才艺兴趣培养，这显然与夏令营整体课程结构有关。而以行孝为主要考量指标的品德教育方面也得到超过 1/4 家长的认可，这一方面要感谢夏令营"孝心卡"制度所发挥的功

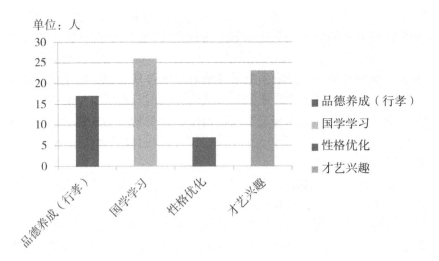

图 7-2 三期夏令营各类教学最满意人数汇总

用,另一方面也要注意到 17 贵州夏令营因为是全封闭游学营,"孝心卡"制度无法每天发挥教育引导功能,因而在行孝教育方面未能充分发挥作用。最弱的指标是性格优化,这其实与性格塑造的长期性密切相关,夏令营短短 10 天让家长感觉到孩子在性格优化上有所进步这已经很难得了。再具体到三期夏令营,数据又有些差异。

根据调查结果我们可以明显看出,17 贵州夏令营由于采用了新的组织方式,家长的反馈情况发生了一些有趣的变化。首先是中华才艺的兴趣培养效果好于国学经典教学。国学经典的学习虽然在三期夏令营中获得的评价都比较高,但在 17 贵州夏令营,由于全程封闭,家长无法感受孩子学习国学经典的全过程,所以对国学经典的学习效果注意不够。相反,由于才艺学习即学即用,短期效果明显,所以当孩子们回家,家长首先感受到的就是:孩子学会玩什么了。这促使我们思考:能否像中华才艺课那样让孩子们在国学经典品读课上也学会玩点什么,例如最简单的对对子、做谜语等,尽量让家长和孩子们有实实在在的获得感。当然,这样的数据对比也反过来提醒我们:国学经典的学习尽可能要有亲子共读的过程。

三、具体问题

我们再综合问题③和问题④的调查情况来考察家长对孩子的性格行为转化评价和课程学习效果评价。

(一)营员性格行为转化评价

虽然夏令营时间短,性格塑造又是个长期的过程,但我们还是设法让课程教育可以和学生长期的身心成长连接起来。东莞的两期夏令营采用走读的形式，学生每天都回家，基于家校协同的理念，我们设计了"孝心卡"，要求学生每天回家最少帮父母长辈做一件事并且记录在卡片上，同时要求家长评价和签名。以孝心卡为载体，加上夏令营核心课程的引领，学生们逐渐养成行孝的习惯。家长中90%欣慰于孩子变得懂事与体贴，坚持行孝，帮助家长做力所能及的家务，比如晾晒衣服、做饭、照顾弟弟妹妹等。还有家长表示，相对于学习与兴趣等方面，家长们最看重的是孩子行孝等品德方面的进步。17贵州夏令营因为全程封闭，所以没有每日的"孝心卡"活动，但家长们也都看到了孩子性格行为上实实在在的变化，特别是性格相对内向的孩子，夏令营让他们结交新朋友，性格变得开朗主动，有明显进步，而这种进步由于夏令营封闭隔断，孩子回家，家长突然感受到孩子的变化，触动就更大。有家长在夏令营结束两个星期之后还专门发信息表达了对夏令营的感谢。除此之外，17贵州夏令营的贵州家长们还表示，志愿者们的教学和言行举止让孩子们感触到外面更为广阔的世界，同时也学会了当地学校学不到的一些技能。

（二）国学经典课程学习效果评价

为了改变传统语文教学单调呆板的教学模式，夏令营集中精力在国学经典的读和品两个方面提升学生的兴趣。国学经典的欢乐诵读形式多样，或吟、或诵、或唱、或打拍子，国学经典的品读则创造性地采用"导趣屋、乐读斋、善品堂、开悟轩、回味阁"的"五场"教学模式，导、读、品、悟、行联动，这些对于孩子记忆国学经典、践行优秀传统文化起到了一定的作用。家长们根据孩子的分享与微信公众号推送的内容，纷纷评价国学课有趣，孩子们对上课兴趣比较高，老师们备课认真、准备充分，有别于一般的语文课。家长们表示，小孩乐于学习欢乐诵读这样的创新读书方式，但担心孩子的记忆时间相对短暂，记忆效果有待检验。另外，部分营员夏令营结束一个月后仍能坚持翻阅学习国学教材，分享书中道理故事。但也有部分营员随着时间推移，对于夏令营、国学课热情下降。除了经典品读课，才艺课程的开设也引起营员对其所学的才艺的兴趣，也有不少孩子在夏令营结束之后继续练习该才艺，不少家长表示准备给孩子深入学习，例如国画、葫芦丝等中华才艺。

综合问题⑤的反馈情况，家长对夏令营微信公众号的关注度达到91%，而从微信后台管理数据来看，17东莞国学夏令营在刚开始的短短三天时间阅读量就超过了上一期阅读总量。一方面是因为微信的普遍使用率提高了，另一方面也跟夏令营微信推送质量密切相关。夏令营专门成立了微信宣传团队，发挥自媒体的宣传报道作用，同时也让微信平台成为家校沟通协作的重要渠道。

我们把2016年7月份的阅读数据与2017年7月份的阅读数据做了一个对比，可以清晰看到2017年夏令营虽然分为两期，每期参加夏令营人数比2016年夏令营要少，但是夏令营的关注度却大幅上升而且基本稳定在一个较高的位置，夏令营开营期间的 6 月 12 日至 8 月 1 日图文阅读数量平均每天超过 1000 人。这对于一届前期 300 多人，后期只有 79 人的夏令营来说，成绩无疑是优秀的。这中间离不开家长的参与和热情转发。

当然，由于地域和经济能力的差别，三期夏令营家长的微信关注度仍然有很大的不同。东莞两期夏令营关注度很高，贵州夏令营由于营员主体是当地贫困生，家庭智能手机的使用并不普遍，相应的微信关注度就很低，另外也有家长表示因为不知道夏令营有微信公众号，所以没有关注。这也是夏令营今后需要改进的一个地方。

就公众号推送的具体内容来看，所有关注的家长都表示公众号的推送能让他们了解孩子在夏令营的情况，与时俱进的宣传方式为家长的深度了解提供便利。其中，20% 家长表示不太关注内容，更注重图片。同时，50% 家长明确提出建议，希望能多放图片。另外，也有家长提出其他建议：希望上课情况内容更详细；希望每天的推送能早点发；希望推送中增加一些适合家长或学生阅读的与国学教育相关的文章。

四、总结

三期国学夏令营，家长回馈情况良好，对夏令营给予极高的评价。同时，家长们都热心提出建议，我们会对家长们的建议认真考虑，对夏令营存在的问题进行认真研讨并寻求解决的方法。期待"公益岭南"国学夏令营能够成为广东乃至全国基础教育领域国学教育的重要实验与推广平台。

(本文作者：广东第二师范学院中文系　郑国岱　刘付桦　等)

关于国学经典读解策略的对话

（按：在中小学国学经典的品读教学中，许多教师囿于过往的"批判思维"，无法品读出经典文本的思想与艺术魅力，针对他们的困惑，我们组织了一次读书沙龙，以下文本是读书沙龙上主持人刘付桦与主讲嘉宾郑国岱的对话实录。）

问：郑老师下午好，谢谢您百忙之中接受我的采访。我们知道您在基础教育国学教育领域做出了许多有益的探索，因此今天的采访主要围绕国学教育方面。请问基础教育国学教育方面您觉得首先要解决的是什么呢？

答：要教育学生首先要正确读解国学经典。因此我觉得是国学经典读解策略。

问：可以请您详细讲讲国学经典读解策略吗？

答：好，这是基于现阶段中小学国学教育实践的一点分享。

问：国学经典读解策略中您觉得首先要谈的是什么呢？

答：首先要讲到的就是国学经典读解态度，应该是虔诚与尊敬。态度很重要，对于国学经典，积重难返。很多人对国学经典产生固化认知，影响我们对经典的解读。

问：大家产生的不正确的固化认知是什么？

答：反解现象——取其精华，去其糟粕。这是一句永远正确的废话。一是具体怎么做没有指明。二是，你认为的糟粕在别人看来不一定是糟粕，你认为的精华在别人看来可能是糟粕。正所谓，"一千个读者的眼中有一千个哈姆雷特"。

另外，"取其精华，去其糟粕"会让自己凌驾或者说将自己摆放在上帝的位置，认为我们的智商、才商高于原作者，所以我们才有资格评价批判它。可是列宁也说过，"真理永远掌握在少数人手里"。如果"取其精华，去其糟粕"这么容易做到，那我想"真理永远掌握在少数人手里"这句话也很难成立。

还有一个，特别重要的是，对于中小学教育者，容易造成自高自傲的心态。当我们缺乏谦卑、谦和的心态进入文本教学，带着由于时代的变迁、环境的变化、当下认知的局限，你会感觉文本到处都是糟粕。

问：您能举个例子吗？

答：我们国学夏令营下午设置了才艺班，其中有太极拳、书法、国画等。太极拳的老师问一个选课的小朋友要不要选太极拳，小朋友直接说"选什么太极拳呀？那不是老人才打的吗？"孩子的回应直接，也表达了内心的真实想法。那"太极拳是老人才打的"的观点，是她没有体会到太极拳刚柔并济的魅力所在，她不懂，所以以为是糟粕。

"取其精华，去其糟粕"在取舍之前，我们要先完成吸收。再举个例子，就好像我们中午吃饭，就是一个自然的"取其精华，去其糟粕"的过程。在这个过程中，能不能拿筷子，爸妈说这是糟粕，那是糟粕，玉米排骨的骨头是糟粕，肉是精华。可是一筷子下去，你是整个夹起来然后吐骨头，吸收肉里的营养。所以吸收是最先要完成的。在吸收之前，要把自己打开，东西才能进来。我们现在处于一种自己不打开、经典进不来的状态，那要怎么吸收经典里的精华。

问：是的，正确的心态让我们能更好摆正位置，端正角度。

答：不知道你还记不记得鲁迅先生说的拿来主义。对待历史、外来的文化，我们怎么做呢？放一把火烧掉的那是蠢材，吸鸦片飘飘然的那是混蛋。正确的应该是"运用脑髓，放出眼光"。

问：能不能举个例子呢？

答："运用脑髓，放出眼光"也就是"拿来"——取其精华，化其糟粕。

问：最典型的固化认知里的国学经典糟粕是《弟子规》。对于这一点，您怎么看呢？

答：现代很多人都觉得《弟子规》是糟粕。举个例子，弟子规的"亲有疾，药先尝"。我还记得之前给小学开家长讲座，讲《弟子规》。有个家长着急地跟我说，老师，这个《弟子规》不能给孩子讲，这都是糟粕。我说，那您举个例子。他说《弟子规》里有"亲有疾，药先尝"。现在都什么年代了，这不是要命吗？吃高血压药，让我小孩先尝尝？这不行。我解释说，这句话建立在过去要煲中药的时候，亲人生病躺床上，小孩帮忙煲中药。我们知道，煲好的中药上有层膜，所以看上去没什么热气，不烫。子女试试药温，才喂病人喝药，免得被烫着。放到现在来看的话，现在吃西药，不用试药烫不烫。但是子女也应该为亲人尽一份心力。可以在亲人眼神不利索的时候，看好说明医嘱，把要吃的几种药都放好方便病人服用。这就是"亲有疾，药先尝"的现代版本。读书也一样，国学经典我们正向理解有很多正面感受，反向理解就是糟粕，觉得是负面的。

问：您说得很有道理。您之前提到了国学经典读解态度是虔诚与尊敬，对此正确的理解应该是什么呢？

答：具体地讲，国学经典读解态度是虔诚与尊敬，是指带着虔诚与尊敬的心态。因为我们相信孔子，相信孟子，相信他们说的话，相信其中有道理，对文本可以耐下心思考，而不是一看就说，"诶，这错了。那不对。"经典流传了千年，那么多文人墨客都学习，哪里这么容易你自己发现十几甚至二十条错误。我读《论语》也许多年了，别的经典不敢保证，对于《论语》，孔子说的都是有道理的。只是有的人可能误读理解不了，每一条我都可以解释得通。正是因为我相信孔子，相信《论语》说的是对的，才能读解，才不会带着看《论语》是糟粕的心态去理解。

问：当我们带着虔诚与尊敬读解国学经典时，应该坚持什么样的原则或者标准呢？

答：国学经典读解的原则是循序渐进，终生体悟。现阶段中小学国学教育存在读解误区：第一个误区是只读不悟也就是播种不耕耘。目前很多国学课堂只让学生读，不让学生悟。我们自己都很难懂，学生怎么懂？悟不出来是我们的教法有问题。第二个误区是急于求成，揠苗助长。有的机构举办"论语100"也就是把《论语》背诵100遍，不管学生理不理解。背下来意义大不大呢？我读《论语》也有五六遍了，要是问我能不能全部背下来？我做不到。但是从《论语》中我获益匪浅。正确的读解原则是循序渐进，终生体悟。

问：态度、原则……看得出来郑老师对国学经典的读解很有套路。那向您请教一下关于读解的方法呢？

答：国学经典读解的方法：置回历史、置回文本、置入自身。这三条朴素而管用。

先说第一个，置回历史怎么理解呢？例如《论语》这一句"唯女子与小人难养也"，很多女同志都会很反感。当我们虔诚尊敬孔子，相信孔子说得对，我们再冷静、仔细读。养是指长期相处，难伺候。"近之则不逊，远之则怨"分寸挺难把握。置回历史，是在这样的场合说的，孔子的弟子向他要临别赠言，那个时候都是男弟子，他说："你这辈子要过好两关。过了女人关，家庭幸福；过好小人关，事业有成。"如果是女弟子呢，就会是"唯男子与小人难养也"，最怕就是男人加小人。"女怕嫁错郎"，这个真的得注意，在早些年，有过男朋友不答应女朋友分手，拎着把刀直接"哐哐哐"去敲女生所在的宿舍门，但是门锁好了。他就转身挨个看哪个门没关好的，直接推门进去，拿着刀就砍，造成了其他无辜女生的受伤……

说到置回文本，很多人包括有名有地位的专家学者说孔子守旧派。例如孔子说过，"吾从周。"他们认为，周灭亡了，孔子还学习周。不是守旧派是什么。但是，孔子在那个时代是改革派。我们要看上下文看语境。不置回作品，容易造成误读误解。

最后是置入自身。俗话说，"站着说话不腰疼。"当我们置入自身，"圣人言语切己"。举个例子，大家都知道《水浒传》里潘金莲与西门庆的故事。九十年代，女性主义文学兴起。有个教授讲，"潘金莲是《水浒传》里女性解放的急先锋，是唯一亮色。"讲座慷慨激昂。最后的提问环节，有个学生问："老师，如果你的太太是潘金莲，你愿意让她解放吗？"这个教授也哑口无言了。我们读解时真是要置入自身，不然就自己打脸了。

问：这个例子确实很直接很有力，让人很好理解"置入自身"。

答：又例如《西游记》，这个一般大家都是读过的。小时候看《西游记》是热闹，最喜欢孙悟空，为他愤愤不平，怎么摊上这个唐僧师傅。那时候还是放露天电影，看到孙悟空三打白骨精，被师傅念紧箍咒，冤枉他，真是气得丢石子去砸唐僧。结果被电影放映员呵斥，哈哈。

俗话说要"老来读《西游》"（即《西游记》），等有一定的人生经历再读，我读得真是热泪盈眶。回忆一下,《西游记》真正靠孙悟空的武力、靠金箍棒解决的妖怪有多少？找各路神仙下凡帮忙解决的又有多少？孙悟空七十二变,猪八戒三十六变,唐僧一成不变。

一成不变多难呢？最初皇帝送行拖着他的手问他什么时候回来,预计的是3年。最终花了14年,这其中心理变化值得玩味。第一个3年,还是满怀希望；第二个3年……想着豁出去了,但是第四个3年过去了,还没到。你会不会内心动摇？他对孙悟空说:"如此苦厄成仇,何时能到西天见我佛如来？"

当你老来,读西游置入,会发现九九八十一难,每一难都在你脚下真实发生过。只是有的人意识到了,有的人没发现。经历多的人因为他向西一心求得圣经。人立于天地之间,在于他敢于走出舒适圈,一路向前。这才是我们从《西游记》里要读到的。小时候读,是看热闹,长大了要正确读《西游记》。

总而言之,国学经典读解方法：置回历史、置回文本、置入自身。这三条朴素而管用。

问：既然是国学教育,那当运用到课堂,我们要对孩子分享,怎么分享呢？

答：这就关系到国学经典读解路径：导趣屋、乐读斋、善品堂、开悟轩、回味阁。

在当前阶段看来,在我的观察,未来三到五年,广东基础教育界,关键还是在于建立国学教育标准的课堂模式,在于全面铺开国学经典课堂教学。要达到这个目标,就需要国学经典的精髓有套路,以便推广。

我们研究出了"导趣屋、乐读斋、善品堂、开悟轩、回味阁"五环节,致力于把国学生活化,把生活国学化。因此,在课堂,要把国学和生活连接起来。第二个,运用五步骤时要发挥特长,有所突破；但是也要紧扣文本,与思想品德课相区别。思想品德课是讲一个道理的课,没有经典文本支撑。我们也知道经典文本有无限拓展的可能,终生体悟。思想品德课提供的材料是临时性的,用来达成某种理念。而我们经典国学课在于播下一颗种子,最后成就的东西就不一样。

问：谢谢郑老师从国学经典读解的态度、原则、方法和途径几个方面给我们做了详细而生动的分享。

主持人总结：

在全球化的浪潮中、现代化的过程中,中国这样一个多民族的国家如果没有中华民族文化的自我认同,有可能被"化"掉。国民,特别是青少年的文化归属感极为重要。党的十八大以来,习近平总书记就弘扬优秀传统文化作出一系列重要指示,具有重要的理论意义与现实意义。作为目标是语文教师的师范生,又是国学夏令营的成员,在加强国民的文化认同与文明修养,我们需要奉献绵薄之力,"与其坐而论道,不如起而行之。"

而中华民族文化的自我认同离不开优秀传统文化的孕育。国学经典作为中华优秀传统文化的精华,其中凝结的古人智慧、包含的为人处世哲学、象征的文学与文化，让人怀着敬重之心去阅读、学习。郑国岱老师在基础教育国学教育领域的探索值得我们学习。因此，作为一个大三的学生还坚持参加国学夏令营，而不是投入紧张的复习考编制或找工作。时至今日，甚至是以后回首，夏令营中的经历都是人生难得的体验与财富。

国学经典的读解对个人素质的提升是有益的。正确地读解课文然后才能学习其中的道理，正心修身，"拿来"转换消化充实自己。以国学经典养君子之风。通过对郑国岱老师的国学经典的读解策略的采访，学习一套完整合理的读解套路：秉持虔诚与尊敬读解态度，坚持"循序渐进，终生体悟"的原则，运用"置回历史、置回文本、置入自身"的读解方法，设计贯彻"导趣屋、乐读斋、善品堂、开悟轩、回味阁"的国学课堂教学五环节。

将郑老师的策略落实在自己的教学中，培养自己的教师素养，置回历史、置回文本、置入自身。经过对《论语》的学习与讨论，经历前期的磨课试讲，我作为国学夏令营国学课的讲师，"量腹而受，量身而衣"，在东莞的第一期夏令营中，为讲台下见多识广的东莞营员上课。针对他们喜欢看视频的特点，在老师团队的磨课中完善备课。在贵州夏令营期间也根据班级上课情况重新调整，寻找新角度辅助营员理解文本，结合理解能力相对弱，加重游戏理解的部分，挖掘课程的趣味性。得到孩子们对课程的喜爱与其他国学课老师的赞赏，这让自己很有成就感。为人师者的乐趣奇妙无穷，让我坚持下来。

我们深知，青年是社会的中坚力量、民族的希望和祖国的未来。在实现中华民族伟大复兴、实现中国梦的历史任务中，青年担负着重要的责任。当代大学生要实现自己的历史使命，就必须树立远大的理想和信念，热爱自己的祖国和人民。青年们，去读解国学经典吧！"孤举者难起，众行者易趋。"

（本文作者：广东第二师范学院中文系　郑国岱；东莞市长安镇实验小学　刘付桦）

中小学国学教育课堂教学模式初探

——以广东第二师范学院国学实验教材《论语》中的"孝悌"为例

学习国学经典意义重大,它是我们与先圣先贤的对话与交流,使我们走向中华民族共有的精神家园,感受这个家园的温馨,参与这个家园的建设,形成对它的情感皈依。正如2013年12月,中共中央办公厅印发的《关于培育和践行社会主义核心价值观的意见》第十七条中指出,我们要"发挥优秀传统文化怡情养志、涵育文明的重要作用"。而在2014年3月,教育部印发的《完善中华优秀传统文化教育指导纲要》中明确了开展中华优秀传统文化教育的主要内容,即"以天下兴亡、匹夫有责为重点的家国情怀教育""以仁爱共济、立己达人为重点的社会关爱教育""以正心笃志、崇德弘毅为重点的人格修养教育"。所以,当下在中小学中开展国学教育具有深远而迫切的意义。

一、中小学国学教育内容与教学特点的分析

现在全国各地各种组织纷纷围绕教育部《完善中华优秀传统文化教育指导纲要》编订国学教材,但全国还没有统一的国学教材。笔者比较了一下影响面较广的几种国学教材,如中国国学文化艺术中心编写的《中国传统文化教育全国中小学实验教材》、陈琴主编的《中华经典素读本》、王财贵主编的"中华经典诵读工程"丛书以及正在实验中的由广东第二师范学院中文系主编的《中小学国学教材》系列,归结了这几种教材共同的编定内容及特点,这几种教材编排时小学低年级基本以"三百千弟"等蒙学内容为主,中年级以《声律启蒙》《论语》《孟子》为多,高年级以《大学》《中庸》《道德经》为主,当然,各种教材还渗透中国古典诗词及散文等内容。而初中阶段则以《孙子兵法》《荀子选读》《论语精读》《道德经精读》为主,高中阶段则以《古文观止》、春秋战国时诸子选文等为主。由此我们大概可见,目前这几种教材的小学国学教育以《四书》中的经、子为主,以传统的儒学经典为主,中学国学教育则加深对儒家、道家等诸多经典的精读,到高中则兼具多家的经典文本阅读。

那么,中小学国学教育的课堂教学目标该如何定位呢?广东第二师范学院中文系余新明副教授曾在讲座"经学课堂模式的能与不能"中指出"继承优秀传统文化,人本回归",他强调:"国学教育的目的'不在语言,不在一般的文学知识或常识',其目标在于'文化',而文化的特点是'知行合一',在于实践。"也就是说,国学教育的主要目标在于借助语言学习,涵咏经典中所"蕴含的思想观念、

人文精神、道德规范，结合时代要求继承创新"并落实在实践中。

当前的国学教育还是以小学为落实的主阵地，其次是初中，高中则较少专门开国学课。在中小学国学课堂中采用较多的教学方法是素读和背诵，强调多读多背，甚至对内容可以不求甚解，而老师们对国学课该怎么上，与语文课有什么联系或区别都不太清楚。

了解了国学教育的内容、教育目标、教学现状后，下面来探究中小学国学的课堂教学该如何开展。笔者结合与广东第二师范学院的国学教育协会合作开展的国学教育实践，谈谈粗浅的看法。

在国学课堂实践中，我们进行了"五场"教学模式。什么是"五场"教学模式？就是在完整的一节国学课堂中采用的基本的五个教学步骤，包括"导趣屋、乐读斋、善品堂、开悟轩、回味阁"，这五个步骤与语文课堂教学有相同之处，也有不同之处。笔者且以广东第二师范学院中文系编订的《论语》国学教材中第三单元《孝悌》主题第一课时《以孝为本》这一课为例，通过给小学生上这一课的过程来谈谈国学课的"五场"教学模式。

二、以教学《论语》为例，谈"五场"教学模式

首先，了解一下广东第二师范学院中文系主编的《论语》国学教材中第三单元《孝悌》的内容安排，这个单元有三个课时，第一课时的主题是《以孝为本》，第二课时的主题是《为孝之道》，第三课时是"故事会"《如临深渊，如履薄冰》。第一课时所选编的主题文句有："孟武伯问孝。子曰：'父母唯其疾之忧。'""有子曰：'君子务本，本立而道生。孝弟也者，其为仁之本与！'""子曰：'弟子入则孝，出则弟，谨而信，泛爱众，而亲仁。行有余力，则以学文。'"在笔者参与的由广东第二师范学院中文系带领并指导的国学教育实践中，用一般《论语》给三四年级的小学生授课。第一课时《以孝为本》的教学目标有三个：①引导学生正确流利地朗读文本内容；②引导学生理解孝顺是为人的根本；③通过学习懂得要感恩父母，要主动孝顺父母。

下面具体介绍国学课教学的"五场"教学模式。

（一）第一场，导趣屋——趣味导入

爱因斯坦说过："兴趣是最好的老师。"对于学生来说，能引发他们兴趣的事物、内容能快速集中他们的注意力，使他们产生求知探索的内驱力，并在其间产生好奇、愉悦的情感，有利于知识的输入和主动吸收。导趣屋的设置目的，在于课堂教学初始，快速激发学生的学习兴趣和求知欲，为下一场的学习做心理蓄势和知识蓄势。

导趣屋的形式多种多样，如故事传说导趣、游戏导趣、电化媒介导趣等，主要

围绕课堂主题、作者、授课内容涉及的对象或背景展开，能激发学生学习兴趣的都可以，以新奇、有趣、好玩为原则。

如广州市海珠区知信小学的郑丹妮老师在给参加国学夏令营的东莞长安镇三年级的小学生上《以孝为本》这一课时先以猜谜游戏导趣，郑老师分别出示了"老""子""孝"三个字的甲骨文或小篆的写法，让学生根据汉字象形会意的特点玩猜字游戏，并说明判断依据。"老"字学生猜不出，当老师进行解说："上面像弯腰驼背的人，关键是额头上还有很多皱纹，下面部分像支撑这个人的拐杖，这个字表现出有些人到一定年龄的身体及行为特点。能猜出是什么字来了吗？"有学生回答："老！"老师马上给予肯定，并出示"子"引导学生猜："圆圆的脑袋，活蹦又乱跳。请结合字形猜猜这是什么字？"学生很快猜出来，他们兴趣高涨，最后又在老师引导下猜出了"孝"字。至此，老师在学生们对古汉字有着浓厚兴趣之时，引入本课主题《以孝为本》的学习："'孝'代表孩子对父母长辈最温馨柔软的那一份情感，在中国传统文化中是一个非常重要的理念，《论语》中有不少关于'孝'的论述，今天我们一起来感受这份暖心的孝。"有了游戏导入中对"孝"的含义的铺垫，学生接下来对"孝"的领悟会更容易。

（二）第二场，乐读斋——多形式朗读、诵读，让学生乐意读、快乐读

乐读斋的目的是尽可能通过有趣、有韵律的各种形式的读，使学生乐意读、快乐读，读略有知，读略有思。这个场讲究读的形式新颖好听，渗透学生喜闻乐见的形式，如打击节拍（可配合节拍器，主要的节拍有咚咚哒，咚咚咚嗒嗒等）、配乐唱读、吟诵、领读、赛读等，从而使学生乐意读，能感受读的愉悦。

国学课堂的读与当下语文课堂古诗文的读有一些较明显的差别，语文课堂古诗文读的形式一般为朗读，目的为读通、读顺、读熟，进而使学生初步了解内容，而国学教育的读在读通、读顺之后，更注重让学生快乐读、乐意读，读的时间更多些，读的形式更有趣。

如郑教师在《以孝为本》导入课题后，出示文本文句，请学生自读标出难读的字词，教师帮学生注出难读字词的读音，然后请领读高手领读文句。在此基础上，用《小城故事》的曲子配上文本演唱，优美舒缓的曲子，让文本学习更有趣味，学生唱得很是起劲！

配乐唱读适用于各个年级，可以用学生喜欢熟悉的曲子来配，如有老师用歌谣《兰花草》的曲子配《论语·里仁第四》的"子曰：'富与贵，是人之所欲也。'"，用《天空之城》来配《孟子》里的篇章。

另外，吟诵也是能激发学生阅读兴趣的古老的读书技巧，具有较强的朗读感染力，遗憾的是现在很多教师没能掌握这种技巧，需要教师下功夫系统地学习。

在"乐读斋"中，教师要注重读的有趣形式，同时在学生读的过程中及时评

价鼓励学生，激发学生持续的朗读的积极性，让学生体验读的乐趣。

(三) 第三场，善品堂——创设情境，联系生活，精析细品主题文句

善品堂的目的是通过创设情境，引导学生思考，联系生活实际解读文本所蕴含的含义，使学生更易于把经典与生活联系起来，增加对经典的亲近感。

过去有些人提倡国学内容少讲或不讲，强调素读，只让学生多读多背，不求甚解，这有一定道理，因为学生背下经典，随年龄、知识、阅历增长，有一天也许就能顿悟其中的道理，所以我们并不反对让学生多读多背。但并非说对国学文本做一定讲解就不好，有一定的讲解也有好处，可以降低经典学习的难度，特别是对消除当下中高年级学生学习经典的畏难情绪、增加对经典的熟悉感有好处，更易于激发学生的学习兴趣，当然，对于整本的经典，没必要处处细讲，这样有可能使学生对经典形成呆板固化的理解，可以挑选一些内容精讲精读，这就需要学会善品。

在"善品堂"这一场中，对难懂字词可做一定解释，对于句子能领会出大体意思就行，不必要求字字落实翻译。如在《以孝为本》的善品堂中，教师只解释"唯、其、务本"等字词的意思，对于句子只要求学生能说出大概的意思就行，教师着重结合生活实际，引导学生理解文本内涵。

如"孟武伯问孝。子曰：'父母唯其疾之忧。'"，老师让学生回顾自己生病的时候，爸妈是如何照顾自己的，父母当时的表现和心情怎样，而自己也以父母当时对待自己的心情去对待照顾父母，这就是"孝"。另外，想想父母平时替我们操心担忧的事有哪些，怎样让父母减少这些忧虑。孔子说的"父母唯其疾之忧"也指出，如果能做好自己，使父母除了为我们无法避免的疾病担忧之外，不再担忧其他事情，这就是孝。解说完什么是孝后，再解说孝的意义："其为人之本"。通过展示古汉字"本"的字形，阐释"本"的含义，并用树木扎根深浅，在台风之后不同情状的照片形象地说明：没有根（本），就可能使树丧失旺盛的生命力，由之引申到人，人没有了孝为根本，也可能陷入危险的境地，孝为人本！接着教师引导学习文本："子曰：'弟子入则孝，出则悌，谨而信，泛爱众，而亲仁，行有余力，则以学文。'"至此，第一课时的文本内容品析完成。

在善品堂中，除了创设情境，让学生联系生活实际理解内容之外，还可以通过听（看）故事、情景表演、实物演示等各种形式帮助学生理解内容，通过教师的启发、讲解，学生对国学内容有了较深刻的理解，降低了他们学习经典文本的难度。

(四) 第四场，开悟轩——拓展延伸，深化情感体验

开悟轩的目的是联系生活实际，对教学内容拓展延伸，让学生有举一反三的领悟，深化学生的情感体验，使学生能学以致用。具体做法有案例判断分析、开展辩

论、学生讲故事、联系生活实际写感悟等。

如在《以孝为本》这一场中，郑教师在解读完文本后，播放动画视频《时间都去哪儿了》，看着视频中的小女孩从出生到儿童期，到叛逆期，到成人结婚，父母付出了关爱与操劳，但腰背渐渐直不起来时，学生们表情凝重，他们的心灵应该受到不小的震撼。看完视频，教师深情引入："父母陪伴我们走过春夏秋冬，走过喜怒哀乐，陪着我们从小到大，等到有一天，我们看着他们额头上的皱纹多了一条又一条，他们的背渐渐直不起来，我们才会感叹时间都去哪儿了！能说说哪个画面让你感触最深吗？"学生纷纷发言，谈到父母的包容与不易，教师引导学生说说在生活中要怎样做才能减少父母的操劳，而减少父母的操劳其实也是一种行孝。

又如一位教师在上《大学》的《摒弃偏私》时，教师在引导学生理解偏私会影响对事物的公正评判，要学会摒弃偏私后，教师出示情景分析："假如你是班长，小明和小红是你的同学。小明曾在各种朗诵比赛中获奖，他和你关系不好，小红朗读水平没有小明高，但她是你的好朋友。现在老师需要你在小明和小红间推荐一位领读员，你会推荐谁？"学生通过情景分析加深对主题的理解。

（五）第五场，回味阁——总结、回扣主题，回味课堂学习内容

回味阁的目的是总结、回扣主题，温习巩固课堂所学内容，使学生回味课堂的学习内容。具体的做法有：镂空背诵温习、配乐抄写（或默写）、感悟分享等。

在实践操作中，这一场采用较多的是"镂空背诵竞赛"游戏。这种游戏适用于各个年级，把当堂及前边所学内容（包括文学常识），做成镂空填空的幻灯片题目，有必答题和抢答题，让学生分组进行填空背诵竞赛。形式虽简单，但学生比较乐意参与，在竞赛中温习所学。这个活动操作时要注意四点。

（1）先出示竞赛规则，激发学生的兴趣。

（2）要留出适当时机，给学生背诵当堂所学内容。

（3）分组竞赛，组员可协作提供帮助，如必答题组员答题不完整时，其他组员可提供一次帮助机会补充作答，这样有利于形成组员集中精神、团结协作的氛围。

（4）游戏结束要有奖励、有惩罚。如奖励创意小礼品，或奖励获胜组集体当堂分享零食；惩罚可来点"甜蜜小惩罚"，如得分最少组集体来个"造型定位及背诵""小组献唱"等表演。

如在《以孝为本》中，郑教师亦是采用镂空背诵竞赛的方式，让学生在游戏中温习所学，学生在玩乐中学得不亦乐乎。

而配乐书写适用于中高年级，课堂内容品读理解完之后，可留出3～5分钟，让学生听音乐（主要是中华古典音乐）来抒写课堂收获或感悟，亦可当堂进行学习内容的默写。

以上的教学模式，只是我们在国学教学中的初步探索，教无定法，同样，教

模式也有多种形式，我们将进一步探索，希望未来的国学教育越做越好。

三、"五场"教学模式的体会和反思

笔者自 2015 年至 2017 年，共参加了四期广东第二师范学院中文系组织的国学夏令营暨国学教学实践活动，在这几期的实践活动中，笔者及参与活动的协作学校的志愿者老师们一直在实践及改进国学教学的"五场"教学模式。老师们由最初的把国学课当"第二语文课"或"第二思想品德课"进行教学，到重点突出原典诵读，强调精神内涵的领悟，强调踏踏实实地积累及践行，通过"五场"教学模式的课堂实践，老师们对国学课堂的教学目标、教学步骤、教学方法有了较整体、较清晰地认识与把握，从而更有意识、更自觉地采用活泼新颖、贴近学生学习及生活实际的有趣的形式去吸引学生、引导学生领悟经典的内涵，思考经典中的智慧如何体现在生活实际中。

另外，在运用"五场"教学模式进行国学教学时，我们注重引导学生把所学的思想、道理落实到实践中，使学生做到知行合一。例如为了让学生践行孝道，我们设计了"孝心卡"，让学生每天带回家记录自己的孝心行为，然后请家长签名写评语，一段时间后请家长反馈孩子的改变，以此来促使学生学以致用。但还有更多需要学生践行的内容如何让其自觉落实到行动中并长期坚持，这也是个需要思考的问题，只有把知和行统一起来，国学教学才能真正发挥怡情养志、涵育文明的重要作用。

（本文作者：潮州市饶平师范实验中学　邱晓琼；广州市海珠区知信小学　郑丹妮）

论如何建设初中生感兴趣的国学课堂

——以《论语》教学为例

以孔子思想为核心的儒家文化,是中华优秀传统文化的重要组成部分,蕴含了中华民族深层次的精神追求,体现了中国文化独特纯正的民族气质。初中生正是人生观、价值观形成的关键期,但也正处于最为叛逆的青春期。《论语》是研究孔子思想的重要载体,用其指导初中生正确安放那躁动的青春,使学生乐学以致远,成为一名谦谦君子,是时代最为迫切的呼唤。结合日常的国学课堂实践,笔者总结了以下做法:

一、灵活多变的教法是核心

面对学生国学基础较弱的特点,我们不能一开始把孔子讲得很高大上,把《论语》说得那么深不可测;所以洪涛说:"与其说这个很难,我宁可说很容易让学生感到亲切,产生学习兴趣。"

(一)还原法

于丹说过,在她的心中,孔子只有温度,没有色彩。想要建立学生与文本的亲和度,首先要让学生走近真实、内心炽热和可亲可敬的孔子,摆脱那个永远高高在上、令人望而生畏的道德训示者的刻板印象。事实上,孔子的品格是可爱的,林语堂在《孔子的智慧》一书中就用他的妙笔为我们描述了一位"可爱""动人"的孔子,他"和蔼温逊",是一个"乐天派""活生生的真人""所言所行上有好多趣事""具有深厚的情感,敏锐的感性,高度的优美",有着"和悦可亲的风趣"。如《弦歌之声》中与学生子游笑言割鸡焉用牛刀,这个幽默的孔子;孔子听韶乐,喜爱之极,"三月不知肉味",这个喜形于色的孔子;在春风和煦的时间,与学生"浴乎沂,风乎舞雩,咏而归",这个可爱的孔子。因此还原一个真实的孔子给学生是建立学生与文本亲和度的第一步。

(二)写字法

中国传统教育是"以小学通经学",小学的功夫就是文字学、训诂学、音韵学。把文字的演变以及文字的背后意义(象形表义)展现出来,很多时候国学也变得形象而生动,让学生在文字演变中感受国学之美。例如:在第三单元《孝悌》中,课前导入笔者通过甲骨文"㊣",其中"丨"就像是老人独自拄着的拐杖,依靠自己的力量前行，同时出示甲骨文"𗊈"（子），请学生想象一下，把"𗊇"这个像拐杖的部分换成"𗊈"（子），一个有孩子搀扶、照顾、关爱的老人，这个行为叫什么，这个新组成的字是什么。通过PPT动画展示，一个"𗊉"（孝）字生动活泼地展示在学生面前，而且学生在这个汉字变化中不仅感受到文字之美，国学中孝顺的种子也潜移默化地在学生心中生根发芽。

（三）诵读法

传统经典在文法上的特色是：有一定的行文韵律，讲究对仗、并举，追求齐整等，容易上口诵读。在周朝，乐配诗，既是教育内容，也是教育形式，这种方式在今天的国学教育中是值得借鉴。在国学教育实践中，笔者尝试结合音乐手段让学生更好地感受古文的音乐美。如传统的吟诵法、青少年喜闻乐见的打节拍说唱法、配上旋律优美的现代音乐演唱法等，形式灵活多样，说唱活泼生动，学生不再觉得古文生涩乏味，反而觉得古文很亲切，从而保持了对国学经典学习持续的浓厚的兴趣。

二、国学教师的丰厚学识是保证

要求把儒家思想讲解贴近现实，使学生达到知行合一，内化为自身的道德追求，其实这对教师提出了更高的要求。

《中庸》云："博学之，审问之，慎思之，明辨之，笃行之。"从接受一种思想到内化为自己的行为准则，学生一定会有一个"反复质问——逐步释疑——深信不疑"的过程。因此教师在传授的过程中，首先，自身要对《论语》章句有深入的理解，不仅要明白表层意思，还要把握深层意蕴；其次，关注生活，结合自身的经历和社会现实，深入思考儒家思想；最后，转化教学目标就体现在培养学生的思辨能力、关注社会的人文情怀。例如《论语·雍也》里的小故事"井有仁焉"[①]。在明知这个落井消息是假的情况下，仁者到底应不应该相信呢？被欺骗了就不是仁者了吗？学生会举出很多在生活中具体的两难的问题：在无人的路上遇见摔倒的老人到底应不应该扶？诚实会吃亏吗？当面对这些两难的问题时，这就考察了教师的教学智慧。笔者认为应该把问题抛回给学生自己去思考，他们在求真探知的过程，就是成长的过程。

国学教师巧创教学情景，实现文本与学生头脑中的知识经验无缝对接。建构主义认为在与外界环境的互动过程中，学习者头脑中已经形成了远比我们所想象的要丰富得多的知识经验。在开展国学教育的过程中，教师要着意去发掘学习者头脑中

---

① 宰我问曰："仁者虽告之曰井有仁焉，其从之也？"子曰："何为其然也？君子可逝也，不可陷也；可欺也，不可罔也。"

与国学相关的知识经验或问题，凸显学生学习的主体性，辨析国学中的观念，做到古为今用，文化传统与现实生活接轨。笔者在教授"事父母几谏，见志不从，又敬不违，劳而不怨"时，课堂伊始，用一个15岁的小女孩因为不满意妈妈在台湾不遵守交通规则而与妈妈走散的新闻引发学生的讨论。学生中有人认为"天下无不是之父母"，我们应该尊重父母；有人认为小女孩不对，太多冲动，得理不饶人；有人认为两者都不对。在这时引出"事父母几谏，见志不从，又敬不违，劳而不怨"。孔子是这样说的，侍奉父母，如果他们有不对的地方，得轻微婉转地劝止，看到自己的建议没有被听从，仍然恭敬地不触犯他们，即使忧愁，但不怨恨。学生在情景讨论中就已经理解了句子的意思，在这个时候出示文本就显得水到渠成；实现了文本与学生的生活实际无缝对接，产生心里认同感。

国学教师除了要拥有丰厚的学识，最重要的是做到身体力行，知行合一。《师冕见》这一则中，孔子对师冕照顾很周到，很耐心，凡台阶、席位，一一指示，这是对待盲人乐师的礼貌，即"相师之道"。这除了体现孔子对专业人才的尊重和对待残疾人的人道主义精神，还让我们看到孔子的教育方式——言传身教，要别人做到的，他身体力行地去做，这是对学生最好的教育。正如唐代鸟巢道林禅师所言，"人生的道理并不深奥，但却是三岁孩童也晓得，八十老翁行不得。"作为国学教师，首先要热爱国学，不断学习国学，要真正领悟国学精神，并且身体力行地去践行，言谈举止都要有国学精华的风范，这是对学生最好的国学教育。

三、"举一反三"教学模式是有效途径

"举一反三"的教学模式不要求讲课内容面面俱到，只要求理清思路，突出重点，教学方法形式多样，让学生喜闻乐见，尤其注重游戏环节的精心设置，力求寓教于乐，让学生轻松愉快地接受国学的熏陶。

（一）精心串联的文本

在本次实践中，选读教材是由广东第二师范学院中文系郑国岱博士编写的，教材共有五个单元，主题分别为"为学""为政""孝悌""仁智""好礼"。每个单元都包括"导语""乐读斋""善品堂""故事会""笔耕录"五个部分。"乐读斋"按《论语》原文顺序选编语段供学生诵读，"善品堂"按主题选编语段供教学之用，"故事会"按主题从《论语》选一则故事性较强的语段供品读，"笔耕录"给学生学完一单元之后写写感想之用。这本教材是符合学生认知能力的，编写由浅入深。结合"举一反三"的教学模式，每个单元安排三课时，第一、第二课时主要选择性地完成"善品堂"内容的品读，选择的内容之间组成一条暗线，贯穿整一节课，例如：①子曰："父母之年，不可不知也。一则以喜，一则以惧。"子夏问孝。②子曰："色难。有事，弟子服其劳；有酒食，先生馔，曾是以乎？"子游

问孝。③子曰:"今之孝者,是谓能养。至于犬马,皆能有养;不敬,何以别乎?"④子曰:"事父母几谏,见志不从,又敬不违,劳而不怨。"这四则在《论语》中是没有任何的联系,把它们串联起来主要是根据课堂教学的需要。首先通过调查学生是否了解父母年龄的实验引入,分析喜与惧的原因;其次引申到赡养父母以及对待父母的态度,以"为孝之道"为主题,这样整节国学课不仅主题突出,思路清晰,也符合学生的认知能力特点。

(二) 有效的评价体系

根据罗森特尔效应,学生会不自觉地接受自己喜欢、钦佩、信任和崇拜的人的影响和暗示。而当前的国学教育教学评价体制不健全,国学的学习似乎对学生的升学不起任何作用,因此,建立有效的国学教育教学评价体系,有利于提高学生学习的积极性。比如,对学生所学的国学知识进行等级评定,如"×级国学小硕士、国学小学士、×级国学过级证书"等。从正面积极地角度入手提高学生学习的积极性。

(三) 真实情景的创设

托尔斯泰也说过,成功的教学所需要的不是强制,而是激发学生的兴趣。因此创设打动学生的教学情景,才能引发学生深层感悟。学生很多时候并不是不会写作,只是这些话题都去不到他内心深处,所以他的言语也便流于形式,虚情假意。笔者在教学过程中曾配乐播放一组图片,里面有父母耐心陪伴着孩子成长的漫画。当父母变老时,我们是不是也能一如当初他们待我们那样,耐心而细心呢?"树欲静而风不止,子欲养而亲不待",让我们拿起手中的笔写一写自己相对父母说的话吧。创设教学情景引发学生对亲情的感悟与思考,从回收的内容里可见很多学生都能写出真情实感,心中最真实的声音。再如第三单元《孝悌》,在课堂教学过程中分别配以背景音乐《时间去哪儿》《父亲》《跪羊图》,背景音乐与教学内容相得益彰,让学生听一听、唱一唱,营造氛围,激发兴趣,升华主题,充分发挥音乐的教化作用。

中国人民大学国学院教授袁济喜表示,古代经典诗文既是德育、智育、美育的载体,同时也是本体。而国学与语文的结合,两者相得益彰,充分体现工具性与人文性的统一,从学生、文本、教师三者入手,打造一个学生所喜爱的国学课堂,乐学以致远。子曰:"道不远人。人之为道而远人,不可以为道。"孔子的言行往往是朴实的,难的不是领会而是践行,难在"笃信好学,守死善道"。只有我们在教学中,不断挖掘其当代价值,创新教学形式,注重学生对儒家思想的笃信与践行,国学教学才能真正发挥实效。

参考文献

[1] 林语堂. 孔子的智慧 [M]. 西安：陕西师范大学出版社，2006.
[2] 陈来，甘样. 孔子与当代中国 [C]. 北京：生活·读书·新知三联书店，2008.
[3] 小白. 从"成功学"到"心灵学" [N]. 中华读书报，2007-12-05.
[4] 刘小成. 走近"心灵如诗"的孔子讲解浅近而深刻的《论语》：关于《论语》教学的若干思考 [J]. 福建教育学院学报，2012，13（1）：72-75.

（本文作者：佛山市南海区海北中学　袁春杏）

优化国学课堂设计的三大策略

一节焕发生命活力、情感激荡、有实效、高质量的语文课往往离不开教师课前深思熟虑的教学设计。教学设计是课堂教学设想和计划,是上课前的预谋和筹划。好的教学设计融入了教师先进的教学理念,体现了教师的教学智慧,展示了教师的综合能力。成功的语文课堂离不开好的教学设计,国学课堂也不例外。没有好的教学设计会出现国学课堂死气沉沉,学生不愿参与,或课堂表面热闹学生却获益不大的情况;会出现教师授课随意性大,对课堂缺乏通盘的考虑,对课堂的"意外冷场"失去把控等诸多问题。因此,下面就如何优化国学课堂教学设计谈几点感想。

一、优化国学课堂设计应重视"学生兴趣激发"与"文本深度解读"的结合

(一)"形式"与"内容",缺一不可

如果说我们的游戏、视频、形式多样的朗读等是为了激发学生兴趣的"形式",那"文本的理解、挖掘"就是"内容"了。只有形式没有内容,整节课热热闹闹通过游戏比赛的形式,没有把重点放在"品"和"悟",这样的课堂就华而不实了。

笔者曾听过一节讲《大学——有容乃大》的课,准备的课件内容很丰富:有六尺巷的故事,秦穆公广招人才、使秦国称霸的故事,有歌曲《真心英雄》,还有新闻视频,现实案例分析等。朗读采用了比赛的方式,把班级同学分为"修身""齐家""治国""平天下"四个小组,以比赛加分的形式组织课堂。老师亲和力强,也善于驾驭课堂。"四组表现真棒,加2分,二组加油!""老师,这次我们三组得加3分。"类似这样的对话不绝于耳。学生兴趣浓厚,课堂热闹非凡。可是听完课后,浮现在脑海中的不是《大学》里的经典句子,而是"哪组得多少分",感觉不大像国学课,似乎没学到什么,头脑空空如也。细想下来,这节课有些喧宾夺主了,没有把教学重点放在对经典文本的品味、鉴赏上,在文本的深度解读方面稍有欠缺,有些本末倒置。

当然,如果只有内容,很有深度,调不起来学生兴趣,学生不愿意参与,那再丰盛再有营养的"教学大餐"也无济于事。因此"形式"与"内容"缺一不可。没有"形式"就难于保证内容的落实。没有"内容"光有"形式"也只是花架子。好的课堂教学设计既要考虑"学生兴趣的激发",还要注重"文本的深度解读",这样学生才能乐学,才能学有所获。

（二）"文本的深度解读"关键在于加强教师自身的学习

没有正确的文本解读就没有成功的国学课堂。试想，教师对传统文化都没有系统地学习，一知半解，如何谈得上弘扬国学呢？如果只钻研授课内容，也难免断章取义，理解不当。你想要给学生一桶水，你就得成为源源不断的自来水。教师"先学"是国学课堂实施的基础，否则一切课堂教学技巧都是空谈。这好比是开车，如果还没学会开车就想"求速度""炫车技"，那简直是要命。加强教师对国学的学习，是当务之急。

笔者曾观摩过岳林杨老师设计巧妙、亲和力强的经学课堂《孟子——赤子之心》。其中课堂的"导趣屋"环节如下：让同学们以"＿＿＿心"来组词，一列是："爱心、良心、孝心、善心、童心、恒心、同情心"，另一列是"二心、负心、贪心、偏心、私心、黑心"。他让学生对比两组"心"并进行褒贬分类。随着学生的思考和讨论，岳老师就势引出了"三心"——"恻隐之心、谦让之心、是非之心"，让学生明白这"三心"就是儒家文化所倡扬的仁义之心，简单地说就是赤子之心。这一环节设计如此巧妙，让听课的师生轻轻松松就把握了"赤子之心"的核心内容。岳林杨老师的课能赢得满堂喝彩，原因有很多，其中一定离不开他对文本的深度解读。因为只有透彻理解了文本，他才能灵活应变，化深奥为浅显地进行教学。

而我们这些参加培训的老师在试讲国学时，因为对文本不熟悉，所以里面一些思辨性稍强的内容自己都理不清，越讲越复杂。因此，教师先加强自身的学习，"恶补"国学内容应是首要任务。

二、优化国学课堂设计应兼顾"课堂预设"与"课堂生成"

课堂因"生成"而精彩，它会让你惊喜连连。在课堂上动态生成问题、生成答案，让学生自主发现问题、解决问题，这对于培养学生的自学能力、创新能力、质疑能力等都有着不可低估的作用。古语云："预则立，不预则废。"只有精心进行了"预设"，课堂才会闪耀语言、思想、精神、生命的光辉。

如佛山市禅城区澜石小学校长黄艺老师为我们带来的蒙学课堂《百家诗》第二节《夏之曲》，即《江南》《如梦令》和《六月二十七日望湖楼醉书》三首与夏天有关的诗歌教学。课堂最令听课老师称赞不已的就是"生成"环节。黄老师让同学们上讲台，把自己对诗歌画面的想象都画在黑板上。同学们不仅画出了诗中的景物，更有莲花、小舟、亭子、太阳等联想的意象。其中一位小男生更是创意十足，画出了印象画派风格的"沉醉不知归路"：诗人头上N条小路加一个问号，让人不禁为二年级的小朋友如此丰富的想象力叫绝，这一切充分彰显了"生成"的魅力，令人久久赞叹。

当然，倘若忽视教师队伍整体素质还未达预期以及学生处于成长期、认知能力较薄弱这一现实，一味追求"生成"，那这样的课堂就华而不实了。假如完全把课堂还给学生，学生很可能会不着边际、偏离文本，提出一些并不具备讨论价值的问题或讨论偏离课堂内容；教师由于水平不高，无法灵活驾驭课堂，结果课堂表面热闹，但重点问题却未能解决，教学目标不能实现。这样的课堂就应该避免。

例如有这样一个案例，一位教师在教学"大学——以身作则，推己及人"一课时，在"开悟轩"部分，教师让学生谈谈自己以后如何做到以身作则或推己及人，结果，学生大部分都是回答一些空话套话，很笼统，如"自己要树立榜样，自己不想要的就不要施加别人"等，这和教师原先期望的学生能真正发自内心的反思自己的行为举止、做到"知行合一"这个目标有差距。后来，教师在设计这个问题时不再只是抛出问题就静待"生成"的"精彩"，而是增加了预设答案作为例子，如"以身作则"——教师会用：我是老师，我想让我的学生能养成餐后主动收拾餐具的习惯，所以我用完餐会一丝不苟地收拾碗筷，清洁桌面。"推己及人"——教师会用：当我看到别人晕车时总会想，如果晕车的是我，那一定难受死了，这时肯定很想别人能给我提供帮助，多些关怀吧，所以我会递上一瓶风油精，一个塑料袋或一瓶水。这些预设答案出现后，学生很快打开了思路，马上学以致用，也从自己学校、家庭、社会生活的点滴小事入手，来谈自己的真实想法，答案丰满、饱含真情，再也不是空话套话了。

因此，关于"预设问题、预设答案"，我们要一分为二地看待，要扬长避短。教师抓住教学重难点，预设少而精的重点问题或答案，能有效地弥补当堂生成问题、生成答案的不足。两者结合，取长补短，既继承又发展，只有这样才能更好地推陈出新，保证国学课堂既有活力又有质量。

三、优化国学课堂设计应讲究"历史故事"和"身边实例"的结合

课堂举例用历史故事会增加课堂的厚度，让国学味更浓。但如果过多，又是文言文、知识量太大，学生学习起来会消化不良。如听过"大学——摒弃偏见"这一节课，授课老师以"智子疑邻"的故事导入，以"举贤不避仇""管仲延荐鲍叔牙""唐太宗重用魏征"的故事来帮助学生理解文本内容，最后用"第五伦私心"的文章来加深学生的感受。内容很丰富，但听完课后那些艰深晦涩的文言文、错综复杂的人物关系和历史背景让人感觉乱作一团，大脑要接收的信息太多，学生显得有些心有余而力不足。

而"身边实例"恰好能弥补以上不足，它亲切易懂，贴近学生的生活实际，最重要的是它能促使学生反思自己的行为举止，能体现国学课堂以"传道、践行"为核心的设计理念。国学课不同于语文课堂，它不过分注重工具性，不必过分纠结

于字词句的解释。它也有别于政治课，国学课要求我们充分利用经典文本，多品读多体悟，受到思想教育后，最终内化为我们的行动。其终极目标就是"践行"，否则学再多也无济于事。正如《论语》中所言，"诵《诗》三百，授之以政，不达；使于四方，不能专对；虽多，亦奚以为？"

记得国学夏令营的班里有一个男生上课总喜欢怪腔怪调搞恶作剧，在听课时，总听到他和老师唱反调。例如，教授给他们上诗歌吟诵的示范课，明明很精彩很有韵味，教授即将上完课时问大家喜不喜欢这样的课堂，唯独他一人拖着怪腔大声回说"不喜欢"。其他老师上课，他更是放肆，经常打断老师的授课，同学们对他较为反感。

我恰好轮到要在这个班级上公开课，为了让他配合自己，我听课后主动找了他，抓住他的优点和他进行了一番真诚的谈话，还对他委以"重任"——让他帮忙买上课用的道具，帮忙物色班里适合表演的角色等。我上课的内容是"大学——以身作则，推己及人"，在让学生结合实际谈感受时，我抓准时机，举了身边实例：同学们，大家可能会很疑惑，为什么我对一向调皮的嘉豪同学不但不反感还如此赏识重用他？因为我想让我的学生成为有包容之心、能换位思考的人，所以我是不是也得以身作则？我也得先成为宽容的人，正因如此，我才能发现他思维敏捷、热情直率的优点，也正因为换位思考，我才能和他好好沟通，进而理解他。他成绩不够好，又想和老师同学交朋友，因此采用这种另类的方式来吸引大家的关注，当然，这一方式是不正确的。看，指出他存在问题后，他这节课进步是不是特别大？如果老师排斥他，同学们也不能换位思考理解他进而帮助他，那么我们将放弃一位好同学啊……同学们听后若有所思，而嘉豪同学在这节课上的表现简直像变了一个人，上课特别认真，还成为了老师的得力助手，我想这正是国学课堂所追求的目标。

当然物极必反，如果整节课全部用身边的例子，课堂广度又欠缺了。因此，"历史故事"和"身边实例"，最好两者结合，扬长避短。

传统文化魅力无穷，弘扬国学使命所在。在构建成功国学课堂的路上，我们经验不足，肯定会遇到很多难题，但只要坚定信心，做个"有心人"，相信我们的国学课堂一定会越来越精彩！

参考文献

[1] 胡明道. 胡明道讲语文 [M]. 北京：语文出版社，2007：72.
[2] 裴云. 中国特色的中小学德育课程发展方向 [J]. 中小学教师培训，2016（1）：61-65.
[3] 周丹. 浅析中国传统文化传承与校本课程 [J]. 文教资料，2008（2）：42-43.
[4] 沈虹. 中学生语文教学融入传统文化经典教育的尝试 [J]. 江苏社会科学，2006（S1）：83-87.

（本文作者：揭阳市普宁第二中学 温贺琴）

第八章　传统文化课堂教学的模式构建

关于中小学国学课堂建设的思考

随着民间"国学热"的持续升温，以及政府层面对传统文化的日益重视，国学进入中小学课堂已不再是"可不可以"的问题，而是"怎么进入"的问题。现在，很多中小学都在尝试着建设自己的国学课堂：有的编国学校本教材，有的开设专门的国学课程，有的请专门的国学专家来校授课，有的通过各种形式的校园活动来进行国学教育渗透……多种多样，不一而足。这些尝试，有的已经取得了一些成效，有的还在摸索之中，有的效果一般，师生热情渐渐冷却。笔者认为，国学教育要在中小学落到实处，要长久地产生真正的文化效力，还是要建设"真正的国学课堂"，国学课堂建设是中小学开展国学教育的核心。什么是国学课堂呢？简言之，就是以国学为主要授课内容，以中国优秀传统文化传承为目标的课堂教学。就目前中小学的国学课堂来说，普遍存在三个问题：教材问题（教什么）；师资问题（谁来教），教法问题（怎么教）。本文就这三方面，从建设真正、持久的国学课堂的角度，逐一分析。

一、教材问题

任何教学课堂的高效进行，在目前普遍存在的班级授课制的情况下，必须要有合适的教材。教材是教师教、学生学的主要依据，教材不合适，则课堂教学的其他问题都成了无源之水、无本之木。而目前，国内还没有一套像我们的中小学语文教材那样权威的、普遍推广使用的中小学国学教材。近几年来，一些出版社或组织人力编写或从外面引进了一些国学教材（有的叫《传统文化教材》，有的叫《国学读本》，有的叫《国学经典诵读》），而且数量还不少。据桑哲先生在《"国学"教材编写热的反思》一文中的介绍："据不完全统计，我国目前在用、在编的各类'国学'教材或读本不下 200 种……"但广大的中小学师生，限于视野或其他原因，还是不知如何取舍。就这些已经出版的国学教材来看，学生拿来读是可以的，可是要拿来教学，则存在这样或那样的问题。桑哲先生分析了目前的国学教材在内容选取上的三种模式及各自的优劣：

（一）选取传统教育中的传统教材

这里面有以《三字经》《百家姓》《千字文》《千家诗》《弟子规》等为代表的蒙学教材，也有以《论语》《孟子》等为代表的四书五经传统教材。这类教材如果说优点，那就是让传统文化从传统教育中来，让传统文化的教材从传统教材中来，通过"原典"阅读学习，品味感悟中国的传统文化。但如果从现代教育的角度来讲，这既是对传统没有取舍的盲目继承，也增加了学生和教师的负担，甚至让学生对传统文化失去了兴趣，同时这也在某种意义上缩小了国学或传统文化的范围，而且对于现代学校课程的融入性也不强。

（二）选取传统教育中以诵读为核心的教材

多种国学教材版本都选取了《三字经》《百家姓》《千字文》《千家诗》《弟子规》《声律启蒙》《增广贤文》《明贤集》《论语》《孟子》《朱子治家格言》等适合诵读的内容。这种编选方式，其出发点是以"读经""诵经"为目的，但诵读在小学阶段和在中学阶段无论是从语言学习规律上还是从课程时间安排上，都有很大的差异性，如何做到这种过渡和衔接，是很难解决的问题。这种编选方式，往往会导致形式大于内容，学生仅仅是获得了一些粗浅的传统文化知识，甚至是一些凌乱的传统文化碎片，不能够在符合教育规律和学习规律的前提下让学生真正体悟到中国优秀传统文化的真谛。

（三）借鉴目前语文教材的编写模式，教材不采取"选书"，而采取"选文"的形式

这种编选模式有的以"主题"为序编排，有的以传统文化知识为序编排，还有的以道德规范为序编排。这类教材的特点是能够在有限的教学和学习时间内把中国传统文化的精华通过知识介绍式、举例式、片段选取式、精华摘取式介绍给学生，还方便教师按照一般课程的教学模式组织教学。这种模式的不足是，虽然学生能够了解中国优秀传统文化的内容框架，但不能够通过对原作品的品读、诵读来体味、感悟中国传统文化的博大精深。这种采用以主题等为中心的单元结构的模式编写的教材，单元之间以及各单元内部是何种逻辑关系，往往模糊不清，缺乏体系性。

桑哲先生的这些看法，是很有道理的，并且从这些教材的实际使用情况来看，也的确不同程度地存在上述问题。

现在的问题是，即使我们的中小学选择了其中的某种国学教材，还是会因为"国学"本身而产生种种教学上的困难。

到底何为国学？目前对于"国学"并没有一个大家都认同的、一致的定义，但章太炎先生、张岱年先生关于"国学"的论述，还是相对权威、颇为学术界所看重的。章太炎先生曾指出："夫国学者，国家所以成立之源泉也。"张岱年先生认为："所谓国学即中国学术之意。"显而易见，所谓国学，即是指中国得以成为其自身的主要学术文化依据所在，是中华民族传统学术文化的总和。因此，国学所包含的内容之丰富、之繁杂，自是这一概念中的应有之义，它至少包含我们一般所谓的"经史子集"。国学以学科分，应分为哲学、史学、宗教学、文学、礼俗学、考据学、伦理学、版本学等；以思想分，应分为先秦诸子、儒道释三家等，儒家贯穿并主导中国思想史，其他列从属地位。而针对这一中华民族传统学术文化的总和所进行的教育，即是我们一般所称的国学教育。而国学教育的核心，在今天学校几乎承担了最基本最主要的教育功能的情况下，显然应该就是学校的国学课堂的建设。

但学校国学课堂建设的第一个困难，恰恰就是"国学"本身带来的。国学不仅包含面广，择之不易，更因其语言形式——文言文，而造成了今天中小学生学习的困难，因为我们现行的中小学语文教材，都以白话文为主。而我们学生的学习，从入门开始到高中毕业，甚至大学，乃至在学校之外广泛接触的社会传媒，主要还是白话文。长期浸淫于白话文中，自然学起文言文来就不那么容易。白话文近于口语，而文言文是古代的书面语，与古代口语尚有不小的距离，与今天的口语，其距离之远，就可想而知了。

文言文的困难之外，还有就是很多国学经典内容的深奥、艰难。一本书籍能够支撑"一国之立"并能够流传久远，自然有其非凡的思想品格，有其令人折服的地方。考其作者，往往为大家，其特点自是思想的深刻与成熟，或卓见、洞察力的不凡，而他们一般是在人生的成熟期才完成这样的经典之作。另外，自晚清以来，中国被动地进入现代化转型的轨道，且速度越来越快。而且今天的社会，按照某些西方学者的说法，已经进入了后现代社会（有的称之为"后工业社会"），它与传统的农业社会，已然天壤之别。传统国学里反映的社会生活，在今天很多已不复存在，那些典籍形成的土壤也发生了巨变。所以，当我们现在的中小学生面对我们古人的深沉人生思考或深刻的社会探索时，年龄、阅历、时代的差距，是显而易见的。

儿童教育家和儿童心理学家陈鹤琴先生曾说："经书含义宏深，文字古奥……所以我认为如果要教小学生领略经书的精义，第一步要把经书的文字和编制，先加选择和改造。"我们的古人，我们中国几千年的古代教育，在这方面做出了有益的探索，积累了很多很好的经验。如：强调识字教学，强调韵文教学，强调循序渐进的教学……因此，在儿童教学内容的取舍上，中国古代的教育者开发、选取了比较好的蒙学教材，如"三百千"（即《三字经》《百家姓》《千字文》），如《唐诗三百首》等。对于现在的教师来说，可以学习、借鉴古人的优秀经验。现在编写出版的国学教材,也是一种在教学内容取舍上的很好的探索。

但具体到某一节国学课,即使面对已经编好的国学教材,教师照着国学教材讲,就可以了吗?

这里面仍然有一个取舍的问题。教师不仅要考虑授课内容与授课时间的匹配问题,还要考虑学生接受的难易问题,更重要的,还要考虑教材(教学)内容是否切合今天时代、社会的需要以及学生发展的需要的问题。因为在国学庞杂、丰富的内容里,有些内容,是不适合今天的时代的,或者说在今天是已经失去了价值和意义的,我们的教师有必要在考虑一番之后做些"甄别工作"。如《论语·学而》篇中有这样的句子:"父在,观其志;父没,观其行;三年无改于父之道,可谓孝矣。"显然,我们今天没必要再遵循这种行为来表达孝道,今人自然有今人表达孝的方式,因此,在《论语》进入国学课堂时,类似这样的内容,是应该舍去的。我们常说"取其精华,去其糟粕",而实际上,"取其精华,辨其糟粕"更重要,是前提与基础。我们的国学教师,最好在一套国学教材的基础上先做"二次开发",再做一次"取舍工作"。

无论是国学教材编选者的取舍,还是用教材的教师的取舍,都要把握一个原则,即以学生为本,化繁为简,化难为易。要充分考虑学生的身心特点,成长规律,以及时代、社会对人才的需求。国学教材编写、国学课堂教学内容的开发,其根本立足点,就是满足学生成长的需要,立足于学生的长远发展。

二、师资问题

国学课堂建设,光有教材还不够,还得有良好的师资。有了良好的师资,自然能够在国学的海洋里选取适合学生的内容。而且现在,广大中小学最缺的也是优秀的国学师资。因为自中华人民共和国成立以来,我们的教育采用西方的分科教学,传统的国学内容被细分到中文系、历史系、哲学系、政治系、教育系等院系去了,导致我们培养出来的人才多为专才,很少有"国学"通才。就我们的师范院校师范生的课程设置来说,在很长时间里,由于我们对传统文化的不重视,对国学的不重视,学校并没有专门的国学课。台盟中央秘书长张宁在接受一次采访中提道:"我们在与许多一线教师座谈时发现,很多老师都表示,在学生时代的学习中,从未接触过四书中的《大学》和《中庸》,有的甚至没接触过国学知识。"这也就导致了今天大多数中小学教师,其知识结构,无力承担起现在迫切需要的"国学教师"的重任。有论者认为:"中小学国学教育的开展,最为核心的一个问题即是师资的培养,无论是国学教育价值的认定、内容的甄选还是方法的运用,其最终效果如何,可以说在很大程度上都取决于有无合格的国学教育师资。事实上,师资尤其是优秀师资的匮乏恰是当今中小学国学教育中最为薄弱的一个环节。"这确为切中肯綮之论。

现在，一些大学开始开设专门的国学课程，一些师范院校也在师范生的培养上加大了国学教育的力度。但"远水解不了近渴"，广大的中小学，目前正迫切需要大量、合格的国学教师，以缓解目前的国学教学由语文老师、历史老师等相关学科教师来"兼职"的状况。解决办法之一，是加大中小学在职教师的国学知识培训，到大学、师范院校"回炉"；二是让大学教授走进中小学校园，去给孩子们传递国学知识，去给老师们进行专门的国学知识培训。——这两种方法，其目标都是希望在尽可能短的时间里培养出合格的国学教师来。

那么，一个合格的、好的国学教师，有哪些要求呢？

一个好的国学教师，首先要是一个国学爱好者，他（她）热爱中国传统文化，并且能够"身体力行之"。国学教育的立足点在于文化传承，而文化的传承强调"知行合一"。因此，一个优秀国学教师不仅要教传统文化知识给自己的学生，更应该通过践行、实践传统文化中的一些好的做法、理念、思想、道理等去影响学生。一句话，他（她）应该是国学的热爱者、践行者，他（她）不能说一套、做一套，这样，他（他）的学生才能够真正喜欢、并传承优秀的国学（文化）。

其次，他（她）要有深厚的国学素养。有论者就指出："国学教育对教师在中国传统学术文化素养方面的要求是极高的。就国学的学科性质而言，其几乎涵盖了中国传统学术文化的整个领域，可谓博大精深。因此，能够担当国学教师的人实质上是需要经过相当严格的专业学术训练的，仅凭对若干国学知识与义理的一知半解的掌握，就希冀取得理想的教学效果，显然是有些勉为其难。"没有相当的国学功底，在国学教育中，就很容易出问题。如《论语·雍也》篇——"哀公问：'弟子孰为好学？'孔子对曰：'有颜回者好学，不迁怒，不贰过，不幸短命死矣，今也则亡，未闻好学者也。'"如果以今天一般意义上的"好学"去理解这段话，就会发现孔子对哀公的回答似乎"答非所问"，即使勉强解释也很难自圆其说。但如果真正理解孔子对"学问"的看法，自会明白其中的道理。对这段话，钱穆先生做过很好的解说："本章孔子称颜渊为好学，而特举不迁怒不贰过二事。可见孔门之学，主要在何以修心，何以为人，此为学的。读者当取此章与颜渊子路各言尔志章对参。志之所在，即学之所在。若不得孔门之所志与所学，而仅在言辞间求解，则乌足贵矣！"我们一般的国学教师都很难达到钱穆先生的国学水平，自当更加谨慎，多学多看，以免出错。

但良好国学素养的形成，绝非一朝一夕之功，而须长时间地浸淫其中，日积月累方能够有所收获。可是，现在中小学大量"兼职"的国学教师，除国学课堂教学之外，还有许多其他工作，并且本身的基础也不是很扎实。该如何解决这个问题呢？笔者认为，一所学校，应该在领导的带领下进行"团队作战"：把有志于国学教育的教师组织起来，形成团队，并依据各自的基础、专长、爱好进行分工、合作，各小组各自钻研国学教育中某一个方面的教学问题，各小组的国学教育又配合起来形成相对完整的国学教育体系。而不同的学校之间，也可以分工、合作，只不过情形更为复杂些,也更要加强交流。这样,便于学校、教师集中有限的时间、精力去迅速提高某方面的国学知识水平以及国学课堂教学能力,而这正是目前解决一般中小学国学师资不足的一个相对有效的方法。

再次,在今天,一个好的国学教师,还应该具备一定的西方文化知识,具备全球视野和现代眼光。这样,他(她)在国学教育活动中,自然不会眼光偏狭,自然会有东西方文化的比较与鉴别,也自然不会成为与现代社会格格不入的老古董。国学在这样的老师的教导下传承,才会真正有生命力,这样的国学课堂才是真正符合当今社会需要的国学课堂。信息化、全球化的时代潮流决定了我们的教育体制必须是适应现代社会需要的教育模式,完全浸润于四书五经、诗词曲赋之中而排斥现代思想文化的人,是难以适应今天的国学教育的。

当然,既然是国学教师,还应该像其他课程的教师一样,要具备一定的教育学、心理学知识,要掌握一定的教学技能,要分析学生的情况与需求,要能够形式多样地开展教学。但是,国学课堂的教学,还是有自己的特性,有一些不同于其他课程的教学方法。

三、教法问题

(一)几个误区

在目前的国学课堂建设中,因为种种原因,出现了"假冒伪劣"的国学课堂,甚至出现了一些"错误百出"的国学课堂,这导致有些国学课堂教育走进了一些误区。这些误区有如下表现:

1. 表层化、狭窄化

因为国学知识不足,部分国学教育工作者对国学理解肤浅,只从字面去理解,把国学简单地当做某种知识,如文言文是语法知识、翻译知识,书法是一种写字练习等,并不能够深入文化的层面,因此把所谓的国学课堂也当作是类似于现在中小学普遍存在的应付考试的一种知识教育。

还有一种倾向是,在国学课堂上摒弃一些现代思想观念、学说,把与传统国学不同的思想统统打倒,大加攻伐,一律排斥。而对传统国学的东西,则不分青红皂白地、不加思考地统统予以热烈赞美。这是一种不符合现代教育要面向世界、面向未来的狭隘胸怀,不是一种包容、开放的心态,是要不得的。当我们重提国学积极意义的时候,并不意味着国学是包治百病的灵丹妙药,国学也不应被无限拔高。毕竟,时代在发展、在进步。人们可以通过了解国学,掌握更多的传统文化知识,以提高文化素养和道德境界,但如果寄希望国学担当更多的"救世"责任,希望通过复兴国学解决中国的一切问题,则是不现实的。而且,当今世界,已经成为一个"地球村",我们应该同时广泛吸收其他国家的文化,以与我们国家的文化相参照,以更好地培育我们本民族的文化。现在更有极端者，妄图以国学来取代现代教育，这种思想尤其值得警惕。

2. 书面化、娱乐化

现在有些国学课堂，只是停留在书面教学上，完全与现实脱节，与学生的现实人生不发生关联，完全把国学当作一种书面知识来对待，这就忘记了国学的本质是一种文化，而文化的价值就在于对现实生活的介入、影响。还有的国学课堂，只是注重把国学经典进行形式上的包装（如穿汉服、行成人礼、表演节目等），而不关注其形式背后的文化意义，这是另一种过分消费国学的娱乐化倾向，对于国学课堂的建设，是没有什么益处的。

3. 神圣化、复古化

还有一种国学课堂，把国学知识过分神圣化，甚至神秘化；而在国学课堂教学的开展上，又过分复古化，妄图完全回到古代私塾教学的那一套，习字、诵读、死记硬背等。这些做法，于国学文化的传承，于国学课堂的建设，是有害无益的。

（二）国学课堂教学的目标定位：继承优秀传统文化，知行合一

国学课堂教学的目标不在语言（尽管要以语言为依托），不在一般的文学知识或常识，而在于对中国优秀传统文化的继承，其落脚点在文化。北京师范大学国学经典教育研究中心主任徐梓先生说："国学教育的目的，从最根本上说，是要使教育的对象，从一个自然的、生物学意义上的中国人，变成一个自觉的、文化意义上的中国人，成为一个既有知识、又有文化的现代中国人，成为一个有良好文化素养的'君子'。"因此，国学课堂中的经典传授，不在于一般性的语言学习（如文言文的学习），也不在于一般性的古代知识的学习，而在于文言文、古代知识背后的优秀文化思想。它能够影响现代人的思想和灵魂，对现代人进行一种人格的熏陶，从而影响、雕塑一个人在现实生活中的行为。这也是文化这一精神产品自身的规定性要求：文化的特点是"知行合一"，在于实践。国学关涉的是国人生命素养的根基之学，正如朱自清先生在《经典常谈》中谈到的："经典训练的价值不在实用，而在文化。"这也就是说，国学课堂的教育目标是文化的传承，而文化的传承中最重要的是做到"知行合一"，要求学生联系自己的实际生活，去践行优秀传统文化中的思想、理念。

中国优秀传统文化中天然含有这种"知行合一"的基因。子曰："兴于《诗》，立于礼，成于乐。"（孔子说："人的修养开始于学《诗》，自立于学礼，完成于学乐。"）在孔子那里，学习文化与人格修养、行为规训是合二为一的。中国人民大学国学院教授袁济喜表示，古代经典诗文既是德育、智育、美育的载体，同时也是本体：以《诗经》为例，它不仅是文学的范畴——形式上表现为古诗词，同时也凝聚着"仁义礼智"的内涵——这就超越了技巧，达到了人格范畴。所以，我们国学课堂的经典教育，与其说是一种知识的积累、技能的训练，不如说是一种文化

人格、文化生活的养成。

因此，我们的国学课堂不仅要学生"读国学"，更要教学生"用国学"，要告诉学生怎样生活，怎样处理人与人之间、人与自然之间的关系，实现学用结合。

关于国学课堂与语文课堂，二者有一定的差异。（见表8-1）

表8-1 国学课和语文课的差异

指标	国学课	语文课
目标定位	文化	工具性、人文性
教学内容	国学经典（经史子集）	语言、文学（多为集部）
教学方法	经世致用	字、词、句、章
对教师的要求	诵读，讲解，实行	讲，练，考
学生习得方式	通经史子集	偏重语言、文学
文言文学习	内化，浸润	知识记忆，反复练习
与东西文化的关系	学习其思想文化	学会古汉语，读懂文言文

（三）国学课堂常用教学方法

1. 诵读法

我们的传统国学经典的语言符号多是文言文，它在文法上有自己的特色，如简洁，有一定的行文韵律，讲究对仗、并举，追求齐整等，容易上口诵读，所以诵读法是国学课堂教学中一种很重要的教学方法。而且，少年儿童有较强的记忆与模仿能力，而理解与逻辑思维能力还较弱，所以要在少年儿童时期练就诵读、背记等"童子功"。

在国学课堂中开展诵读教学要注意以下事项：①教师要进行示范，要教诵读的方法，如断句、划分节奏、打拍子读，甚至更高要求的吟诵方法；②开始要求要严，要求学生做到眼到、口到与心到，边诵读边理解、体味；③开始可以慢些，要求学生要吐字分明、清晰，待学生训练一段时间后，可以逐渐加快诵读的速度；④要进行目的不同的、多层次的诵读，如初见原文的熟悉性诵读、教师讲解后的理解性诵读、学生有了一定感悟后的吟诵乃至背诵，反复诵读以形成牢固的记忆，就自然内化为学生的一种文化血脉。

对于少年儿童学习国学来说，特别强调多读多背。尽管有些国学经典在内容方面很深奥，但只要思想是正确的，形式是美的，便于记诵，也可以先让学生背记下来。在国学经典的学习中，"积累大于理解"有时候是可以成立的，像陶渊明那样"好读书不求甚解"——只管像牛吃草那样先吃下去（记住），待日后慢慢反刍，自然内化为一种文化养分。有了一定量的积累，学生在潜移默化中就打下了中华传统文化的根基。

但在读、背时，要注意激发学生兴趣，要注意读、背的方法指导，切不可机械式地死记硬背。徐梓先生说："单纯地让儿童死记硬背，全然忽视理解，而且又不提供合适的背诵材料（比如句子短小、形式整齐、读起来朗朗上口、听起来铿锵悦耳、儿童喜闻乐道的蒙书、唐诗和宋词），严重败坏了孩了学习的兴趣。"这是教师在进行诵读教学时特别需要注意的。

2. 讲解法

前面说过，国学经典的语言大多是文言文，而且内容深奥，因此教师的讲解就非常重要。但这种讲解，要与语文课上语文老师给学生讲解文言文的讲解法区别开来。语文课上的文言文讲解比较注重语言知识的学习，有学者曾说："这种以古典语言学习为中心的经典教育，在教育实践中，往往因解决语言学习上的障碍的需要，把语言的学习同思想的训练和文化的积淀割裂开来，执着于训诂考据，而忽视了义理与文化上的观照与省察。"而国学课堂中的教师讲解，其立足点是进行文化传承，因此文言文知识不是教学的重点，学生只要弄通文意即可。所以，教师的讲解要做到：

（1）只讲重点、疑难的地方，一般不做全文贯通式讲解，能少讲就不多讲。

（2）要讲准确，但不要讲得太深，要多给学生自己思考、体悟的空间。在"如何教授国学"的问题上，关于讲得准确，著名的教育学家黄济先生有如下论述："……要回归原著和原意，不要任意发挥和臆测。'我注六经，六经注我'，是讲授国学的禁忌。教授国学常常会遇到对古文释义和解读的难题，出现见仁见智的问题，从古至今，不乏实例。为此，就需要力求回归原意，从多方面去寻求根据，从作者的整体思想去求得解答。"如何把语意讲准确，的确需要我们的国学教师花些硬功夫、苦功夫。

（3）考虑到学生的接受问题，教师的讲尽量与学生的读结合起来，不要一味地讲，或者一味地读，"读讲结合"是提高学生兴趣、不容易倦怠的好办法。

（4）教师要尽量讲得有趣味，讲的过程中穿插一些"国学故事"就是好办法。如：某老师讲解《笠翁对韵》中的"举杯邀月饮，骑马踏花归"，就讲李白诗歌及宋徽宗考画院画家的故事来进行说明，学生都听得津津有味。当然，这些故事的选择，不仅要考虑趣味性，更要考虑内容的契合性，以及对文化传承的益处。

3. 讨论法

因国学的文化特性，以及它与今天时代的差异性，所以在课堂上组织学生讨论一些问题以明辨是非从而达到深刻领悟，就是非常有必要的了。这样的讨论，也能够凸显学生学习的主体性，符合今天教育的发展潮流。需要注意的是，在组织学生开展讨论时，一要设置真正有讨论价值的问题，二要注意古今结合，与当代社会、现实生活密切联系起来。如台湾《国学基本教材》中，在《论语》"言行篇"后，让学生讨论的问题是:"现代社会讲究自我推销,这和孔子要求的'讷言敏行'是否矛盾?"在《孟子》"存理克欲篇"之后,提出的问题是:"孟子主张养心寡欲,但发展经济必须刺激消费,如何在寡欲与刺激消费之间取得平衡呢?"这两个问题,都很有深度,能够刺激学生对《论语》《孟子》中的相关内容进行深入地辨析与思考,有助于他们把这些国学经典与现实生活中的问题密切联系起来。这是真正学习国学的方法,也是国学的生命力之所在。

4. 表演法、举例拓展法

(1) 表演法。把深奥的国学内容,转化为学生故事表演的形式,让学生在表演中领悟它的意义。陈鹤琴先生曾说:"经书的文字古奥,叙事说理,多偏于政治道德方面。幼儿不易明白。只好选择其适合儿童心理之记述,改编作故事或戏剧的体裁,教他们阅读,教他们表演,他们自然就能明白了解,兴趣浓厚。"表演法尤其适合国学内容呈现为故事,或者有故事能够恰当地表现它的时候。

(2) 举例拓展法(可与讨论法结合)。对于国学经典中的某一不易理解的观念,可适当举例拓展,例子可历史可文学哲学,可古可今,可中可外,但要"切合",并有一定的分析。如《论语·为政》:"哀公问曰:'何为则民服?'孔子对曰:'举直错诸枉,则民服;举枉错诸直,则民不服。'"可联系学生身边的例子,如班级干部的选举与任用,以使他们明白在管理工作中要选贤任能的道理。

5. 其他方法

(1) 由字入理法。中国传统教育是"以小学通经学",小学的功夫就是文字学、训诂学、音韵学,在传统国学中居于举足轻重的基础性地位。清代《四库全书》经部之下分易、书、诗、礼、春秋、孝经、五经总义、四书、乐、小学十类,小学入经部足见其地位。中国古人极为重视小学的训练,"欲通经史子集之学,必先通'小学'。不通'小学',则不通'经学'"。近代国学大师章太炎在《国学概论》中说:"所以研究国学,无论读古书或治文学、哲学,通小学都是一件紧要的事。"每一个汉字,都蕴含有丰富的文化信息,若教师在国学课堂上能够利用中国古人的教学、治学经验,由字入手,从字的形、音、义出发,引出其隐含的文化信息,就很能吸引学生,可以收到良好的教学效果。

(2) 现代教育技术的运用。现在已经进入互联网时代,现代教育技术的发展也日新月异,我们可以充分利用现代教育技术来促进国学课堂的教学。如利用多媒体教育平台,在国学课堂教学中引入图片、视频、歌曲,插入相关的知识链接,教学生利用互联网查找国学资料,等等,这些都是今天国学课堂建设的必然要求。互联网将为国学的传承与创新插上腾飞的翅膀,作为国学教师,自当好好利用这一有利条件。

当然,国学课堂的教法还有很多,或者是上述教法的综合,在此就不一一赘述了。

本文粗略分析了与中小学国学课堂建设密切相关的教材问题、师资问题、教学方法问题，就这些问题提出了一些初步的解决办法。但这里面涉及的问题还很多，也很复杂，不是这篇文章就能够全部解决的。作为一门课程，它的建设有赖于教育主管部门的上层设计、各级学校的充分重视以及国学教师的辛勤努力，希望这篇文章能够为中小学国学课堂的建设贡献一份小小的力量。

参考文献

[1] 桑哲．"国学"教材编写热的反思［J］．中小学教材教学，2015（2）：67-68.
[2] 章太炎讲演，曹聚仁整理．国学概论［M］．上海：上海古籍出版社，1997：6.
[3] 张岱年．说"国学"［A］//胡道静．国学大师论国学．上海：东方出版中心，1998.
[4] 陈鹤琴．陈鹤琴先生的意见［M］//龚鹏程．读经有什么用：现代七十二位名家论学生读经之是与非．上海：上海人民出版社，2008：160.
[5] 孙权．大陆中小学需设立国学课程［N］．人民政协报，2014-3-22（7）.
[6] 杜钢．国学教育的基本问题论新［J］．教育学术月刊，2012（1）：13，14.
[7] 钱穆．论语新解［M］．北京：生活·读书·新知三联书店，2012：128.
[8] 徐梓．国学教育的乱象及治理［N］．光明日报，2014-07-01（15）.
[9] 朱自清．《经典常谈》序［M］//赵志伟．旧文重读：大家谈语文教育．上海：华东师范大学出版社，2007：1.
[10] 魏哲哲，郑海鸥．把经典嵌在学生脑子里［N］．人民日报（海外版），2014-09-18（17）.
[11] 潘庆玉．全球化语境中的经典教育［J］．当代教育科学，2003（12）：4-8.
[12] 黄济．在中小学如何开展国学教育［J］．课程·教材·教法，2015（2）：15.
[13] 王国维，等．跟大师学国学大全集［M］．北京：中国华侨出版社，2011：106.

（本文作者：广东第二师范学院中文系　余新明）

体验式国学课堂教学模式的探索与实践

传统的课堂教育侧重于知识与意识形态教育，而缺失最大的一部分就是对青少年的人文教育和传统文化教育，导致青少年教育存在的问题相当突出：重知识，轻道德，图享受，常叛逆，易沮丧等。国学经典是代代相传的民族文化精髓，经典中承载的"仁义忠恕孝悌礼信"的道德伦理观，构成中华传统文化的核心价值体系，对于青少年世界观的形成具有现实指导意义。中华优秀传统文化博大精深，通过国学课堂中固定的教学模式让学生进行系统的学习，能有效地让这些传统美德根植于青少年的心灵，提高他们的人文素养，具有重要的现实意义。

一、当前国学课堂教学模式的现状及特点

国学泛指为传统的中华文化与学术，具体为以先秦经典及诸子学为根基并涵盖后期各朝代的各类文化与学术。国学课堂是以中华优秀传统文化为本，在课堂中通过各种教学方式让学生系统地学习国学经典，达到融会贯通，提升个人道德修养，从而树立正确的价值观、人生观和世界观。教学模式是指在一定教学思想或教学理论指导下建立起来的较为稳定的教学活动结构框架和活动程序。

如何将中华传统文化的精髓有效地渗透进课堂，教学模式则显得尤为重要。目前，一些专家学者对国学课堂教学模式进行了研究。其中最具有代表性的有：2012年，华云松提出的小学国学启蒙导读课教学模式，采用以"教为主导、学为主体"的教学模式，在微观层次上构建了"讲授—体知或研究—课外阅读指导—实践"的教学模式，注重讲授结合的方式，让学生初步了解国学经典，开创了国学课教学模式的先河。

2013年，许凤英提出了国学经典"三环七步"课堂教学模式，其基本思路是让学生在教师的指导下用各种形式反复诵读，在流利诵读的基础上感悟其中的道理，并指导其价值观的养成和良好行为习惯的形成，最后再背诵。其中的"三环"指"温故""知新""致用"，"七步"指"回顾""展示""熟读""悟意""博引""导行""成诵"七个步骤。此教学模式比较全面，能注重让学生以读来悟，方法值得借鉴。

2014年，杨智在《论中小学国学经典教学模式及其理性建构》一文提出了评价、感悟、循环、文化熏陶、媒体辅助的教学模式，注重评价、感悟和熏陶，让学生从课堂中学习感悟中华优秀传统文化，效果较好。

以上的几种国学课堂教学模式为全国中小学开展国学课堂教育提供了较好的参

考模式。这些研究重在通过国学课堂教学，提高学生品德修养，也取得了不错的效果。但是在国学经典如何育人，如何让传统文化和现实生活相结合，真正起到浸润学生心田，陶冶学生情操，影响学生价值观的形成，这些方面尚缺乏系统深入的研究。在学校教育教学任务繁重的情况下，有些国学课堂模式可能会流于形式，没有注重课堂设计有趣的活动，让学生用各种方式去体验国学经典的魅力，缺乏有效的方式让中华传统文化的精髓真正内化为学生的实际行动。

二、体验式国学课堂教学模式的理论建构

"体验式"教学是基于学生的"体验式"学习而采用的一种新的教学方法。它的基础在于身为教育主体的学生改变学习的方式，进而促使课堂教学的组织发生相应的调整，同时教师也相应地对课程目标、重难点和考核方式进行修正，配合学生的"体验式"学习。这种"体验式"学习"是指在某种特定的场景中，通过学生的亲身经历和反思内省，不断提升自我概念，形成积极的情感、态度和价值观，促进人格升华的团队活动"。

中华优秀传统文化是中华文明成果根本的创造力，是中华民族语言习惯、文化传统、思想观念、情感认同的集中体现，凝聚着中华民族普遍认同和广泛接受的道德规范、思想品格和价值取向，具有极为丰富的思想内涵。要让优秀传统文化真正走进课堂，让传统文化的精髓在短时间内能较好地渗透进学生的思想，使其内化为实际行动，需要形成固定有效的体验式国学课堂教学模式。

（一）核心概念

"体验式国学课堂教学模式"是基于优秀传统文化背景，通过相对稳定的学习流程，启发诱导学生结合自身生活体验、心灵体验、实践体验学习优秀传统文化，从认知内容获得感悟、内化为实践行动。让学生作为体验者完成"入其脑—感其心—动其行"的特色德育课堂教学模式。

（二）具体内容

体验式国学课堂教学模式的基本环节为：导（博文导趣）—读（知音入韵）—品（知意明理）—悟（活动体验）—行（澄心导行）。通过创设情境让学生进入文本意境，吸引学生兴趣，让学生用各种方式诵读文本，并在老师的引导下理解文本的内容，通过设置活动让学生进行多重体验、感悟并内化为实际行动。流程见图8-1。

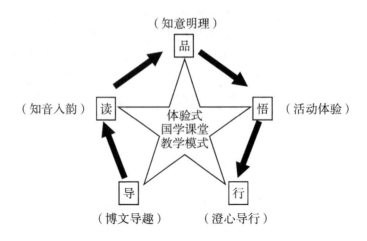

图 8-1　体验式国学课堂教学流程

（三）教学特点

体验式国学课堂教学模式的基本策略是：首先是创造一定的国学情境，给学生以感官刺激或心理准备，调动学生的学习兴趣与积极性；然后，通过不同形式的诵读让学生进入与古人对话和交流的"情境"，使学生初步感知国学文本主体内容及思想，再设置不同形式的活动，让学生结合自身的生活、心灵、实践去主动参与体验，在理解、感悟的基础上实现思想的融合，并形成情感；最后，让学生以表达的形式将体验结果显露出来，表达既可以是口头语言，也可以是书面语言。因此，创设情境、设置活动、多重体验是体验式国学课堂教学的三个主要特点。

1. 创设情境

创设情境实际上是以心灵体验的方式进行体验的。创设情境的途径多种多样，譬如：通过教师富有感染力的教学语言，促使学生心灵上的激荡，从而使学生获得情感上的体验；运用多媒体等现代教育技术，创设生动、逼真的教学情境，使学生如临其境地品读国学文本的内容和思想，在此基础上，掌握知识、发展能力、形成感情并生成意义。

2. 设置活动

通过角色扮演或讲故事等形式的活动，学生逐渐融入国学文本的情境之中，进行换位的思考，真切地体验国学文本中的意境和作者的内心世界，促进认知的提高和自我情感的升华；运用学生喜欢的辩论、讨论等活动，结合现实生活中的案例与情境，让学生在参与体验的过程中，不断地进行内心的感悟，既培养学生的批判精神和鉴别能力，又使其从中获得情感的熏陶和升华。

3. 多重体验

在授课过程中，让学生进行体验的过程则贯穿于每个教学环节中，通过各种方式让学生进行不同的体验，例如：博文导趣环节运用古文字、成语、故事等不同的情境让学生进行体验，迅速进入情境；知音入韵环节让学生运用各种方式进行诵读，体验语言的无穷魅力；进入知意明理环节的时候，让学生结合国学文本的内容联系自身生活中的实例进行体验；在活动体验环节则通过多种活动让学生进行体验感悟；最后的澄心导行环节让学生将本节课所学体验内化为实际行动，做到知行合一。

三、体验式国学课堂教学模式的实践性探索

（一）课堂教学实践

体验式国学课能注重让学生在课堂上以不同的方式去体验，结合自身的生活去体验，带着从文本中获得的心灵感悟去体验，在课堂的活动实践中去体验，将不同的体验感悟转化为实际的行动，从而达到国学经典育人的目的。

在代表性课例"为学——发愤忘食，乐以忘忧"的课堂中，在第一个博文导趣环节，先让学生读题，并述说对题目的理解。然后，让同学欣赏著名的书法作品《兰亭序》，吸引学生的兴趣，导出作者王羲之。再设置情境，用电脑播放《王羲之吃墨》的故事，让学生身临其境看完后，再请他们体验王羲之为什么能成为古代著名的书法家，让他们去感悟王羲之有怎样的学习精神。

在第二个知音入韵环节则让学生以同桌互相读、打节拍读等诵读方式让学生熟读经典名段，进入意境。

在第三个知意明理环节则由老师引导学生结合注释和译解，理解故事的意思，然后开展讲故事的活动，采用争夺"故事大王"的头衔上台比赛的方式让学生理解文本的本意：发愤用功，连吃饭都忘了，快乐得把一切忧虑都忘了。

紧接着进入第四个活动体验环节，请几组同学分别上台饰演叶公、子路、孔子三个角色，模仿进入当时的情境：叶公问孔子于子路，子路不对。子曰："女奚不曰，其为人也，发愤忘食，乐以忘忧，不知老之将至云尔。"让参演同学和其他同学一起体验文本中当时的情境：叶公显然是在问孔子的学生子路他的老师是个什么样的人。为什么子路不敢评价孔子？这是师道尊严造成的。在古代，一个学生是不能评价自己的老师的。不过，孔子作为老师也非常实在。学生不评价他，他自己仍把自己评价了一番。在这段文字里，孔子自述其心态，"发愤忘食，乐以忘忧"，连自己老了都觉察不出来。从这个表演中让学生深入体会孔子是一个勤奋好学的人，他能从读书学习和各种活动中体味到无穷乐趣，是个典型的现实主义和乐观主义者。后面还可以让学生继续分享一些勤奋好学的经典故事，从中受到启发。

在最后一个澄心导行的环节，老师播放古典音乐，让学生先静心冥思在本节课中的收获：从古人那里感悟到，要想学业有成，就必须勤奋好学，持之以恒的道

理。让他们从此立志成才，制订计划，从现在做起，迈向成功。

本节课采用了创设多重情境和设置不同活动的方法，让学生亲身体验国学文本中的情境，在体验中获得感悟，从而进一步明确文本的寓意，将其内化为自身的实际行动，亦达到了本节课的体验式教学的目的。

我校在办学之初就实施打造"国学经典育人"的特色德育，进行国学校本课程建设，就开始尝试开设国学课。起初，很多老师存在"重形式、轻结果"的教育思想，且多采用吟咏诵读再加上一些解释的传统教学方式或者一些流于形式的活动，这样只是加重了学生的学习负担，没有起到国学教育的作用，且缺少让学生去体验和感悟的过程，就很难让传统文化的精髓真正走入他们的内心，没有达到国学课的真正效果。

（二）实践效果分析

针对以上现状，我校国学协同创新工作室成员在专家的指导下对国学课的模式进行改革，对国学课教学模式改革前后的课堂反馈情况进行了一系列问卷抽样调查，随机抽取全校 50 名三至六年级学生代表和教师，进行问卷调查。

在国学课堂模式改革前，82% 的学生认为学习国学经典的出发点是为了应付考试和升学所需或老师、父母的要求去学，这些因素无法让学生的主体性在课堂上得到很好的体现。而国学课堂模式改革后，94% 的学生是从自身出发，为提升语文素养和了解中国传统文化去学习，这就给国学课堂模式的成功奠定了基础。

在一般式的国学课教学中，只有 16% 的教师注重激发学生的学习兴趣，能时常创新；24% 的老师只是为了完成教学任务，学习对升学有帮助的知识，课堂上几乎没有创新，不在乎形式；32% 的教师教学方式根本没有达到教学目标，课堂也没有创新，只要求死记硬背，课堂气氛沉闷，久而久之，会让学生产生厌倦感；甚至还有 28% 的教师在教育教学任务重的情况下选择将国学课占用，上其他主要科目。

而在通过国学课题的开展，实施体验式国学课堂教学模式后，这一现象大大改观，86% 的教师直接选择运用此模式上课，很好地激发了学生的兴趣和积极性，每节课都让学生很期待，受到学生的欢迎。74% 的学生不喜欢一般式的国学课，在授课教师的照本宣科下，大部分学生不能理解所学国学文本的意思，这就直接导致国学课失去意义。然而在改变国学课的课堂模式之后，88% 的学生很乐意上国学课，在课堂上积极参与老师课堂上的活动，在预设的情境中体验感悟中华优秀传统文化的精髓。并从课后学生的一日常规评比情况来看，学生的行为习惯有一定程度的提高，譬如：学生的文明礼仪、学习习惯等均有较大的改变。所以体验式国学课堂模式的改革取得了初步成效。

体验式国学课堂教学模式是通过改革传统的国学课堂教学来实现学生国学素养提升的。在传统的国学课堂教学中，学生的自主思维活动被忽略，甚至出现以教师代替学生自主思维的情况；教学停留在诵读、记忆性课堂教学层面，学生知识迁移能力低；忽视情感培养，缺乏应有的联系生活的意义和生命价值观，课堂失去了生命活力和创造特性。例如：许凤英在《国学经典"三环七步"课堂教学模式研究》一文中提到的国学课的模式，注重让学生以读来悟，是好的做法，但是整个课堂过多地诵读，则可能会让学生失去兴趣，而将导致国学课中的关键点"品"和"导"的时间不够，造成学生不能深入领悟国学文本的精髓，对最后让学生形成知行合一的目的可能就渐行渐远了。体验式国学课堂教学无疑是深化传统课堂教学的一剂良药。它与传统课堂教学相比较，能更好地调动学生的主观能动性，让学生乐于思考，勇于挑战，彰显活力，让学生通过在情境中去感悟，在活动中去体验，在体验中成长。有利于充分挖掘学生的潜能，更能体现素质教育的本义。

传统文化是中华民族的根，是华夏儿女的魂，弘扬优秀传统文化就是要把中华民族精神道德的精髓植入到每个学生的心里。几年来，我们通过国学课、国艺班等各种方式力争在我校要实现这个目标，在国学课堂模式的研究中一直在不断努力，在摸索中前行，经过调研反馈，磨课反思，实践总结，基本实现了预期目标，形成较为成熟的体验式国学课堂模式，受到学生的喜爱、家长的好评，也顺利通过了东莞市"十三五"课题立项。最让人欣喜的是，通过体验式国学课的开展，学生能在教师精心设计的各项情境和活动中，从认知内容获得感悟，内化为实践行动，各项行为习惯得到较好的改善，真正达到知行合一的育人效果。

四、结语

在践行体验式国学课堂模式的路上，我们也发现了一些不足之处，例如：部分教师的国学知识储备不够，国学素养较欠缺，对国学经典文本解读能力不足，导致学生在参与教师创设情境和设置活动环节中的引导点评不够，使得学生的体验和感悟不够深刻，影响知行合一的效果；还存在对课堂效果的评价欠缺系统性等问题，需要在后续的研究中进一步探索和完善，在现有的基础上，研究建立具有针对性、有效性、独特性的国学经典教学的评价体系；进一步运用问卷调查、实验研究的方法，对体验式国学课堂模式实施过程中的多类数据与素材进行量化处理和质性分析，以不断地优化此课堂模式，让学生更好地从中受益。

参考文献

[1] 教育部. 完善中华优秀传统文化教育指导纲要［R/OL］.（2014 - 03 - 28）［2020 - 09 - 18］. http．//old．moe．gov．cn/publicfiles/business/html.

[2] 季羡林. 国学应该是"大国学"［N］. 人民日报（海外版）. 2007 - 06 - 22.

[3] 华云松. 小学国学启蒙导读课教学模式研究［J］. 黑龙江教育学院学报，2012（4）：6 - 7.

[4] 许凤英. 国学经典"三环七步"课堂教学模式研究［J］. 广东教育综合，2013（5）：23 - 24.

[5] 杨智. 论中小学国学经典教学模式及其理性建构 [J]. 教学与管理. 2014 (9): 31-32.
[6] 王灿明. 体验学习解读 [J]. 全球教育展望, 2005 (12): 14-17.

(本文作者：东莞市厚街圣贤学校　游　翃)

传统文化经典阅读教学的"四导"策略研究

加强传统文化经典阅读早已是语文教学界的共识,但如何指导学生的阅读并没有明确具体的教学方法和教学策略,一线教师在指导的路上可谓"八仙过海,各显神通"。导致出现随意性强、缺乏系统性,一味只追求形式、效果不明显等情况,更为严重的是由于方法不当,导致学生讨厌经典,视经典阅读为人生第一大苦差事。因此,我们有必要研发相关的教学方法、手段,使学生在有效的指导下开展阅读活动,掌握正确的阅读方法。让学生在中学阶段亲近经典,有效地阅读符合初中生认识规律和心智发展的优秀的中华传统经典读物。

一、传统文化经典阅读教学"四导"策略的内涵

"四导"即导读、导探、导思、导用。

导读——建立与文本沟通的桥梁,激发学生的能力,增加学生对文本的理解,亲近文本。

导探——有目的探究,在老师的指导下、在目标的引领下去发现、去陶醉、去品读,从而做到与文本深入对话。

导思——引导学生辩证地探究问题,提高学生的思辨能力,充分挖掘传统文化的德育功能,落实"立德树人"。

导用——建立传统文化与生活的桥梁,让传统文化回归生活,焕发新的生命力。

二、传统文化经典阅读教学"四导"策略的运用

(一)导读:在吟诵声中亲近经典

教育家叶圣陶曾说,"吟咏的时候,对于探究所得的不仅理智地理解,而且亲切地体会,不知不觉之间,内容与理法化而为读者自己的东西了,这是最可贵的一种境界。"

可我们一贯的做法就是简单通读一两遍,然后就急急忙忙、干巴巴地开讲。这种做法危害有如下几点:①缺乏吟诵,学生不熟悉文本,没有办法与文本对话,亲近文本。②老师在学生不熟悉的情况下一味追求讲解只会让学生感到茫然无措、感到厌烦,在老师的讲解下、碎片化的阅读使文本支离破碎,让学生无法接触到传统

文化最真实的一面，使学生对传统文化心生厌烦。③老师的讲解严重抑制了学生对文本进行创新的解读。

至于吟诵的方式，老师只要引导学生根据"依字行腔、依义行调"的原则即可。部编语文教材总主编温儒敏介绍说："吟诵时自主诵读，适合古典诗词和韵律强的文章，不拘一格，用自己喜欢的、能更好表达情怀的方式去'唱读'。学古典文学要多吟诵，放手去读，不必泥古，能边读边沉浸其中就好。"

通过引导学生进行吟诵，在吟诵的过程中激发学生们的想象力，让孩子们放开去想象，放开手脚真正地投入到文本中。在与文本一次又一次的对话过程中，学生慢慢地对文本由陌生到熟悉，由相遇到相知，由初尝到深品。

（二）导探：在问题探究下进行深入对话

通过设计探究问题使学生领悟作品的内涵，从中获得对自然、社会、人生的有益启示。举如下几例说明：

（1）在引导学生阅读《龙文鞭影》时，老师提问：《龙文鞭影》的内容可以怎样划分，请用思维导图的形式把它整理出来。你最喜欢的是哪些句子，原因是什么？书中所提到的人物你最喜欢谁，为什么？

（2）在引导学生阅读《幼学琼林》时，老师提问：你如何看待作品中的"孝"？

（3）在引导学生阅读《论语》时，老师提问：你如何看待仁者之乐？仁者为什么能"安仁"？

随着一系列问题的提出学生能对作品中感人的情景和形象，说出自己的体验。引导学生品读经典给人带来的切切实实的精神养料，从而滋养精神，使人心灵成长。

通过引导学生探究，并在交流问题的同时，为学生搭建交流的平台。《语文课程标准》（2011版）明确指出："加强对课外阅读的指导，开展各种课外阅读活动，创造展示与交流的机会，营造人人爱读书的良好氛围。"加强课外阅读课指导是培养学生语文核心素养的必然选择。通过阅读、交流、展示，培养学生的实践能力、创新精神。领悟作品的内涵，从中获得对自然、社会、人生的有益启示。在思想的盛宴中获取真知灼见，在浮华的现实生活中保持心灵的宁静。利用在解决问题过程中的合作探究培养学生积极的人生态度，丰富学生的精神生活，让学生能丰盈和完善自我。

（三）导思：在辩证探究中落实"立德树人"

《国家中长期发展教育改革和发展规划纲要》中指出立德树人，把社会主义核心价值体系融入国民教育全过程。加强中华民族优秀文化传统教育。中国传统文化经典是中华民族的灵魂和脊梁，它所蕴涵的价值观念是中华民族智慧和文明的集中体现，是推动历史前进的动力，是人类社会发展的灵魂，是中学德育教育宝贵的精神资源，对学生精神品格的培养有着积极的现实意义。

因此，在引导学生阅读传统文化的时候，不能忽略作品的德育功能。但是传统经典中的思想也有一些值得商榷的地方，那么作为老师可以引导学生对此类问题进行辩证地探究，完成一个去伪存精的过程，真正地体现传统文化的德育功能。对此，我们做了以下辩论活动尝试。

(1) 解读《龙文鞭影》中的"阳孝尊忠"，王阳尽孝但没尽忠，王尊尽忠但没尽孝。
正方：忠孝两难全
反方：忠孝可同全
(2) 解读《龙文鞭影》中的"智"，文中有成就的人大部分是聪明之人，那么，是不是不聪明就不可能取得成功呢？
正方：聪明才能有成就
反方：平凡人也能成功
(3) 解读《论语》的"仁者安仁"，思考仁与诱惑的选择问题。
正方：仁者能安仁是因为他没有追求
反方：仁者能安仁正因为他有追求

通过一系列辩题的设计，引导学生思考、让学生辩证地看待问题，提高学生的思辨能力，最大化地挖掘传统文化经典中的德育功能。正确地看待忠孝，服从集体利益就是最大的尽忠与尽孝；正视人生，发挥自己的最大能力取得成功，聪明者莫骄，平凡者莫馁；明白人生要有追求，但追求要符合"道"的要求，人生最大的追求就是"道"。同学们在辩论的准备过程中自主查阅资料，整合资源，对传统文化经典阅读进行批判性传承与发扬，既体现了传统文化的德育功能又培养了学生的批判性思维和创造力。

(四) 导用：在活动中建立与生活连接的桥梁

学生、老师觉得学习传统文化无用，究其原因是因为不能实现学以致用。学到的东西只有运用在日常学习生活中，才能让其滋长、发芽，植根到学生的心里。本人实施学以致用的方法有以下两点。

(1) 在教授的过程中，利用现实生活中的事例让学生进行评价。形式：是非题，让学生作简单的判断。探究题，让学生在充分的思考后作答。辩论题，在思想的碰撞中获得真知灼见。

(2) 在学习中呈现。方法：进行文化作文训练。

教学实例1：

游子吟

［唐］孟郊

慈母手中线，游子身上衣。

临行密密缝，意恐迟迟归。

谁言寸草心，报得三春晖。

研学活动：阅读上面这首诗，想象诗中的母亲是在怎样的场景中缝衣的。把它扩写成一段话。学生完成后问，你的母亲有没有做过类似的事情？妈妈的爱就仅仅体现在缝衣服的这个细节吗，还可以是干什么？你如何刻画这一细节？

教学实例2：

枫桥夜泊

［唐］张继

月落乌啼霜满天，江枫渔火对愁眠。

姑苏城外寒山寺，夜半钟声到客船。

研学活动：阅读上面这首诗，诗中所刻画的大部分景物在我们的日常生活中并没有，如何合理修改后展现自己的愁绪。

学生结论："乌啼"不可能存在，但可以换位"鸟鸣"，也可以改为"船鸣"（我校在江边，经常听到船鸣声）。"江枫"也不对，我们这里没有枫树，但可以改为其他树木；"渔火"可以改为"灯火"……

通过以上两个文化作文活动，真正地实现了古为今用。古人的文章，尤其是诗词作品中最能体现借景抒情这一特点，如果我们一线教师正为如何教学生进行借景抒情的写作训练苦恼时，你会发现，运用古诗，对古诗的内容进行改造时，情和景就可以那么美妙、自然地融合在一起。

这样的设计可以引导学生对传统文化精髓的运用，搭建传统文化与生活的桥梁，让学生学以致用，激发学生的学习兴趣，体会学习成功的喜悦。

综上所述，通过"四导"把时间还给学生。通过吟诵导读让学生亲近经典，培养学生的阅读兴趣；通过各种形式的阅读交流活动导探，发展学生的特长；通过开展辩论活动导思，把阅读的快乐还给学生，提高学生的思辨能力；通过让学生将所学灵活运用、展示导用，从而体验到学的乐趣。只有这样，传统文化经典才有生命力，才能真正地走进学生的生活，发挥其无穷的魅力。总之，加强传统文化经典阅读指导能提高学生的阅读能力，提高学生的阅读兴趣。文学名作的阅读，既是对作品所描述的已知、未知世界的发现与开掘,也是对自我潜在精神力量的发现与开掘。说到底,这是对"人"的发现与开掘。

参考文献

[1] 叶圣陶. 叶圣陶语文教育论集[M]. 北京:教育科学出版社,2013.

(本文作者:广州市番禺区洛浦沙滘中学 韩 璧)

国学经典课堂教学设计与有效实施策略

一、引言

国学经典课堂应为提高学生道德品质（思想道德素质）和科学文化素养，弘扬和培育民族精神，增强民族创造力和凝聚力，发挥积极的作用。国学经典课堂还应通过优秀文化的熏陶感染，促进学生和谐发展，使他们提高思想道德修养和审美情趣，逐步形成良好的个性和健全的人格。国学教育教学过程，也是孩子们进入到主动认识世界的过程，因此，我们除了对孩子们进行国学课堂教学外，还需要对孩子进行引导，结合孩子们学习过的国学知识经验，帮助孩子们培养良好的性格。

二、国学经典课堂教学的现状

（一）教学方法简单化，缺乏吸引力

据调查，部分地区仍采用满堂灌的方法进行国学经典教学，老师主导课堂，学生被动听课。这往往使得课堂沉闷无趣，同时也剥夺了学生自主学习的权利，让学生失去了学习的兴趣和自我发展的机会。

（二）重视知识的灌输，轻视实践教育的养成

德育的本质是灵魂的教育，它不仅塑造人的行为，还要培养其高尚的情操、美好的情感和健全的灵魂。但是现在的德育工作往往满足于抓外部行为而忽视深层思想情感培养，重管理，轻人格养成，使德育成了单纯的行为训练，长此以往，将会使德育生命力日趋萎缩。

（三）忽视学生的主体性

目前，在一些国学经典的课堂教学中，教师主宰课堂的现象依然十分明显，忽视学生的主体性。虽然大家都知道学生是学习的主人，虽然我们有"学的课堂"这面旗帜，虽然有"导学稿""学教案"，但老师在课堂教学的流程中，还是较多的从"教"的角度去设计、去实施，不太关注学生在不在学、学的状态、学得怎么样、有没有学会、有没有对国学经典理解与内化。也就是说，学生的主体地位还远远没有得到落实。最突出的表现有三点：一是课堂教学缺少清晰的学生达成目

标，一堂课到底让学生得到怎样的潜移默化，教师心中不清楚，教学过程飘忽；二是没有为学生学习设计有序有效的活动版块，一般是老师根据自己的想法教授国学经典，偶尔请学生回答一下问题作为点缀，学生没有"教学情境"可进入，只得消极地跟着老师"被学习"；三是老师讲得太多，不让学生思考，不让学生讨论。

三、国学经典教育的时代价值

（一）国学经典教育是我国教育形势发展的需要

胡锦涛在党的十七大报告的第七部分"推动社会主义文化大发展大繁荣"中指出，中华文化是中华民族生生不息、团结奋进的不竭动力。要全面认识祖国传统文化，取其精华，去其糟粕，使之与当代社会相适应，与现代文明相协调，保持民族性，体现时代性。加强中华优秀文化传统教育，运用现代科技手段开发利用民族文化丰富资源。文化是民族凝聚的核心，无科技不足以强国，无文化则足以忘种。"国学"是指以儒学为主体的中华传统文化与学术，是中华民族的文脉，是中华民族智慧的结晶，是中国五千年文明史的积淀，是我们的祖先留给后人的宝贵文化遗产。国学所传承的中华文化价值，是涵养民族主体意识之根基，是维系民族精神命脉之源泉，是构建和谐社会思想之基础。中华国学经典教育即是有目的、有计划、有组织地开展诵读中华经典诗文的教育活动。简单地说是对学生开展中华民族优秀传统文化的教育活动。也有人称之为中华文化断层重整工程的教育活动。此项教育活动是现行学校教育的重要补充，是全面实施素质教育的重要组成部分，是学习中华文化，宣传中华文化，弘扬中华文化的重要形式，是传承中华文明，提升人文素养，实现中华民族伟大复兴的重大战略举措。

（二）国学经典教育是提高学生综合素质的需要

教育的终极目标是以道德为手段提高人的生命质量。教育的本质就是培养人能成为人，而不是动物。教育就是要使一个冥然无知的人明白事理并获得智慧，使人能泰然自若地进入复杂无比的社会，可以参与建设和改造社会的种种活动。国学经典不仅有效地激发了青少年诵读古典诗文和经典名著的兴趣爱好，更重要的是在潜移默化中，提高了青少年的文明素质和道德修养，培养了爱国守法、明礼诚信的高尚道德品质，达到了文化熏陶、智能锻炼与人格培养全面发展的目的。一个人的"道德""品行""性情""气质"等重要的人格养成的因素，用一般的知识教育的方式来教有一定的难度。这种有关"德性"的成长，是在一种潜移默化的环境中培养出来。因此，当代许多国学教育专家通过反复研究、实验证明：0—13岁的孩子正处于人生记忆力、接受力的黄金时期，这个时候诵读国学经典就会受益终身。

四、国学经典课堂的有效实施策略

在国学教学中要达成目标，掌握重点，突破难点，采用的首要方法就是以"读"贯穿课堂始终。通过反复地读让学生自然成诵，在读中悟情，在读中悟理；让学生合作交流探究释疑理解作者情感，把握文章主旨，联系现实实际谈体会，赏析品味拓展积警句；中间穿插历史背景小故事，开阔学生视野，激发学生兴趣，感受国学经典的内涵，提升自己的品德素养情趣。

《学记》中说："虽有佳肴，弗食不知其旨也。虽有至道，弗学不知其善也。"在国学课的讲解上，教师要学会取舍，不求字字落实，不要面面俱到，只在学生能理解的程度上增进理解就够了，把字面意思疏通，不必深入诠释。在教学实践中，我形成了的这样的课堂教学模式：激趣导入——立足诵读——研读理解——讲故事——实际运用。

（一）激趣导入

"兴趣是最好的老师"，培养学生诵读国学经典的兴趣，让学生做到想读、乐于读，是做好朗读教学的第一步。小学是学习国学经典的开始阶段，学习理解国学对儿童来说很难。这就需要通过生动有趣的导入激发学生学习国学的兴趣。直观、生动的事物是学生最感兴趣的，也最容易调动学生的积极性和兴趣。要让学生在国学经典教学课堂中乐于诵读，乐于参与课堂活动，首先要让学生产生直观刺激，这样他们才会对所读的内容产生兴趣，产生诵读的欲望。如讲《增广贤文》时，通过一段谈话激发学生的兴趣，"《增广贤文》以有韵的谚语和文献佳句选编而成，其内容十分广泛。从礼仪道德、典章制度到风物典故、天文地理，几乎无所不有。文中的佳句通俗易懂，有的告诉我们合作的重要，有的警示人类注重环保，有的规劝少年勤学好问，有的激励我们志向高远。如今，这些都成为我们宝贵的精神财富。"初步激发学生的兴趣后，再给学生讲一个故事，调动学生的积极性和主动性。

（二）立足诵读

"读得熟，则不待其说，自晓其义也。故书不厌百读，熟读深思子自知。"国学经典教学，应立足吟诵，读中理解掌握知识，形成立体情感体验。

教师可根据国学经典教材的特点，精心设计好读的形式。课前预习时默读；顺从文字时小声读；课上学习时较难把握的文章，可由老师示范性领读，容易把握的文章可让学生自己朗读，还可齐读、轮读、分角色读；师生对读和配乐朗读等；课下记忆时可诵读；巩固复习时要边想边读。经过多次实验，我发现国学经典配上合适的音乐来朗读，效果更好。让学生读准、读顺课文。读准，是指读音要正确。国学经典中有不少生僻字要注意,还有通假字,应该读它的本字音,这方面学生最容易读错,教师应该加以适当的指导。读顺,就是朗读时读清它的节奏,注意停顿。我这里所说的停顿,不是指有标点提示的句间或句末停顿,而是指由于句子较长或需要强调等而在句中进行的停顿。这种停顿把握起来比较麻烦,这就需要老师引导学生去读。如"域民不以封疆之界,固国不以山溪之险"(《孟子》)就应该读成"域民/不以/封疆之界,固国/不以/山溪之险"停顿准确了,就不至于产生歧义,自然也就能帮助学生理解文意了。

(三) 研读理解

国学经典的教学贵在"理解"。它包括:字词的理解、文义的理解、思想的理解等。只有理解深入透彻,才能灵活掌握,举一反三。否则,便成了"一路捡,一路丢",最终一无所获。那么,怎样才能在有限的时间内,让学生掌握文章内容,达到事半功倍的效果呢?为此,我将课堂上的理解分为以下三步:第一步,自主学习,独立理解。在课堂上,鼓励学生根据注释先进行自主阅读,让学生凭兴趣主动、独立地阅读,关注文章内容,获取信息,不求统解、甚解,力求从整体上理解全文。第二步,质疑提问,点拨明确。充分发挥学生的主体作用,倡导质疑、讨论的方法,教给学生如何使用工具书和课文注解,让学生对课文中内容进行探究理解。第三步,以全班为单位,复述或讲故事,将所接收来的文字信息用自己的语言表达出来,力求准确无误。小学生特别喜欢听故事。国学课上恰如其分地引用一些小故事,既调动了学生的学习积极性,又可以化难为易,化繁为简。

(四) 讲故事

在课堂上,教师可以依据教学内容,采用多种形式来完成教学任务。对于儿童来说,国学相对枯燥无味,教师需要采用不同的方式去刺激学生、培养学生的兴趣,激发学生的求知欲,引导学生热爱国学。针对这一阶段的儿童的心理和生理特征,教师需要将相对枯燥无味的国学课上得有声有色所必须的法宝就是讲故事。教师在充分理解课文意思之后,利用书籍或者是网络资源查找与文章相关的小故事,也可以作为作业布置学生搜集查找,在课堂上进行汇总,以师生共同讲故事形式来上国学课。相关的历史故事、寓言故事、民间故事、神话故事非常多,可以由老师讲述,不但让学生在听故事中学到了国学知识,同时还培养了学生的表达能力、语言组织能力和自己动手的能力。也可以安排孩子来讲,给学生锻炼口才的机会。如林俐老师在教学《笠翁对韵》中"一东"这课,通过讲述牛郎与织女的故事引出对子——牛女二星河左右,参商两曜斗西东,学生在故事中自然理解这个对子的意思,老师趁势说:"这里还隐藏着许多有趣的故事,请同学们自己去读并查找资料,课堂上和别的同学分享。"另外,还可以让孩子结合自己的生活、学习经历来谈,以加深体验,熟练运用。如松英老师教学《弟子规》中"余力学文",初读理解后播放《王冕学画》动画故事,引导学生用弟子规的句子来谈体会,达到学以致用的效果。周美英老师执教《弟子规》中"信",老师讲述《狼来了》的故事,让孩子们用刚学过的内容劝诫那个爱撒谎的孩子,学生兴趣高涨,你一言我一语,在这热烈的气氛中,不仅领悟了诗句还内化了语言。"人才不一定有口才,但有口才的一定是人才。"我们要让学生在轻松愉悦的氛围中训练口才,成为人才。

（五）实际运用

《弟子规》中着重讲的是"首孝悌,次谨信,泛爱众,而亲仁,有余力,则学文"我们要善于将课本知识与现实生活联系起来。而在课堂上实现结合的最好办法就是情景模拟。通过情景模拟,可以将课本内容直观、形象地体现在学生面前,同时也可以检查学生对课本的理解程度。在上《弟子规》第九课"或饮食,或坐走,长者先,幼者后"的时候,老师让学生表演情景：见到老师时（路上、下课后）,有些同学平时的表现较差,但是当老师第二天早上来学校上课时,却发现很多学生主动跟老师问好,并让老师先进校门。下课的时候,蜂拥而出的陋习也改变了,而是等着老师先出去,他们才走出教室。通过情景模拟,省去了老师辛劳而又无用的说教,同时,也使学生加深了对国学课堂上所学知识的认识,并将其内化为自己的行动,达到了一个新的高度。

在国学经典课堂教学中,有许多品德教育渗透其中（尊敬长辈、孝敬父母、友爱兄弟、珍惜友谊等）,注重教育学生学以致用,要用实际行动体现国学的学习内容,加强学生的思想道德建设,弘扬中华传统美德。在课堂中,教师以学生为主体,调动学生的积极性和主动性,讲授完新课可以引导学生写一段对国学的感悟,可以诗文的画配话,诗配画,可以按照课本进行表演,可以分小组辩论,以促使学生将自己对国学学习的心得和感悟及时转化为高尚文明的道德行为。

五、结语

波纳说过："经验＋反思＝成功"。虽然作为一名新教师可能经验上有不足,但是我会不断努力提高自己的教育教学水平,向有经验的教师获取经验,不断进行自我反思,以便更好地对学生进行国学经典教育。培养学生优秀的道德品质,培养他们为人处世的思维与方法,更重要的是让学生感知古人留下的精髓,让学生受到相应的感染与教化。

参考文献

［1］周凤梅．小学国学经典诵读校本课程价值的研究：以乌海市海勃湾区第三小学为例［D］．呼和浩特：内蒙古师范大学,2010.

［2］刘雪峰．对国学经典教育途径与诵读方法的思考［J］．甘肃教育,2012（5）：19.

[3] 朱自清. 经典常读 [M]. 上海：上海古籍出版社，2014：1.
[4] 刘毓庆. 国学概论 [M]. 北京：北京师范大学出版社，2009：11.
[5] 蒋乐蓉. 当今中小学生国学教育和学习的模式研究 [J] 科技向导，2012 (8)：7-28.
[6] 马琳萍，王秋雯，候凤翔. 现阶段小学国学教育问题举隅及对策分析：以河北省小学国学教育为例 [J]. 社会科学论坛，2010 (23)：188-192.
[7] 沈青. 别给国学教育穿靴戴帽：小议国学教育 [J]. 教育艺术在线，2009 (11)：17.
[8] 顾明远. 民族文化传统与教育现代化 [M]. 北京：北京师范大学出版社，1998.
[9] 赵吉惠. 国学沉思 [M]. 杭州：浙江人民出版社，1998.
[10] 张岱年. 国学丛书 [M]. 沈阳：辽宁教育出版社，1991.
[11] 李中华. 对"国学热"的透视与反思 [J]. 理论视野，2007 (1)：28.
[12] 边艳红. 小学阶段中华经典诵读教育价值研究 [D]. 石家庄：河北师范大学，2005.
[13] 雷雨. 读经问题及中小学读经现象研究 [D]. 桂林：广西师范大学，2006.
[14] 单璐丹. 对当前学校推展国学启蒙教育的几点思考 [D]. 长春：东北师范大学，2007.

(本文作者：湛江市经济开发区第三小学　周　琼)

小学国学经典课堂教学的策略研究

2014年4月教育部发布的《完善中华优秀传统文化教育指导纲要》指出,"要把中华优秀传统文化教育系统地融入课程和教材体系之中,分小学低年级、小学高年级、初中、高中、大学等学段有序地推进中华优秀传统文化教育。"优秀的传统文化教育对帮助学生形成正确的世界观、人生观、价值观以及加强学生个人成长与中华民族复兴的中国梦紧密联系具有非常重要的作用。因此,为了实现中华优秀传统文化的弘扬和发展,在各级学校开展国学经典教育将成为现实发展之需,同时也是当前社会环境下人文传统回归语文教育的现实需要。小学阶段是青少年身心发展的关键时期,在这个阶段进行国学经典教育,不仅是小学生个体发展的需要,更是推动我们传统文化发展的需要。

目前,全国许多中小学都已经将国学经典课堂纳入了学校教育体系,广东的国学教育更是广泛展开,许多学校相继设置了国学校本课程,如广东第二师范学院开发了《国学》经典课程教材,编写了国学经典诵读校本教材。

一、国学经典定义及重要性

到目前为止,学术界关于"国学"的概念还没有统一明确的界定。现在一般认为中国古代和现代的优秀文化和成就,包括历史、思想、哲学、地理、政治、经济乃至绘画、音乐、术数、医学、星象、建筑等。"经典"是人们耳熟能详的一个词。在许慎的《说文解字》中对"经""典"二字的本义解释为"经者织也""典者大册也"。可见"经典"的本义是指可作典范重要的书籍。因此本文认为能代表中华民族五千年精华的适用于课堂教学的优秀文化作品可称之为国学。具体包括三个方面的内容:一是儒家的经典著作,如《诗经》《论语》《孟子》《大学》等四书五经中的部分浅易、精华篇章;二是优秀的古诗文,如唐诗、宋词等;三是广泛流传的古代蒙学读本,如《三字经》《千字文》《弟子规》《增广贤文》《千家诗》等适于小学生学习的中华传统经典内容。

儿童期(6—13岁)是记忆力的巅峰期,更是人格发展的关键期,在这期间,进行适当的国学经典学习,接触中华民族经典文化作品,不仅可以提升其语文能力,增进其学习智能,更可以在耳濡目染中潜移默化其道德品质。

"蒙以养正,圣功也。"若在孩子处于年幼无知时利用正当的教材对他进行教育,一定能孕育出有德行的君子。学习国学经典最重要的事情是让孩子对经典内容产生学习兴趣,感受经典的作用。《学记》中有言:"教也者,长善而救其失也。"

教育的目的是要增长一个人的善心，改善他的过失。在小学阶段，尤其是低年级段，学生最重要的就是养成良好的行为习惯。学生如果在刚上学时就为自己立下规矩，养成良好的习惯，自然能变成一个有德的人。而研读国学经典，引入国学经典课堂既能提升语文能力，又能启发理性，陶冶性情，端正品行。《小学语文课程标准》（2011版）中指出，"要通过诵读儿歌、童谣和浅近的古诗，让学生展开想象，获得初步的情感体验，感受语言的优美，逐步激起学生的好奇心和求知欲。"因此，在小学语文教学中，对于国学经典内容的教学不是要求学生死记硬背，而是要根据学生的身心特点，将国学经典内容形象化、生动化和趣味化，激发学生进一步学习国学经典的兴趣。

二、国学经典课堂之实施方式

国学经典教学并不是必修课程，若要在小学真正实施，只能利用非主课时间。例如，国学经典教学可利用以下的空余时间。

（一）早、午读时间

利用早读或者午读10分钟的时间读国学经典内容，开始时，可以由老师带领学生诵读几遍，后学生自行诵读。

（二）上课前几分钟

每节语文课上课前的2～5分钟，如在预备钟打响之后一直读到正式钟打响。在老师来之前，让一位学生固定在预备钟打响之后站在台前带读一小段国学经典内容。刚开始时，教师需要多花点时间和精力提醒学生读书，经过一段时间的训练，学生养成了习惯，自然而然会诵读。在读国学经典的过程中等待老师的到来，这样既整顿了纪律，集中了学生的注意力，养成了良好的行为习惯，又复习了国学内容。

（三）上课空余时间

若上课时过早完成了课堂教学，也可以利用多余的时间复习国学经典，这样不仅让学生对国学经典内容更加熟悉，而且也解决了学生无所事事的尴尬局面。

（四）家庭作业

可以布置家庭作业，让孩子和家长花十几分钟的时间阅读国学经典内容；或者让学生回家之后向家长讲述国学经典的内容。不宜布置太多作业，一周一次或者两周一次，不应给学生带来太多的作业负担。在家里，家长与孩子共同学习国学经典，一同纠正不良行为。

（五）校本课程

在小学阶段，学校可引入国学经典课堂作为校本课程，一周设置一节课供学生和教师上课。

（六）班级文化建设

在进行班级文化建设时，将一些简短的国学经典内容贴到黑板以及墙壁上，让学生耳濡目染，融入浓浓的国学经典氛围之中。

三、国学经典课堂之教育方式

（一）诵读方式多元化

国学经典教学离不开学生反复的诵读，只有不断诵读才能使学生对国学经典内容愈加熟悉，达到"读书百遍，其义自见"的效果。而在课堂上，一成不变地让学生诵读，学生不仅觉得内容枯燥无味，而且容易对国学经典课堂产生厌倦。对此，教师应利用教学艺术，不断灵活地变换诵读方式，相信学生的学习兴趣必定会提升。如：

（1）打拍子读国学经典。在诵读国学经典时，老师一边打拍子一边读，使用两个字一拍或三个字一拍等韵律的方式，让学生跟着节奏一起朗读。

（2）分组读，男女对读国学经典。

（3）配乐诵读国学经典。

寻找一些好听的歌谣，可以在课堂上学一学，唱一唱。比如《游子吟》，学校在早上上学期间和下午放学期间放《游子吟》的歌谣，孩子们耳濡目染，都唱得很开心。配上乐器伴奏，不仅能增强孩子对国学经典内容的印象，而且能增加对国学的兴趣。

（二）随机教学

将国学经典课堂融入各种教育教学中。如当有学生不遵守诺言，产生矛盾时，教师可以在课堂上举出这个例子，引入《弟子规》的内容教导他们，"事非宜，勿轻诺。苟轻诺，进退错"。将生活实际融入课堂中，学生能理解得更好。

（三）多种游戏或比赛贯穿

小学尤其是低年级段的学生上课容易分神，注意力不集中，教师必须不断地调动气氛引起学生的注意，通过各种玩游戏的方式提高学生的学习兴趣，在玩中学。在国学经典课堂上，教师可以设计多种游戏方式，如接龙游戏、朗诵大对决、填空游戏、快问快答、排火车游戏等。通过比赛和玩游戏的方式巩固国学经典内容的学习，学生在玩中也学有所获。但在玩游戏和比赛前，教师必须制定好游戏和比赛规则，做好活动规范。

（四）角色扮演

在国学经典课堂中，在学习完内容之后，为了加深理解以及与现实生活相联系，教师可以设计具体的情境，通过角色扮演的方式，让学生实际演一遍。当下次学生在真实情况中遇到相同情形，他便可以以此类推，在现实生活中进行实践。如《弟子规》中有"父母呼，应勿缓。父母命，应勿懒"的教诲。教师可以让一名同学扮演家长，另两名同学扮演子女，当父母在教育子女或呼唤子女时，将子女应当有的行为和不应当有的行为表演出来。台下的学生评判好与需要改进的地方并说明理由。在角色扮演之后，相信学生对国学经典的内容有更深的体会。

四、国学经典课堂之教学策略

（一）国学经典课堂之教学设计

笔者所在的学校与广东第二师范学院共同开发国学校本教材，开设国学课。每周每班单独上一节国学课。一年级学习《弟子规》《三字经》，二年级学习《千字文》《百家诗》，三至六年级学习《论语》，由语文老师担任授课教师，将中华传统文化在完整科学的体系下教给学生。

笔者在上国学经典课堂时，根据所学内容制订相应的教学目标，在每一个内容上，都选择一个与之有关的浅显易懂的小故事作为导入，再由故事延伸出要学的内容，教师简单讲解内容大意，与学生共同讨论内容，并尽量与日常生活相结合。在课堂上，教师利用多种方式让学生诵读内容，搭配小游戏加深印象。笔者所在学校有相应的国学教材，因此笔者依据国学教材提出了实际施行的教学设计实例，利用每周一节国学课的时间，期盼所设计的教案能为传统国学教育尽绵薄之力。

（二）国学经典课堂之教学模式

1. 融入合适的故事或典故

融入合适的故事和典故，让学生不是面对一堆干巴巴的文字。学生喜欢听故事和看故事，为引起学生的注意力和学习兴趣，教师可以从故事中引出我们要学习的国学经典内容，将国学经典课堂变得有趣、接近生活。如在进行《弟子规》的教学中，可以先讲述一个内涵与要学的《弟子规》内容一致的小故事或者典故，围绕这个故事提出相关问题，让学生讨论中心主旨，激发学生的学习兴趣。

2. 理解国学经典大意

国学经典内容大都是文言文，对小学生尤其是低年级段学生来说有一定的难度，教师需向学生解释内容大意，古人的一些行为习惯或者所作所为与如今有出入的地方，使学生理解当时的做法。如："亲有疾，药先尝。"教师不加以解释的话，学生可能不理解为什么亲人生病，儿女要先试药。如今我们生病都是吃西药比较多，而在古代，通常是用中药治病，先尝父母的药是为了看看药汤的温度是否适宜，父母是否会被烫到。所以现在是不需要儿女先尝的。这些观念和来源都需要教师与学生进行阐释，以免学生做出不正确的行为。

3. 引发学生反省思考

教师在上国学经典课堂时，应利用适合的正例和反例以及变式加强学生的理解。在教授完国学经典内容时，列举一些案例，设置一些问题，通过一些问题的小组讨论，让学生检视自己的行为，引导学生思考，明白学习这些国学经典背后的意义，从而进一步引导学生力行实践。

4. 在现实生活中加以实践

教育需要知行统一，除了需要传授知识，还需要"行"，即实践。在课堂上，教授学生国学经典内容都只是教导"知"，在完成知识的教导之后，教师要引导学生在现实生活中加以实践，从意识层面提升到行为层面。道德行为的养成并不是一蹴而就的，因此教师应通过各种奖惩制度给学生提供实践的机会，让学生内化成良好习惯。

裴思塔洛齐曾说：教育的目的，不是去制造天才，而是给予孩子完成天赋潜能的机会。国学经典课堂立竿见影的教学效果也许无法马上看到，但笔者认为这是刺激与培养学生耳根、舌根敏感度的最佳语言学习法和提升自己品行的方法。四书五经、古文诗词、《弟子规》等国学经典，常读、诵咏可以怡情养性，提升修养，提高语文水平。国学经典课堂不但可以训练学生的记忆力，增进其专注力和学习力，更可以在潜移默化中开发他们的智慧，促成人格的全面成长。

(本文作者：佛山市禅城区澜石小学　邱译萱)

"群文阅读"在初中文言文教学中的应用策略及价值

——基于传统文化教育的文本解读

目前,中学文言文课堂教学存在不少问题,教师对文言文的讲授较为"随意",课堂死气沉沉,"满堂灌"现象严重,学生对文言文兴趣不高。何谈提高古文阅读能力,提高语文素养!"群文阅读"教学法注重学生的主体地位,一般是指根据一个或多个议题选择一组文章,教师和学生共同围绕该议题展开阅读和集体建构,最终达成共识。让学生充分发挥自己的主观能动性,形成自己独特的见解,通过与教师以及其他同学的沟通交流,提高文言文阅读能力,提升语文核心素养,最终学有所得。

一、在初中文言文教学中实施"群文阅读"的可行性分析

王力先生指出,汉语的古代书面语大致有两个系统:文言和古白话。文言是指"以先秦口语为基础而形成的上古汉语书面语言以及后来历代作家仿古作品中的语言"。文言文,也就是用文言写成的文章。在文言文中,"文言""文章""文学"和"文化",一体四面,相辅相成,蕴含着丰富的传统文化信息,不仅在语文教学上,同时也在传承中国传统文化方面有很大的作用。

2014年,教育部印发《完善中华优秀传统文化教育指导纲要》(以下简称《纲要》),明确指出要分学段有序推进中华优秀传统文化教育。以初中为例,要提高学生对中华优秀传统文化的理性认识,让学生在学习过程中感悟内涵,增强文化自信。《纲要》的颁行给文言文教学提供了新的思路。事实上,语文课堂是融合文化教育与文化传承的最好平台,而文言文教学(含古诗词教学)则是将两者结合起来的最佳载体,也是涵养中学生文化自信,特别是对中华优秀传统文化的理解、认同和践行的最佳途径,因为入选初中语文教材的文言文无一例外都是历代古文的经典佳作。遗憾的是,现在的许多教师在讲解文言文时,总是抽象讲解,把文言文肢解成一个个字、词、句,注重词法和句法,全然不顾文言文经典里所蕴含的文化要义。于文言文本身则囫囵吞枣,于文章内容则断章取义,于文学则蜻蜓点水,于文化则若即若离,学生听得也是一头雾水,对文章深感隔阂,更不知文化是什么,久而久之,对文言文的兴趣也越来越低,阅读文言文的能力自然也就提不上去。

因此周振甫先生提出学习文言要做到"立体的懂"。为了达到"立体的懂"的效果,单凭课本上的几篇文言文教学是达不到的。胡适也认为薄薄的、零碎的、散乱的古文读本是不利于国文教学的,"主张用'看书'代替'讲读'"。夏丏尊也

关注文言文教学的阅读材料，在选文的学习上，他认为最好以选文为中心，多方学习，不要把学习的范围限在选文本身。"群文阅读"教学法正好和前辈们的想法不谋而合，提倡多文本阅读，学生的阅读量增加之后，就容易形成文言文的阅读语感，慢慢地，语言的隔阂会随之消除，读书越多则越熟，越熟则越透，量变渐而质变，之后必有成效可见。所以，"群文阅读"教学法可以有效改善学生"读不懂"的现状，引领学生走进文言文，走进中国古代文化的大门。

二、文言文"群文阅读"的应用策略

（一）明确教学目标，开展层次化教学

在初中语文文言文教学中，应了解文化的多元化，认识到语文教学的重要性，要明确文言文教学中融合传统文化教育的目标，培养学生的文化素养，帮助学生养成良好的人格品质。教师应根据时代发展的脚步，转变传统的教学理念，以开放的视角，全面设计传统文化的教育策略，从而实现传统文化教育与文言文教学有机融合的目标。同时在初中文言文教学中，教师应根据不同年级学生的发展特点，制定相应的阅读要求，根据学生所处的阶段应用不同层次、不同主题的传统文化教育形式，开展有针对性的文化阐释与教育。

（二）选择合适文本，聚焦主题开展文化探索

"群文阅读"教学法将以前对一篇文章的讲解分析，转变为围绕确定的主题对多篇文本的分析，让学生对文本进行比较阅读之后，经过思考、探讨、研究，对文本进行情感体验、评判鉴赏、思维整合、品评分析和感悟表达，师生最后达成共识。文本是有效进行"群文阅读"教学的重要载体，是学生进行学习的有效依托，如果在依据主题选择文本时，没有选择妥当，和主题难以配合，则会使"群文阅读"的效果大打折扣，所以在选择文本时应慎重。针对文言文教学中存在的碎片化讲解、读不懂、较低的古文阅读能力、文化价值不突出、考试成绩不理想、内容理解不到位等问题，在选择文本时，可以以"语辞"为线索，增强文言语感，可以以"文化"为线索，建构文章内容，也可以以"作者"为线索，培养人文精神。

1. 以"语辞"为线索，增强文言语感

初中文言文阅读的目标定位是读懂浅易的文言文，"能借助注释和工具书，理解词句含义，读懂文章内容。了解并梳理常见的文言实词、虚词、句式的意义和用法，注重在阅读实践中举一反三。诵读古代诗词和文言文，背诵一定数量的名篇"。可以看出文言文的目标涉及到文言知识，文言知识包括语音、词汇、语法三个方面。这三个方面中，应该首先抓哪一方面？著名的语言学家王力先生在《古代汉语和教学》中提到应首先抓词汇方面，因为语音对学生理解文章内容的影

响不大，语法在古今差别上不是很大，学生可以理解，但词汇古今变化很大，需要一个积累的过程。

学生读不懂文言文，很大原因是对文言的积累不够，文言文的学习要重视多读，努力扩大阅读量，积累文言词汇，培养文言语感。语文姓"语"，文本的价值应该通过语言得以体现，文言文也是如此，因此，阅读文言文时要关注文本在语言方面的具体性、特殊性。在对文言文进行文本选择时，可以以"语辞"为线索，组织文本。

比如文言文中最常见的"之""乎""者""也"，我们可以设置主题为"也的魅力"，选择孟子的《鱼我所欲也》、诸葛亮的《出师表》、刘向的《唐雎不辱使命》和欧阳修的《醉翁亭记》等文章组成群文。让学生主动搜索和统计该组文章里"也"字使用情况，分类归纳；同时，我们可以引导学生借助字典、词典，探究体会"也"的文化内涵和语言魅力，从而感受文章的魅力。

2. 以"文化"为线索，建构文章内容

初中教材中的文言文选文，应当以"定篇"的身份进入，以更突显其文学性的特征。倪文锦教授指出，经典是文化之母，阅读经典有利于文化的传承与发展。朱自清先生也强调，经典训练的价值在文化，认为应该把文言文作为了解古代文化的载体。郑力乔在《中国文言文教学的现代转型》一书中指出，"学习文言文，首要目标是滋养精神，传承文化。""文言文作为一种'文'的系统，对它的学习和掌握不仅是限于词义的理解，更是在真正'读懂'的同时，建立起一种与古人相通的思维方式，从而深入传统，也使得传统文化在语言使用的同时得以延续。"

所以，我们在文言文教学中，不能只注重让学生理解文意，而是要帮助学生体会古人的思想，传承传统文化。文言文中蕴含的"文化"有很多，比如说隐士文化、侠文化、孝文化、羁旅思乡、亲友惜别、登高怀远、怀春悲秋等。以"孝"文化为例，选择《陈情表》《论语》《孝经》里有关汉文帝亲尝汤药、老莱子戏彩娱亲、曾参愚孝等文章或故事，通过集体的讨论交流，让学生理解古人之孝，并指导自己今后的生活。在选文时，以"文化"为线索，建构文章内容，可以有效改善教师在课堂上只注重字词讲解，与学生想要了解的内容不相符的现象，凸显了文言文的重要价值，有利于传承优秀传统文化，提升学生的语文素养和完善学生的人格。

3. 以"作者"为线索，培养人文精神

以"作者"为线索选择文本进行"群文阅读"，是一种比较简单、方便的组文思路，因为不同的作者有不同的写作思路和风格，即使是同一个作者，在不同的人生阶段也有不同的经历和心境，也会形成不同风格的文章，形成一个立体的、多层面的文人形象。通过"群文阅读"的形式可以将一个作家不同时期的作品放在一起进行学习，这样可以让学生对作者有一个全面透彻的认识。我们在"群文阅读"课堂上提供给学生的不能只是一个作家类似的作品，而应该是体现该作者不同思想

状态或人生经历的作品,让学生在作品中体验人生,接受文学熏陶。

以苏轼为例,苏轼一生的政治生涯可以分为四部分,分别是转任地方、乌台诗案、东山再起、被贬海南。为了让学生对苏轼人生态度的变化有一个全面的认识,可以将苏轼在凤翔、密州、杭州、黄州、惠州、儋州时期的作品节选一些放到一起。例如,将写于凤翔的《喜雨亭记》、初到黄州的《卜算子·黄州定慧院寓居作》《前赤壁赋》《后赤壁赋》《念奴娇·赤壁怀古》《江城子·密州出猎》等文本组合在一起,再加入一些苏轼英年得志,议论朝政的政论和史论等文章,让学生思考苏轼在当时的人生处境下心态的变化,通过集体质疑、交流和分享,对苏轼的人生境界有一个新鲜的认识。另外,通过对苏轼人生思想境界的"群文阅读",可以让学生对苏轼的了解更加深入,对不同时期的苏轼的作品内涵、思想状态有了进一步的了解,也对学生的人生观有一定的启发:在面对人生逆境时,能够淡然处之,坚守自己的初心;在身处人生顺境时,也能泰然处事,乐观豁达。

在文言文教学中实行"群文阅读"时,以"作者"为线索,有利于让学生把握作者的创作思路和人生历程,便于学生对作者有一个全面深刻的了解,可以用相关文章的内容来解答自己的疑惑,改善学生内容理解不到位、"读不懂"文言文的现象。

(三)处理好群文阅读的"精读"和"群读"的关系

"群文阅读"主张对多篇文本进行阅读,但这并不是要否定精读法。在语文课堂教学中,精读法是一种基本的方法,也是使用最普遍的一种方法,在文言文教学中也是最常见的。使用精读法教学强调对文章的字、词、句、篇章、结构、文章内容、情感、技巧等一一进行鉴赏,并且教师要对各知识点详细讲授,让学生做好笔记。在"群文阅读"的情况下,如果面对多篇文本还是一一鉴赏,力求每篇文章都全面的话,不但不可能完成既定的教学目标和任务,还会使"群文阅读"流于形式,毫无重点,久而久之更会让学生产生懈怠和厌学情绪。在这个时候,"群读"便是一种很好的选择。

"群文阅读"可以针对某一内容进行精读,也可以对多篇文本进行略读、泛读,找到相关的内容进行讨论,不会涉及到所有的知识点。学生可以选择自己感兴趣的议题,对文章进行探讨,提升对文言文的兴趣。比如,部编版九年级语文下册《鱼我所欲也》,学生在前两册教材中已经对文言文的基本知识有了一定量的积累,所以对于孟子的这篇文章中的字词句翻译可以通过预习自己解决。在这种情况下,教师可以围绕"孟子的仁政思想",将《鱼我所欲也》与《孟子选读》组成群文,让学生进行阅读,深入研究,集体建构,形成自己独特的理解,指导自己的人生,而不是局限于分析字词。当然,叶圣陶先生也说过:"讲课方法宜视具体文篇、学生情况,分别定出,不能一律。"所以我们在实际教学中,不能一味求新求异,要结合学生的水平、阶段以及文本内容,具体情况具体分析,不能随意否定精读,不盲目推崇群读，要不断思考，以求用最合适的方式取得最大的教学效果。

总之，面对死气沉沉的文言文课堂，运用"群文阅读"教学法可以使学生在兼顾文言文基础知识的前提下积极主动地对议题进行讨论，通过质疑、交流、分享的过程，对文本的内涵进行深入挖掘，不断更新自己的知识体系，提高对传统文化的鉴赏和传承能力，提升语文核心素养。我们要大胆实践并不断反思，一定可以获得良好的教学效果，改变文言文的教学现状。

参考文献

[1] 王力. 古代汉语［M］. 北京：中华书局，1997.
[2] 王荣生. 文言文教学教什么［M］. 上海：华东师范大学出版社，2014.
[3] 夏丏尊. 夏丏尊文集［M］. 杭州：浙江文艺出版社，1984.
[4] 中华人民共和国教育部初中语文新课程标准［S］. 北京：人民教育出版社，2011.
[5] 郑力乔. 中国文言文教学的现代转型［M］. 北京：国家行政学院出版社，2013.
[6] 叶圣陶著，刘国正主编. 叶圣陶教育文集：第三卷［M］. 北京：人民教育出版社，1994.

（本文作者：中山市坦洲明德学校　张聪聪）

第九章　传统文化教学的课堂智慧

凤岗客家山歌实践教学初探

一、客家山歌进校园，让文化在传承中发展

1. 客家山歌具有悠久的历史

凤岗镇是客侨文化名镇，"客侨文化"的特色是"客家第一珠玑巷，岭南独此排屋楼"，它涵盖了凤岗镇的历史人文、风物建筑，此外还拥有客家山歌文化、象棋文化、客家麒麟舞文化、排屋楼建筑文化等特色文化资源。被称为有《诗经》遗风的天籁之音的客家山歌，起源于唐代，到现在有一千多年的历史。元明清时期，客家人从福建迁入梅州、惠阳等地区，再迁入本地定居至今，客家人千百年来在长期的辛勤劳作中，创作出了大量脍炙人口的客家山歌，通过口耳相传和不断创新，经过历史沉淀、先进文化的熏陶，凤岗镇的山歌整合了多个客家地区的曲调特点，逐渐形成了别具特色的客家山歌。2012年，中国文学艺术界联合会正式授予凤岗镇"中国客家山歌之乡"荣誉称号，客家山歌的发展进入一个新的里程。

2. 客家山歌的传唱有利于文化的传承

客家山歌题材广泛，社会生产、家庭生活、男女情意等，都可用山歌表达。客家山歌在不同区域有不同的调式，结构一般为七言四句，歌句通俗易懂、讲究韵律、充满情趣，具有"诗的外表、词的通俗、曲的韵律"，运用赋、比、兴、重章、叠句、双关等修辞手法。据专家考评，客家山歌源于中原文化，其艺术传承于《诗经》，形式与唐代七绝相似，并受竹枝词及其他地方民歌的影响，是民间艺术的一朵奇葩。

3. 客家山歌的传唱有利于丰富幼儿园艺术课程内容

幼儿园没有特定的艺术课程教材。《3—6岁儿童学习与发展指南》（以下简称《指南》）告诉我们，充分创造条件和机会，在大自然和社会文化生活中萌发幼儿对美的感受和体验，丰富其想象力和创造力，引导幼儿学会用心灵去感受和发现

美，用自己的方式去表现和创造美。将近在身边的幼儿能接受的客家山歌文化，引入到幼儿教学活动中，不仅能丰富幼儿园艺术课程内容，展示幼儿教育多样性，而且能够很好地继承与发扬客家山歌文化。

4. 客家山歌的传唱有利于培养幼儿的艺术才能

学习客家山歌不仅能让幼儿从小浸润在家乡独有的文化情怀之中，有利于培养其艺术才能，对客家山歌文化的保存、发展也具有一定的意义。这种对客侨文化之艺术美的倾情诠释是对幼儿学习家乡文化的一种精神性成长需求的满足。

二、客家山歌教学，让精彩在课堂上展现

（一）准备策略

1. 收集客家山歌素材

（1）广泛收集本土客家山歌素材，根据幼儿年龄和心理特点、幼儿的兴趣和发展水平，选择短小、节奏感强、有一定韵律又贴近幼儿生活的山歌内容。例如：《月光光》这首本地经典山歌，老少皆知，"月光光，秀才郎，骑白马，过莲塘……"选择适合幼儿演唱的客家山歌是教学活动中最基础和最关键的一环，选择适合幼儿的内容意味着教学成功了一半。

（2）注重不同风格、不同表现内容的客家山歌的选择。客家山歌内容丰富，体现各种本地风俗人情，可作为幼儿欣赏、感受、表现的对象。可以根据幼儿语言的特点及平时说话的习惯，尝试改编，使幼儿唱起来朗朗上口。如：《夸凤岗》"凤岗历史八百年，人人能大顶呱呱，抗日英雄黄友仔，象棋大师杨官麟……"改编后幼儿更易学唱还能了解凤岗历史。

（3）发掘客家山歌素材中的客家童谣，如《落水仔》"落水仔，刮大风，阿姨仔，嫁老公……"童谣是深受幼儿喜爱的文学体裁，与客家山歌一样，源于古代民歌，所不同的是"诗合乐而成歌"，不合乐则成谣。千百年来，劳动人民在生活劳动中创编了许多童谣，配乐既成山歌，且代代相传，或反映民风民俗，或寓以教育意义，诵唱内容贴近孩子生活和天性，语言浅显易懂，不少童谣还结合语言启蒙、寓教于乐，便于记忆和传播。

2. 学会客家方言

唱好山歌先要学会方言，客家山歌运用客家方言演唱。本园约有 1/3 的幼儿是土生土长的本地人，会讲客家话，其余是外地迁入本地务工人员的子女。想让幼儿唱好客家山歌，首先要让幼儿会说客家话，懂得客家方言的内涵，感受方言的韵味，培养幼儿对家乡的喜爱之情。在学习客家山歌歌词时，体味方言的情和趣，让幼儿感受客家方言的趣味与韵味，提高幼儿感知语言的敏感性，了解自己的家乡话与普通话在发音和意思上的异同之处。据国际儿童文艺心理学的调查，如果幼儿在

牙牙学语时，就让他听铿锵有力、节奏分明、曲调优美、语言有趣的歌谣，形成习惯后，孩子们就掌握了一定的背诵能力，会很快地学会咬字、吐音、措辞、拿腔、用调、断句、表意的本领。

3. 聘请专业教师

除了班级老师开展客家山歌的教学，还可发掘本土资源。幼儿园聘请了客家山歌协会会长刘爱坚等客家山歌传承人，教家长和师生学唱客家山歌，还邀请了地地道道、土生土长的客家名人，与师生边唱童谣边玩游戏，让师生尽情享受客家人儿时边唱客家山歌边做游戏的乐趣。

4. 安排好时间场地

（1）将山歌融入到各年龄幼儿的生活作息中，如：进行配有客家山歌音乐的早操游戏。在餐前活动、午间休息等时间，幼儿可自发演唱或表演山歌。以山歌音乐代替常规活动音乐，当幼儿听到音乐时就知道接下来是该做什么的时间了。将山歌音乐贯穿到一日生活中，孩子自然而然地将这份家乡文化印在心里。

（2）挖掘和利用幼儿学习环境。学唱山歌不拘于课堂集体教学模式，集体教学之外，可与开设的区域活动相结合。语言区投放新授山歌的歌词，普通话与客家话同现；表演区提供客家山歌音频，幼儿自由欣赏练习，提供相应的服饰、场景等，让幼儿表现山歌演唱的内容；美工区，幼儿用艺术手段如绘画、泥塑等再现山歌内容，以巩固幼儿学唱客家山歌的效果。结合山歌的内容和风土人情，创设班级环境，利用环境对幼儿的熏陶，加深其对山歌的理解。

（3）幼儿园每周利用固定时间，安排音乐多功能室作为客家山歌亲子班学习教室，安排专人负责管理。

（二）教学策略

1. 激发幼儿学唱客家山歌的兴趣

以游戏为兴趣切入点。以玩为先导，在玩中求思，在玩中育情。让幼儿通过自己和同伴的游戏，理解感受客家山歌中如何运用语言表达美，提高幼儿语言表现的审美意识和能力。比如，《猜石子》既是山歌又是适合孩子进行猜石头的游戏歌。朗朗上口的山歌除了别有趣味的方言，又结合有趣的游戏形式，深受孩子们的喜爱。在边念边唱边玩中，孩子们进一步感受到了方言的魅力和韵味，也为他们的童年增添了无穷的乐趣。在山歌的歌声中，编一些游戏动作，然后两个或多个孩子一起玩，这个游戏过程既教学了山歌又锻炼了孩子的表演和合作能力。

2. 创设幼儿学唱客家山歌的情境

创造适宜的教学情境。"情境"是老师根据教学内容与幼儿共创的一种能激起幼儿学习兴趣的场景，这种场景能把幼儿带入与山歌内容相应的氛围中。如山歌《唱出金鸡配凤凰》表现的是在山与山之间进行的问答对唱，劳作后的人们站在不同的山头，为了放松心情、互相沟通和传递信息，大声唱出山歌的情景。为客家山歌作品创设一定的情景，将其音乐形式以可听的、可视的、可说的、可演的形式展示给幼儿，有利于帮助幼儿理解客家山歌，并在理解的基础上接受它。若只按传统方法教幼儿打打节奏、按节奏报套歌词、老师教唱幼儿学唱等，是难以提起幼儿兴趣，也达不到好的效果。

3. 抓住幼儿学唱客家山歌的关键点

（1）歌词教学是重要环节。因幼儿语言发展的特点，他们词汇量不大，理解能力相对薄弱。如何让幼儿积极投入到歌词学习中，并能轻松掌握，是我们老师要思考的问题。创设歌词情境教学，可以在歌词教学中设计相应的情境，打破以往认字等类似的语言教学模式，让幼儿进入一个全新的期盼发现的问题情境。

（2）将主动权交还给孩子。改变以往自己编动作教给幼儿的方式，让幼儿自己跟着山歌创编动作。相信孩子，给孩子自由想象的空间。孩子创编无所谓好坏，老师要给予肯定与引导，从而增加孩子的自信心。欣赏活动要避免幼儿呆坐干听，要让他们在听的过程中有事可做。例如用图画、符号描绘出对音乐的想象；伴随音乐做自由即兴的身体律动；配合音乐做即兴的带有简单情节的戏剧表演；说说对音乐的感想。通过老师的引导，幼儿在每次听时都有新的发现，保持新鲜感。老师引导要适当，不要以过多的语言、过于具体的描述代替幼儿对山歌的理解，要给幼儿留有充分的想象空间。

（3）注重内容形成良好品质。客家山歌歌词中充满了正能量，老师要选择适合教育幼儿、促进孩子心理成长的山歌内容。如《蟾蜍罗》教育孩子要好学，读好书才能有出息；《有志唔怕叠叠山》告诉我们不怕困难勇往直前；《爷娘养育恩难忘》教育孩子要孝敬父母，尊敬长辈，学会感恩。教育孩子从小懂得做人的道理，为其树立良好的人格打下基础。

（4）注重幼儿体验培养想象力。山歌中的方言表达给孩子更多的想象因素，如《月光光》，光听题目就可以给孩子很大的想象空间。这首山歌有很多版本，每个版本有不同的意义内涵，孩子听了就会在同样的旋律下体会不同歌词所要表达的内涵。老师在引导幼儿欣赏之前，可以让幼儿自由想象，尽情表达自己想法，给幼儿自由表现欣赏美的空间，慢慢引起幼儿欣赏美的兴趣，给他们提供一个比较和模仿的机会。

（5）融入主题活动开展教学。《指南》中要求理解幼儿的学习方式和特点。老师以幼儿的好奇心为出发点，设计幼儿乐于参与的游戏方式。挖掘客家山歌这个主题的内容，不断将之细化，就像一棵大树先有树干，再生也树枝，最后长出树叶。结合整合课程的模式，对本地文化内容开展深入的探究，充分做到探索、发现和学习，使主题活动"枝粗叶茂"。教学安排以幼儿生活经验为中心，教学方法则以活动方式进行。例如在开展《山歌悠悠》主题活动前，利用孩子喜听山歌，乐唱山歌的特点，设计相关活动；欣赏《好听的山歌》的曲风、乐句，初步感受山歌的美妙旋律；欣赏《小歌手》了解山歌中表演的形式、器乐的使用，创设表演情境，初步学习表演唱客家山歌等。每个活动注重趣味性、体验性，在欣赏、合作、体验中，充分发挥幼儿的主体地位。

4. 促进幼儿学唱客家山歌的激励措施

老师除了用常规的表扬奖励方法，还可用竞赛的方式提高幼儿表现和表达的积极性，让幼儿在互相交流和比较中体验乐趣。如比比谁知道山歌歌词里的客家方言与普通话的意思，并请小评委，为各组的表现打分点评。幼儿学习的并不是单纯的技能技巧，而是教师对他引导时的态度与情感。老师引导幼儿在这种类似综艺节目攻擂比赛中，一方面能体验情感上的愉悦，另一方面能在互相竞争中吸取别人表现的长处，取长补短。

5. 提供幼儿学唱客家山歌的展示平台

不能只把幼儿拘泥于室内的学习，应让他们回归生活，走进自然，在大自然中体味音乐的乐趣。如：课外郊游时，带领幼儿对山歌，尝试利用自然环境，采用问答形式，在原有音乐的基础上改编简短易唱的歌曲。开展"客家小歌王"擂台活动，让幼儿大胆表演唱山歌，各年龄幼儿互相学习，班与班之间互相比较，除了班级教学，整个幼儿园都形成学习氛围，体现本土山歌特色。让幼儿走出幼儿园，参加观摩客侨文化艺术节，客家山歌春、秋季歌会，全国客家山歌邀请赛表演等，亲身体验、感受客家山歌在这座小镇形成的浓郁氛围。

三、客家山歌教学，让幼儿品格在课堂上养成

1. 陶冶幼儿的情操

传唱山歌是客家人情感表达、沟通的一种方式。现在学唱山歌也成为幼儿沟通交流的一种方式，不仅可让孩子在演唱过程中宣泄情绪，还是孩子与孩子之间进行心灵沟通的钥匙，给孩子创造了更多的交往机会，可让个别幼儿改善寂寞、抑郁等不良情绪，还避免或减少优柔寡断、缄默孤独和迟钝胆怯的性格弱点，并使孩子的情绪在活动中及时得到调节，促进幼儿建立良好的人际关系。

2. 提升幼儿的幸福感

我园成立了东莞市首个客家山歌亲子班，这个班已经开班近八年。凤岗电视台来园拍摄客家山歌亲子班上课花絮，东莞电视台采访我园客家山歌小小歌王，凤岗、东莞电视台、《南方都市报》、凤岗网等多家新闻媒体均对我园的活动做过报导。我们成立了东莞市首个客家山歌百人亲子合唱团。在合唱团中，孩子学会快板、学会二重唱、学会分享、学会合作，在镇（区）春季、秋季客家山歌歌会中精彩表演，我们与一批又一批的家长、孩子传唱着各式各样的客家山歌，感受快乐与幸福，让孩子以客家人为荣，新莞人以懂得客家文化而自豪。

3. 成为宣传客侨文化的阵地

幼儿园组建客家山歌宣传队，将客家山歌融入歌舞、情景剧等形式，传播客侨

文化。客家人热情大方、勤劳勇敢。本园园长是本土客家人，她会编剧本、会写客家山歌。老师们编排各种幼儿客家山歌节目，如《月光光》《月光娃娃》《茅相干》等。师生同乐，多次参加镇（区）客家山歌歌会演出。客家山歌情景剧《文明客家娃》在东莞市第六届少儿花会中荣获铜奖，客家山歌表演《客家娃娃颂凤岗》在镇（区）庆教师节退休干部慰问表演及各大型晚会中亮相，得到镇领导及观众的一致好评。我园成为客家山歌传唱的基地，宣传客侨文化的阵地，客家山歌也成为我园传承客侨文化的一张靓丽名片。

总之，我们在本土文化资源中，发掘客家山歌这一文化"符号"，在幼儿园教学中进行尝试，让我们中华民族的文化精髓从孩子开始，不断传承与发展。本土就是特色，特色铸就品牌。客家山歌的学习，让幼儿在学习活动中回归本土、回归自然，更加热爱我们美丽的家乡！

参考文献

[1] 李季湄，冯晓霞.《3—6 岁儿童学习与发展指南》解读 [M]. 北京：人民教育出版社，2013.

[2] 徐赛赛. 家乡文化家乡情：园本课程资源的开发与整合 [M]. 杭州：浙江大学出版社，2008.

[4] 黄伟宗，朱国和. 客家第一"珠玑巷" [M]. 广州：广东高等教育出版社，2011.

[6] 中国学前教育研究会. 坚定立场，关注细节，提升经验：中国学前教育研究会优秀成果汇编 [M] 北京：明天出版社，2010.

（本文作者：东莞市凤岗镇中心幼儿园　汪　燕）

经典素读课堂教学的"读""讲""背"

《学记》里说:"比年入学,中年考校。一年视离经辨志;三年视敬业乐群;五年视博习亲师;七年视论学取友,谓之小成。九年知类通达,强立而不反,谓之大成。"古代孩童满腹经纶:莹8岁能咏诗;甘罗12为上卿;项橐7岁成子师;李白5岁能背《六甲》,10岁时已读完诸子百家之书;王勃17岁就写下《滕王阁序》……著名作家白先勇先生曾经说过:"如果我现在要教孩子的话,也要他们念古书(《史记》《汉书》),暑假也盯着他背古文、背诗词,我觉得这几千年的文化遗产,非常可贵。我认为念中国诗词,真是人生的一大享受……我觉得我们应该鼓励背书,多背古文,多背诗词,这对于文字表现是一种最好的训练。"可见,欲成大器,需从经典浸润开始,从背诵古籍开始。

浩瀚的经典古籍,古人是诵读的。《说文》:"诵,讽也。""读,诵书也。"贾公彦注:"以声节之曰诵。"孟子曰:"诵其诗,读其书。"清朝刘大櫆(kuí)好取古人之文,纵声读之。姚鼐则患气羸,然亦不废诵。他还说:"大抵学古文者,必先放声疾读,又缓读,只久之自悟;若但能默看,即终身作外行也。诗词和古文都要从声音证入。文韵至好,但说到中间忽有滞钝处,此乃是读古人文不熟。急读以求其体势,缓读以求其神味,得彼之长,悟吾之短,自有进也。"(尺牍《与陈硕士》)"因声求气法"之说由此而来。

简单的一个字"读",扩充到六个字就是"诵读""讲解""背诵"。"诵读"经典的方法多样,运用各种形式诵读激发学生的积极性,使学生爱诵读,爱经典。陶渊明主张"好读书,不求甚解",日本右脑开发专家七田真认为不求内容理解的深度和广度,因此"讲解"不一定要非常深入。"背诵"就是所读的内容通过各种形式的反复练习,最后形成肌肉记忆。

一、读

(一) 诵读

有很多人认为"诵读"就是"死记硬背",其实不然。近年来,特级教师、浙江师范大学教授陈琴根据20多年的经典素读教育经验,提出"歌诀乐读法"这一种深受广大学生、教师和家长喜爱的读书方式。

(1)"歌诀"。百度字典是这样解释的:为了便于记诵,按事物的内容要点编成的韵文或无韵但整齐的句子,可以咏歌而有韵律的口诀、歌谣。

（2）乐读法。"乐"有两种读音。可以读 lè，读 lè 时，表示气息很顺畅，心情很愉悦；读"yuè"时，表示像读歌谣，有韵律美。

（3）歌诀乐读法。在古代疾读法的基础上，遵循文言的句式特征，依据古诗文吟诵音节的要求，多侧重逻辑的方式，以明快的节奏大声而迅疾地诵读。此法依归于"开智于声"，目的是达到"弱而能言"之功效，具有强烈的律动感和复踏歌谣的气韵，强调书读一口气，强弱快慢对比明显，一气呵成，句义不破，同句型连贯，如排比句、对仗句可以读出排山倒海的气势，而转折词、总结句则可以读出让人驻足停留的深思。此法适于背诵，是演说式的背诵方法。

歌诀乐读法最大的秘诀在于气息，读多了，气息自然会随着文气的变化而出现节奏快慢长短交替，甚至可以做到气息的节点刚好和文句的节奏停顿、重音强调、语气虚词合拍。曾文正公曰："高声疾读以畅其气，恬吟密咏以探其趣。有宜出之喷薄者。有出之吞吐者。亢之则在青云之上，抑之则在渊泉之下，夫各有所当也。"这大概就是读书之最高境界"当随韵之阴阳而与为翕辟"吧。此法依据疾读法的理念，在理解文章含义的基础上，告别"诘屈聱牙""呕哑嘲哳"的困境。

如诵读欧阳修的《秋声赋》，用"歌诀乐读法"诵读，学生从头发尖尖到脚趾颠颠都在读书，或摇头、或拍桌、或击掌、或跺脚……气息、句式与长短往往是快——慢——慢——快交替进行，如打太极组合拳一般，吐出去，收回来，吐出去，再收回来，如此反复，乐此不疲。

欧阳子方/夜读书，闻/有声/自西南来者，悚然/而听之，曰："异哉！"初/淅沥以萧飒，忽/奔腾而砰湃；如/波涛夜惊，风雨/骤至。其/触于物也，鏦鏦铮铮，金铁/皆鸣；又如/赴敌之兵，衔枚/疾走，不闻/号令，但闻/人马之行声。余谓/童子："此/何声也？汝/出视之。"童子曰："星月/皎洁，明河/在天，四无/人声，声/在树间～。"

（"/"表示停顿，"·"表示重读，"～"表示延长，"　"表示连起来快读）

歌诀乐读法最精妙之处是"潜气内转"，即气息的流动、交替、循环与往复。就一口气而言，短句尤其是带有语法逻辑的句式一般顿读或缓读，长句往往是"前快后慢"，即前面出气疾读，后面收气顿读。之所以如此，实乃练气养气之所需。长句读得多，疾读不泄气，气则内蕴于胸，长此以往，则可蓄气养气。"气"之重要性在中国文化中不亚于生命，天地、阴阳、日月、生死等均言"气"也，俗语称一个人死了叫"没气了"，即是由此而来。孟子早就说过："我善养吾浩然之气也。"韩愈也提出"气盛言宜"论，他在《答李翊书》中说："气，水也；言，浮物也。水大而物之浮者大小毕浮。气之与言犹是也，气盛则言之长短与声之高下者皆宜。"孟子有浩然之气，故其文多用排比句，好辩论喜譬如，气势磅礴。

韩愈其人正气十足,"道济天下之溺""勇夺三军之帅",其文则如大江大海,汪洋恣肆。曹丕也说:"文以气为主",中国文赋本就讲究"潜气内转",后人诵读时自然也应如刘大櫆所言"因声求气"。如孟子、庄子、韩愈之雄文,非疾读无以展其气,非歌诀无以记其言。

(二)顶针式读法

顶针式读法也相当受追捧。如《春江花月夜》的诵读,用了此法,学生把诵读变成游戏,时时刻刻想起来就脱口而出。或者一边收拾书包,一边诵读;或者一边快走一边念诵,乐而不疲。

女生:春江潮水连海平/海上明月共潮生/
男生:海上明月共潮生/滟滟随波千万里/
……

通过三四遍顶针推进诵读之后,学生就能熟读成诵。

(三)接力读

苏联著名教育学家、心理学家赞可夫曾指出:"教育一旦触及学生的心灵、情感和意志领域,触及学生的精神需要,这种方法就能发挥高度有效的作用。"接力读游戏作为一种教学手段,不仅能开启学生的心灵,调动学生的积极性,还能丰富其创造性。"接力读"又分为"小波浪接力读"与"大波浪接力读"。

1. "小波浪接力读"

以横排为单位,一排一排接下去读。
如:《老子》第一章的素读。
第一排(每组的第一桌):道可道,非常道。名可名,非常名。
第二排(每组的第二桌):"无"名天地之始;"有"名万物之母。
……
第六排(每组的第六桌):玄之又玄,众妙之门。

2. "大波浪接力读"

以竖排为单位,两竖排为一组,一组一组接下去读。
无论"小波浪接力读"还是"大波浪接力读",只要读完一遍,就给分数,或120分,或200分,或300分……学生就是喜欢在竞赛中进行快乐素读。

(四)以吟为主,诗、词的学习可以入木三分

吟诵是汉诗文的读法,古人都是吟诗作赋,先吟诵,反复推敲,方能下笔,因为中国汉字是表音的,声音能传情达意。下面列举古代几幅吟诵图。

"诗三百,孔子皆弦而歌之",此"歌"乃"吟诵""吟唱"。曾国藩读书也是如此,"读书声出金石,飘飘意远——乐也。"吟诵真是一件快乐之事,手之、足

之、舞之、蹈之，这是学习最有效的入境。"素读第一人"陈琴老师的依字行腔吟诵法备受欢迎，"一二声平三四仄，入声规则很奇特（很奇特呀很奇特），平长仄短入声促，韵字平仄皆回缓（皆回缓呀皆回缓）"。简单之"平长仄短，依字行腔"。唯有吟诵方能倾听诗人的心声，正如清代学者刘大櫆说："弦歌以和其心，诵读以探其义。"如学生在吟诵《诗经·邶风·邶风》时，顿觉当时朝廷的腐败，对卫懿公这等人的痛斥油然而生，深深体会百姓逃亡的不舍与无奈。而我们的语文课堂，往往都是老师不停地引领着学生分析诗意，殊不知，这只是在探其义，门外看道，岂能入道。

（五）巧读长诗、长文，效果显著

比如，《正气歌》360多个字，句式相同，意义深远。开头点出浩然正气存乎天地之间，随后连用12个历史英雄名人的典故，气贯长虹；接下来，写浩然正气贯日月，立天地，为三纲之命，道义之根；最后，联系到自己的命运，感情深沉。如果一字一顿地朗读，学生会有不耐烦的感觉，而且容易打结、乱码，甚至颠倒。巧用角色轮读，个别领背，再用歌诀乐读法，或和声，或吟诵唱，课堂会出现此起彼伏、余音袅袅、不绝如缕的美好画面。

正气歌
［南宋］ 文天祥
（男生吟诵）天地有正气……一一垂丹青。
（全体激情高昂颂英雄）
在齐太史简，在晋董狐笔。……三纲实系命，道义为之根。
（全体激歌诀体乐读法）
嗟予遘阳九，隶也实不力。……顾此耿耿在，仰视浮云白。
（全体吟诵）
悠悠我心悲……风檐展书读，古道照颜色。

学生有了自己的角色台词，一来不会乱码，二来很有主人翁的精神，三是齐心协力共同创造课堂学习的高潮。巧妙的安排让我们轻而易举地背熟了很多长诗长文，比如《长恨歌》《蜀道难》《琵琶行》《洛神赋》……南环瑾先生说："我们小时候，读书是读到肚子里去、肠子里去，一辈子都不会忘记。"当背诵成了习惯，最后成为"肌肉记忆"，经典的力量就会一辈子流淌在学生的血液里，永不忘记。

二、讲解

讲解就是把每一篇经典文字的情趣给孩子揭示出来。法国教育家说："21世纪,最困难也是最有价值的事就是让教师闭上他的嘴。"教师悠兮其贵言。君子之教喻也,道而弗牵,强而弗抑,开而弗达。经典教学"素解"为上,学生自己能读懂的,教师不做讲解,学生不易理解处教师点拨,点拨指导之后学生也不能理解的就不必再讲解。

(一)"导读法"妙趣横生

在《老子》《论语》《古文观止》《诗经》等教学中,以引导为主,学生边理解,边用各种趣读方法学习。如导读《老子》第十一章:"三十辐共一毂,当其无,有车之用。埏埴以为器,当其无,有器之用。凿户牖以为室,当其无,有室之用。故有之以为利,无之以为用。"(见图9-1、图9-2、图9-3)

导读过程:

(1)借助拼音读准"毂""埏""埴""凿""牖"。
(2)用歌诀体乐读法读通《老子》第十一章。
(3)用"小波浪接力赛""大波浪接力赛""顶针读"等多种形式熟读成诵。
(4)根据注释简笔画画出"辐""毂""埏埴""牖"。

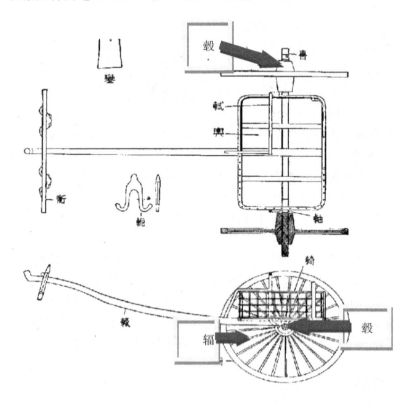

图9-1 辐、毂

图9-2 户、牖

（5）不同版本的《老子》，指认"辐""毂""埏埴""户""牖"之间的"有"与"无"及"有"与"无"的辩证关系。（见图9-4）

图9-3 埏埴

图9-4 不同版本的《老子》内容

（6）举例说说生活中"有之以为利，无之以为用"的情况。

学生1：珍珠项链的珍珠中间有洞，有了洞才能连珠成串。

学生2：铅笔，中间中空才能盛下笔芯。

学生3：课桌，中间空可以放书包。

学生4：鞋子，中间空可放脚。

……

学生：老师，有时我考试不好，心里很难受，然后不想了，就开心了，是不是也是老子教我们的"有之以为利，无之以为用"呢？

学生这样的理解虽然隐约似懂，但是又有谁能真正读懂《老子》呢？读《老子》，跟着老子行走一辈子。

古人云：读《大学》学做事，读《老子》长智慧，读《中庸》当公仆，读《论语》走天下。

（7）再次歌诀体乐读，镂空背，打擂台背诵。

三师幅……当其无……埏埴……当其无……凿户牖……当其无……故有之……无之……。

（二）"图片释文"，简洁明了

比如对《千字文》中的"剑号巨阙，珠称夜光。果珍李柰，菜重芥姜。龙师火帝，鸟官人皇。始制文字，乃服衣裳"的教学。再如讲解《诗经·国风·卫风·硕人》里的"手如柔荑，肤如凝脂，领如蝤蛴，齿如瓠犀，螓首蛾眉，巧笑倩兮，美目盼兮"。均可展示与内容相关的图片。

（三）"以文解文"，相得益彰

笔者认为能用几篇古文的词句解释新学的古文，为最高的解读。只有学会了"以文解文"，学生学习古文的功底才逐渐笃厚，理解力才逐渐增强，阅读能力才随之提高，方可走进经典的学习。

比如：对《千字文》中的"知过必改，得能莫忘。罔谈彼短，靡恃己长"的理解时，学生马上联想到《弟子规》与《老子》中的相关章节语句进行互解。与《弟子规》中的"过不归，道两亏""话说多，不如少"以及《老子》第五章中的"多言数穷，不如守中"意思吻合。学生只有这样的理解，才能触类旁通，久而久之，就能成为"以一能十"的小颜回。

在经典诵读课中，长期运用"以文解文"的素读方法，学生的底蕴越来越深厚，活学活用的能力越来越强，学经典越学越有味，学习经典将逐渐成为一种习惯。

（四）"文史不分家"，绵远久长

经典往往伴随着历史的痕迹，学习经典，没有历史背景的铺垫，学生如同嚼蜡。

如对《千字文》中的"磻溪伊尹，佐时阿衡。奄宅曲阜，微旦孰营。桓公匡合，济弱扶倾。绮回汉惠，说感武丁"的理解，没有历史背景，历史故事的铺垫，学生根本不懂。

"磻溪"指姜子牙直钩垂钓，钓到文王，辅佐周文王与周武王治理国家。"伊尹"御厨，治国如煮菜，后居宰相之位，辅佐商汤王主持朝政。"旦"指周公旦，姬旦也，辅佐年少周武王主持朝政，平定"国字三监"。"桓公匡合，济弱扶倾"讲的是齐桓公匡正天下时，宰相管仲全力以赴，救济天下。"绮回汉惠"讲的是汉惠帝刘盈，刘邦与吕后之子。刘邦想废除其太子之位，吕后请来刘邦费尽心力请不来的商山四皓与太子同游，刘邦见后打消了废除太子的想法。"说感武丁"是指商武丁为政时，傅说入梦，于是费尽心思找到傅说辅佐国政，国大治，安平泰。有了历史的介绍，学生会觉得文字就有了温度，亲切感油然而生。

这一段的理解，以后对学习屈原《离骚》中的"汤、禹俨而求合兮，挚、咎繇而能调。……说操筑於傅岩兮，武丁用而不疑。吕望之鼓刀兮，遭周文而得举。甯戚之讴歌兮，齐桓闻以该辅"有极大的帮助，因为《千字文》中的"磻溪伊尹，佐时阿衡。……绮回汉惠，说感武丁"与之内容一样。

文学与历史永远在一条轴上，学习历史与学习文学并肩前行，学生才能学得深入、透彻、明了。

三、背诵：各种策略多管齐下

寓读于活动中，激发学生"素读"经典兴趣，新知放在不同场景中学习，或已读已背的典籍在活动中重现，学生兴趣浓厚。

（一）亲近大自然

每逢时令（春分、夏至等）或传统节日（端午、重阳、元宵等），带领学生在野外游学，亲近大自然，唤起学生对文字的记忆，将经典文化注入学生的骨髓中。以苍穹为教室，以大地为凳子，以大自然为教材，怎一个"素"字了得。

春至，寻找春天的影子，捕捉春天的气息，学习"《诗经》里的春天"，边学边采摘野菜。野餐时，学习《诗经·小雅·鹿鸣》，入境入情，学游合一。

秋至，登高望远，感受秋意浓浓，学习《山行》《秋声赋》《劝学》登高片段，情景融合，学得兴趣盎然。

端午节，学习"食饼筒"文化，"屈原"文化，学做"食饼筒"，知识与快乐并存。

（二）建立经典诵读圈

建立诵读圈，师生共读，亲子共读，营造人人捧经典，人人读经典的氛围。群体记忆大于单独记忆，在一个读经浓烈的氛围中，学生读经热情高涨，兴趣浓浓。

教师通过微信、书信、家长会、游学等方式带动家长走进经典诵读。在元宵举办的"读经典的书　做有根的人"的经典诵读会上,学生上台吟诵《诗经·卫风·木瓜》,"素背"《天下大同》,震撼了全场。

(三) 奖励机制层次化

采用多种背诵评价方式,提高学生背诵积极性,如:个别微信群背诵、诵读录像、微信群上展擂台、年背……总之,八仙过海各显神通,巧用各种平台。

日常"素读"背诵中,设置"背诵银行卡",背诵一课获模拟币 10 元,设置"通关卡"(如《三字经》通关卡、《千字文》通关卡、《弟子规》通关卡等)。将银行积分的激励效能最大化,制订多种层层递进的积分升级方法。

1. 积分卡接地气

为了使学生体验付出努力获得进步的快乐,老师可以将积分卡设置成铜卡、银卡、金卡和 VIP 卡。铜卡为基础卡,学生赚得 100 点积分后,换取银卡;赚得 200 分后,升级为金卡;获得 300 分后,可升级为 VIP 卡。这些卡片不但颜色上有较大的差异,从古铜色、银色、金色到棕色,而且一张比一张精美,更为诱人的是积分的计分方法有很大的差异。领到 VIP 卡的学生,可以走红地毯进入最高荣誉殿堂,接受全体同学的掌声和祝福。

2. 角色晋升

当积分达到一定的数量可获得各种荣誉称号,比如小白、书童、秀才、举人、进士、探花、榜眼、状元等。美国著名人本主义心理学家亚伯拉罕·马斯洛将人的需要分为五个层次:生理、安全、社交、尊重和自我实现的需要。从背诵活动中获得激励、肯定、自尊,甚至是更高层次的自我实现的满足感,体会到学习能力的提高和自我成长蕴涵的价值,意义非同凡响。

诵读、讲解、背诵经典,最大限度地培养学生学习经典的兴趣,激发其背诵经典的积极性。只有不断积累,才能提高读写的能力,才能丰富学生的精神家园。经典之功,老子在两千多年前就曾谆谆告诫:"不失其所者久,死而不亡者寿。"

(本文作者:广州市越秀区东风西路小学　朱雪英)

以经典诵读促进学生多元智能的发展

"多元智能"也称"多元智力",是1983年美国哈佛大学的心理学家霍华德·加德纳在《精神状态》一书中提出的。霍华德·加德纳用多方面的研究成果证明每一个人至少有7种不同的"智力中心",分别是语言智能、逻辑数学智能、视觉空间智能、肢体运作智能、音乐智能、人际智能、内省智能。他认为在人的一生中,这些智能不断受先天及后天的影响启发或开闭。世界上并不存在谁聪明谁不聪明的问题,而是存在在哪一方面聪明以及怎样聪明的问题,即学校里没有所谓"差生"的存在,每个学生都是独特的,也是出色的。教育最主要的目的,不只是知识的传授,更是要发掘并引领这些智能的发展。

由此可见,多元智能理论对于规划孩子的教育,开发他们的智慧潜力,提高综合素质有着极为重要的作用。多元智力理论会直接影响教师形成积极乐观的"学生观",以及有利于教师重新建构"智力观"和"教育观"。为此,每位教师都应了解有关多元智能的理论,都应树立起培养学生多元智能的意识,发现并挖掘学生多方面的潜能,促进其多元智力的发展。

语文作为一门主科,理所当然应承担起培养学生多元智力的责任。本人在教学实践中发现,语文教师可以通过多种途径培养学生的多元智力,引领学生进行大量经典诵读便是其中甚为有效的一种。

经典古诗文是我国文学宝库的瑰宝,源远流长。对于弘扬祖国优秀的传统文化,提高广大学生文化和道德素质,增强民族自信心和自豪感起着深远的作用。同时,古诗文在发展学生的语言智能、人际智能、音乐智能和肢体运作智能等方面也有着不可替代的作用。笔者趁着学校开展中华古诗文经典诵读活动的一股东风,鼓励班上的学生大量阅读经典书籍和背诵经典古诗文,尝试着在指导学生开展经典诵读的过程中,有针对性地引领他们,使他们的各种智力得到更加全面的发展。

一、以经典诵读促进学生语言智能的发展

语言是人类在社会中相互沟通的重要工具。恰当的语言能使"干戈化玉帛",能让人左右逢源,在社会生存中游任有余。语无伦次,不仅易造成误解,朋友不合,甚至左右碰壁,给人生造成很多不必要的麻烦。语言又是一种智慧的文化载体,凡是语言的表达都是一种智慧的展示。

怎样才能利用经典古诗文激活孩子的语言智能,使其得到充分的发展呢?笔者认为可以从以下两方面入手。

（一）善用诗人或背景简介，促进语言组织能力

《左传·襄公二十七年》载："诗以言志。"所谓"志"，即指思想、志向、抱负。汉以后，"诗言志"逐渐发展为"诗言志，诗重情，情志并举"。就是说，诗歌是用以抒情言志的。要想很好地体会古诗的意境或者诗人的情怀，必须要先了解诗歌创作的时代背景和诗人所处的历史环境。为此，在孩子们接触到一首古诗的时候，本人都会布置他们先去收集资料，了解诗人的个人经历或风格，以及创作此诗的社会背景，以便在课上与大家交流。同时，要求交流时每个学生都不可以拿着所收集到的资料照着读，必须要自己组织语言，用自己的话来介绍，比一比谁的介绍最能激起同学们学习该古诗的兴趣。

这是班上一个孩子在学习《赠汪伦》时，课前与大家交流的一段话："同学们，听说过我国古代有个叫汪伦的人吗？相信大家不一定听说过，我之前也不知道有这么一个人。因为汪伦只不过是一个隐居安徽泾县的普通人，但是他非常崇拜李白，很想结交李白这个朋友。他知道李白很爱饮酒，于是写信给李白说：先生好游乎，此地有千里桃花；先生好酒乎，此地有万家酒店。李白接到信后连忙赶到汪伦那里。见面后，汪伦解释说，桃花只是潭水的名字而已，并没有桃花；有一家酒店的主人姓万，并不是有一万家酒店。听到这里，大家是否觉得这位名叫汪伦的人真有才？我想，李白也和我们一样有同感吧！他和汪伦谈得很投机。在李白离开时，汪伦送了他马和布，还同村里人一起给李白送行。李白很感动，便写下了'桃花潭水深千尺，不及汪伦送我情'的优美诗句，也就是今天老师要和我们一起学习的这首古诗《赠汪伦》。"

可以看得出来，这位学生将自己收集到的有关资料进行了删减、整合，并转化为同学们乐于接受的，而且是富有自己个性的语言了。

相信长期这样训练，学生组织语言的能力便能得到较好的提高。

（二）加强诗歌的朗诵，促进语感的培养

语感是人们对语言的直觉感知、领悟和把握能力，是"对文字的灵敏的感觉"。在古诗教学中，诵读的作用是不言而喻的。诵读古诗是培养语感的重要途径，不失为积累语感极佳的方式。它不但有助于提高语感的直觉性，还有助于培养语感的情感性。《尚书·尧典》载："诗言志，歌永言，声依永，律和声。"古诗的语言优美，讲究平仄和押韵，极富音乐感，读起来朗朗上口；文字含蓄、精练，富有强烈的感染力。正因如此，古人留下来的经典诗歌都是非常适合进行朗诵训练的。学生通过反复诵读，去体会诗歌的音韵美、节奏美、气势美。从感性上、整体上去理解诗句的意思，感受诗人的情感和诗歌的意境。通过诵读的轻重疾徐、抑扬顿挫，迅速地在头脑中浮现出生动可感的画面来，更好地形成语感，更好地感知诗人语言之神妙。最重要的是，在不知不觉之间已然把古诗文里的精华转化为自己内

在的积淀了。因此，语文教师在教学中应鼓励学生或浅吟低唱地诵读，或字正腔圆地诵读，或直抒胸臆地诵读。在诵读中整体感知，在诵读中有所感悟，在诵读中培养语感。

笔者觉得对于诗歌的朗诵要体现层次性。在初步感知阶段，只需读准节奏，掌握平仄就行了；在理解诗意、体会意境后，则要求充分体现诗人的情感或诗歌的意境。为此，在课上，可以要求学生描述诗歌表现了诗人什么样的心情，或者诗歌描绘了怎样一种境界，然后要学生通过朗诵来表达自己对诗歌的理解。

如《早发白帝城》一诗，是李白在流放夜郎，途中遇赦时写的。学生通过反复诵读和感悟，体会到诗歌表达了李白在绝望中看到希望和光明的欢快、激昂的心情，而且知道这种心情是借白帝城头的彩云、三峡两岸的猿声、江水的湍急浩荡、轻舟的乘风破浪表现出来的。学生朗诵时的轻重疾徐、抑扬顿挫、激情澎湃，正是其透过诗中那诗意盎然的画面，看到长江三峡沿途的壮丽景色的最好体现；正是其"看到了"李白兴致飞扬的精神风貌及其内心情感的最好体现。

二、以经典诵读促进学生音乐智能和肢体运作智能的发展

音乐智能主要是指人敏感地感知音调、旋律、节奏和音色等的能力。肢体运作智能主要是指人调节身体运动及用巧妙的双手改变物体的技能，表现为能够较好地控制自己的身体，对事件能够做出恰当的身体反应，以及善于利用身体语言来表达自己的思想。

古典诗歌，尤其是唐代兴起的近体诗多为格律诗，有五言、七言的律诗和绝句。

诗歌里平仄的搭配是一定的。"平"，专指平声字，声调高扬而漫长；"仄"，专指上、去声字，声调或高低起伏，或发音短促，犹如山路的险窄不平。以平为扬，以仄为抑，高低升降，互为映衬调节，使节奏均匀多变，音韵铿锵，语言优美，富有音乐感。

诗歌的用韵也是有严格的规定的。诗歌一律压平声韵，押韵的位置也是固定的。在朗诵时，由于有了韵脚的呼应，形成了回环往复的节奏感，让人听起来和谐优美，委婉动听。有的诗歌还运用了对仗，朗诵起来整齐优美，和谐悦耳。

另外，朗诵古诗时还应讲究节拍，形成整齐、匀称的顿挫。有五言三顿的，如李峤《风》：

> 解落——三秋——叶，
> 能开——二月——花。
> 过江——千尺——浪，
> 入竹——万竿——斜。

有五言五顿的，如李白的《静夜思》：

床——前——明——月——光，
疑——是——地——上——霜。
举——头——望——明——月，
低——头——思——故——乡。

有七言四顿的，如杜甫的《绝句》：

两个——黄鹂——鸣——翠柳，
一行——白鹭——上——青天。
窗含——西岭——千秋——雪，
门泊——东吴——万里——船。

也可把七言诗朗诵为七言两顿，如：

两个黄鹂——鸣翠柳，
一行白鹭——上青天。
窗含西岭——千秋雪，
门泊东吴——万里船。

可见，诵读古诗可以让学生的音乐智能和肢体运作智能在不知不觉中得到训练。笔者就经常鼓励学生们摇头晃脑地诵读，打着节奏吟诵，手舞足蹈地唱诵……学生们都不亦乐乎。对他们来说，学习古诗是一件非常快乐的事情，是一件极为雅致的事情。

三、以经典诵读促进学生人际智能的发展

人际智能是指能够善解人意、与人有效交往的才能。人际交往是每个人的必修课，和谐的人际关系也是每个人所向往的。然而，并非每个人都会在人际交往中如鱼得水，游刃有余。这就需要我们从小培养孩子们的人际智能。

笔者充分发挥学生与人交往的积极性，在经典诵读的过程中为学生们创造多种交往的途径。比如堂上采取多种形式的诵读，有男女生赛读、接力赛读、小组赛读等。让学生相互评价同学对诗人或写作背景的介绍是否详尽；对诗句的解释是否正确；对诵读诗歌的情感把握是否恰当。课间、课后相互检查同学背诵的情况如何，积极地帮助有需要的同学……如此种种，让学生学会如何去欣赏他人，认可他人；

学会如何善意地向别人提出意见；学会如何为别人提供帮助。学生的人际交往能力得到了训练，人际智能得到了发展。

总而言之，"教育最主要的目的，不只是知识的传授，更是要发掘并引领学生们各种智慧的发展"。语文教师在指引学生经典诵读的同时，既要以弘扬祖国优秀的传统文化为目的，又要通过有意识的训练，发展学生的多种智慧。只有这样，我们的学生才能终身受益，真正做到德、智、体、美、劳全面发展。

参考文献

[1] 霍华德·加德纳. 多元智能 [M]. 沈致隆，译. 北京：新华出版社，1999.

（本文作者：清远市田家炳实验学校 林晓丽）

一字一乾坤

——关于"汉字寻根"的点点滴滴

　　自从加入了美的学校《国学蒙读》教材编写组，我就与一个个方方正正的汉字结下了不解之缘。汉字，能用它自己独特的形体结构，以象形为基础，运用抽象的线条去描摹、比附大千世界的万事万物。从龟壳上如同孩童涂鸦一般的刻刻画画，到形成固定的文字符号，这个过程，中国人用了整整三千年。在我们《国学蒙读》校本教材之中，"汉字寻根"是一个很小的单元，但是正是因为有了"汉字寻根"的存在，孩子们得以借助小小的方块字，去穿越三千年的云烟，追本溯源，感受历史的脉搏和文化的积淀。

　　在美的学校《国学蒙读》校本教材之中，"汉字寻根"的内容是与古文教学同步的。数千年来，汉字历经演变，却忠实地记录了中华文明的光辉历程。历史悠久的中华文化能够完整地流传到今天，靠的是汉字的记录与传承。因此，我们从每一篇古文中，都选择一个汉字加以追溯，了解这个字的起源与演变，让孩子们对历史悠久的中华文化有一个感性的认识。

一、追溯代表性的汉字

　　从汉字字形所承载的古代文化信息中，我们可以了解到先民们创造文字的智慧，观察到中国古人在生活劳作、民风习俗、思维方式、审美观念与思想情趣诸方面留下的历史印记。因此在选择汉字时，我们也必须把这种历史印记清晰地展示给学生。如：《国学蒙读》第二册中，古文第二课和第三课的"汉字寻根"分别选择了"则"和"利"，这两个字的右边都是"刂"，正好让学生感受带"刂"的字在意义上与"刀"的联系，并借由字形来体会会意字。而且这两个字的字义不断地被引申，和本义相比已有了很大的差别，学生可以在其字形和字义双重的演变之中，感受到汉字发展的走向。

二、追溯对古文的理解有帮助的汉字

　　第八册古文中出现的《大学》中的句子："所谓诚其意者，毋自欺也，如恶恶臭，如好好色。"这一句孩子们不好读，"恶恶臭，好好色"的正确读音是"wù è xiù，hào hǎo sè"特别是"臭"字，是用"鼻"和"犬"的组合来表达嗅之意，也指气味，读作"xiù"。但是当它读"chòu"的时候，就变成形容词，用来表示难闻的气味。一个字同时具有动词、名词和形容词的三种词性。在今天，我们为了加以区别，当它作为动词的时候，就在左边加上一个"口"，写作"嗅"，但在古时却不是如此，所以在"汉字寻根"的编排上，特意选择了"臭"来追溯，让孩子们去理解"臭"的本义，再读古文时就不容易读错了。

三、追溯最有趣的汉字

第四册《国学蒙读》古文第一课是《论语·学而》（节选），第二课是《老子·上篇·道经》（节选），看似联系不大，但在第一课中出现了"贫而无谄，富而无骄"，在第二课出现了"知足者，富也"。"贫"和"富"本身很有对比性，于是就在两课中本别选择了"贫"和"富"作为"汉字寻根"的内容，让孩子去对比家中无物可分的"贫"和家中储藏丰富的"富"，更能彰显趣味性。

在选择汉字的时候，也常常会出现这样的情况：我们已经从一篇古文中敲定最适合的汉字来进行追溯，但因为无法找到权威的文献参考，只能遗憾地放弃再做其他选择。虽然有欠完美，但保证内容的正确性是最重要的大前提。

四、背景知识点到为止

每一个汉字，无一例外地都来自最真实的生活。班固的《汉书·六艺志》中记载："上古八岁入学，教之六书。"所为的"六书"，指的是通过分析汉字的构造和使用目的而归纳出的六种条例：象形、指事、会意、形声、转注、假借。字形以象形为主，字体以不可分割的独体为主。在独体字的数量积累到一定的程度之后，人们便有采取了以现有的汉字为基本构件，通过固定组合的方式创造新字的方法，创造了会意字、形声字等。经由几千年的演变，汉字逐渐发展为今天的固定符号。小小的汉字之间，藏着丰富的知识，但这些知识，我们在教材中也只是点到为止。

在现在已经编写的"汉字寻根"内容中，出现最多的概念是：象形、会意、形声、假借和引申。前四个概念都属于"六书"的内容，象形、会意、形声是最常见的造字法，假借是用字法。引申在汉字的字义演变方法起到了很大的作用。这几个概念是孩子们了解汉字的历史时必须要了解的背景知识，但知识的内容应该只是点到为止，不刻意去做解释，学习的重心仍旧是字形与字义的演变。

图9-5　辰（金文）　　图9-6　富（金文）　　图9-7　从（小篆）

如："辰"就是一个典型的象形字（见图9-5），我们重点是引导孩子去发现其字形像"一只身体舒展，在水中游泳的大蚌壳"。在今天，我们都不使用其最初的字义了，但是观察字形的演变，我们还是能看出"辰"的本义是蚌壳类的软体动物，只是在现代汉语中它已经被借用为地支之一，失去了原来的含义——这个过程，就是假借。

又如："富"是一个会意兼形声字（见图9-6）。引导学生观察字形，会发现"宀"表示"房顶"，"畐"表示"酒坛子"，有吃有住有酒喝，很"富裕"——所以其为会意字；再引导学生去发现字音，"富""畐"读音相似，"畐"兼作声符——所以其又为形声字。

此外，在汉字中，偏旁部首也是一个有趣的内容，教给孩子一些偏旁的知识，也能让孩子对汉字产生更多的兴趣。

例如"辵"（辶），有脚和走路的意思，常常作为字的部件，并且有自己的读音"chuò"。我们从汉字"从"的演变中就能发现这个部件，它在小篆体的"從"（"从"的繁体）中就已经出现了。老师可以借由图片引导孩子们去发现它的演变过程，并试着在其他汉字中寻找相同的部件。（见图9-7）

又如"阝"，虽然名字是"双耳旁"，却和耳朵没任何关系。它在汉字的左边部分时，为"阜"，表层高厚之山之意，如"陵""险""陡"；在汉字的右边时，为"邑"，表示地域、地名、城郭、古代诸侯封国等义有关，如"邱""邓""邵""祁"等等都是古地名。

这些知识都贯穿于"汉字寻根"的内容之中，给孩子们一个正确的认识，激发他们的学习兴趣是主要目的，知识的内容不必过深地去研究。

五、图示呈现可靠且直观

汉字的字形历演变了数千年，演变大体上可以分为七个阶段：甲骨文—金文—小篆—隶书—楷书—行书—草书。"甲金篆隶草楷行"七种字体称为"汉字七体"，在演变的过程中，汉字经历由简入繁再由繁到简的过程。其中甲骨文和金文最为生动，最能体现古人造字时的形象思维，选编入教材会让汉字演变的过程更生动有趣。遗憾的是，我们所能搜集到的甲骨文和金文数量不多，不是每一个汉字都能找到其对应的甲骨文或金文。

"隶变"是汉字的根本之变，较之之前的小篆，隶书除了点画的简化和书势、体势的变化外，更重要的是汉字形体实现了由"具象"向"抽象"的飞跃，从根本上进行了简约，较彻底地改变了小篆之前的古文字的面貌。

在书体图示的选择上，我们尽量给孩子们呈现出一个汉字最初的字形，但来源一定要确切、可靠，否则宁可放弃不用。

（a）育（金文）　　　（b）育（小篆）　　　（c）育（隶书）

图 9-8　汉字"隶变"的过程

例如：在"育"字的图示上，金文的"育"就形象地描绘出了妇女产子的画面，确切地表达出了其本义——"生育"。小篆的字形保留了金文的基本特点，但已不再形象。到了隶书，字行由圆变方，线条变弧线为直线，更接近于今天的字形。（见图 9-8）

知名学者任学礼先生曾言："汉字不惟是生命的符号，亦是'符号'的生命；不惟是语言的符号，亦是'符号'的语言；不惟是思维的符号，亦是'符号'的思维；不惟是哲理的符号，亦是'符号'的哲理；不惟是信息的符号，亦是'符号'的信息；不惟是科学的符号，亦是'符号'的科学。一句话，汉字是世界上演绎人类、万物生命之最伟大、最神奇、最美妙、最光辉、最卓绝，独立于世界文字之林而无与伦比的文字。"在《国学蒙读》试验读本中，"汉字寻根"真的只是很小的一部分，但却是一扇开给孩子们的小窗，透过这扇窗，我们品味历史、追溯文化的根源、体味汉字中别样的情趣——一字一乾坤，方方正正的文字，承载着的是中华文化的千年根基，学识尚浅薄的我愿意在方正的汉字里继续耕耘，用小方块为孩子拼凑大世界。

参考文献

[1] 左民安. 细说汉字：1000个汉字的起源与演变［M］. 北京：九州出版社，2005.
[2] 金文伟，曾红，温莉. 汉字教学常用字形义解析［M］. 北京：中国财富出版社，2012.
[3] 吴颐人. 汉字寻根［M］. 上海：上海人民出版社，2009.

（本文作者：佛山市顺德区美的学校　付晶晶）

基于语文课堂视域下经典诵读方法策略浅析

"能读千赋，则能为文"，读书是学习的基础，是获取知识的重要途径。《语文课程标准》明确指出："培养学生广泛阅读兴趣，扩大阅读面，增加阅读量，提倡多读书，好读书，读好书，读整本的书。"同时，课标中对"诵读"的目标提出了三个层次：第一学段"诵读儿歌、童谣和浅近的古诗，展开想象，获得初步的情感体验，感受语言的优美"；第二学段"诵读优秀诗文，注意在诵读过程中体验感情，展开想象，领悟内容"；第三学段"诵读优秀诗文，注意通过诗文的音调、节奏体会作品的内容和感情"。从要求上可以看出，对经典诵读的重视逐渐深入。我国文字博大精深，语言千锤百炼，从四书五经到唐诗宋词，无不凝聚着中华文化的精髓。这些经典诗文蕴含了很多美好的人文元素，教师应让学生充分体会和感悟它们，让孩子的心灵在这些美化境遇的沁润下成长。基于语文课堂下经典诵读策略研究是如何进行方法指导呢？笔者从课堂教学常态中的教师指导，阅读策略等方面做如下分析。

一、小学语文课堂中"经典诵读"指导常见的误区

"小学生经典诵读"是培养学生语文素养的最好途径，同时也是增强学习效果的重要手段。但在语文教学中很多老师只把文本解读、学习生字生词摆在第一位，却忽视了对经典诵读的指导与学习，导致教学效果不明显，学生不热衷经典，诵读的积极性缺失。结合实际并与专家分析比对"小学经典诵读"方法指导，我们发现课堂存在的问题有如下三种。

（一）诵读缺少延续性，方法没有创新

小学语文教材经过多次修订改编，加入的经典诗文篇章也随之增多，其目的就是让学生在优秀的文化中得到熏陶。但是，多数语文老师在组织学生开展经典诵读时不能运用有效的诵读方式。只要求学生周而复始地读，而没有变换读的形式，形式单一。其基本情况有以下几种：一是只注意整体而忽视了个别学生的诵读指导。在诵读经典时，只要求学生全班齐读，学生读得有没有情感，读得正不正确，读得有没有效，没有过多关注读的效果。二是只有死记硬背，没有诵读过程。教材中选编的经典诗文往往对仗工整、语言优美、寓意深刻，可以通过划分节奏再进行朗诵体会其内在含义。遗憾的是，很多老师只要求学生背诵即可。必要的背诵是需要的，但如果为了达到背诵的过程而抛弃了熟读涵咏，学生就少了体味的乐趣，自然

感到学习是一种压力。三是缺少运用的过程。诵读是知识获取的过程，如果只是一味地进行诵读，就无法活化思维，提高学习效率。小学生的经典诵读以输入为主，输出也是一种有效地巩固和运用手段。通过竞赛、展示等活动，让学生把记忆的经典输出，在信息外显的过程中再次强化经典内容。

（二）教师指导单一，学生缺乏兴趣

语文老师的恰当指导能让经典诵读事半功倍，但由于种种原因，老师的指导往往处于缺位状态。有时候，学生对经典内容的背景知识不了解，无法正确理解诗文创作的环境，需要老师的指点，老师忽略了。有时候，学生对经典中一些关键词句存有疑惑，需要老师初步疏通文义，老师拒绝了。有时候，经典的断句、语调、语气需要老师示范，并总结出规律，老师忽视了。所有这些，可能让学生产生畏难情绪，害怕接触经典。尤其是古代一些优秀的诗文距离现在年代久远，没有老师的及时指导，学生可能产生抵触情绪，把学习经典变成思想包袱。虽然对学生进行适当的指导需要花费一定的时间和精力，但老师不可缺位，以免经典诵读的效果大打折扣。

（三）追求速度忽略结果

近些年来一些学校和老师为了追求升学成绩，将语文的"人文性、工具性"变成了"功利性"，导致语文中的一些经典诗文篇章被略过丢弃。也正因如此老师把经典诵读看作是语文教学之外的额外负担，认为经典诵读学学即可不需要重点理解，课外自行学习就可以了，不去过问学生诵读的过程和结果。事实上，经典诵读作为一种学习方式，同样需要有效的教学设计。诵读的内容选择、讲前备课、诵读时候的方法指导，诵读后的交流反馈、实践提升等，都可以对其制订出详细的计划。正由于很多老师放松了对经典诵读的管理，只注重对学生的要求，忽视了对学生诵读的检查和反馈，最终导致经典诵读虎头蛇尾、欲速则不达。事实上，经典诵读是需要长期坚持才能显现效果的，头脑发热式的诵读不仅不能增强学生的文化素养，反而浪费了宝贵的学习时间，降低了学生的学习成就感。

二、树立观念，明确经典诵读的意义所在

习近平总书记曾指出："没有文明的继承和发展，没有文化的弘扬和繁荣，就没有中国梦的实现。"而读经典和诵经典就是文明的传承；就是文化的弘扬；中国经典诗文是中华民族智慧的结晶。通过诵读让学生体会到诗文中的鲜明形象，丰富学生情感，提高他们的人文涵养，如果能形成一种习惯，将成为其一生的宝贵财富。

（一）增强表达能力，启智学生思维

正所谓"熟读唐诗三百首，不会作诗也会吟"坚持经典诵读有助发展孩子的语言及写作能力的提高。小学阶段是人一生中记忆力最好的时期，教师充分利用教材指导学生朗读，甚至熟读成诵，让学生直接感受语言，积累语言材料，了解多种的语言表达方式，就能学会运用语言文字准确地表达自己的观点，抒发自己的感情，从而更好地发展语言能力。在语文课堂教学中，重视并加强经典与现代文的阅读朗读训练，是非常必要的。熟读而后能悟，悟而后能用，用而后能生巧，巧而后能出新，诵读就是把书上的变成自己的，随用随取。用多了，自然心灵手巧，会有神来之笔、天造之功。鲁迅、茅盾等老一辈文学大师他们青少年时学习的也是古典诗文、文言文，这为他们深厚文学功底的建立打下了坚实的基础。我们的孩子每天读经典，耳濡目染文化的韵味，陶冶情操，丰富语汇，在作文中可以引经据典，增强文章的文学底蕴。

（二）促进道德教育，实施经典育人

开展诵读中华经典诗文诗句就是要培养学生传统道德的观念，使其具有良好的人格操守。与此同时，诵读经典更有助于审美教育与人文思想教育，拓展思想深度。让学生通过体验、理解的方法，感悟人生，实现自我。经典的核心是以德育人，常规语文的核心也是将语文联系生活对人进行思想教育。其每一篇文章往往都蕴含着一个人文的思想，让我们理解课文思想更有广度与深度。让学生接受经典诵读教育，接受传统文化的熏陶的意义是深远的。

三、方法指引、注重实效

（一）用方法得效果

小学高年段教材中编排了很多古诗词。面对这些古诗词，学生初读后只能勉强读通，这时，老师可以通过示范领读的形式让学生勾画出停顿，感受顿挫节奏。停顿划分好之后，学生依据停顿进行诵读，效果就会截然不同，诗中的感情也会随着诵读声流露出来。在强调学生有感情朗读的同时，老师可以针对所要学习的古诗文写作背景进行赏析，带领学生走进作者的心扉，明白作者创作诗文时候的境况和感情，带着相似的情感去朗读，自然而然朗读的韵味和意境就会体现出来。

（二）学经典用经典

经典诵读不仅仅是让学生感受优美的文字，更多是熏陶学生做人的涵养，传承理想、道德和人生信仰。经典中有"天下为公"的理念，有"天下难事，必作于易;天下大事,必作于细"的指导,有"人而无信,不知其可也"的原则。学生在诵读经典时,不仅要熟读深思,更重要的是能践行。学生学习了"见人善,即思齐,纵去远,以渐跻"后看见别人的优点行为,心里就会升起向他人学习的念头;诵读了"勿以恶小而为之,勿以善小而不为"后就不会违反细小的行为规范。教师在指导诵读时,应该让学生多感受经典中的内涵,并将经典与学生的生活相联系,相结合,让他们知道怎么做、如何做,让经典深入到学生的心田,落实到学生的行动中。

(三) 读与思结合

关于诵读教师应该结合学生自身情况提出明确要求,要做到有针对性、实效性;不可盲目亦不可急于求成,欲速则不达,反而会起到相反的效果;在诵读训练的过程中,既要熟读成诵,又要带领学生深于思考。朱熹曾提出深思的要求:"使其意皆若出于吾之心。"而针对深思的方法又提到从"无疑问——有疑问——解决疑问"。他说:"读书使读,未知有疑;其次是渐渐有疑。中则节节是疑。经过一番思考之后方能渐渐解决疑惑,以至融会贯通。"

教师在指导学生诵读经典诗文时,要让学生明白"学贵有疑"的道理,只有经常提出自己有疑惑的问题才能做到"小疑惑有小的进步,大疑惑方有大的进步"。学生面对经典诗文,起初只是读通读顺,对于其中的内涵道理还是一无所知;随着诵读篇数的增多,对其内容就会有量的积累、质的飞跃,也会有一定的认知和理解;随之通过班级合作、探究,老师引导等方法进行深入思考,一定会碰撞出问题,并通过深入思考解决问题,如此对经典的认知就会非常深刻。这样的一个过程就是从无疑到有疑、再到解决疑惑的过程,也是方法点拨、静心思考的过程,只有这样学生才能学以致用,永远牢记。

(四) 口到心到深层面训练

针对读书方法的总结有很多,如"书读百遍其义自见";读书有三到,谓眼到口到心到。但对于古文诵读,朱熹的看法是,"要读得字字响亮,不可多一字,不可少一字,不可牵强暗记,只要多诵数遍,自然上口,永远不忘。"曾国藩在谈到自己诵读体会时说:"非高声朗读则不能展其雄伟之概,非密咏恬吟则不能探其深远之韵。"可以见得诵读不仅要声音洪亮,还要做到全身心投入,从诵读的佳作中品味到神韵。

老师在指导学生诵读时,要对学生提出明确要求,先做到"眼到——盯准字,口到——读的响亮整齐,不拖音;心到——根据诵读内容想象、体会"。反复诵读,学生自然就能做到脱口而出。

四、鼓励共读，评价激励

（一）家校携手共育，提升阅读效率

父母与老师是孩子诵读经典学习过程中的领路人，家庭环境的熏陶是影响孩子发展的重要因素，家长与孩子的亲子互读不仅可以营造出良好的家庭学习氛围，更加能培养孩子终身阅读学习的习惯。阅读是获取知识的重要途径，因此家长不可轻视。在家庭中，家长可以和孩子们开展丰富的阅读活动。如父母和孩子开展阅读竞赛；共读一本书，共同制订阅读计划等。这种阅读式的沟通既是对学生阅读习惯的培养，同时也是培养良好的和谐书香家庭的开始。而教师是学生的表率，学生读书的兴趣与能力直接受到老师的读书兴趣和水平的影响。所以老师在展开经典诵读活动中应该身先垂范，课堂上和学生一起进行诵读经典诗文，课堂外鼓励和激发学生经典诵读的热情。

（二）健全评价方式，用对激励策略

例如我所任教的班级，在经典诵读活动开展之初，先和学生代表进行会议研讨，其方法并不是形式化，而是通过研讨的方式来获取学生的重视，并从与学生的商讨过程中明确他们所感兴趣的激励办法。根据研讨结果趁热打铁，制订出诵读经典激励办法。（见表9-1）

表9-1 诵读经典的激励办法

诗文篇数	等级称谓	称谓鉴别	小组评定
3篇	秀才（一级）	阅读	300字读后感
6篇	举人（二级）	诵读	600字读书心得
9篇	探花（三级）	讲解	1200字读书笔记
12篇	榜样（四级）	分析	完成智慧星1本
15篇	状元（五级）	过级表	完成智慧星3本

激励评价、阅读规则等准备完善后重在执行，教师在引导学生开展诵读活动的同时，更要规定好诵读的时间。晨读、午诵、课间，时时刻刻与经典相随；同时，利用班会课时间进行诵读考级，国旗下讲话的时间进行全校展示，不断增强学生们诵读经典的动力。

"取法其上，得乎其中；取法其中，得乎其下。"在为学生选取经典读物时，也一定要选最好、最适合的书籍。经典诵读是当代教育发展的大势所趋，也是当前

形势下语文教学中的新课题。读好经典，用好经典对小学生心、智、魂有一定力量上的感染和熏陶。当代课堂中老师应有责任带领我们小学生将中华传统国粹的精华牢记于心；使经典在学生们的心灵中不断反刍、发酵，潜移默化的作用。

参考文献

[1] 教育部. 义务教育语文课程标准（2013年版）[R/OL]. [2011-12-08]（2020-10-12）. www.moe.gov.cn/srcsite/A26/s800/201/12/t2011/228_ 161340html.
[2] 黄永红. 小学生课外阅读方法指导与实践研究 [M]. 广州：中山大学出版社，2015.
[3] 乔桂英. 阅读方法指导论 [M]. 北京：语文出版社，2013.
[4] 蔡德权. 小学语文阅读训练100篇 六年级 [M]. 长沙：湖南教育出版社，2013.

（本文作者：东莞市厚街圣贤学校　韩玉刚）

吟诵教学法初探

——以人教版高中语文课文《定风波·莫听穿林打叶声》为例

党的十八大以来,习近平同志高度重视传承发展中华优秀传统文化。党的十九大报告提出的"坚持创造性转化、创新性发展"的方针和"文化为人民服务、为社会主义服务"的方向,与"百花齐放、百家争鸣"的方针互为补充,共同构成有机整体,明确了中华文化的前进方向和发展路径,体现了我们党对中华文化传承发展认识的最新成果。优秀传统文化落实到学校层面主要是国学教育,然而我们很多学校都没有专业的国学教师,而且现在的高中生普遍拥有丰富的语言文字知识,但只有贫瘠的传统文化素养,甚至很多学生开始对教材中文质兼美的古诗文作品产生抵抗心理。在这种情况下,笔者认为要转变传统的古诗文教学法,将吟诵教学融入古诗文教学中,用吟诵滋养青少年的心灵,让同学们重新爱上古诗文,帮助他们构筑坚不可摧的精神家园。

一、运用吟诵教学法的原因

人生来本是一个蛮物,唯有文化才使他高出于禽兽。美国的英格尔斯曾说:"从历史发展看,现代倾向本身就是人类传统文明健康的继续和延伸。"我们把中华民族优秀传统文化定义为:中华民族在长期的自由自觉的活动中所积累和积淀下来的对中华民族历史进程起着推动作用的包括物质、制度、精神等各种事物的总称。

高中语文教师有高考教学任务的约束,基本上高考考什么,老师就教什么。现在很多的高中语文教师,醉心于成为优秀的语文工作者,却不屑成为传统文化的传播者。有些学校甚至为了赶进度,提前进入复习阶段,将古诗文作品减了又减,导致现在的高中生普遍拥有丰富的语言文字知识,但只有贫瘠的传统文化素养!在这高强度的题海战术中,很多学生开始对教材中文质兼美的古诗文作品产生抵抗的逆反心理。

对于这些问题,笔者认为要回归中华传统优秀作品,重新激发起学生学习的兴趣,特别是朗读的兴趣。故此,笔者尝试利用中国式的读书法——吟诵,来帮助学生学习古诗文,将语文常规教学与吟诵教学有机结合起来,让学生在朗读、吟诵、背诵的过程感受快乐,真正体验中华民族优秀的传统文化。

二、吟诵教学法五部曲

何为吟诵？吟是拖长腔，有曲调。诵是指没曲调、有节奏地读。但是要注意，吟诵与古诗新唱、歌吟、琴歌不一样，不能混为一谈。下面笔者以人教版高中语文必修四中苏轼的《定风波·莫听穿林打叶声》为例，介绍吟诵教学法。

（一）正字音，标平仄

吟诵教学第一步是要正字音，分平仄。正字音是常规语文教学中必不可少的一个环节，无论是现当代的散文、文艺评论、随笔等，还是古诗文篇目，第一步都必须正字音。

吟诵教学法除了正字音外还要标平仄。简单来说，"阴、阳"属于平声，"上、去"属于仄声。同时还要注意入声字，具体可参照"入声字表及读法"，入声的特色是短促急收，即发音结束时，以塞音方式急收。我们广东人学习入声字有着天生的优势，广东方言中潮汕语、客家话以及粤语都多存入声，可以参照粤语读准入声。

根据"一三五不论，二四六分明"的吟诵基本格律，可以把《定风波·莫听穿林打叶声》划分如下：

> 莫听（平）穿林（平）打叶（仄）声，何妨（平）吟啸（仄）且徐（平）行。竹杖（仄）芒鞋（平）轻胜（仄）马，谁怕？一蓑（平）烟雨（仄）任平（平）生。料峭（仄）春风（平）吹酒（仄）醒，微冷，山头（平）斜照（仄）却相（平）迎。回首（仄）向来（平）萧瑟（仄）处，归去，也无（平）风雨（仄）也无（平）晴。

吟诵的时候要依据"平长仄短韵字延"的吟诵基本规律，同时也要注意入声字要读得短、促、急。

（二）明大意，释难词

一般来说，学习古诗词的时候，学生结合文下注释就可以明大意，如果是古代散文篇幅较长，老师可以讲解难词，特别是一些生僻字词。对于篇幅较长的古文，笔者一般会印发译文给学生先预习，让他们将译文和原文交替着读，并告诉学生如果译文和课本注释有出入的话，一律以课本注释为主，并进一步教导学生翻译要使用直译法，以此慢慢锻炼他们的语感。《定风波·莫听穿林打叶声》结合课文注释就能理解，没有生僻字词，在此不翻译。

若遇上一些比较偏的或者不常见的字词，甚至与我们常识不相关的，可以使用

"字源网"网页去查询，里面有字体由"甲骨文—篆书—隶书—楷书"的演变，有图示，有解释，很清晰。

（三）练句读，悟语感

句读即是把原文的标点去掉，让学生用"/"断句。可以把这个环节变成小组合作学习的一个游戏，一个小组划分，另外一个小组朗读，如此类推。读不通顺的即是断句有问题的地方，学生相互纠正，老师对划分正确的小组给予表扬和加分。

现在高考使用全国卷，文言文第一道选择题经常考断句，笔者在纠正学生断句的过程，常伺机补上一些文学常识，比方说在"焉""已""矣""乎"等字后面常要断句，在"夫"等字前面常要断句，两个相同的字之间一般要断句等。一个月训练下来，学生的古文语感明显增强。当然，还可以把因为没有句读而闹出的笑话拿出来给学生玩，讲故事给他们听，让他们感受到标点符号的趣味。

（四）多诵读，镂空背

"读"对于学习古诗文来说是十分重要的。笔者刚做老师时经常有一个困惑，自认为在课堂上讲得"眉飞色舞"，但最后发现感动的只有自己，后来慢慢去探索知道自己犯了"满堂灌"的教学大忌。要让学生成为课堂的主人，在学习古诗文时，就要让他们多读，而且是多种形式地读：齐读、男女读、分小组读、分角色读、扮演读、拍手读、跺脚读、火车接龙读……

多种形式诵读能让学生精神集中，优秀的古诗文归根结底是要背诵，讲解得支离破碎不如让他书读百遍。镂空可以分层次进行，由背诵 2 个字，到背诵 4 个字，再到 6 个字或一句话，再到整句、整篇，形式多样，随便你在哪里挖坑，如：

第一遍
莫听穿林＿＿＿＿，何妨吟啸且徐行。＿＿＿＿轻胜马，谁怕？一蓑＿＿＿＿＿＿任平生。
料峭＿＿＿＿吹酒醒，微冷，＿＿＿＿却相迎。回首向来＿＿＿＿，归去，也无＿＿＿＿也无＿＿＿＿。

第一遍我挖的坑基本都是意象，这样挖坑可以让学生在背诵之余再次熟悉意象。老师也可以随意挖坑，还可以让学生小组之间相互挖坑，这样非常有趣。

第二遍
……
第三遍
……

莫听_____，何妨_____。竹杖_____，谁怕？一蓑_____。

料峭_____，微冷，山头_____。回首_____，归去，也_____。

到现在学生基本可以背诵了。

(五) 身体动，齐吟诵

读书的时候要让同学们动起来，若可以让他们全身的细胞都调动起来，像古人那般摇头晃脑，确实有益于身心健康。刚开始，高中的孩子不愿意摇头晃脑地朗读吟诵，可以鼓励他们站着、坐着交替读，慢慢地让他们把手动起来。在这个过程中，有些学音乐的学生或者节奏感较强的学生可以打着节拍读书，就开始有学生脑袋晃起来了。这样的语文课肯定是非常舒服、非常愉快、非常享受的。

关于齐吟诵，笔者还有一个温馨提示，建议老师们选择一些学生容易接受的调。吟诵有基本调和吟诵调。基本调是古人的"读书调"，是对字的基本吟咏法。拿到古诗文作品，就能用这个调吟出来。千篇一律，是基本调的性质。吟诵调在基本调的基础上，不断吟诵，不断微调、修改，终于满意的时候，即自己认为终于深入理解了作品的时候，吟诵调出现了。笔者吟诵《定风波·莫听穿林打叶声》的时候用的是鹿港调，属于吟诵调。

子曰："知之者不如好之者，好之者不如乐之者。"传统文化的内涵十分丰富，我们要让学生在现实生活中能切身感受到，才能激发他们的兴趣。综上所述，吟诵渗透古诗文教学能够激发学生的学习兴趣。教学中，教师首先让学生正字音，明大意，然后指导学生多种形式朗读，熟读能诵之后能吟，欣赏真正的吟诵艺术。在吟诵的氛围中，教师要有意识地抓住作品中某些集中体现主题思想的点睛之笔，做一些精当的分析来揭示蕴涵于作品深层的丰富内涵，让学生在身临其境的感受中来接受传统文化教育。这样，教材中那些名篇名句将积淀于学生的精神中，成为学生人格的底蕴。用优秀传统文化的汁液滋养青少年的心灵，帮助他们构筑坚不可摧的精神家园，是我们语文教师终身的追求和永恒的目标！

参考文献

[1] 时雁行. 怎样文道统一地进行语文教学 [M]. 北京：北京教育出版社，1991.
[2] 杨东平. 教育：我们有话要说 [M]. 北京：中国社会科学出版社，1999.

(本文作者：肇庆市百花中学　冼嘉裕)

中国传统文化在古代诗词教学中的渗透策略
——以《水龙吟·登建康赏心亭》为例

我们中华民族的传统文化,不应该驻足教科书中,要走出来,走进语文课堂,走进古诗词教学。让中国传统文化发挥独有的民族性和创造性,温补学生的心灵。语文是中国传统文化的重要载体,古诗词教学是传播中国传统文化的重要渠道。

一、高中生关于传统文化学习的现状

为了更好地了解当代高中生对传统文化学习的现状,笔者采用了调查研究的方法。为了确保调查的全面性,笔者选择了自己所从教的高要区第二中学高一年级的普通文科班和普通理科班,发放了120份调查问卷,其中文科班60份,理科班60份,回收的有效问卷共120份,回收率为100%。

调查的部分结果参看表9-2。

表9-2 关于高中生传统文化学习现状的调查结果

问题		理科班(%)	文科班(%)
对传统文化是否了解	很深的了解	5	8
	一定的了解	35	55
	有一点了解	60	37
	完全不了解	0	0
你获得传统文化的主要途径是什么	电视、广播、互联网	57	48
	书籍、杂志、报刊	35	38
	语文课堂	8	14
你更喜欢哪一个节日	端午节	18	30
	万圣节	5	2
	圣诞节	62	48
	都不喜欢	15	20

从表9-2可以看出,现在的高中生对传统文化的认识并不深刻,更令人触目惊心的是,学生了解传统文化的渠道竟然大部分是来自书籍、报刊、网络、电视,

而不是承载中国优秀传统文化最多的语文课堂。

改革开放以来，我国的经济迅猛发展，我国人民的生活方式、精神状态、价值取向也发生了很大转变。现在的中学生喝的是可口可乐、吃的是牛排意面、穿的是耐克、看的是《哈利·波特》，他们以潮流先锋的姿态，盲目追求商业文化、娱乐文化，并且在价值取向上受其影响。中学生正值人格形成的重要时期，却受到这些西方文化的侵蚀。如果不注意吸收中国传统文化，就会对正确的价值观、人生观的形成造成影响，严重者可能会导致人格障碍。

二、在古诗词教学中渗透传统文化的意义

中国是有五千年优秀传统文化的泱泱大国，是古代四大文明古国之一，中国古人给我们留下的很多宝贵的精神财富都是通过古诗词传承下来的。

《高中语文新课标》要求，高中语文不但要培养学生的语言运用能力，还要注重学生审美情趣和文化底蕴的优化。在我国传统文化受到严重冲击的今天，在高中古诗词教学中渗透传统文化显得尤为重要。古诗词教学是传统文化传承的重要途径，学习古诗词可以提高学生对传统文化学习的兴趣，让学生品味传统文化的魅力，最终提高学生的文化素养。

在古诗词教学中渗透中国优秀传统文化，能够增强学生对祖国的自豪感。现在的很多学生更喜欢过"圣诞节""万圣节"这样的西方节日，而忽略了我们自己国家的有文化意义的"端午节""中秋节""春节"等，认为"外国的月亮比中国的圆"，这样的想法和语文学科的核心素养完全相悖。语文核心素养中，要求学生具备"文化的传承与理解"能力，中国文化涵盖面很广，但是其中的"家国情怀"却是重要体现。古诗词中的"人生自古谁无死，留取丹心照汗青""王师北定中原日，家祭无忘告乃翁""了却君王天下事，赢得生前身后名"能为当代的中学生树立榜样。

在古诗词教学中渗透中国优秀传统文化，能够增强学生对自己的自信心。现在的很多学生心理脆弱，经不起困难的考验，吃点苦头就畏缩不前，遇到事情就想着逃避。久而久之，这对他们未来的人生发展极其不利。古诗词中的"沉舟侧畔千帆过，病树前头万木春"能教会他们乐观，"长风破浪会有时，直挂云帆济沧海"能教会他们自信，"归去，也无风雨也无晴"能教会他们从容。在古诗词教学中渗透这些中国传统文化中的优秀品格至关重要。

三、在文言文教学中渗透传统文化的策略

（一）诵读美文，品味文化

古诗词教学中，诵读是传统方法，也是成功经验。在反复诵读过程中，学生的情感和审美就会被有力量的声音所感染，沉醉在诗人的情感世界和唯美意境中，能够成为诗人的知己，能够对诗人的情感感同身受。

不能把诵读理解成简单的"朗读、背诵"，诵读必须以表情达意为基础。古诗词相对于文言文显得短小，是由于诗人把繁复的生活高度概括，把众多的内容蕴涵到最精约的形象中来，文章中包含着作者丰富而强烈的情感，富含着作者对现实生活的审美评价，或激昂、或悲壮、或直露、或含蓄。

例如在学习辛弃疾的《水龙吟·登建康赏心亭》时，应该给学生如下三个方面的教学指导。

（1）韵脚字"际、髻、子、意、未、气、泪"，应读得浑重有力一些。

（2）下阕中有两个问句，一个感叹句，应读出激愤、忧愁、感慨的基调。

（3）全词抒情色彩浓烈，朗读时注意把握节奏。这首词朗读节拍如下所示：

楚天／千里／清秋，水随／天去／秋／无际。遥岑／远目，献愁／供恨，玉簪／螺髻。落日／楼头，断鸿／声里，江南／游子。把／吴钩／看了，栏杆／拍遍，无人／会，登临／意。

休说／鲈鱼／堪脍，尽／西风，季鹰／归未？求田／问舍，怕应／羞见，刘郎／才气。可惜／流年，忧愁／风雨，树犹／如此！倩／何人／唤取，红巾／翠袖，揾／英雄泪？

阅读这些古诗词，要根据文章的停顿和情感，细心雕琢，才能深刻领会辛弃疾热血沸腾的报国之志和壮志难酬的悲愤之情。爱国主义情怀正是传统文化的精粹，虽然生活在现代社会的我们，不能像辛弃疾一样手持弯刀，奔赴战场，报国杀敌，但是，我们可以选择支持国货，促进祖国经济发展，我们可以努力读书，促进祖国科技发展。

（二）知人论世，积淀文化

文学是时代的产物，社会的产物，文学作品会直接或间接地反映那个时代的社会现实。要真正把握作品的内涵，决不能脱离作者创作的时代生活。

辛弃疾的作品之所以大都是表达词人的爱国情怀和壮志难酬的悲愤，这与他所处的时代和他自身的身份有着密切关系。当时的南宋被金国的铁蹄践踏得四分五

裂，山河破碎、风雨飘摇。南宋统治者不但不思收复故土，反而偏安江南一隅，当时的社会现实使得辛弃疾的爱国之心灼灼跳动。辛弃疾自身也有三重特殊身份：其一，他的祖父辛赞曾在金国做官，他是仕金官员的后代；其二，他曾经参加过农民起义军；其三，他是一个意志坚决的主战派，与当时统治者所代表的主和派相悖。这三重身份，都犯了当权者的大忌。在受到排挤之时的家国情怀显得尤为可贵。

"知人论世"是古诗词鉴赏中的重要原则，它讲求合二为一，我们既不能单一侧重"知人"，也不能单一侧重"论世"，只有既全面地了解作者其人，又全面地了解他所处的时代生活，我们才能对文学作品了解得深刻、透彻，才能让作品中蕴含的爱国情怀这些优秀传统文化中的精华得以发扬和传承。

学生通过对学习古诗词，能够从中体验诗人丰富的内心世界，获得有价值的人生启迪，榜样的力量会滋养学生的心灵，从而使其逐渐形成健康积极的价值观。学生把这些真切感悟与现实相联系，能帮助他们爱自己的国家，让他们拥有面对生活困难的勇气，能帮助他们明白为人处事的道理。这不仅是学习古诗词，更是学习古诗词中高贵的灵魂。将这一个个用灵魂行走于文字间的人定格于他们年青的生命，文化自然能沉淀于心。

（三）鉴赏意象，感悟文化

关于"意象"，刘勰在《文心雕龙·神思篇》中提出"独照之匠，窥意象而远斤"，即具有独特的审美眼光的诗人在构思时，必须对浮现于脑海中的事物形象和审美参照中的意趣情态进行艺术加工。

例如《水龙吟·登建康赏心亭》中的"吴钩"意象。吴钩，古代吴地制造的一种弯刀，以青铜铸成，是冷兵器里的典范，后又被历代文人写入诗篇，成为驰骋疆场、立志报国的精神象征。李贺有诗曰："男儿何不带吴钩，收取关山五十州。"吴钩本是上战场杀敌的锐器，现在却闲置在词人手中。

词人为什么选择"吴钩"这个意象呢？是因为词人觉得自己就像吴钩一样，本是应该上战场杀敌的将领，却被南宋统治者闲置在一旁，不予起用。词人胸怀拳拳报国之心，却报国无门，只能仔细端详手中的吴钩来表达自己壮志难酬的愤懑。所以，选择意象是一种艺术技巧，具有不同审美理念的创作者，总会根据自己的创作习惯和爱好，对意象系统进行过滤和选择，沿袭民族文化中的约定俗成的固定意义，赋予它新的内涵意蕴。

（四）分析典故，领略文化

辛词向来以用典闻名古今，而且用典很多，例如《永遇乐·京口北固亭怀古》通篇用典，共5个，以表达自己的壮志难酬。在这首《水龙吟·登建康赏心亭》中，上阕写了词人登上赏心亭，通过写景、写动作等方式，表现了自己报国无门的痛苦心情和朝中无知己的孤独之感，可说是情深意切。既然时无知己，报国无门怎么办呢?

在下阙,诗人连用 3 个典故,表达了他的政治才能没办法施展、政治抱负没办法实现的万般无奈的心情。用"季鹰归未"典:虽说壮志未酬、报国无门、离家万里,但是心里揣着的是祖国的统一大业,是解救中原人民于水深火热之中,怎么能像张翰一样,一心只想着故乡美味的鲈鱼呢?怎么能弃官归隐,忘却自己的人生理想呢?再用"求田问舍"典:许汜胸无大志,只想求田问舍、添置家产、谋取私利,从不关心国家大事,又怎么会有出息呢?许汜的行为为词人所不耻,词人不屑做那种人。继而用"树犹如此"典:桓温北伐途中,看到自己早年栽种的柳树已经粗过了 10 围,就意味着时间过了 10 年。此时的辛弃疾,从他的故乡山东济南来到现在的江苏南京,已经有 12 年的时间了,就是在 12 年这么漫长的时间里,词人都没有一次带兵收复失地、报效祖国的机会。年复一年,日复一日,时光流逝,光阴虚度,壮志难酬的痛苦又怎么能忍受呢?这 3 个典故,孤立地来看,可说是毫无关系,但辛弃疾巧妙地将其连为一体,不仅深刻真挚地表达了自己英雄无用武之地的痛苦心情,而且 3 个典故含意逐步加深,达到了荡气回肠的艺术效果,使典故有了新的生命力。

辛弃疾为什么会选用这 3 个典故?是因为这 3 个典故能表达他立志报国、建功立业的人生理想。归根结底是因为辛弃疾受中国传统儒家文化影响颇深,无论他是被罢免还是被任用,可以说儒家思想是辛弃疾一生所遵循的传统思想。当时的南宋是山河破碎、四分五裂的状态,中国传统文化中的儒家思想是忠君爱国、尊王攘夷。辛弃疾属于封建士大夫,在他的观念里,儒家思想占据主导地位,国家处境很容易就激起了他的爱国热情。辛弃疾在《美芹十论》里说,希望争取机会"投衅而起,以纾君父所不共戴天之愤"。辛弃疾的入世情怀和他以天下为己任的担当精神,归根结底是因为中国传统文化中的儒家思想。

四、结语

我国古诗词中蕴含着丰富的文化传统,是国人巨大的精神财富。回归中国传统文化是一种趋势,在高中语文古诗词教学中渗透中国传统文化极其必要。所以,身为一线教师的我们,要完善教学,使语文教学和文化教学紧密结合,深入挖掘古诗词教学中的文化因素,开设与传统文化经典作品相关的选修课,让学生领会我国博大精深的传统文化的同时,也能将之继承与发扬。

参考文献

[1] 教育部. 普通高中语文课程标准实验 [S]. 北京:人民教育出版社. 2003.
[2] 刘国正. 文言文教学的思想教育意义 [J]. 语文月刊,1997(10).
[3] 韩振. 传统文化是古汉语教学的重心:张世超教授访谈录 [J]. 语文教学与研究,2007

(2): 14-15.

[4] 张必锟. 学文言非诵读不可 [J]. 中学语文教学, 1997 (6): 35-39.

（本文作者：肇庆市高要区第二中学　沈凯旋）

编 后 记

　　广东第二师范学院中文系国学教育团队多年来一直与中小学保持密切的协作，不仅在省内多所中小学建起"国学教育协同创新工作室"，而且还与多所中小学校、地方教育部门、社会热心机构等多方合作成功举办了七届八期"公益岭南"国学夏令营。我们承办的国学夏令营获得团中央颁发的"全国优秀国学教育项目"、广东省教育厅颁发的教育教学成果奖二等奖、广东省教育工委颁发的"两学一做"优秀活动案例二等奖等多项荣誉。同时，我们的夏令营还承担起广东省教育厅主办的"中华经典文化诵写讲骨干教师培训班"的师资培训任务。可以说，经过多年努力，"公益岭南"国学夏令营已经成为面向广东省基础教育的中华优秀传统文化教育综合实验平台。伴随着平台的发展，一批批中小学国学教育骨干成长起来了，一批批传统文化教育教学成果也产生了。正是在这样的基础上，我们又发起并主持了多项面向全省的大型国学教育交流研讨活动。例如，从2015年开始，我们连续发起并主持了五届"岭南国学教育论坛"；2016年，我们又在广东教育学会的支持下牵头成立了广东教育学会国学教育专业委员会，广东省中小学中华优秀传统文化教育从此有了一个专业的引领、交流、展示机构。

　　每一届的"岭南国学教育论坛"，我们都会举行全省的中华优秀传统文化教育专题论文征集评选活动，活动的影响一年比一年好，应征论文的数量与水平也越来越高。积淀至今，我们已经拥有了存量可观的由广东省大中小幼教师完成的中华优秀传统文化教育专题论文资源库。这些论文立足学校教育，从多个层面、多个角度反映了广东传统文化的传承与创新；而且历经多年多次的交流研讨，传统文化教育的基本面在这批论文中已经有了比较全面的论述，并达到了一定的深度。于是，我们认为已经到了可以编辑出版有关广东省大中小幼中华优秀传统文化教育论文集的时候了。总结起来，编辑出版行动报告我们有如下目的：第一，为了更好地总结提炼这些年广东省大中小幼文化传承与创新的经验；第二，为了便于省内外大中小幼在弘扬中华优秀传统文化的教育实践活动中互相借鉴和促进；第三，为了向省内外展示广东大中小幼文化传承与创新的成绩与不足，吸引更多社会公众和社会资源的参与，为广东文化传承与创新构建更加良好的生态环境。

　　此次编选由郑国岱、陈涵平牵头负责，活动得到省内多家协作学校和教师的大力支持。我们先根据当前传统文化教育的发展状况及发展方向确定一个大致的编辑框架，然后从历届优秀征文中选择一批有代表性的论文，再结合这些论文的论述重点提炼出若干论述专题分章编排。这样的编选方法一方面可以尽可能反映当前广东省大中小幼文化传承与创新生机勃勃的鲜活面貌，另一方面，也确保全书逻辑相对严谨，结构比较清晰。当然，由于各种主客观条件的限制，本书还存在各种不足。例如，因为是师范院校牵头，所以我们聚焦广东教育，重点在中小学，高校和学前教育虽有涉及但是分量有待增强。又因为要尽量反映中小学国学教育实践的"原汁原味"，所以我们尽量不对入选论文做大的修订，这也造成入选论文写作水平上存在参差不齐的情况。但是，这是广东大中小幼传统文化教育的第一份行动报告，万事开头难，头已经开了，我们就有理由相信等待它的必将是一个远大的前程和无限的风景。

本书的编辑工作从2018年开始，由郑国岱负责全书的初编，随后编选团队又多次调整入选篇目，今天终于全面定稿。为提高书稿的质量，在初选的基础上，主编团队分工对文稿进行修订。郑国岱负责导论、理念编（第一、二、三章）、教学编（第七、八章）共6章的修订，陈涵平负责课程编（第四、五章）共2章的修订，余新明负责教学编（第九章）共1章的修订，郭玉负责课程编（第六章）共1章的修订。全书最后再由郑国岱、陈涵平负责统稿。当然，由于我们的时间和水平所限，文稿的修订肯定有许多不如人意的地方，恳请大家批评指正。

郑国岱

2020年9月28日